民國歷史與文化研究

十八編

第7冊

民國學術評議制度的創立與學術發展(下)

張 劍 著

花木蘭文化事業有限公司

國家圖書館出版品預行編目資料

民國學術評議制度的創立與學術發展（下）／張劍 著 -- 初
版 -- 新北市：花木蘭文化事業有限公司，2024〔民 113〕
目 4+282 面；19×26 公分
（民國歷史與文化研究　十八編；第 7 冊）
ISBN 978-626-344-636-6（精裝）
1.CST：學術研究 2.CST：學術交流 3.CST：民國史
628.08　　　　　　　　　　　　　　　　112022505

ISBN-978-626-344-636-6

9 786263 446366

民國歷史與文化研究
十八編　第 七 冊　　　　　　ISBN：978-626-344-636-6

民國學術評議制度的創立與學術發展（下）

作　　　者　張　劍
總 編 輯　杜潔祥
副總編輯　楊嘉樂
編輯主任　許郁翎
編　　　輯　潘玟靜、蔡正宣　美術編輯　陳逸婷
出　　　版　花木蘭文化事業有限公司
發 行 人　高小娟
聯絡地址　235　新北市中和區中安街七二號十三樓
　　　　　　電話：02-2923-1455 ／傳真：02-2923-1452
網　　　址　http://www.huamulan.tw 信箱 service@huamulans.com
印　　　刷　普羅文化出版廣告事業
初　　　版　2024 年 3 月
定　　　價　十八編 22 冊（精裝）新台幣 55,000 元　　版權所有 · 請勿翻印

民國學術評議制度的創立與學術發展（下）

張劍　著

目

次

第七章　中研院首屆院士選舉與學術評議制度確立

　　1948 年 3 月 9 日，已赴美就醫的傅斯年長函負責中研院首屆院士選舉事務的朱家驊、翁文灝、胡適、薩本棟、李濟等，對 1947 年 11 月 15 日公布的 150 名正式候選人名單提出不少批評性建議：

　　　（1）候選人中確有應刪除者，如劉文典君。劉君以前之《三餘箚記》差是佳作，然其貢獻絕不能與余、胡、唐、張、楊並舉〔註1〕。凡一學人，論其貢獻，其最後著作最為重要。劉君校《莊子》，甚自負，不意歷史語言研究所之助理研究員王叔岷君曾加檢視（王君亦治此學），發現其無窮錯誤。〔註2〕校勘之學如此，實不可為訓，劉君列入，青年學子當以為異。更有甚者，劉君在昆明，自稱「二雲居士」，謂是雲腿與雲土。彼曾為土司之賓，土司贈以大量煙土，歸來後既吸之又賣之，於是清華及聯大將其解聘，此為當時在昆明人人所知者。斯年既寫於此信上，當然對此說負法律責任。今列入候選人名單，如經選出，豈非笑話。學問如彼，行為如此，故斯年敢提議將其自名單除去。

　　　（2）聞上次開會，對於曾在偽校教書，或曾任偽職者不列入（據

〔註 1〕指余嘉錫、胡適、唐蘭、張元濟、楊樹達。——編者注。
〔註 2〕當時代理史語所所長的夏鼐向傅斯年報告評議會審查通過院士正式候選人的信函中，曾提及王叔岷說劉文典《淮南子》《莊子》「校勘考據皆甚糟糕」。王世民、湯超編《夏鼐書信集》，社會科學文獻出版社，2022 年，第 99 頁。

夏君信），今此名單上顯尚有之（如醫學，或不止一人）。此事究應如何決定，斯年不貢獻意見，但須一致，未可厚此薄彼也。……

（3）關於醫學一項最有問題。其中有人僅寫若干小文，並無國際學人之認可；而在國內負醫學教育者，其事業甚有功於人民及學界亦為國際知名，今以未經論定之小文當選，而醫學界之領導者轉不列入，甚為不公。三組學問，在學術界及社會之功用不同，在目前中國發展之階段亦異，如人文各科，文、史、哲、語、考古等，第二項資格可以不適用，因目下此等學之階段不需此也。在應用科學則不宜如此觀，醫、農皆應用科學，第二項資格人士應加考慮。

更有一議敢冒昧陳之。本院評議員之學醫者，僅林可勝先生一人，其科目又不在臨床醫學，如以一人之機關選舉八人（此數為信中所說），實難免物議，茲敬提議本年只選三四人，而負醫學責任者至少應占一半。例如戚君等，然後委託院士將空額選足。

如此法難行，敢再提議，候選名單列入

（一）戚壽南，辦理中大醫學院多年，其貢獻正與物理小組之葉企孫先生相似（葉在清華辦理物理系）。

（二）沈克非，主持衛生署之技術事項及上海醫學院外科多年，卓有成績。

約而言之，以一人選多人，不是辦法，偏於一個學校（協和）亦不是辦法，此言甚直，敬求考慮。凡此皆為此一大事及中央研究院之前途計也。

（4）農學一項敬提議加入：

謝家聲君為候選人。此君負行政責任多年，久著成效。前文所謂「小文」與「事業」之說，在此亦適用。

……

社會學一項，有潘光旦君。潘君自是聰明人，然其治譜牒學之結論，實不能成立。彼以科舉之名，證明蘇州人天資優越，然此說實不足以成之，蓋科舉之業亦有風氣，且可揣摩，主考與入選者每為一調，忽略此歷史事實，仍潘君之說，故潘君之工夫似未可與陳達君同列也。治學不可以報紙文字定其高下，此學在中國既不發達，如求其次，則孫本文君似應列入。此君之書，甚有理解，其工夫非

作二三小文之比，故敢請提議將其列入候選名單。〔註3〕

從一開始，傅斯年就深深介入中研院首屆院士選舉，起草《院士選舉規程草案》，擔任選舉籌備委員會委員，對院士選舉的各項規定自然了然於胸，對150名正式候選人最終確立過程的艱難困苦心知肚明（他因赴美就醫未參加確定正式候選人的1947年10月評議會第四次年會），但他還是如此直言不諱地貢獻不同意見，並提出新的候選人。傅斯年也知道自己的意見多屬「馬後炮」，「以上全信中所說有關候選人名單問題，均假定此項名單可因公告而修正通過，……如此事已為定局，本次大會不能修正（斯年不知去年如何決定），自作罷論」。值得注意的是，傅斯年提出了不同學科在當時中國因處於不同的發展階段與社會功用不同，應有不同的選舉標準：文、史、哲、語言和考古學因為已有相當的發展基礎，院士選舉自然應以學術成就為準繩；應用科學如醫學、農學應多考慮學科的社會功用與學者的社會影響即院士遴選的第二項資格「對於所專習學術之機關，領導或主持在五年以上成績卓著者」。

傅斯年上述言論的出現有什麼樣的背景？他這樣信函形式的「私議」會對制度性的「公評」產生影響嗎？下面從中研院面對教育部學術審議會突起而影響甚大的學術評議與獎勵活動，如何找到重新奪回學術評議與獎勵「權能」的突破口——選舉院士——開啟相關問題的追尋與梳理，並由此討論院士選舉在民國學術評議與獎勵制度建設上的影響與意義。

一、院士選舉的醞釀

1941年3月13～15日，中研院第二屆評議會首次年會舉行，出席會議的評議員有朱家驊、傅斯年、姜立夫、李書華、吳有訓、丁燮林、曾昭掄、任鴻雋、翁文灝、謝家榮、李四光、淩鴻勳、茅以升、周仁、張雲、張鈺哲、呂炯、竺可楨、陳楨、王家楫、胡先驌、陳寅恪、李濟、王世杰、何廉、吳定良、陶孟和等27人，來賓有吳稚暉、戴季陶、于右任、孫科、孔祥熙、陳立夫等。蔣介石以「致力純粹學術之研究，真知真理之探討」及「研究及設計並重，求知與致用兼資」諭勉。〔註4〕會議確立了第二屆評議會分組及各組主席（排名第一為主席）：

〔註3〕王汎森等主編：《傅斯年遺札》第3卷，第1775～1778頁。傅斯年對劉文典的評論除學問外有道德綁架的嫌疑。

〔註4〕中國第二歷史檔案館：《抗戰時期遷都重慶之中央研究院》，《民國檔案》1998年第2期。

　　物理組：李書華、姜立夫、吳有訓、丁燮林

　　化學組：曾昭掄、侯德榜、莊長恭、任鴻雋

　　工程組：凌鴻勳、王寵佑、茅以升、周仁

　　地質組：李四光、翁文灝、朱家驊、謝家榮

　　天文氣象組：竺可楨、張雲、張鈺哲、呂炯

　　植物組：胡先驌、陳煥鏞、戴芳瀾、王家楫

　　動物組：陳楨、林可勝、秉志、王家楫

　　心理組：汪敬熙、唐鉞、林可勝

　　社會科學組：何廉、王世杰、周鯁生、陶孟和

　　歷史組：陳寅恪、胡適、陳垣、傅斯年

　　語言考古人類組：李濟、趙元任、吳定良〔註5〕

與首屆相比，各組主席除物理組、天文氣象組、心理組、語言考古人類組外，其他7個組都改換了新人，地質、天文氣象和心理三組由中研院所長擔任，另外8個組都是院外專家擔任，似乎更看重學術地位與影響。這個學科組別的排序似乎決定了未來院士數理組（物理、化學、工程、地質、天文氣象）、生物組（植物、動物、心理）和人文組（社會科學、歷史與語言考古人類）的大致類別（體質人類學後歸入生物組）。

　　會議討論了正式提案16個，其中相關教育部與學術評議兩案，分別為第7案和第10案。第7案「教育部諮詢案」，「檢送中華學術協進社章程草案，請查照並請本院評議會列席討論，以便共同發起籌備」。推李四光、李書華、吳有訓、李濟審查，並請蔣復璁參與討論，議決同意與教育部學術審議會共同發起籌備中華學術協進社，並舉王世杰、翁文灝、傅斯年、竺可楨與教育部接洽。〔註6〕第10案「科學獎金事項須本會如何與教育部學術審議會合作」，由傅斯年、陶孟和和吳定良提出。該議案的提出，可以說是中研院評議會面臨教育部的學術評議獎勵活動，重提戰前一直傾力的國家科學獎勵制度建設，傅斯年在議案中說中研院的科學獎勵與教育部學術審議會的獎勵，雖然範圍有異，目的也不同，「如何聯合以有補於促進學術進步，應否併入教育部之方案中或

〔註5〕陳勇開、吉雷、鄒偉選編：《國立中央研究院評議會第二屆歷次年會記錄》，《民國檔案》2018年第3期。評議會第二屆各次年會資料除注明外都源於此，下不再一一注明。

〔註6〕1941年2月召開的教育部學術審議會第二次大會決議設立中華學術協進社，並通過了章程。

仍可單獨辦理，……如何求其畢收功效而不重複，均應討論」。〔註7〕議決「教育部獎金與本院獎金性質有別，本院獎金應繼續辦理」，並推王世杰、翁文灝、傅斯年負責。會議還討論了臨時提案5個，也有兩個提案相關教育部與學術評議。一是朱家驊提議，「可否由本會發起全國學術會議，由本院商請教育部會同召集，並酌情國外學者參加」。議決明年春季召開，推翁文灝、傅斯年、何廉、王家楫擬具辦法，由翁文灝、傅斯年召集，並與教育部洽商。第二個為翁文灝提議，根據中研院「組織法」第八條規定，「名譽會員」可否設置。議決由各組評議員考慮，「俟下次年會討論」。〔註8〕

由年會提案可見，中研院力圖與教育部保持良好的合作關係，教育部來函要求共同發起籌備中華學術協進社，就同意共同發起，根本不考慮創建這樣一個團體的各種複雜關係，「協進社」雖宣稱成立但最終未能運行起來。雖然陳立夫出席年會講話中曾說，「教育部舉辦之學術審議會與中央研究院應密切聯繫」，但這僅僅是桌面上的言談，私下裏一年之後就欲借助時勢將中研院隸屬於教育部之下。〔註9〕為不與教育部學術審議會爭奪學術評議獎勵權力，中研院自行繼續努力國家科學獎勵金制度建設，承平期間都毫無作為，一直處於紙面言談，抗戰艱難時期教育部已經開啟其全國學術評議獎勵制度建設，還要繼續自行的制度建設，實在有些自不量力、自欺欺人。為繼續保持自己聯絡學術研究職能，同時示好教育部，朱家驊提出與教育部合作發起「全國學術會議」。會後，朱家驊發表演講說：

> 本院成立已十四年，在此期間，學術研究之基礎已逐漸樹立，若干部門且已為各國學術界所重視。但就大體論，中國研究學術之組織，方在開始建立之時期，本院人力物力均屬有限，欲獨立擔負推進全國學術之重任，常感困難，因此本院評議會議決開全國學術會議，集合全國學者，並酌請外國學者參加，與本院同仁共策進行，以喚起全國上下之注意，蔚成普遍注重科學之風氣，而使研究學術

〔註7〕《評議會二屆一次年會提案》，中國第二歷史檔案館藏，中央研究院檔案-393-2926。

〔註8〕當然，本次年會議案中真正有學術影響的是議決發刊英文半年刊《論文提要》，「專載具創作性之短篇論文，俾國內科學工作結果能早期發表」（推吳有訓、李四光、吳定良、曾昭掄、李濟、姜立夫、陳煥鏞、林可勝、茅以升為編輯，吳有訓任主任），編輯出版中文著作目錄季刊《學術概要》（推李書華、曾昭掄、王家楫為編輯，評議會秘書翁文灝與總幹事傅斯年會同辦理）。

〔註9〕具體參閱周雷鳴《中央研究院改隸風波探析》，《民國檔案》2015年第4期。

之環境得以改善，全國學術之提倡得以順利，以促研究工作之猛
進。……本院評議會原係評議全國學術之機關，明載院章，評議員
又均係中國科學界一時之俊彥，責任重大，為完成其自身之責任，
亦有集思廣益推進工作之必要，此亦有望於全國學術會議之眾志成
城者也。〔註10〕

評議員們雖是學術界一時俊彥，但僅以評議會推動全國學術發展，「常感困
難」，因此希望團結全國學術力量「眾志成城」，召開這樣一次「團結的大會」。
問題是，全國學術會議召開談何容易，雖然此案後來一直是年會議題，但最終
並未召開，1948 年 9 月召開的中研院第一次院士會議在一定程度上似乎可以
看作差強人意的「替代品」。

眾多正式提案與臨時議案中，翁文灝所提「名譽會員」的選舉，似乎是中
研院突破教育部學術評議獎勵封鎖的一道可以利用的縫隙。按照 1928 年 11
月 9 日公布的中研院《組織法》第七條規定，評議會可選舉國內個人名譽會員
與團體會員：「中國學術專家於學術上有重要發明或貢獻，經本院評議員三分
之一以上之提議，全體一致之通過，得選為本院個人名譽會員」；「國內研究機
關或團體對科學有相當之設備及重要之貢獻，經本院評議員三分之一以上之
提議，三分之二以上之通過，得被選為本院名譽會員」。第八條規定評議會選
舉外國科學家為名譽會員的資格及程序：「外國科學專家在科學上有重大之發
明或貢獻，經本院評議員過半數之提議，全體一致之通過，得被選為本院名譽
會員。」〔註11〕但翁文灝的議案似乎沒有激起與會評議員的多少興趣，議決為
「下次年會討論」。此後，中研院面臨生死存亡困境，評議會年會根本不能正
常召開。

1942 年 3 月 9 日評議會開談話會，與會者有姜立夫、竺可楨、王家楫、
陶孟和等，都是院內人（姜立夫是數學所籌備主任），議決第二次年會 1943 年
1 月 11 日蔡元培生日召開。〔註12〕當然，計劃中的年會也未能召開。1943 年
8 月 15 日，傅斯年致函朱家驊，對中研院的前景憂心忡忡：「本院諸事，恐非
吾兄加以大力推動，不久即有大事出來（同人苦悶，牽連他事），亦未可知也。」

〔註10〕《全國學術會議召集意義》（1941 年 3 月 21 日），王聿均等編《朱家驊先生言
　　　　論集》，第 5～6 頁。
〔註11〕國立中央研究院文書處編：《國立中央研究院十七年度總報告》，國立中央研
　　　　究院總辦事處發行，第 1～3 頁。
〔註12〕樊洪業主編：《竺可楨全集》第 8 卷，第 306 頁。

他除向朱家驊提出中研院面臨的預算追加、特別津貼、研究經費、米貼等事關中研院生存與發展的資金問題之外，特別提出兩點，一是中研院隸屬問題：「或者下次中全會，國府組織改動（即改為負行政責任），則本院隸屬問題或可煙消矣。然亦須隨時注意也。」二是立法院「查改（清理）一切法規」，可能將中研院組織法「改亂」：「好在立法院方面，尚可商量，然亦須接頭也。」對這兩件事，傅斯年「心中念念不置者」，「誠慮其不可」在朱家驊「任內出了岔」。此外，他還提出「評議會開會問題」，中研院「應否設立獎金問題」，並說：「此事本院職權所在，而以讓教育部，宜收回一部分也。」〔註 13〕

　　1943 年是中華民族命運轉折之年，抗戰勝利只是時間問題，抗戰救國已轉向抗戰建國，國家建設成為未來重任。〔註 14〕3 月，蔣介石出版了《中國之命運》一書，提出了建設現代中國的全面架構，對科學的借重尤為重要。〔註 15〕學術界也積極行動起來，7 月 18～20 日，沉寂兩年之久的中國科學社聯合中國數學會、中國動物學會、中國植物學會、中國地理學會、中國氣象學會等 6 學術團體在北碚召開聯合年會，向外敵宣示「飛機炸彈不能毀滅」學術研究，也向國人宣示「學術研究並不因國難而中輟」。蔣介石給年會頒布訓詞，不僅指出科學對抗戰建國的重要，「國防民生之發展，建國工作之達成，皆不能脫離科學」，更提出純粹科學是中國立於現代國家之林的基礎。〔註 16〕聯合年會除進行學術交流、社務討論之外，還專門舉行了「科學與建國」「國際科學合作」兩個專題討論，並最終議決以大會名義致書中樞，請求增加經費，加強各優秀學術團體和中研院的研究工作，增加理論科學留學生名額，促使政府在國家科學發展戰略上有所作為。

　　當年 10 月，朱家驊委託傅斯年代擬致立法院函件，奉告修訂的中研院「組織法」及其修訂原因，強調中研院直隸國民政府的合法性與學術獨立性：

　　　　本院隸屬國民政府，其理由可分為四點：一、本院純然為最高
　　學術機關而非行政機關，故本身無任何附屬機關，亦不作任何行政
　　上之工作。各大學雖亦為學術機關，然亦涉及行政，與本院性質不

〔註 13〕王汎森等主編：《傅斯年遺札》，第 3 卷，第 1442～1444 頁。
〔註 14〕參閱周錫瑞等主編《1943：中國在十字路口》，社會科學文獻出版社，2016 年。
〔註 15〕參閱郭金海《蔣介石〈中國之命運〉與中央研究院的回應》，《自然科學史研究》，2012 年第 2 期。
〔註 16〕《六學術團體聯合年會：蔣委員長頒發訓詞》，《中央日報》1943 年 7 月 19 日，第 2 版。

同。……二、考試權之運用，有賴於學術發達者甚多，即如銓敘部及考選委員會之審查著作，已由國防最高委員會通過，指定委託本院評議會辦理，……與本院工作相關之方面既不止一院一部，故本院在理論上及事實上均不宜隸屬於某一部或某一院。三、中國歷代有重視學術之傳統，原定條文似正合此精神。四、再就西洋陳例言之，學術之發達恃其有合理的獨立性，故西洋各國之最高學院無一個在名義上屬於教育部者，例如英國皇家學會（Royal Society），法國之法蘭西學院（Institut de France），皆自行選舉，不隸屬於教育行政機關，此本為歐洲各國學院之通例，即在德國本亦如是，最近十年政局丕變，普魯士教育部始有干涉學院之事，亦未以為隸屬也。又如蘇聯之科學院，工作繁多，部門龐大，與其他各國之學院，性質上有異，亦不屬於教育部。

傅斯年以真真假假的案例與理由〔註17〕論證中研院是純粹的學術研究機構，既不能隸屬於教育部這樣的行政機關，也不能隸屬於考試院這樣的銓敘機關（當時正有此一部一院欲合併中研院的討論與計劃）。「組織法」第五條評議會修訂，聘任評議員人數改為「三十人至四十人」，並增加總幹事為當然評議員；原第七、八兩條選舉名譽會員合併為一條，刪去「團體名譽會員」：

　　　國立中央研究院評議會設名譽會員，分為左列兩項：

　　　一、中國學術專家，於學術上有重大貢獻或主持科學研究有重大之成績，經評議員十人之提議，評議會評議員五分之四以上之通過，得被選為評議會名譽會員。

　　　二、外國學術專家，於學術上有重大貢獻，經評議員十人之提議，評議會評議員五分之四以上之通過，得被選為評議會外國會員。

　　　每一名譽會員當選之理由，須公告之。〔註18〕

　　1943 年 11 月，國民政府頒布經立法院修訂的《中央研究院組織法》和《國立中央研究院評議會條例》，中研院仍然直隸於國民政府，「評議會條例」除組成人員改為「由三十至五十人」外，其他幾乎完全接受了上述中研院意見，評議會職權增列「受考試院委託，審查關於考試及任用人員之著作或發明

〔註17〕如英國皇家學會是民間社團組織，如何與法蘭西學院、蘇聯科學院乃至中研院相提並論？

〔註18〕王汎森等主編：《傅斯年遺札》第 3 卷，第 1451～1456 頁。

事項」，總幹事也成為當然評議員，名譽會員的選舉一字不改。〔註19〕值得指出的是，修訂的「條例」除取消了團體名譽會員外，「國內名譽會員」當選條件寬鬆不少。第一，除學術上有重大貢獻者外，增加了「主持科學研究有重大成績」者，與聘任評議員當選資格「對所專習之學術有特殊之著作或發明者」、「對所專習之學術機關領導或主持在五年以上成績卓著者」相對應，這也成為後來院士選舉的條件。可以說，「名譽會員」當選資格的這一修訂，為後來的院士選舉奠定了基礎。第二，原來是評議員三分之一以上提議，全體通過才能當選名譽會員，這次僅需要十人提議、五分之四以上通過即可，大大地放寬了提名條件與當選的票選比例。

　　度過存亡風波的中研院迎來了新機，停頓兩年之久的評議會年會即第二屆評議會第二次年會，1944 年 3 月 8〜10 日終於在重慶召開。出席會議的評議員有朱家驊、翁文灝、李書華、竺可楨、傅斯年、謝家榮、茅以升、丁燮林、吳有訓、張雲、陶孟和、陳楨、李四光、李濟、吳學周、張鈺哲、汪敬熙、戴芳瀾、姜立夫、何廉、莊長恭、呂炯、曾昭掄、周仁、吳定良、王家楫、唐鉞等 27 人，來賓有魏懷、吳稚暉、戴季陶、孫科、何應欽、吳鐵城、熊式輝、劉尚清、張道藩、洪蘭友、朱經農、任鴻雋、張洪沅、金寶善等。朱家驊在開幕詞中強調評議會年會的全國代表性與重要性：「本評議會係由全國學術界推選評議員組織而成。各位評議員先生，俱為全國學術界之權威者；其所決議，攸關全國學術之發展，非徒中央研究院本身而已。」更把學術獨立與國家獨立聯繫起來：

　　　　一個國家的學術不能自立，即一個國家獨立的條件，尚未完備。吾人應如何規劃我國學術自立，使早日奠定其基礎，此亦有待於年會之討論。

　　　　戰後學術事業的復興，乃至謀我國學術之自立，及與友邦之學術合作，必先自國內學術研究普遍進步與充分合作做起。〔註20〕

魏懷代蔣介石宣讀訓詞，其中說中研院：

　　　　為國家最高學術研究機關，而評議會之任務，除決定該院研究學術之方針外，復有促進國內外學術研究之合作與互助之規定。然

〔註19〕　蔡鴻源主編：《民國法規集成》第 35 冊，第 287〜288 頁。
〔註20〕　朱家驊：《國立中央研究院評議會第二屆第二次年會開幕詞》，王聿均等編《朱家驊先生言論集》，第 85〜86 頁。

則際此時會，如何潛心壹志，兼程並進，發明創造，以應戰時之急
需；如何揆度國情，縝密籌擬戰後學術文化事業之建設方案，以供
政府之採擇；如何借助他山，頡頏提攜，提高科學水準，以樹立我
國文化在國際上之榮譽。此次年會當必有切實審詳之決定。建國之
道，經緯萬端，國防民生之發展，均無處不與科學之進步成正比。
戰時需要科學，平時尤需要科學。今後科學之力量，必將涵蓋一切，
日盛一日，以貢獻於人類之福利。〔註21〕

吳稚暉希望中研院「應該在迎頭的頭上豎立一個標準，而後好叫人家去
趕；考試院看見趕上去的人，就來承認他的資格；教育部在後面督促趕上去的
學術家」。現雖各方都很努力，但效果並不理想，「社會上還沒有能夠照我們的
希望趕上來。此刻不要說標準學術的人，就是不標準學術的人還是很少」。造
成的直接後果就是「評議會兩年不開會還不要緊。不然，不知道要有多少人等
著評議會開會，評議會也就一年也擱不起來」。戴季陶強調中研院的學術評議
功能，他說中研院是個「衡量全國學術的機關，也就是使全國學術達到標準化
的一個機關」，所謂「衡量」，「還包涵有提攜獎掖的意思，因為不提攜獎掖，
便很難使它達到標準化的境地」。〔註22〕可以說，無論是吳稚暉還是戴季陶都
重視中研院的學術評議功能，希望中研院在這方面有大作為。

會議討論正式提案31件，臨時議案多件，諸如戰後召開全國學術會議、
建立純粹科學研究機構與應用科學研究機構聯繫、評議會設立日常辦公處、
聯絡及協助國內各機關及大學研究機構、派員報聘英美學術機關、中研院設
立國際科學合作事業辦事處、分動植物所為動物植物兩所、成立醫學研究所籌
備處、將史語所人類學組獨立建制體質人類學所等。〔註23〕議決評議會英文
為 Council of Academia Sinica，評議員稱 member of Council of Academia
Sinica，另設研究院學侶 member of Academia Sinica，其名稱、設置、選舉及
有關事項組織委員會研究審定，下次年會時提出討論，推舉吳有訓、翁文灝、
傅斯年、李四光、李書華為委員，吳有訓負責召集。陳煥鏞因在廣州「附偽」，

〔註21〕《中央研究院評議會年會·蔣主席訓詞》，《中央日報》1944年3月9日第2
版。
〔註22〕《中央研究院評議會各次年會蔣介石、戴傳賢、朱家驊等講演詞》，中國第二
歷史檔案館藏，中央研究院檔案-393（2）-132。
〔註23〕《中研院評議會年會圓滿閉幕，重要提案通過十餘件，全體決議電致蔣主席
致敬》，《中央日報》1944年3月11日第2版。

評議員出缺，選舉錢崇澍繼任。〔註24〕會議提案「可否推選名譽會員」，由翁文灝、汪敬熙、莊長恭、姜立夫、李書華和李四光組成「名譽會員候選人推舉委員會」，最終審查意見是「暫不推舉」。選舉名譽會員自上次年會翁文灝提出，至此仍毫無進展。

　　值得專門指出的是，會議成立由吳有訓、謝家榮、茅以升、陶孟和、曾昭掄、吳學周、陳楨、翁文灝組成的「對政府建議案審查委員會」，議決對政府建議書要點如下：

　　　　（甲）自國民政府建都南京後十餘年來，國內科學研究初有基礎，極可寶貴，宜予以培植，使其發揚光大。

　　　　（乙）科學研究乃各項建設之基礎，如不重科學研究而徒重應用技術，則國家建設將缺乏基礎。

　　　　（丙）學術自立關係國家前途，欲求中國學術獨立，不可不努力充實國內各研究機關及大學之設備，以求建立本國科學研究基礎，茲請政府每年撥獎助研究專款。本年六百萬元，交本會分配作下列用途：（1）科學研究獎金；（2）特種研究補助費（無辦公費在內）；（3）國外科學之合作與聯絡。

　　　　（丁）在中國科學研究進行之始，應確定其目的不僅為中國，亦為人類共同之智慧與幸福著想，應憑此態度與世界科學家合作。

再次將學術獨立與國家獨立聯繫在一起，提出中國要為人類知識視野的擴展做出自己的貢獻。推定李四光、吳有訓、吳學周、翁文灝、傅斯年和汪敬熙組成委員會，起草對政府建議書，最終向政府提出六點建議：

　　　　（一）對於各種科學宜以平衡發展，相互聯繫，促其進步；（二）建設學術中心，以培養科學人才；（三）籌備舉行全國學術會議；（四）設立國家學術研究獎金；（五）維持並鼓勵有關高深學術研究之刊物；（六）推遣學術訪團於友邦。

可見，無論是會議期間的決議還是最終報告，中研院還是不能忘情於學術評議與獎勵的職權，建議設立學術研究基金和學術研究獎金。蔣介石曾對這些建議批示：「除原建議（一）（二）兩項發交教育部參酌辦理外，其餘（三）（四）

―――――――――――――――――

〔註24〕樊洪業主編：《竺可楨全集》第 9 卷，第 49 頁。似乎已經意識到評議會僅僅是中研院的評議會，不是歐美與日本的國家科學理事會，因此將英文原名 National Research Council 改為現名。

（五）（六）各項可由研究院會同教育部就國家財力所及，分別準備、籌議辦法，呈核為盼。」〔註25〕

　　會後吳有訓很快就擬定了關於 Member of Academia Sinica 的報告，全文如下：

　　　　（一）Member of Academia Sinica 之譯名，有中央研究院「院員」、「院士」、「院正」、「院侶」及「學侶」諸意見，應請公決（為便於討論，以下暫稱「院員」）。

　　　　（二）中央研究院（依組織法第一條及第二條之意義）成立學術會，內分自然科學及人文科學二組，學術會會員即稱「中央研究院院員」，英譯見上。學術會之組織，應向政府備案，其條例另定之。

　　　　（三）「院員」之被選人資格與評議員同，學科暫以本院已成立研究所之各門為限。

　　　　（四）「院員」由評議會選舉，被選後為本院永久院員，其人數及科目分配，由評議會決定（學術會成立後，「院員」如何選舉，應討論）。

　　　　（五）評議會會員與「院員」之關係，應加討論。〔註26〕

這份報告可以說是自 1941 年年會翁文灝提出選舉名譽會員後中研院為院士選舉邁出的關鍵性一步，雖然其中有「故步自封」之處，如「院員」學科以中研院已成立研究所學科為限。1944 年 3 月 16 日，中研院召開在渝評議員談話會，專門討論了這份報告，並決定「請各評議員研究，於下次年會時提出討論」。

　　第二屆評議會任期到 1945 年 7 月，但因抗戰及戰後復員，聘任評議員選舉不易，經先後兩次呈准國民政府，共延任期 3 年，到 1948 年 9 月第一次院士會議選舉出第三屆評議會後，第二屆任務才結束。〔註27〕1944 年 5 月 31 日，中研院第一次申請延展兩年的報告，其中所舉理由並不完全充分：

　　　　現在各大學及獨立學院之校址散處各地，多不集中，衡諸目前物價及交通情形，改選時之分校調查，分區投票，運送票箱等工作，耗費人力財力為數必巨；且本屆聘任評議員三十人中，係第一屆評議員連選連任者計二十二人，其充任本會評議員先後已達九年，此

〔註25〕《中研院建議倡助科學研究》，《中央日報》1945 年 1 月 26 日第 2 版。
〔註26〕《中央研究院在渝評議員談話會紀錄》，中國第二歷史檔案館，中央研究院檔案 393～546。
〔註27〕中央研究院總辦事處秘書組編印：《中央研究院史初稿》，第 170 頁。

　　三十人內，在評議會成立之前即已參加本院工作者居其半數，故本
屆評議員與本院之歷史關係較深，其對於本院工作之實際情況亦至
為熟悉，以之「決定本院研究學術之方針」及「促進國內外學術研
究之合作與互助」，輕車熟路，當不難事半功倍；依「評議會條例」
第十條之規定，「評議會每年至少開會一次」，惟因交通困難及力行
節約之故，在過去四年內，僅於三十年及本年春季各召開年會一次，
又因限於戰時環境，未能將策劃進行之工作推進至應有盡有之程
度，方擬俟抗戰勝利之後，再恢弘其對於學術及國家民族之重要貢
獻，若遽行改選，亦實遺有未盡所長之憾；短我國現在學術界成績
卓越之專門學者尚為數無多，本屆各評議員均係由上屆評議員就各
大學及獨立學院相關科目教授所票選之候選人中投票選出，在學術
界多居權威之地位，縱令再行改選，揆之上次選舉情形，眾望所歸，
當選者恐仍多由本屆之聘任評議員連任，徒耗人力財力，亦非戰時
所宜。〔註28〕

　　第一屆30位聘任評議員第二屆連任者僅22人，有8人被替代。又五年
過去，新的學術人才即使在抗戰的艱難困苦期間自然也有大發展，因此及時改
選，將他們吸收進入全國最高學術評議機關，必將對學術發展有極大的影響，
「當選者恐仍多由本屆之聘任評議員連任」這樣的說法缺乏說服力。揆諸
1948年當選第三屆聘任評議員名單（具體見本章第四節），可見其中大部分人
被替代。如果說1939～1940年這樣的抗戰困難之期還能成功選舉第二屆評議
會，而且開啟由全國教授們「海選」的民主程序，那麼1944～1945年抗戰即
將勝利之際，卻不能選舉第三屆評議員，無論如何都有些說不過去。選舉之所
以不能舉行，表明中研院此時雖已從與教育部的矛盾與爭鬥中獲得了新生，但
還遠未恢復元氣，缺乏真正的執行力，因此對選舉第三屆評議會能力產生懷
疑。當然，報告中所舉困難也是真實存在的。

　　中研院在向國民政府報告延期的同時，也曾預備第三屆評議員選舉，推
舉朱家驊、翁文灝、王世杰、何廉、李書華、竺可楨、王家楫組成第三屆評議
員選舉籌備委員會，並議決聘任評議員增加10人，學科分配數學2人、物理
1人、工程2人、醫學3人、人類學1人、社會科學1人。因申請延期核准，

〔註28〕　《中央研究院組織法令案》（二），（臺北）「國史館」藏，國民政府檔案，數字
　　　　　典藏號 001-012071-00253-026。

籌備也就遂至停止。〔註29〕

　　1945 年 8 月 31 日，中研院在重慶召開在渝評議員與所長座談會，朱家驊、吳有訓、茅以升、淩鴻勳、張雲、呂炯、林可勝、吳定良等聘任評議員與傅斯年、丁燮林、馮德培、王家楫、趙九章、羅宗洛等所長或代理人與會，議決原定 11 月 1 日舉行的第三屆年會因戰後復員變動不居取消，次年 3 月在南京舉行，屆時將著重討論「學侶」設置問題。〔註30〕計劃中的年會也未能如期召開。1946 年 6 月 24 日，中研院在南京開復員後第一次院務會議，竺可楨、陳省身、張鈺哲、楊肇燫、吳學周、王家楫、羅宗洛、趙金科、陶孟和、汪敬熙、傅斯年、薩本棟、凌純聲等出席，從朱家驊報告中得知過去評議會決議案「許多未能辦到」，如派員赴外訪問「亦只做到一部」，「至於召集全國教育學術會議全未辦，派員留學亦未舉行」。〔註31〕

　　1946 年 10 月 20 日，內戰烽煙已起，延宕一年半之久的第二屆評議會第三次年會終於在南京召開，「就全院組織及前途，與中國學術界整個情況，加以檢討，內為學術之進步，外為國際之合作，僉以應完成國家學院之體制，以院士為本院之構成分子。呈奉國民政府修正公布《本院組織法》及《評議會條例》。規定院士之選舉，應先由各大學、各獨立學院、各專門學會及各研究機關提名」。〔註32〕出席會議評議員有朱家驊、翁文灝、薩本棟、王世杰、王家楫、何廉、吳有訓、吳定良、吳學周、呂炯、李書華、秉志、汪敬熙、周仁、周鯁生、林可勝、竺可楨、茅以升、胡適、胡先驌、唐鉞、陳垣、凌鴻勳、傅斯年、張雲、錢崇澍、謝家榮、羅宗洛等 28 人，巫寶三、陳省身、徐豐彥、趙金科、陳遵嬀分別代表社會學、數學、醫學、地質和天文所所長或籌備處主任列席。來賓有蔣介石代表吳鼎昌、中央黨部代表于右任、國防部長白崇禧及周鍾岳、林雲陔、蔣夢麟、洪蘭友、陳立夫、錢昌祚、杭立武、田培林等。朱家驊在開幕詞中說，抗戰以來，中國學術研究雖遭遇空前困難，但抗戰勝利後學術發展面臨新的機遇，特別是「最近國防最高委員會決議以後國家總預算內科學研究費用佔有百分比」，因此本次會議的召開具有特殊的意義：

〔註29〕《中央研究院在渝評議員談話會紀錄》，中國第二歷史檔案館藏，中央研究院檔案-393-546。

〔註30〕郭金海：《院士制度在中國的創立與重建》，第 100 頁。

〔註31〕樊洪業主編：《竺可楨全集》第 10 卷，第 146～148 頁。

〔註32〕《國立中央研究院概況》（民國十七年六月至三十七年六月），第 4 頁。

在這抗戰結束未久，建設正要開始的時候，面臨著一切環境的劇烈變動，應如何健全院本身的組織機構，並如何使會本身的代表性質更得合理基礎，藉以加強工作效能，而使全國學術確有機會去儘量發展，也要請各位先生多多指教。〔註33〕

白崇禧發言中也說在軍費中提出百分之二作為科學研究之用，「並派科學家出國研究」，評議員們以為白崇禧的「演辭最為肯綮」。陳立夫發言卻引起不滿，他認為目前科學研究因工業不振、農業破產，「無事可做」。竺可楨歸罪他任教育部長，「竭力提倡實科，今日乃自食其果」。胡適以芝加哥大學、加州理工學院為例說只要有十年安定的環境，中國學術「便可大有進步」，答覆陳立夫。〔註34〕

第二天正式會議，評議會秘書翁文灝報告，指出科研經費越來越少，「科學工作人員無以為生，因此有希望的人們、年青科學家，均有國外研究的趨勢，此事急應挽救」。總幹事薩本棟報告，述滯留國外的研究人員不願回國的理由及其國內科學人才被糟蹋的狀況，如桂質庭放棄高空游離層的測定工作而就任行政院參事。國家留學政策更是荒唐透頂，教育部所送大學教授70餘人，「大半不懂英文，罔論其他」。〔註35〕22日下午，開會討論兩個事項，一為「規定 Member of Academia Sinica 之名稱、設置、選舉及有關事項案」，二為「請設置中央研究院院侶及修正評議會組織與任務案」。議決兩案合併討論，以吳有訓、翁文灝、傅斯年、李書華、胡適、薩本棟、周鯁生、秉志、陳垣等9人組成審查委員會進行審查，胡適為召集人，同時一致通過中研院設置「member」，並討論確定其中文名為「院士」。23日下午開大會，議決通過修正中研院「組織法」及「評議會條例」審查意見，「組織法」新增：

第五條　國立中央研究院置院士若干人，依下列資格之一，就全國學術界成績卓著之人選舉之。

1. 對於所專習之學術有特殊著作、發明或貢獻者。

2. 對於所專習學術之機關，領導或主持在五年以上成績卓著者。

第六條　國立中央研究院院士，第一次由國立中央研究院評議會選舉八十至一百人，以後每年由院士選舉，至多十五人。

〔註33〕《中央研究院評議會第二屆第三次會議記錄》，中國第二歷史檔案館藏，中央研究院檔案-393-1557。

〔註34〕樊洪業主編：《竺可楨全集》第10卷，第232頁。

〔註35〕樊洪業主編：《竺可楨全集》第10卷，第233頁。

第七條　國立中央研究院院士之選舉，應經各大學、各獨立學院、各著有成績之專門學會或研究機構，院士五人以上或評議員五人以上之提名，由評議會審定為候選人後舉行並公告之。院士選舉規程由評議會定之。

第八條　國立中央研究院院士為終身制。

第九條　國立中央研究院院士之職權如左：

1. 選舉院士及名譽院士。

2. 選舉評議員。

3. 議訂國家學術之方針。

4. 受政府之委託，辦理學術設計、調查、審查及研究事項。院士會議規程由評議會審定之。

第十條　國立中央研究院院士分為左列三組，其每組名額由評議會定之：

1. 數理科學組（包括數學、天文學、物理系、化學、氣象學、地質學、古生物學、礦物岩石學、地理學、海洋學、工程學等）。

2. 生物科學組（包括動物學、植物學、人類學、生理學、心理學、微生物學、醫學、藥物學、農學等）。

3. 人文科學組（包括哲學、史學、語言學、考古學、法律學、經濟學、政治學、社會學、民族學等）。

第十一條　國立中央研究院設評議會，由院士互選經國民政府聘任之評議員三十至五十人及當然評議員組織之。

國立中央研究院院長、總幹事及直轄各研究所所長為當然評議員，院長為評議會會長。

評議會條例另定之。

第十三條　國立中央研究院置名譽院士。

國外學術專家，於學術上有重大貢獻，經院士十人之提議，全體院士過半數之通過，得被選為名譽院士。

每一名譽院士當選之理由，應公告之。

「評議會條例」修正如下：

第一條　國立中央研究院，依國立中央研究院組織法第十一條之規定，設評議會。

第二條　評議員由國立中央研究院院士互選之。

第三條　聘任評議員，應依國立中央研究院組織法第十條所列各組分配名額。但某學科無相當人選時，得暫缺。

第六條　聘任評議員任期終了前三個月，應由院士選舉下屆評議員，其選舉規程，由評議會定之。

評議會修訂「組織法」相關院士選舉條文時，放棄已經實踐過一次的由大學教授推舉候選人的提名模式，而改為全新的機構（大學、獨立學院、研究機構和專門學會）提名。沒有相關資料說明評議會放棄已有實踐經驗的專家個人提名改用機構提名制度的原因，但第二屆評議會選舉教授們初選時西北工學院、中山大學的「選舉運動」可能是其中原因之一，因為這種「選舉運動」評議會完全不能控制。根據修訂的「評議會條例」，以後聘任評議員的選舉由院士們決定，與大學教授們完全無關，大大簡化了選舉手續與選舉程序，自然也剝奪了大學教授們的學術評議權，極大地強化了院士們的權力。

根據修訂的組織法，院士選舉標準基本與聘任評議員相同，包括學術成就與領導科研機構兩個方面，與世界通行的以學術成就為唯一標準選舉院士的規定不同，自然與中國各門學科處於本土化進程有關，需要承認那些為中國學術近代化作出重要領導貢獻而自己沒有多少學術成果的學術領導人的學術地位。院士分科幾乎囊括了當時所有學科，包括屬於地質學的古生物學、礦物岩石學和地理學、海洋學、微生物學等，後來的具體籌備選舉過程中對學科分類有所調整。

「組織法」的修訂為院士選舉奠定了法理基礎，是中研院為其學術評議功能的最終確立邁出的最為關鍵性的一步，此後僅須等待國民政府批准，以此為基礎制定院士選舉的具體程序與方法，並具體實施。會議還授權評議會秘書、總幹事及在南京、上海評議員草擬《院士選舉規程》及《院士會議規程》，「以通信方法徵求評議員同意後，先行施行，於下次評議會追認」。可見，為加快院士選舉，採取了通信徵求意見的非常措施。由此，院士選舉進入了緊鑼密鼓的「快速進程」。

從 1935 年 6 月中研院評議會成立到 1946 年 10 月召開第二屆評議會第三次年會將事務重心轉入院士選舉，評議會已經運轉了 11 年有餘，也召開了 8次年會，議決了不少提案，為國家學術發展提供了不少的方略。自從評議會將其職能由最初的選舉「名譽會員」擴展到議決中研院發展方向、促進學術研究

合作互助等 6 個方面以來，其在相關全局性的國家學術發展方面的影響似乎成效不大。除在中研院自身建設方面如研究所的擴展、楊銓丁文江獎金的設立、院長的選舉等，促成科學研究與實際相結合等方面有所作為外，無論是學術評議獎勵（國家科學獎勵金）、學術研究基金（設立國家科學補助金）的設立，學術合作與互助（中研院與其他機構合作、促使其他機構合作）的運行，還是在國家留學政策等其他方面的建議都影響甚微。也許正是看到在這些方面的無所作為與推展無力，評議會還是決定回歸本位，以選舉「名譽會員」為「本業」，同時也可藉此將被教育部學術審議會「劫取」的學術評議與獎勵職權收回，建立起自己學術評議與獎勵的至高權威性。

二、候選人提名與資格審查

1947 年 3 月 13 日，國民政府公布了修正的《國立中央研究院組織法》，幾乎完全承認評議會的修訂，僅有少許幾處並非關節性修改：第一，將第八條院士為「終身職」改為「終身名譽職」；第二，將第十條學科分組改為數理組、生物組、人文組〔註36〕，並取消具體分科；第三，將第十一條評議會組成改為「由院士選舉經國民政府聘任之評議員三十至五十人及當然評議員組織之」。〔註37〕第八條的修改，明確了「院士」僅僅是一個名譽性職位，提升了其學術崇高性。第十一條的修訂，在一定意義上約束了院士的權力。按照原來的條文，聘任評議員由院士互選，評議員直接由院士群體產生，沒有院士的學科在評議會將永無代言人，這樣自然不利於學科的平衡與新興學科的發展。修改之後，從法理上為非院士進入評議會創造了條件，也為弱勢學科或新興學科的發展提供了代言機會。〔註38〕

此後，首屆院士選舉進入程序狀態。1947 年 3 月 15 日，中研院召開京滬評議員談話會（胡適剛好在南京也與會），另有朱家驊、翁文灝、薩本棟、吳有訓、淩鴻勳、謝家榮、羅宗洛、李濟、王家楫、趙九章、吳學周、呂炯、胡適、傅斯年、茅以升等 15 人出席，商討院士選舉法草案，薩本棟與傅斯年各

〔註36〕臺灣中研院院士分數理、生命和人文三組，2014 年從數理科學組分出工程科學，現分數理、工程、生命和人文及社會科學四個組。
〔註37〕《國立中央研究院概況：民國十七年六月至民國三十七年六月》，第 11 頁。
〔註38〕後來臺灣中研院評議會中有非院士評議員，如地質學家阮維周（1912～1998）1960 年當選第四屆評議會聘任評議員，1962 年擔任總幹事成為當然評議員，1976 年才當選院士。

擬一草案。17 日，開談話會第二次會議，傅斯年所擬草案被用作討論基礎。
〔註39〕3 月 26 日，召開京滬評議員第二次談話會，朱家驊、翁文灝、薩本棟、
李書華、錢崇澍、吳有訓、茅以升、呂炯、陶孟和、傅斯年、羅宗洛、王家楫、
趙九章等 13 人出席，討論修正傅斯年提出的《院士選舉規程草案》。決議將傅
斯年提出的「院士候選人提名表草案」經翁文灝、薩本棟校正後一併作為《院
士選舉規程草案》附錄，寄送給各位評議員徵求意見。截止 4 月 30 日，並無
評議員對「選舉規程」提出意見。〔註40〕《院士選舉規程》主要包括下述內容：

　　1. 院士名額分組：數理組 27～33 人，生物組 27～33 人，人文
組 27～34 人。

　　2. 評議會組織選舉籌備委員會，由院長、評議會秘書、總幹事
及三組評議員每組推舉 5 人組成。

　　3. 提名候選人時，以已規定學科為範圍，並應由主管者簽名加
蓋機關印信。

　　4. 評議員 5 人提名候選人，應以其本人所屬組別為限。

　　5. 提名填寫「院士候選人提名表」，連同有關著作及其他文件
寄送選舉籌備委員會。

　　6. 提名截止時，選舉籌備委員會初步審查提名是否合於資格，
並將符合資格的初步名單注明理由，連同相關文件提交評議會。

　　7. 評議會根據初步名單分組審查，並全體討論，以出席會議半
數以上選決候選人。評議員十人提議未入初步名單者，得出席評議
員半數同意可列入候選人。

　　8. 候選人向社會公告，並注明候選理由，公告時間至少四個月。

　　9. 對公告名單有意見，可具名寄送選舉籌備委員會。選舉時，
選舉籌備委員會將可資參考批評意見提出會議。

　　10. 候選人經出席會議五分之四同意方能當選。〔註41〕

同時，選舉籌備委員會（下簡稱籌委會）成立，由朱家驊、翁文灝、薩本
棟與數理組吳有訓、吳學周、謝家榮、凌鴻勳、茅以升，生物組秉志、王家楫、
羅宗洛、林可勝、汪敬熙，人文組胡適、傅斯年、王世杰、陶孟和、李濟組成。

〔註39〕曹伯言整理：《胡適日記全集》第 8 冊，第 275 頁。
〔註40〕郭金海：《院士制度在中國的創立與重建》，第 124～125 頁。
〔註41〕《國立中央研究院概況（民國十七年六月至民國三十七年六月）》，第 16～17
　　　　頁。

5月9日，召開第一次籌委會，議決數理組包括數學、物理、化學、地質、自然地理、天文、氣象、工程等八個學科，捨去了古生物學、礦物岩石學和海洋學，前兩個學科屬於地質學，後來當選的楊鍾健、謝家榮可以作為這兩個學科代表，海洋學當時還處於草創階段；生物組包括動物、植物、體質人類學、心理學、生理學、醫學、農學等7個學科，刪去微生物學與藥學，微生物學屬於植物學，後來當選的戴芳瀾與農學的鄧叔群都以真菌學研究聞名，後來的選舉過程中又恢復藥學學科，陳克恢當選；人文組包括哲學、中國文學、史學、語言學、考古學及藝術史、民族學、人文地理、法律學、政治學、經濟學、社會學11個學科，其中規定「中國文學」遴選理論研究者，不包括文藝創作家。〔註42〕提名名單歸類時，沒有自然地理、人文地理的學科分類，民族學歸入社會學（見下文），可見籌委會在學科分類上的前後變化與猶豫不決，一方面反映了當時對學科分類與邊界的認知模糊，另一方面也可以看出他們在具體籌備過程中的認真、負責態度。

籌委會借鑒第二屆評議會選舉經驗，推舉 24 位評議員草擬各學科候選人：數學姜立夫，物理吳有訓、李書華，化學侯德榜、吳學周，地質與自然地理翁文灝、謝家榮，氣象趙九章，工程茅以升、周仁、薩本棟；動物王家楫、秉志，植物羅宗洛、錢崇澍，體質人類學吳定良，心理學汪敬熙，生理學林可勝，醫學林可勝、汪敬熙，農學羅宗洛、戴芳瀾；哲學、中國文學、歷史、語言、考古及藝術史、民族學和人文地理胡適、傅斯年、李濟，法律、政治、經濟和社會學陶孟和和王世杰。〔註43〕同時，籌委會決定登報公告，請大學、獨立學院、專業學會及研究機關等開始候選人提名。5月16日，中研院總辦事處將《組織法》《評議會條例》及《院士選舉規程》等分別寄送相關機構，並於18日開始在《中央日報》《大公報》等報刊第一版連日發布《國立中央研究院第一次院士選舉籌備會通告》，規定提名「自登報之日起至三十六年七月二十日截止」。

5月22日，胡適發出「人文組」「人文科學」部分擬提名單：哲學吳稚暉、湯用彤、金岳霖（後全部當選），中國文學沈兼士、楊樹達、傅增湘（僅楊樹達當選），史學張元濟、陳垣、陳寅恪、傅斯年（全部當選），語言學趙元任、

〔註42〕郭金海：《院士制度在中國的創立與重建》第 165 頁。
〔註43〕郭金海：《院士制度在中國的創立與重建》，第 137～138 頁。值得注意的，天文學無評議員負責推舉，此時天文學有聘任評議員張雲與當然評議員張鈺哲。

李方桂、羅常培（羅常培落選），考古學及藝術董作賓、郭沫若、李濟、梁思成
（全部當選），人文地理與民族學「想不出人名」。〔註44〕傅斯年也在致胡適函
表達了他的人文組名單意見，中國文學吳稚暉、胡適（關係文學風氣者）、楊樹
達（經籍考訂）、張元濟（古本流傳），史學陳垣、陳寅恪、傅斯年、顧頡剛、
蔣廷黻（近代史尚無第二人）、余嘉錫或柳詒徵（柳不如余），考古及美術史李
濟、董作賓、郭沫若、梁思成，哲學湯用彤、馮友蘭、金岳霖，語言趙元任、李
方桂、羅常培。並說天下大亂，選舉院士，「弄不好，可把中央研究院弄垮臺」，
「只有竭力辦得他公正、像樣、不太集中，以免為禍好了」；「人文與社會科學
平等數目，殊不公，因為前者在中國比後者發達也」，「人文方面非二十人不
可」，「如此則社會科學只有十四」，並認為陶孟和負責推薦的社會科學候選人
「標準甚低」；陳寅恪、李濟、趙元任、董作賓、傅斯年是史語所職員，「似本
所不便提名，擬請北大提出」。〔註45〕傅斯年的名單中也沒有人文地理與民族學
兩個學科人選，看來首屆聘任評議員張其昀（真正專業為人文地理）並不被兩
位看好，與傅斯年有矛盾的史語所凌純聲也沒有被選為民族學代表。胡適並不
看好自己的弟子顧頡剛，傅斯年視野更為寬廣，顧頡剛而外還有蔣廷黻與余嘉
錫、柳詒徵，柳詒徵是與北京大學相抗衡的南高「學衡」派史學主帥。相較而
言，師徒倆在考古與藝術史上完全一致。值得注意的是，傅斯年抱怨人文組
「人文與社會科學」院士名額平等「不公」，院士選舉籌備過程中，似乎沒有人
文與社會科學院士人數平均分配的提議，傅斯年此說不知源於何處。〔註46〕

〔註44〕《胡適致薩本棟、傅斯年函》（1947 年 5 月 22 日），潘光哲主編《胡適全集：
　　　　胡適中文書信集》第 3 冊，中央研究院近代史研究所，2018 年，第 588～589
　　　　頁。胡適名單中推薦了吳敬恒、張元濟、傅增湘三位「老輩」，並給出了各自
　　　　的理由，其中對張元濟尤為推崇：「他對於史學的最大貢獻是刊行史籍與史料，
　　　　他主持的《四部叢刊》與百衲本《廿四史》等，使一般史學者可以容易得著最
　　　　古本的史籍與古書，其功勞在中國史學界可謂古人無與倫比。我曾想，百衲本
　　　　《廿四史》的印行，比阮元的《十三經注釋‧校勘記》還要重要。所以我也希
　　　　望孟真、濟之兩兄考慮此老。」

〔註45〕王汎森等主編：《傅斯年遺札》第 3 卷，第 1762～1764 頁。

〔註46〕傅斯年在此前起草、作為《院士選舉規程》討論基礎的「草案」中對人文組院
　　　　士名額及其各學科分布有具體的數字。若選舉 35 位院士，社會科學的經濟學
　　　　4 人、法學 3 人、社會 2 人、政治學 1 人還「恐不易選」；選舉 20 位院士，經
　　　　濟 3 人、法學 2 人，政治和社會學無；選舉 44 位院士，經濟學 6 人、法學 4
　　　　人、政治學 2 人、社會學 2 人。可見，他一直「看低」社會科學，即使人文組
　　　　選舉 44 位院士，社會科學也僅 14 人。《院士選舉規程》最終確定人文組 27～
　　　　34 人，他以 34 人為準，分配人文 20 人、社會科學 14 人（郭金海《院士制度

　　最終姜立夫、嚴濟慈、侯德榜與吳學周、謝家榮、趙九章、茅以升、淩鴻勳、秉志與王家楫、錢崇澍與羅宗洛、吳定良、汪敬熙、羅宗洛、戴芳瀾、王世杰、陶孟和、胡適、傅斯年等 19 人推舉了涉及 21 個學科 226 人名單。〔註47〕值得注意的是，有不少的提名人都沒有提名自己，如姜立夫、嚴濟慈、吳學周、謝家榮、趙九章、淩鴻勳、秉志、王家楫、羅宗洛、汪敬熙、王世杰、陶孟和、胡適等。籌委會在此基礎上，根據中研院總辦事處搜集的材料等，於 1947 年 6 月提出了一個 181 人的候選人名單。〔註48〕表 7-1 是中研院評議員等 19 人提名與籌委會最後確定的候選人參考名單總名單。

表 7-1　評議員等提名與籌委會確定的院士候選人總名單（291 人）

組　別	學　科	名　單
數理組 120	數學 10	姜立夫、陳省身、華羅庚、江澤涵、蘇步青、陳建功、熊慶來、孫光遠、楊武之、朱公瑾
	物理 9	嚴濟慈、李書華、葉企孫、饒毓泰、吳有訓、趙忠堯、吳大猷、周培源、王淦昌
	化學 13	吳憲、莊長恭、薩本鐵、曾昭掄、黃鳴龍、吳學周、黃子卿、李方訓、高崇熙、孫學悟、趙承嘏、陳克恢、侯德榜

在中國的創立與重建》，第 122 頁）。據夏鼐說，1947 年 10 月 15 日召開的評議會年會議決正式候選人時，人文審查小組曾有一名額分配方案，34 名院士文史 20～21 人、社會科學 13～14 人；確定候選人時，「尊重社會科學方面評議員意見」，人文推舉 31 人，社會科學推舉 24 人。夏鼐說人文「約超過百分之五十」、社會科學「約多一倍」的計算實在是「大而化之」（王世民、湯超編《夏鼐書信集》第 99 頁）。

〔註47〕被推舉提名的 24 位評議員中物理學吳有訓和李書華、地學翁文灝、工程周仁和薩本棟、生理林可勝、醫學林可勝和汪敬熙、人文李濟未參與提名，未被推舉的物理嚴濟慈、工程淩鴻勳參與了提名，可能是相關評議員對他們的授權。具體名單見李來容《院士制度與民國學術：1948 年院士制度的確立與運作》第 205～208 頁。值得指出的是，李來容文中還有提名人不詳的提名名單如地質學、社會科學和人文科學（人文科學有兩位姓名不詳者提名），郭金海書中不僅沒有這些名單，也沒有嚴濟慈所提物理學名單。這裡僅取有提名人姓名的提名名單，比郭金海書多出嚴濟慈所提物理學名單。19 人共提名 229 人，其中侯德榜、劉崇樂、鄧叔群三人被推舉了兩個學科，因此共有 226 人被提名。

〔註48〕郭金海《院士制度在中國的創立與重建》第 144～145，李來容《院士制度與民國學術：1948 年院士制度的確立與運作》第 208～210 頁。吳憲同時名列化學與醫學，有效人數為 181 人。值得注意的是，郭金海書將醫學「康錫榮」錯為「康熙榮」、「顏春輝」錯為「嚴春輝」。

	地質 25	謝家榮、楊鍾健、斯行健、黃汲清、李四光、孫雲鑄、翁文灝、朱家驊、章鴻釗、尹贊勳、孟憲民、王竹泉、孫健初、南延宗、譚錫疇、葉良輔、程裕淇、王恒升、馮景蘭、王曰倫、李悅言、李慶逵、徐克勤、袁復禮、丁驌
	天文 3	余青松、張鈺哲、張雲
	氣象 4	趙九章、呂炯、竺可楨、涂長望
	工程 56	周仁、王寵佑、薩本棟、葉諸沛、侯德榜、淩鴻勳、茅以升、支秉淵、蔡方蔭、程孝剛、蔡邦霖、曾養甫、陳大受、陳章、諶湛溪、杜殿英、馮簡、顧宜孫、顧毓琇、洪觀濤、侯家源、黃金濤、康時振、李謨熾、李書田、盧宗澄、麥蘊瑜、潘承梁、裘維裕、邵逸周、施嘉煬、施孔懷、石志仁、孫越崎、唐文悌、王樹芳、王之卓、吳保豐、吳必治、吳承洛、蕭慶雲、徐世大、許應期、薛卓斌、楊繼曾、楊簡初、楊毅、袁夢鴻、惲震、趙曾珏、趙祖康、鄭華、鄭肇經、周維幹、朱蘭成、莊前鼎
生物組 103	動物 15	秉志、王家楫、陳楨、胡經甫、伍獻文、童第周、貝時璋、朱洗、劉承釗、談家楨、陳世驤、陳義、崔之蘭、劉崇樂、吳光
	植物 11	羅宗洛、張景鉞、錢崇澍、胡先驌、劉慎諤、戴芳瀾、裴鑑、饒欽止、李繼侗、殷宏章、鄧叔群
	醫學 31	吳憲、魯桂珍、王應睞、胡正詳、康錫榮、梁伯強、謝少文、湯飛凡、顏春輝、劉緯通、劉士豪、鍾惠瀾、張孝騫、李宗恩、戚壽南、董承琅、關頌韜、沈克非、張先林、黃家駟、謝志光、榮獨山、袁貽瑾、陳志潛、劉瑞恒、沈詩章、馬文昭、孫克基、李士偉、林文炳、郭秉寬
	藥學 4	陳克恢、趙承嘏、張昌紹、張毅
	人類學 3	吳定良、歐陽翥、劉咸
	心理 4	汪敬熙、陸志韋、唐鉞、沈有乾
	生理 7	林可勝、馮德培、張錫鈞、蔡翹、湯佩松、王世濬、徐豐彥
	農學 28	沈宗瀚、趙連芳、鄧叔群、俞大紱、劉崇樂、陳嶸、魏景超、蔡邦華、曾勉、陳振鐸、程淦藩、馮澤芳、高尚蔭、胡昌熾、金善寶、靳自重、李先聞、梁希、林傳光、凌立、汪厥明、王濟熙、葉和才、張巨伯、張乃鳳、章文才、周明牂、周拾祿
文史組 74	哲學 4	呂澂、湯用彤、馮友蘭、金岳霖
	中國文史 8	朱起鳳、吳敬恒、張元濟、胡適、楊樹達、余嘉錫、沈兼士、傅增湘
	史學 6	陳寅恪、陳垣、顧頡剛、傅斯年、柳詒徵、蔣廷黻
	語言 4	王力、趙元任、李方桂、羅常培

考古及藝術史 5	向達、李濟、董作賓、郭沫若、梁思成
法律 11	王寵惠、王世杰、郭雲觀、燕樹棠、梅汝璈、李浩培、吳經熊、鄭天錫、張志讓、倪征噢、趙鳳喈
政治 14	周鯁生、蕭公權、徐淑希、錢端升、張忠紱、吳之椿、黃正銘、浦薛鳳、劉迺誠、王鐵崖、邵循恪、徐義生、陳序經、王贛愚
經濟 15	馬寅初、陳岱孫、楊端六、劉大鈞、何廉、方顯廷、楊西孟、伍啟元、巫寶三、樊弘、張培剛、李卓敏、朱炳南、吳大業、梁方仲
社會 7	陳達、陶孟和、孫本文、吳景超、潘光旦、費孝通、許烺光

注釋：下劃線為籌委會確定時新增名單、框起為籌委會確定時刪去名單，天文、醫學、藥學和生理學沒人提名，全是新增。

可見，這個名單的學科分類中已無自然地理、人文地理和民族學三個學科，恢復了藥學，後續程序完全以此進行學科分類。籌委會最終確定的 181 名院士候選人參考名單與 19 人提名名單相比：數學新增姜立夫，少楊武之、朱公謹；物理僅新增嚴濟慈；化學增加吳學周，少趙承嘏、陳克恢和侯德榜，趙承嘏、陳克恢入藥物學，侯德榜入工程學；地質學新增謝家榮，少譚錫疇等 11 人；增加天文學 3 人余青松、張鈺哲、張雲；氣象學增加趙九章、呂炯，少涂長望；工程方面，茅以升推薦 12 人、凌鴻勳提名 45 人共有 52 人之多（兩人提名中僅趙祖康、支秉淵、程孝剛、諶湛溪、曾養甫 5 人相同），參考名單新增周仁、薩本棟、王寵佑、葉渚沛 4 人，少蔡邦霖等 46 人；動物增加秉志、王家楫師徒，少陳世驤等 5 人；植物增加羅宗洛，少鄧叔群（入農學）；人類學少歐陽翥、劉咸；心理學增加汪敬熙，少沈有乾；農學羅宗洛提名 17 人、戴芳瀾提名 22 人共 26 人（有 13 人重合），參考名單增加沈宗瀚、趙連芳，少曾勉等 20 人；人文科學胡適提名 17 人、傅斯年提名 21 人共 23 人（共有 15 人重合），哲學、中國文史、語言學、考古及藝術史各增加呂澂、朱起鳳、王力與向達，中國文史少傅增湘。社會科學王世杰提名 29 人、陶孟和提名 34 人共 44 人（重合 19 人），法律新增王寵惠、王世杰、郭雲觀 3 人，少吳經熊等 5 人，政治學少吳之椿等 9 人，經濟學少樊弘等 6 人，社會學少費孝通等 2 人。

相比而言，一個學科兩位提名人商量後共同提出名單比各自提出名單要合理得多，也更得到籌委會的認同。侯德榜與吳學周商量後提出的化學名單，僅新增吳學周一人，被排除的三人也進入其他學科，具有相當的權威性；羅宗

洛與錢崇澍共同提出的名單，僅增加羅宗洛，排除的鄧叔群進入農學；只有秉志、王家楫師徒商量後提出的動物學名單被籌委會排除較多。而沒有商量各自自行提出的名單，可謂「五花八門」，最離奇的是工程兩人共提出 52 人之多，僅有 5 人重合，而且這 5 人僅有程孝剛一人正式候選，籌委會新增了 4 人才湊成 10 人參考名單。相較而言，茅以升提出的 12 人中有 5 人被籌委會認同，淩鴻勳提出的 45 人中僅 2 人被籌委會認同。羅宗洛、戴芳瀾分別提出的農學籌委會也增加了兩人，王世杰、陶孟和提出的社會科學僅法學增加了 3 人，胡適、傅斯年師徒提出的人文科學也增加了 4 人。其他僅有一人提名學科，籌委會的認同也有差別，物理學嚴濟慈提名得到了籌委會的高度認同，僅新增嚴濟慈自己而已；姜立夫提名的數學僅新增姜立夫，減少兩人；謝家榮提出的地質學名單，排除較多；吳定良、汪敬熙提出的人類學、心理學名單也有變化。由此似乎可以看出各提名人對本學科的瞭解程度及其學術鑒賞水準，也反映了籌委會的態度。

籌委會確定候選人名單時，沒有提名的學科天文學、生理學似乎相對容易，提出了學界共同認知人物，而醫學居然提名 31 人之多，遠超其他學科名單，實在有些離奇。相較當時最發達的學科地質學、生物學（包括動物和植物）候選人數，醫學候選人參考名單也過多。這可能在一定程度上反映了籌委會在沒有提名基礎上進行刪減時的謹慎。評議員等提名名單和籌委會最終確定的候選人名單一共有 297 人，其中吳憲、侯德榜、陳克恢、趙承嘏、鄧叔群、劉崇樂等 6 人在兩個學科被推薦，因此共有 291 位學人被中研院所提名，在一定意義上展示了作為國家最高學術科研機構國立中研院對當時學術發展的基本估量。

也許是汲取了第二屆評議員選舉中中研院千辛萬苦制定出來供教授們選舉的「參考名單」無足輕重的「實踐」經驗，籌委會沒有將這個最後確定的 181 人參考名單發送給大學、獨立學院、專業學會及研究機構作為院士正式提名的參考。學術評議中以政治選舉模式的所謂「候選人」制度來限定提名人範圍，不僅限制了學人們的自由意志與自我意識，而且也不能準確地反映學術實際，無論出發點多麼高尚，在一定意義上都是對學術評議原則與標準的侵擾。因此，中研院在首屆院士選舉中完全放棄了提供參考名單這一「政治選舉」形式，回歸學術評議的本色與本質。

無論是籌委會的 181 人名單還是總名單 291 人，都只有參考意義，不具有「法律」效用。具有法律效應的正式提名，因北京大學、清華大學、中央大

學、武漢大學等學術重鎮推薦名單未能及時開出或送達，籌委會決定將提名截止時間延長一月，並於 7 月 19 日開始連續三天在《中央日報》《大公報》等發布通告。提名截止後，籌委會 8 月 27 日到 10 月 13 日召開四次會議，對提名進行了初步審查，確定民族學歸入社會學；中國文學改稱「中國文史學」，以精研古籍及領導學術風氣為限，不包括文藝創作家。〔註49〕10 月 12 日，籌委會召開全體會議對院士提名表等進行審查，確定了 57 個機構提名的 510 人提名名單（北京大學、清華大學、中央大學、武漢大學、河南大學、中研院等 6 個單位在全國範圍內提名）〔註50〕，數理組 193 人、生物組 154 人、人文組 163 人，具體見表 7-2。

表 7-2　正式提名 510 人全名單（括號中數字為提名頻次）

組　別	學科	名　單
數理組 193 人	數學 31	申又根、江澤涵（3）、何衍璿、余光烺、李華宗、李國平、沈青來、周紹濂、姜立夫（4）、柯召、孫光遠、張濟華、許寶騄（3）、陳省身（4）、陳建功（3）、陳藎民、曾珹益、湯璪真、華羅庚（5）、楊武之、楊卓新、熊慶來（4）、趙訪熊、趙進義、劉正經、劉俊賢、樊映川、樊𡎝、潘廷洸、錢偉長、蘇步青（2）
	物理 26	丁燮林（4）、王竹溪、王守競、任之恭、束星北、余瑞璜、吳大猷（6）、吳有訓（6）、李書華（5）、周培源（4）、岳劼恒、查謙、倪尚達、桂質庭（3）、張文裕、梁百先、陸鴻鈺、馮秉銓、葉企孫（4）、聞詩、趙忠堯（4）、趙松鶴、鄭衍芬、錢三強、嚴濟慈（6）、饒毓泰（5）

〔註49〕郭金海：《院士制度在中國的創立與重建》，第 165 頁。值得說明的是，傅斯年起草院士選舉規程時，就曾對該學科有這樣的說明，並對院士選舉有一個「總說明」，院士既需滿足兩個條件之一，又是「全國學術界成績卓著之人士」，因此「教書多年，成材甚眾，在學術界成績卓著，而於兩項資格有未盡合者，不便列入」；在專門事業上成績卓著，「而表現在事業上不在學術上，亦不便列入」；中研院研究「科學及有組織之學問」，「故美術、文藝創作，皆不列入」（同前第 123 頁）。院士選舉大致遵循了傅斯年的意思，可見傅斯年在院士選舉上的作用與影響。

〔註50〕中研院提名 155 人，當選 72 人；北京大學提名 119 人，63 人當選；清華大學提名 134 人，47 人當選；武漢大學提名 99 人，33 人當選；中央大學提名 37 人，5 人當選；河南大學提名 28 人，12 人當選；當選率分別為 46.5%、52.9%、35.1%、33.3%、13.5%、42.9%（郭金海《院士制度在中國的創立與重建》，第 173 頁）。相比整體當選率 15.9%，6 個全國範圍內提名單位僅中央大學低於平均水平，可以說他們的提名在一定意義上保證了這次選舉的學術水準。

	化學 27	王星拱（2）、王葆仁（2）、朱子清、朱汝華（2）、吳徵鎧、吳學周（3）、李方訓（3）、李家光、周發岐、易幹球、紀育灃（3）、孫學悟（4）、高崇熙（4）、高濟宇（2）、張貽侗、莊長恭（6）、陳裕光（2）、曾昭掄（5）、曾朝明、黃子卿（4）、裘家奎、鄔保良（2）、葉嶠、錢思亮、薩本鐵（4）、張子高（2）、梁普
	地質 39	尹贊勳（3）、王曰倫（2）、王竹泉（2）、王恒升（3）、王烈、田奇瑰（2）、朱家驊（6）、李四光（6）、李承三、李春昱（2）、李捷、李學清（2）、周贊衡、孟憲民（3）、侯德封（2）、俞建章（5）、徐克勤、孫雲鑄（5）、孫健初、翁文灝（6）、袁復禮（2）、馬廷英（2）、高平、高振西、張更（3）、張席禔、章鴻釗（4）、許傑、陳旭、陳愷、斯行健（4）、程裕淇（2）、馮景蘭（2）、黃汲清（4）、楊鍾健（5）、葉良輔（6）、趙金科（3）、樂森璕、謝家榮（5）
	工程 55	支秉淵（2）、王士倬、王寵佑（2）、石志仁、朱家仁、何傑、何之泰、余家洵、余熾昌、李輯祥、李書田、李麗生、汪胡楨、沈怡、周仁（3）、周禮、林同驊、林致平、邵逸周、侯德榜（5）、俞大維（2）、俞忽、茅以升（3）、唐藝菁、徐世大、高鏡瑩、凌鴻勳（2）、曹誠克、陳繼善、陶葆楷、程孝剛、須愷、惲震、馮桂連、黃育賢、楊簡初、葉渚沛、葉楷、趙師梅、劉仙洲、劉穎、蔡方蔭、魏壽崑、錢學森、錢鍾韓、錢昌祚、薩本棟（7）、羅忠忱、譚葆泰、嚴一士、嚴愷、顧宜孫、顧毓琇（2）、顧毓琇（3）、施嘉煬
	天文 5	余青松、李珩、張鈺哲（2）、張雲（2）、潘璞
	氣象 5	呂炯、竺可楨（3）、涂長望（2）、趙九章（3）、黃廈千
	其他 5	丁驌（2）、李善邦（2）、胡煥庸、唐世鳳、張其昀
生物組 154	動物 26	王希成、王家楫（2）、伍獻文、朱洗（2）、何定傑、李賦京、貝時璋（3）、辛樹幟、沈嘉瑞、秉志（5）、胡經甫（3）、范謙衷、徐蔭祺、張作人、張奎、張春霖、張璽、章韞胎、陳心陶、陳世驤、陳伯康、陳楨（3）、童第周（3）、劉承釗、談家楨、鄭作新
	植物 24	王鳴岐、石聲漢、李良慶、李繼侗（2）、林鎔、胡先驌（3）、容啟東、殷宏章（2）、秦仁昌（2）、郝象吾、高尚蔭、張珽、張景鉞（4）、張肇騫、陳煥鏞、裴鑑、曾呈奎（2）、焦啟源（2）、劉慎諤（2）、錢崇澍（2）、鍾心煊、戴芳瀾（3）、羅宗洛（2）、饒欽止
	醫學 34	王應睞、白施恩、朱鶴年、吳憲（4）、吳印泉、李宗恩（3）、李卓皓、李落英、周金黃、林幾、邱煥揚、俞煥文、姜辛曼、胡正詳、胡傳揆、洪式閭、孫克基、袁貽瑾、馬文昭、戚壽南（2）、張漢民、張孝騫、陰毓璋、湯飛凡、馮蘭洲（2）、萬福恩、黃禎祥、鄭集（2）、葉培、劉士豪（2）、劉瑞恒（2）、謝志光、鍾惠瀾、關頌韜

	藥物 8	汪良寄、曾廣方（2）、陳克恢（3）、湯騰漢（2）、黃鳴龍（2）、楊紹曾、雷興翰、趙承嘏（4）
	人類學 3	吳定良、潘銘紫、劉咸
	心理 9	汪敬熙（5）、沈有乾、曹飛、郭任遠、敦福堂、陸志韋（3）、楊寶三、臧玉洤、蕭孝嶸
	生理 9	沈寯淇、林可勝（5）、侯宗濂、徐豐彥、湯佩松（3）、馮德培（2）、黃虜祥、蔡翹（2）、盧於道（2）
	農學 41	王一蛟、王志鵠、朱蓮青、吳文暉、吳耕民、吳福楨、吳紹騤、周昌芸、李先聞（3）、李鳳蓀（2）、金善寶、俞大紱（2）、胡昌熾、孫文郁、孫醒東、郝景盛、張乃鳳、章元瑋、章之汶、章文才、陳華癸、陳嶸（2）、程躋雲、程紹迥、黃瑞綸、馮澤芳、葉雅各、葉培忠、靳自重、熊毅、趙連芳（2）、魯慕勝、鄧叔群、鄧植儀、韓安、魏景超（2）、柳支英、劉崇樂、朱鳳美、齊敬鑫、孫逢吉
人文組 163	哲學 24	方東美、林志鈞、金岳霖（3）、倪青原、徐光榮、張頤、郭中一、陳康（2）、嵇文甫、湯用彤（3）、程迺頤、賀麟、馮友蘭（3）、熊十力（2）、羅倬漢、王倘、古楳、吳增芥、李相勖、李建勳、金澍榮、馬師儒、張懷、莊澤宣
	中國文史 30	朱光潛、朱自清、余嘉錫（4）、吳宓（2）、吳敬恒、呂湘、李笠、谷劍塵、胡適（6）、唐蘭（2）、容庚、袁昌英、張元濟（2）、張志超、梁實秋、郭紹虞、陳竹君、焦菊隱、楊樹達（3）、趙景深、劉賾、劉文典、劉永濟、樓光來、蔣復璁、鄭業建、羅正晫、羅根澤、欒調甫、沈兼士（3）
	史學 31	王桐齡、王繩祖、朱謙之、李劍農、邵循正、金毓黻、姚薇元、柳詒徵、洪業、徐炳昶（2）、張星烺、張森楨、陳垣（3）、陳寅恪（5）、陳受頤、陳恭祿、陸懋德、傅斯年（5）、賀昌群、黃文弼、黃延毓、雷海宗、齊思和、劉崇鋐、劉繼宣、蔣天樞、蔣廷黻（2）、鄭天挺、繆鳳林、顧頡剛（2）、徐中舒
	語言 6	王力（2）、李方桂（2）、張公輝、趙元任（4）、黎錦熙、羅常培（3）
	考古藝術史 10	吳金鼎、李濟（2）、徐鴻寶、梁思永（2）、梁思成（3）、郭沫若（4）、傅抱石、黃若舟、董作賓（3）、鄧以蟄
	法律 16	王覲、王世杰（2）、王寵惠、吳經熊、李祖蔭、李浩培、杜元載、郭雲觀、趙鳳喈、劉鴻新、蔣思道、蔡樞衡、鄭天錫、燕樹棠（3）、戴修瓚、翟楚
	政治 10	周鯁生（3）、徐淑希、徐義生、張忠紱、張奚若（3）、許興凱、劉迺誠、錢端升（2）、蕭公權（3）、顧敦鍒

經濟學 23	方顯廷（2）、伍啟元、朱斯煌、何廉（3）、吳大業、巫寶三、李炳煥、袁賢能、馬寅初（2）、張滬、張培剛、梁方仲、陳總（3）、楊西孟（2）、楊端六（3）、趙人儁、趙迺摶、劉大鈞、潘源來、劉秉麟、蔣碩傑、羅仲言、余精一
社會學 13	吳景超（2）、吳澤霖、柯象峰、孫本文（2）、高達觀、許烺光、陳達（2）、陳文仟、陳序經、陶孟和（2）、費孝通、潘光旦（2）、凌純聲

資料來源：《國立中央研究院第一次院士選舉候選人提名冊》，中國第二歷史檔案館藏，中央研究院檔案-393-1597；李來容文第221～224頁；郭金海書第168～172頁。需要指出的是，郭金海書將醫學「李落英」錯為「李洛英」，社會學「陳文仟」錯為「陳文仙」等。李來容文也有一些誤植。另外，郭金海書與李來容文在學科具體名單與人數上有出入，郭金海書動物「李賦京、張奎、陳心陶」3人李來容文歸於醫學，植物「王鳴岐」歸於農學，哲學「羅倬漢」歸於中國文史學，這裡從郭金海書。王鳴岐即戴芳瀾提名的王濟熙。

　　工程、農學、地質和醫學成為提名候選人較多的學科，數學、物理、化學和動植物等所謂純粹科學提名人數相差不大，史學與中國文史居然成為人文組提名人最多兩個學科，相較而言，法律、政治學、經濟學和社會學四大學科提名人數不如哲學。除工程、農學、醫學而外，提名人數的多少似乎表徵著學科發展的情狀。下以史學名單予以簡析，探尋當時史學精英群體的一些情狀。

　　與1940年教授們推舉的第二屆評議會評議員33位候選人相比，正式提名的院士候選人群體有極大的變動，其間似乎表徵了個人提名與組織推舉的不同。1940年教授們舉出者，朱希祖、張爾田、吳其昌、何炳松此時已去世，胡適、容庚被歸入中國文史學，湯用彤歸於哲學，李濟、郭沫若、董作賓歸入考古學，這樣33人中還剩有23人，居然有陳寂、方壯猷、呂思勉、蒙文通、錢穆、吳宗慈、向達、姚從吾、張鵬一、周傳儒、周謙沖等11人未被提名，淘汰率幾乎達一半，其中不乏呂思勉、錢穆、蒙文通、向達、姚從吾這樣的大家與宗師。新獲提名者有王桐齡、王繩祖、邵循正、姚薇元、洪業、張森楨、陳受頤、陳恭祿、陸懋德、賀昌群、黃延毓、雷海宗、齊思和、劉崇鋐、劉繼宣、蔣天樞、鄭天挺、繆鳳林等18人，既有老輩王桐齡，更多的是年輕新進王繩祖、姚薇元、齊思和等，1909年出生的邵循正更僅有38歲。新舉人物中也有不少因各種原因日漸被遺忘者如張森楨、黃延毓、劉繼宣等。值得注意的是，曾被陳寅恪提意提名第二屆評議會評議員、時任河南大學校長的姚從吾，居然未被曾長期任職的北京大學和河南大學提名，實在意外。他抗戰期間及復

員後擔任北京大學歷史系主任，1948 年北京大學歷史系曾評說他「精研蒙古史及史學理論，講授宋遼金元史、蒙古史研究、歷史研究法、中國史學史等課程」。〔註51〕兩個提名群體的巨大差距，似乎在相當意義上反映了不同的提名製度的優劣。

值得注意的是，這個 31 人的院士候選人群體，包括了清華大學歷史系歷任系主任陸懋德、蔣廷黻、劉崇鋐、雷海宗，教授陳寅恪和清華培養的徐中舒（國學院）、蔣天樞（國學院）、姚薇元、邵循正（政治系）等共有 9 人；北京大學教授及畢業學生陳受頤、金毓黻（文學系）、鄭天挺（文學系）、傅斯年（文學系）、朱謙之（哲學系）、顧頡剛（哲學系）、黃文弼（哲學系）等 7 人。兩校共 16 人之多，占 52%，可見北京大學、清華大學在史學人才培養的作用與地位，似乎也說明兩校作為提名機構在院士候選人推舉上的「威力」。

研究表明，1949 年中國籍大學史學教授共有 526 人〔註52〕，上述包括中研院與北平研究院傅斯年、徐炳昶等在內 31 人史學候選人群體，加上中國文史學 30 人和考古與藝術史 10 人共有史學類提名 71 人，占全體不到 14%，獲得提名難度之大可想而知。無論如何，被提名候選院士對學人來說都是一個極大的榮譽，混跡於大學與教育行政的心理學家陳劍修曾致函胡適說：「像我這種苦幹教育的人，勤勤懇懇廿餘年，贏得滿腦憂患和一身痛苦，怎奈何傳聞院士快要選舉了，連一個提名候補的資格輪不到我，寸衷難過之至」。〔註53〕

表 7-2 正式提名 510 人與表 7-1 所示中研院提名 291 人相比，多出 219 人，顯示了擴大提名範圍後提名名單所具有的一定擴展性。即使如此，中研院 291 位提名人中也有不少人未被正式提名，表 7-3 是未被正式提名 97 人名單。

〔註51〕國立北京大學講師講員助教聯合會編：《北大院系介紹》，第 28 頁。姚不被提名不知是否與他抗戰期間積極參與國民黨黨務活動（曾任西南聯大三青團分團部和國民黨區黨部負責人）從而具有強烈的政治色彩、失去了學人本色有關。參閱王晴佳《學潮與教授：抗戰前後政治與學術互動的一個考察》，《歷史研究》2005 年第 4 期。

〔註52〕尚小明：《近代中國大學史學教授群像》，《近代史研究》2011 年第 1 期。

〔註53〕《陳劍修致胡適》（1947 年 10 月 15 日），《胡適來往書信選》（下冊），第 244 頁。陳劍修（1896～1953），名寶鍔，以字行，江西遂川人。1920 年北京大學畢業留英，獲倫敦大學碩士。曾任教北京大學、中央大學、武漢大學等，也曾任南京市教育局長，教育部參事、社會教育司司長、蒙藏教育司長，江西省、湖北省政府委員兼教育廳長，廣西大學校長、國大代表等。1949 年去香港，後轉北京，曾任中南軍政委員會教育廳副廳長。

表 7-3　中研院提名未被正式提名 97 人名單

組　別	學　科	名　單
數理組 43	數學 1	朱公謹
	物理 1	王淦昌
	地質 4	南延宗、譚錫疇、李悅言、李慶逵
	工程 37	蕭慶雲、趙祖康、侯家源、袁夢鴻、洪觀濤、鄭華、吳必治、唐文悌、康時振、李謨熾、潘承梁、蔡邦霖、曾養甫、陳大受、陳章、諶湛溪、杜殿英、馮簡、黃金濤、盧宗澄、麥蘊瑜、裴維裕、施孔懷、孫越崎、王樹芳、王之卓、吳保豐、吳承洛、許應期、薛卓斌、楊繼曾、楊毅、趙曾珏、鄭肇經、周維幹、朱蘭成、莊前鼎
生物組 38	動物 3	陳義、崔之蘭、吳光
	醫學 16	陳志潛、董承琅、郭秉寬、黃家駟、康錫榮、李四維、梁伯強、林文炳、劉緯通、魯桂珍、榮獨山、沈克非、沈詩章、謝少文、顏春輝、張先林
	藥學 2	張昌紹、張毅
	人類學 1	歐陽翥
	心理學 1	唐鉞
	生理學 2	張錫鈞、王世濬
	農學 13	蔡邦華、曾勉、陳振鐸、程淯藩、梁希、林傳光、凌立、沈宗瀚、汪厥明、葉和才、張巨伯、周明牂、周拾祿
文史組 16	哲學 1	呂澂
	中國文史 2	朱起鳳、傅增湘
	考古與藝術史 1	向達
	法律 3	梅汝璈、張志讓、倪征噢
	政治學 6	吳之椿、黃正銘、浦薛鳳、王鐵崖、邵循恪、王贛愚
	經濟學 3	樊弘、李卓敏、朱炳南

　　中研院提名的 291 人中，居然有 97 人未被正式提名，占三分之一，考慮到正式提名人數高達 510 人，可見兩者之間對學術界精英的認知存有多大的差距。一般來說，中研院無論是評議員還是籌委會，他們都是學術界頂尖人物或由頂尖人物組成的群體，其學術鑒賞力應該使他們所提名的學術精英具有

相當的學術公信力與權威性，他們所提出的人物應該得到學術界的公認，不想結果卻是這樣。未被提名人物主要出現在工程、醫學和農學三個學科，王世杰、陶孟和提名的社會科學也有不少，相對而言，數學、物理、化學、天文氣象、植物和胡適、傅斯年師徒負責的人文科學具有較強的權威性（未被正式提名的呂澂、朱起鳳和向達都不是師徒倆提名的）。因此，傅斯年向胡適抱怨陶孟和負責推薦的社會科學候選人「標準甚低」似乎有一定的理由，分析表明陶孟和提名比王世杰提名更為「合理」，不知傅斯年為何僅「吐槽」陶孟和，難道與陶孟和是中研院同事、王世杰是政要有關？〔註54〕總體而言，數理組、生物組遺漏最多，人文組相對較少。

當然，這97人未被正式提名，並不表明他們的學術成就比正式提名者低（這其實與提名方式有緊密的聯繫），其實不少人在中國近代學術發展史上的作用與地位遠超其中一些正式提名者，對於他們的學術成就與未被提名原因有具體分析的必要（這些人的簡介見附錄 1）。姜立夫提名而未被舉出的朱公謹，是中國為數不多在世界數學聖地德國哥廷根大學獲得博士者，因曾就教於希爾伯特、庫朗等數學大師，深諳當時世界學術前沿，博士論文研究變分學這樣的新學科，回國之初廣受重視，但他並沒有在學術研究道路上前行，不被其他全國範圍內提名機構推舉也可想而知，他供職的交通大學沒有提名候選人。嚴濟慈推舉的王淦昌居然沒被提名，完全出乎意料之外。他是中國實驗原子核物理、宇宙射線及基本粒子物理研究奠基人之一，1955 年當選學部委員，1941年提出的 K 電子俘獲實驗方案，為發現中微子與反中微子奠定了基礎，是抗戰期間中國物理學界最重要的發現之一。〔註55〕當時他任教浙江大學，正在美國訪學，浙江大學沒有提名〔註56〕，其他機構也沒提名。可以說，王淦昌未被提名並當選，可能是選舉後輿論所指「遺珠」之一。

〔註54〕參閱待刊拙文《中央研究院首屆社會科學院士遴選述略》。

〔註55〕李炳安、楊振寧：《王淦昌先生與中微子的發現》，載張奠宙編選《楊振寧文集：傳記、演講、隨筆》，華東師範大學出版社，1998 年，第 560～571 頁。Frederick Reines（1918～1998）因中微子的發現獲 1995 年諾貝爾物理學獎。

〔註56〕浙江大學也沒有提名後來當選院士的蘇步青、竺可楨、貝時璋。浙江大學共提名 10 人，分別為物理束星北，化學王葆仁、吳徵鎧，地質葉良輔，人類學吳定良，農學柳支英、孫逢吉，教育學李相勗、王倘，法律李浩培。中研院曾寄送浙江大學 40 份正式提名表格，但浙江大學僅填寫 10 份送達中研院，不知這個名單是如何制定的，竺可楨日記中也沒有相關記載。張淑鏘主編《浙江大學史料》第二卷（1927～1949）（下），浙江大學出版社，2022 年，第 206～213 頁。

　　正式提名中「其他類別」丁驌、李善邦屬於地質學，因此地質學正式提名有 41 人之多，居然還有 4 人被「遺漏」，顯示出個人提名與機構提名的差別。曾獲得 1942 年趙亞曾獎金的南延宗，著名礦床學家、中國鈾礦開拓者之一，時正受傷居鄉。譚錫疇是丁文江、翁文灝等人在地質調查所培養的第一批地質學人才，區域地質學家、礦床學家，時任職昆明師範學院。非金屬礦床學家李悅言，時任職永利化學公司。土壤農業化學家李慶逵，中國現代土壤學和植物營養化學奠基人之一，1955 年當選學部委員，時正留學美國。謝家榮作為中國地質學第二代代表人物，他比較清楚與瞭解中國地質學的發展情狀，因此他將上述 4 人提名，而作為組織的正式提名基本上提名本機構人物，這幾位或閒居或留學或任職工業企業，自然很難被全國範圍提名的學術機構所關注而得到提名。

　　工程學科中研院提名與正式提名人數幾乎相同（正式提名僅少一人），但僅有 19 人被正式提名，37 人未被提名，實在是「差距太大」。按照提名人淩鴻勳的分類，土木工程有蕭慶雲、趙祖康、侯家源、袁夢鴻、洪觀濤、鄭華、吳必治、唐文悌、康時振、李謨熾、潘承梁等 11 人。蕭慶雲主要從事公路建設，先後參與滇緬公路、廣西通越南、新疆通蘇聯等國際通道建設，時任職聯合國。趙祖康是公路工程和市政工程專家，為中國公路建設和上海市政建設貢獻甚多，抗戰期間搶修了多條軍用公路，參與滇緬公路、中印公路等國際通道的建設工作，時任職上海市政府。長期摸爬滾打於中國鐵路建設的侯家源，時任職浙贛鐵路，正全力修復被日寇破壞幹線與支線。與侯家源一樣，袁夢鴻也長期任職於鐵路系統，對抗戰期間的鐵路建設貢獻甚大。洪觀濤留歐回國後任職鐵路系統，最大貢獻是隴海線西段力主南線，使寶雞成為重要站點。鄭華任職鐵道部期間，曾兼任首都鐵路輪渡工程處長，主持南京下關到浦口的鐵路輪渡設計與施工。吳必治抗戰期間也曾為中國公路建設貢獻力量，擔任西北公路工務局長等。生平不詳的江蘇崑山人唐文悌曾任交通部橋樑設計處處長，與崇明人錢昌淦主持滇緬公路功果備橋的建造。〔註 57〕康時振除在工程實務上身體力行而外，也曾任中央大學土木工程系主任。與前幾位主要在公路、鐵路建築事業上建功立業不同，以公路建設為專業的李謨熾和以鐵路工程為專業的

〔註57〕該橋建成後即受到日軍飛機轟炸，時任橋樑設計處處長錢昌淦乘飛機前往視察時，飛機被日機擊毀遇難。為紀念錢昌淦，該橋被命名為「昌淦橋」，成為滇緬公路唯一一座以人名命名的橋樑。

潘承梁主要在大學任教。淩鴻勳提名了上述 11 位土木工程專家和教授,但並不包括另一位提名人茅以升。

河海水利工程有蔡邦霖、麥蘊瑜、薛卓斌、施孔懷、鄭肇經等 5 人。蔡邦霖長期供職於政府水利部門,歷任科長、處長和司長。同濟畢業的麥蘊瑜一直在廣東工作。長期任職於上海濬浦局的薛卓斌是該局有史以來第一位中國籍總工程師。比薛卓斌小一歲的施孔懷,也長期在上海工作,曾任濬浦局副局長、代理局長等,為上海港口的發展貢獻甚大。相比上述各位而言,鄭肇經可謂「雙肩挑」,既擔任水利行政重要職位又在學術研究上有貢獻,主持水利實驗與研究之外,還著有大學叢書《河工學》《水文學》和《中國水利史》等。

電機工程有裘維裕、朱蘭成、盧宗澄、許應期、馮簡、陳章、周維幹、吳保豐、趙曾玨等 9 人,他們都畢業於交通大學(包括郵傳部高等實業學校、上海工業專門學校、南洋大學等不同階段)電機系,有不少人還是同年級同學,可見交通大學電機系在民國無線電通訊事業上的作用與地位。裘維裕長期任職交通大學,為交通大學電機系成為民國「神系」貢獻頗著。朱蘭成在電磁學與微波理論方面有精深研究,1958 年當選中研院第二屆院士,時任職麻省理工學院電機工程系。無線電通信工程專家盧宗澄曾創立集中收發的中國短波無線電通信體制。許應期長期任中央電工器材廠廠長。馮簡以技術專家角色任職於陳立夫控制的廣播事業單位,是中國第一個深入考察北極的無線電專家。中國電子學與無線電學奠基人之一陳章與許應期是交通大學同級同學,留學回國短期任軍事技術教官外,一直任教大學電機系。吳保豐與許應期、陳章同級同學,CC 系骨幹,混跡於政學之間,曾任交通大學校長。周維幹與吳保豐等也是同級同學,抗戰期間主持中央無線電廠。趙曾玨主要在實務部門任職。

機械工程有楊毅、莊前鼎、王樹芳、杜殿英、楊繼曾等 5 人。年齡最大的楊毅,一直在鐵道部門相關機車單位任職。機械、航空工程專家莊前鼎創立了清華大學機械和航空工程系。王樹芳主要從事鐵路機車研究和管理,時任職於中國駐日代表團。中國鐵合金研究先驅之一杜殿英長期任職資委會。楊繼曾以技術專家從政,對中國兵器工業發展貢獻甚大。

礦冶工程有諶湛溪、黃金濤、陳大受、曾養甫、孫越崎等 5 人。畢業於美國哥倫比亞大學地質系的諶湛溪,研究成果曾獲教育部學術獎勵。黃金濤是中國早期冶金學家,著有《漢陽鋼鐵廠冶煉法》《土鐵煉成翻砂鐵法》等。陳大受對鋼鐵及有色冶金等研究素著,曾創熔析法精練錫,著有《煉鋼學》。國民

黨政要曾養甫在滇緬公路修建上功勳卓著，1944 年還因「領導修築飛機場之成就」獲得中國工程師學會金牌。1942 年因「開發石油礦產之成功」獲得中國工程師學會金牌的孫越崎，是中國現代能源工業開拓者和奠基人之一，時任資委會主任。獲得中國工程師學會金牌的曾養甫、孫越崎未被提名，難道與他們當時是政府高官有關？當時學術界似乎對政府官員存在相當的「偏見」！

凌鴻勳提名中無化學工程人選，茅以升提名也僅有侯德榜與吳承洛兩人。吳承洛雖然是中國化學會主要領導人之一，但從事度量衡事業是他的主要社會角色。王之卓是航空攝影測量與遙感專家，在專業上應歸於地學，1980 年當選學部委員（屬地學部）。

工程學科未被提名的 37 人中，僅趙祖康、曾養甫兩人為茅以升、凌鴻勳共同提名，朱蘭成、吳承洛為茅以升提名，其他 33 人全為凌鴻勳單獨提名。他們大多是凌鴻勳交通大學校友和長期任職鐵道公路系統的工程專家，因此為凌鴻勳所熟悉，不少人在工程技術事務上有大貢獻，也有人在工程技術學術上有作為，他們不被提名或因供職大學沒有參與提名，或因供職機構沒有提名權，或因時任職國外，當然似乎也有學術界對官僚的「故意隔絕」。

另外值得注意的是，37 人中除生平不詳的唐文悌、康時振外，有蕭慶雲、侯家源、袁夢鴻、鄭華、李謨熾、朱蘭成、馮簡、周維幹、趙曾珏、王樹芳、杜殿英、楊繼曾、黃金濤、曾養甫等 14 人 1949 年後居留大陸之外，原因不一，有些人是政權鼎革之際離開大陸，有些人此前已居國外，比例高達 38%，相比其他學科實在有奇異之處。

動物學有 3 人未被提名。中國寡毛類動物形態學和分類學奠基人陳義，時任中央大學動物學教授，著有《動物學》《無脊椎動物學》等。中國現代動物組織學、胚胎學研究開拓者之一崔之蘭，時任雲南大學生物系主任。專長動物寄生蟲分類研究的寄生蟲病學家吳光，對薑片蟲、肺吸蟲的傳播，血吸蟲病的研究和防治貢獻甚著。

中研院提名醫學有生物化學魯桂珍，病理學康錫榮、梁伯強，細菌學謝少文、顏春輝、劉緯通，內科學董承琅，外科黃家駟、沈克非、張先林，放射科榮獨山，公共衛生學陳志潛，解剖沈詩章，婦產科李士偉，眼科郭秉寬、林文炳等 16 人未被正式提名。生命歷程與李約瑟密切相連的魯桂珍，是被中研院提名的唯一女性。病理學家康錫榮生平不詳，曾任中央大學醫學院教授。梁伯強長期從事病理學科研和教學，提出了肝炎—肝硬化—肝癌的病因學和病理

學模式，1955 年當選學部委員，時任職中山大學。中國現代微生物學和免疫學創始人之一謝少文，1980 年當選學部委員。出生臺南的顏春輝早期專力於細菌學與防疫學，後在臺灣公共衛生事業上貢獻甚著。1912 年出生的劉緯通年僅 35 歲，自學生時代以來，專力於傷寒等流行病方面研究。中國心臟病學奠基人董承琅，開創了中國心電圖研究，著有《實用心臟病學》，時任職上海醫學院。黃家駟是中國胸腔外科學和生物醫學工程奠基人之一，1955 年當選學部委員。作為中國外科學先驅者之一，沈克非在神經外科和血管外科貢獻甚大，時任職上海醫學院。長期任職軍隊的張先林開創了中國整形外科。放射學家榮獨山曾對二氧化釷造影劑進行了深入研究。被譽為中國公共衛生之父的陳志潛，為農村社區保健和公共衛生教育做出了卓越貢獻，曾任協和醫學院兩位華人董事之一，時在四川籌建重慶大學醫學院。沈詩章曾任中國心理生理研究所研究員，在美國從事研究工作。婦產科權威李士偉，曾長期擔任醫院婦產科主任，著有《輸卵管之研究》等。郭秉寬被譽為中國眼科之父，時任國防醫學院眼科主任。另一位眼科專家林文炳生平信息難覓。

醫學除生平不詳的林文炳外，梁伯強、黃家駟當選 1955 年學部委員，謝少文當選 1980 年學部委員，沈克非、陳志潛、李士偉、郭秉寬等在各自專業領域內都有突出貢獻。他們未被提名，除就職單位沒有提名權以外，參與提名的中山大學、上海醫學院都沒有提名他們，原因自然不是學術成就問題。〔註58〕

藥物學有兩人未被提名，藥理學家張昌紹生前是上海醫學院藥理學研究室主任、一級教授，著有《藥理學總論》；張毅致力於心臟的生理、生化與代謝研究及局部麻醉藥的藥理作用研究等，也是一級教授。心理學唐鉞居然未被提名，實在意外。作為中研院心理所首任所長與評議會第二屆聘任評議員，特別強調心理學的實驗研究和生理基礎，對中國心理學發展貢獻極大。生理學也有兩位未被提名，張錫鈞曾創立定量分析乙醯膽鹼生物測定法，提出了分娩起因理論等，1955 年當選學部委員；神經科學家、藥理學家王世濬時任美國哥倫比亞大學教授，1958 年當選第二屆中研院院士。體質人類學歐陽翥未被提名，他擅長脊椎動物神經系統顯微解剖，特別是靈長類大腦皮層之細胞組成。生理學未被提名的兩位學術成就都很突出，分別當選學部委員和中研院院士，藥物學和體質人類學的三位在科研上也很突出。

〔註58〕中山大學僅提名 5 人，包括數學劉俊賢、動物學張作人、文史學李笠、史學朱謙之、語言學王力，上海醫學院僅提名盧於道一人，實在是有些「兒戲」。

　　農學有土壤陳振鐸、葉和才，植物病理林傳光、凌立，農藝沈宗瀚、汪厥明、周拾祿，森林梁希，昆蟲蔡邦華、張巨伯、程淯藩、周明牂，園藝曾勉等共 13 人未被提名。陳振鐸從事土壤分類、土壤水分對作物生理生長影響等研究，對臺灣農業發展影響甚大。葉和才主要從事鹽土改良、土壤水分和農作物節水灌溉研究，是中國北方鹽漬化土壤改良的奠基人之一。林傳光致力於馬鈴薯病毒退化及晚疫病研究，著有《普通植物病理學》等。凌立主要從事棉、麥、蔬菜病蟲害防治方法工作，時任職聯合國。作物育種學家沈宗瀚曾任中央農業實驗所所長等農業管理職務。作物育種和生物統計學家汪厥明，是中國生物統計學主要創始人，1959 年當選中研院第三屆院士。稻作家周拾祿開創了水稻地方品種鑒定。中國近代林學和林業開拓者之一梁希時任職中央大學，1955 年當選學部委員。中國昆蟲生態學奠基人之一蔡邦華，時任浙江大學教授，1955 年當選學部委員。農業昆蟲學家張巨伯首先用實驗方法在田間研究農業害蟲問題，曾任國際昆蟲學會副主席。畢生致力於昆蟲學教學科研的程淯藩，對中國蟬科分類研究造詣頗深。周明牂倡導農業害蟲綜合防治，奠定了中國植物抗蟲性學科基礎。曾勉是中國柑桔學科奠基人，從事柑桔、楊梅、杏等多種園藝植物的資源調查和分類研究。農學未被提名 13 人中蔡邦華、梁希 1955 年當選學部委員，汪厥明 1959 年當選中研院院士，沈宗瀚、張巨伯、周拾祿等其他人貢獻也有目共睹。

　　人文組哲學中研院僅提名 4 人，正式提名 24 人之多，居然也有呂澂未被提名。呂澂長於佛教文獻比對與義理探討，對印度佛學及藏傳佛學有精深造詣，1957 年當選學部委員。中國文史學正式提名 30 人也不包括朱起鳳與傅增湘。朱起鳳致力於文字訓詁，編著《辭通》等。翰林出身的藏書家傅增湘，抗戰期間滯留北平，曾任東亞文化協議會副會長、會長。〔註59〕他們未被提名，可能與年老未在機構任職有關。考古與藝術史向達被忽略，他時任北京大學歷史系教授。顧頡剛以為，向達與岑仲勉在中外交通史方面貢獻最大。〔註60〕當然，時任中研院史語所研究員的岑仲勉也沒有被提名。

　　社會科學方面法律有 3 人未獲提名。參與東京審判的梅汝璈，除短期任教

〔註59〕胡適因傅增湘做校勘工作「四十年不輟，至少可以代表老輩的校勘學」，「在搜集與保存古書的方面，是有大功勞的」而提名他，但也說傅增湘「校勘工作不算頂精密」，他「只做一個提議，並不堅持」。前引《胡適致薩本棟、傅斯年函》。

〔註60〕顧頡剛：《當代中國史學》，第 116 頁。

大學外，主要在政府法律部門任職。張志讓曾任「七君子」辯護律師，時任復旦大學教授。參與東京審判的倪征燠是著名國際法學家，曾當選國際法研究院院士。政治學正式提名僅 10 人，中研院提名有 14 人之多，是工程學科外另一個正式提名少於中研院提名的學科，有 6 人未獲提名。吳之椿曾徘徊於政學之間，最終以政治學教授名世，著有《民治與法治》《自由與組織》等。黃正銘也逡巡於政學之間，著有《國際公法》《中國外交史》等，時任職外交部。西方政治思想史家浦薛鳳，自 1938 年棄學從政後，一直在政壇摸爬滾打。中國國際法學傑出代表王鐵崖，編有《中外舊約章彙編》，1987 年當選國際法研究院院士。邵循恪將國際法與時局緊密結合研究，為中國政治學及國際法學做出了開創性貢獻。王贛愚時任華盛頓州立大學教授，著有《中國的政治改進》《民治獨裁和戰爭》《民治新論》等。經濟學有 3 人未被提名，樊弘著作《資本蓄積論》曾獲教育部學術獎勵二等獎，時任北京大學經濟系教授。年輕的李卓敏已棄學從政，時任善後救濟總署副署長，不久因貪污嫌疑停職。生平不很清楚的朱炳南，陶孟和稱譽其「於理論及財政學有較長之教授經驗，並富指導研究生之能力」〔註61〕，著有《論我國的所得稅法》等。

綜上所述，未被正式提名的 97 位中研院提名者，都在中國近代學術發展史上留下了聲名，除 3 位生平不詳者（工程唐文悌、康時振，醫學林文炳）外，物理學王淦昌，地質學李慶遠，醫學梁伯強、黃家駟，生理學張錫鈞，農學梁希、蔡邦華，考古與藝術史的向達等 8 人當選 1955 年學部委員，哲學呂澂當選 1957 年學部委員，工程王之卓、醫學謝少文當選 1980 年學部委員；工程朱蘭成、生理學王世濬 1958 年當選第二屆中研院院士，農學汪厥明 1959 年當選第三屆中研院院士。97 人中有 14 人當選「院士」，比例高達 14.4%，這個被正式提名所「遺棄」群體學術水準可以想見，也說明中研院的提名還是具有相當的權威性。

這些人之所以未被提名，正如前面所言，大多數是任職單位沒有提名權如工程學科大多數人任職的公路與鐵路系統；有人是因為任職單位有提名權但放棄了起名，如交通大學等大學；有些人是因為學術水準不被本單位認同，如向達、樊弘不被北京大學參與提名諸公所欣賞；有些人是因為本單位提名程序和標準實在讓人看不懂，如浙江大學、中山大學、上海醫學院的提名等。值得指出的是，這些人沒有引起全國範圍內提名的北京大學、清華大學、中研院等

〔註61〕張友仁編：《周炳琳文集》，浙江人民出版社，2009 年，第 342 頁。

機構的矚目，一方面似乎說明他們當時的學術成就與學術地位還有待進一步提升，另一方面也可以看出機構提名存在的缺陷顯而易見。

此外，年齡、籍貫、求學學校、工作經歷等社會因素也可能是值得考量的因子，這裡僅僅簡析一下年齡。這個被提名機構「遺棄」群體中剛滿40歲或不到40歲（出生於1907年或以後）有19人之多（1907年王淦昌、南延宗、李謨熾、顏春輝、周明牂和朱炳南，1908年李悅言，1909年王之卓，1910年王世濬和林傳光，1911年凌立和邵循恪，1912年李慶逵、劉緯通、沈詩章、葉和才和李卓敏，1913朱蘭成和王鐵崖），比例高達20%。作為具有終身名譽性院士選舉，這樣的年齡可能是一個不利因素。另一方面，19人中有王淦昌、李慶逵、王之卓、王世濬、朱蘭成等5人當選「院士」，比例高達26%，似乎又表明他們在後來的學術發展過程中展現了他們的學術才能，並得到了學術界的承認。

1947年10月13日，籌委會召開最後一次選舉籌備會，初步審查已經小組審查後的510人提名名單，剔除其中108人。對於「涉有漢奸嫌疑及因生活問題被迫參加偽文化組織曾任偽校教職者，以界線頗難劃分，除曾經判罪執行及被通緝有案者已予淘汰外」，其餘列入名單送交評議會。這樣，因「附偽」嫌疑被開除第二屆評議會的植物學家陳煥鏞，被刪除未能進入402名名單中。〔註62〕表7-4是被資格審查刪去的108人具體名單及其分科。

〔註62〕 李來容：《院士制度與民國學術～1948年院士制度的確立與運作》，第224～225頁。關於陳煥鏞「附偽」一事，傳記作者如是說：日軍佔領香港後，1938年遷港的中山大學農林植物研究所重要標本、圖書面臨被日軍掠奪的境地。適逢廣東教育廳廳長林汝珩到港，他提出將農林植物研究所遷回廣州。作為該所創始人與所長的陳煥鏞與全所職員共商後認為：「與其慕清高之行為而資敵以珍藏，曷若利用權宜之措施以保存其實物，名城棄守，光復可期；文物云亡，難謀歸趙，為山九仞，豈虧一簣之功；來日大難，當抱與物共存亡之念，赴湯蹈火，生死不辭，毀譽功罪，非所敢顧。」同意林汝珩計劃，但聲明研究所乃純粹科學機構，拒絕牽扯政治。後農林植物所遷回廣州，陳煥鏞仍任所長兼廣東大學特約教授。戰後，陳煥鏞報請中山大學派人接收。1945年12月31日中山大學農學院院長鄧植儀給校長王星拱的報告中說：「該員忍辱負重，歷盡艱危，完成本校原許之特殊任務——保存該所全部文物，使我國植物學研究得以不墜，且成為我國植物學研究機關唯一復興基礎，厥功甚偉，其心良苦，其志堪嘉。」有人藉此控告陳煥鏞為「文化漢奸」，許崇清、金曾澄、沈鵬飛、鄧植儀等聯名上書陳述事實並願擔保，1947年法院以「不予起訴」了結此案。中國科學技術協會編《中國科學技術專家傳略·理學編·生物學卷1》，河北教育出版社，1996年。

表 7-4　被籌委會排除的 108 人名單　括號中數字為提名頻次

組　別	學　科	名　單
數理組 28	數學 4	陳藎民、劉正經、樊映川、潘廷洸
	物理 2	梁百先、聞詩
	化學 4	易幹球、裘家奎、葉嶠、梁普
	地質 5	王曰倫（2）、李捷、周贊衡、高振西、趙金科（3）
	工程 13	王士倬、朱家仁、何之泰、林同驊、俞忽、唐藝菁、高鏡瑩、曹誠克、劉穎、錢昌祚、譚葆泰、嚴一士、嚴愷
生物組 25	動物 5	何定傑、李賦京、范謙衷、張春霖、章韞胎
	植物 4	石聲漢、李良慶、容啟東、陳煥鏞
	醫學 3	吳印泉、孫克基、黃禎祥
	農學 13	王一蛟、吳文暉、吳紹騤、李鳳蓀（2）、郝景盛、章元瑋、程躋雲、黃瑞綸、葉雅各、葉培忠、魯慕勝、柳支英、朱鳳美
人文組 55	哲學 10	林志鈞、徐光榮、郭中一、程洒頤、王倘、古楳、吳增芥、李相勖、金澍榮、馬師儒
	中國文史 15	朱光潛、朱自清、吳宓（2）、呂湘、谷劍塵、袁昌英、張志超、梁實秋、郭紹虞、陳竹君、焦菊隱、劉賾、樓光來、羅正晫、沈兼士（3）
	史學 6	王桐齡、姚薇元、張星烺、陸懋德、齊思和、蔣天樞
	語言 1	張公輝
	考古藝術史 2	傅抱石、黃若舟
	法律 5	王覲、杜元載、劉鴻新、蔣思道、蔡樞衡
	政治 3	徐義生、許興凱、顧敦鍒
	經濟學 10	朱斯煌、袁賢能、張渾、張培剛、趙人儁、潘源來、劉秉麟、蔣碩傑、羅仲言、余精一
	社會學 3	高達觀、許烺光、陳文仟

數理組 193 人淘汰 28 人，比例 14.5%；生物組 154 人淘汰 25 人，比例 16.2%；人文組 163 人淘汰 55 人，比例高達 33.7%，超過三分之一。數理組 28 人中工程 13 人，生物組 25 人中農學 13 人，人文組 55 人中中國文史學 15 人，哲學、經濟學各 10 人。可見，首先被淘汰候選人學科主要集中在工程、農學、中國文史學、哲學和經濟學，中國文史學剛好淘汰一半，比例最高，與這幾個學科提名人較多有關。淘汰理由雖不得而知，但還是可以探究一二。沈兼士

1947 年 8 月 2 日去世，自然不能候選。除地質王曰倫、趙金科，農學李鳳蓀，中國文史學吳宓 4 人外，其他被淘汰者都僅有一個機構提名。

數學正式提名 31 人僅 4 人被資格審查排除。主要從事高等數學教育的陳蓋民，曾編著有「大學叢書」《非歐幾何學》。未有留學經歷的劉正經，創辦了影響甚大的《中等算學月刊》。樊映川最突出貢獻是主編影響幾代人的工科院校教材《高等數學講義》，但這是 1949 年以後的作為。1942 年晉升教授的潘廷洸，時任金陵大學數學系教授。4 人都由任職單位提名，在學術研究上都無特出成就。

物理學 26 人僅 2 人資格審查不過。師從桂質庭的梁百先是中國電離層電波傳播與空間物理研究先驅，1947 年與當年諾貝爾物理學獎獲得者愛德華·阿普爾頓（Edward Victor Appleton，1892～1965）分別獨立發現電離層赤道異常。〔註 63〕輾轉多所大學任教的聞詩，時任英士大學數理系主任。兩人也由任職大學提名，聞詩在學術研究上無所作為。

化學 27 人中 4 人被排除。湖南大學提名的易幹球，曾有電池等發明專利，歸屬於工程學科更合適。金陵大學提名的裘家奎編著有「大學叢書」《無機定性分析原理》，專長分析化學。葉嶠時任武漢大學教授，在理論有機化學、天然有機化學和中草藥化學等領域有所研究。生平不詳的斯坦福大學博士梁普，1947 年任交通大學化學系主任，唯一由評議員聯署提名。

地質 39 人中 5 人被排除。王曰倫由地質學會和地質調查所提名，1980 年當選學部委員。曾獲得趙亞曾獎金的高振西 1980 年也當選學部委員。古生物學家趙金科由中國地質學會、中央地質調查所和中研院三家機構提名，1980 年當選學部委員。區域地質學家李捷曾是周口店遺址發掘最早負責人。中國研究古植物第一位學者周贊衡，曾長期擔任中央地質調查所副所長。高振西、周贊衡和李捷都由任職單位中央地質調查所提名。

工程 55 位提名人一下子就被刪去 13 人。早年曾任教清華大學的王士倬是中國航空事業先驅。飛機設計師和航空工程師朱家仁，被譽為「中國直升機之父」。林同驊也曾致力於飛機製造，1990 年當選美國工程院院士，1996 年當選中研院院士。中國航空工業奠基人之一錢昌祚長期任職航空委員會，時任國防部廳長。上述 4 位航空工程專家都由清華大學提名，在中國航空事業上都有

〔註 63〕戴念祖主編：《20 世紀上半葉中國物理學論文集萃》，湖南教育出版社，1993年，第 723 頁。

其獨特地位。俞忽是中國結構力學奠基人之一,時任武漢大學教授。水利工程學家何之泰時任湖南大學教授。高鏡瑩終生致力於海河流域的治理。嚴愷長期從事河流和海岸泥沙問題研究,1955 年當選學部委員。譚葆泰曾主持黃河花園口堵口工程模型試驗,由清華大學提名。礦冶工程專家曹誠克,時任職武漢大學。曾出版「大學叢書」《實用最小二乘法》的唐藝菁,時任湖南大學教授。專長機械工程的劉穎長期任職武漢大學。電機工程專家嚴一士曾參與變壓器、蓄電池設計,時任金陵大學電機工程系教授。13 位被淘汰者有 6 位由清華大學提名。

動物 26 人中 5 人被淘汰。何定傑長期任教武漢大學,教授動物學、遺傳學等課程。李賦京長期從事血吸蟲中間宿主釘螺研究,曾發現李氏釘螺新種,由河南大學提名。金陵大學提名的范謙衷,著有「大學叢書」《遺傳學》兩冊。張春霖是中國淡水魚類開拓者,海洋魚類研究奠基者,由中國學院提名。章韞胎早期專門從事昆蟲生理研究,由武漢大學提名。

植物 24 人中有 4 人被淘汰,陳煥鏞因附偽嫌疑,1955 年當選學部委員。植物生理學家石聲漢,後以農史學家名世,是中國農史學科重要奠基人之一,武漢大學提名。淡水藻類學家李良慶生平不詳,由中國學院提名。研究植物形態學的容啟東時任嶺南大學教授。

醫學 34 人中僅 3 人被淘汰。生平不詳的吳印泉由武漢大學提名。婦產科專家孫克基,在國內率先進行鐳錠放射治療宮頸癌,推廣巴氏染色法等,由江蘇醫學院提名。黃禎祥首創病體體外培養新技術,被譽為「醫學病毒學發展史上第二次技術革命」,1980 年當選學部委員,由武漢大學提名。

農學 41 人中 13 人被淘汰,比工程學科淘汰率還高。農業經濟學家王一蛟著有《農業經濟學大綱》。同為農業經濟學家的吳文暉曾兩次獲得教育部學術獎勵。郝景盛在中國最早系統研究楊柳科和裸子植物分類。專長造林學的林學家程躋雲由任職單位中央林業實驗所提名。近代林業開拓者之一葉雅各,設計和建設了武漢大學校園及珞珈山地區造林綠化。樹木育種學家葉培忠在杉木遺傳改良和黑楊派南方型無性系引種栽培等方面成就卓著。卒年不詳的林學家魯慕勝曾在多所高校任教,由任職單位武漢大學提名。吳紹騤長期從事玉米良種研究,培育、推廣了多種優良玉米雜交種。李鳳蓀對農業病蟲害、蚊蠅防治研究上造詣頗深,被武漢大學和湖北省立農學院兩個單位提名。柳支英是中國媒介生物學奠基人之一、蚤類學奠基人。朱鳳美是中國植物病理學科奠基

人之一,對麥類黑穗病、線蟲病、稻瘟病等病害防治有貢獻。現代蜜蜂業奠基人之一章元瑋,在蜜蜂授粉增產、蜜蜂棗花病等防治上取得成果。中國農藥科學先驅者之一黃瑞綸,專長植物性殺蟲藥劑化學研究。除李鳳蓀由兩個單位提名外,都由任職單位提名,以武漢大學提名最多。

哲學 24 人被淘汰 10 人,比例高達 42%。林志鈞以書畫聞名,編輯梁啟超《飲冰室合集》,主持尚志學會,難以確定其哲學專長。〔註64〕唯一被提名的外國學者徐光榮,是福建協和大學創辦人之一,時任副校長,專長為基督教神學。長期擔任金陵大學教授的郭中一生平不詳,有論文《基督教對於今日中國的宣召》。程迺頤專長普通心理學,由武漢大學提名。教育學家王倘教學而外,也曾從事鄉村教育實踐,著有《抗戰十年來鄉村教育》《美國鄉村教育的理論與實際》等。古楳是中國教育經濟學研究先驅,著有《現代中國及其教育》《中國教育之經濟觀》等。吳增芥長期從事教育心理學教研,曾與同為教育家的父親吳研因合作完成影響頗大的《小學教材研究》。李相勖時任浙江大學教授,著有《訓育論》等。教育學家金澍榮時任北平師範學院教授。時任西北大學校長的馬師儒長期從事教育學研究。被淘汰 10 人無一人可以稱之為「哲學家」,有 6 人專業屬於教育學。

中國文史學 30 人中一下子被淘汰一半,其中被北京大學、輔仁大學、中研院和胡適推舉的著名文字學家沈兼士 1947 年 8 月 2 日去世。另外 14 人中朱自清、袁昌英、梁實秋、焦菊隱雖有理論性研究著述,但主要以文學、戲劇家名世,自然不符合候選人條件。〔註65〕朱光潛是中國現代美學開拓者和奠基者之一,深受克羅齊、康德的影響,所著《詩論》曾獲教育部學術獎勵二等獎。由清華大學和武漢大學提名的吳宓命途多舛,開創比較文學研究,是學衡派代表人物,曾榮膺首屆部聘教授。〔註66〕清華大學提名的呂湘(呂叔湘)為一代語言大師,近代漢語學拓荒者和奠基人,1955 年當選學部委員。戲劇家而外,谷劍塵更以戲劇理論家名世,著有《劇本之登場》《民眾戲劇概論》。生平信息難

〔註64〕 胡適曾戲稱其為「楚楚可憐的聖人」,「一生拘謹,『一字不犯』」。相較而言,同為福建人的高夢旦,「則真是福建的聖人」。曹伯言整理《胡適日記全集》第 5 冊,第 297 頁(1928 年 8 月 5 日)。

〔註65〕 值得指出的是,袁昌英夫君楊端六也被提名為經濟學候選人,並最終成為正式候選人。他們是所有提名中唯一一對夫妻,可謂佳話。

〔註66〕 相比學術研究而言,卷帙浩繁的《吳宓日記》及其續編不僅記載了一代學人的生命歷程,更是瞭解一代知識分子在歷史變動中悲劇性命運的資料寶庫。

覓的張志超由安徽大學提名。〔註67〕郭紹虞致力於中國古典文學、古代文論、漢語語法修辭及文字訓詁等方面研究，由清華大學提名。時任金陵大學外國文學系教授的陳竹君，著有 The Essentials of English Grammer。在北京大學師從黃侃治語言文字學的劉賾，後也拜謁章太炎，主要從事音韻和訓詁研究。樓光來長期從事英文文學教研，1943 年當選教育部第二屆部聘教授。以文學家成名的羅正晫社會角色為文學研究者，專研英國浪漫主義文學，由湖南大學提名。

史學 31 人淘汰 6 人。被譽為中國第一個在國外攻讀史學並正式畢業的學人，王桐齡是中國近代史學的開創者，著有影響深遠的《中國史》《中國民族史》。隨陳寅恪攻讀魏晉南北朝隋唐史的姚薇元，曾以鴉片戰爭研究獲得教育部學術獎勵。以中西交通史研究聞名的張星烺，有《中西交通史料彙編》傳世，由輔仁大學提名。清華學校歷史系創系主任陸懋德，曾兩次獲得教育部學術獎勵，與王桐齡由北平師範學院以學術成就提名。以先秦史研究聞名的齊思和，著有《西周地理考》《戰國制度考》等，後轉向世界史研究。文史學家蔣天樞由復旦大學以學術成就提名，後以陳寅恪學術傳人聞名，著有《陳寅恪先生編年事輯》。

語言學 6 人僅淘汰生平不詳的張公輝，由國立社會教育學院以學術成就提名，在漢字簡化方面曾提出方案，著有《國字整理發揚的途徑》。

考古與藝術史 10 人淘汰兩人。以山水畫成名的傅抱石雖然也致力於美術史與繪畫理論的研究，但主要社會角色還是畫家。由江蘇省立教育學院提名的黃若舟專攻花鳥畫，也是著名書法家，1939 年出版《通書》（後修訂易名《漢字快寫法》）影響甚大。

法律 16 人淘汰 5 人，比例也比較高。王覲著有《中華刑法論》，代表了當時中國刑法學研究最高水平。往來於政學兩界的杜元載，著有《中國刑法研究》，由西北大學提名。由中研院提名的劉鴻新生平不詳。國際刑法學家蔣思道著有《刑法總論》《刑事訴訟法要論》等。蔡樞衡致力於刑法學教研，著有《刑法學》《中國法律之批判》等。被淘汰 5 人中除專業不詳的劉鴻新外都研究刑法，這是為什麼？

政治學 10 人淘汰 3 人。長期任職中研院社會科學研究所的徐義生，著有

〔註67〕安徽大學提名稱張志超「對於詩學有特殊之研究」，「所著 Little Lee and other Poems（英詩集）一書，實係一卓越之創作。國人中研究中英詩語而具有如此成績者，似尚未見第二人」（李來容《院士制度與民國學術～1948 年院士制度的確立與運作》第 257 頁）。實在是極盡誇張之能事。

《廣西省縣行政關係》《善後救濟工作的行政制度》等。許興凱主要從事中國政治制度史和日本史研究，著有《日帝國主義與東三省》《日本政治經濟研究》。之江大學僅提名顧敦鍒，著有《中國議會史》，譯有 James Wilford Garner《政治學大綱》（*Political Science and Government*）等。

　　經濟學 23 人淘汰 10 人，比例高達 43%，淘汰率在所有學科中排名第二。中國信託研究開拓者、金融學家朱斯煌，長期從事貨幣與信用教研，著有《信託總論》等。袁賢能對西方經濟學說和國際貿易理論有開拓性研究，著有《亞當斯密前的經濟思想史》等。張渾曾任湖南大學商學系首任主任，由湖南大學以推進學術發展提名。年輕的張培剛時任武漢大學經濟系主任，1945 年哈佛大學博士論文《農業與工業化》奠定了發展中國家經濟發展理論基礎，由此被譽為發展經濟學奠基人。同為武漢大學提名的趙人儶生平不詳，哈佛大學博士，曾任清華大學教授。潘源來任武漢大學助教時與劉秉麟合著《世界傾銷問題》，1948 年以「湖南大學法學院叢書」名義出版《經濟學原理》。劉秉麟 1943年榮膺教育部第二屆部聘教授，著有《經濟學原理》等。蔣碩傑不到 30 歲就被北京大學提名，可見學界對他的厚望，1958 年當選第二屆中研院院士，也曾被提名諾貝爾經濟學獎。中共早期重要領導人羅仲言專長經濟史，曾獲教育部學術獎勵。余精一由河南大學提名，著有《中國社會經濟史論》《中西社會經濟發展史論》等。

　　社會學 13 人淘汰 3 人。卒年不詳的高達觀被認為是中國綜合學派社會學家，著有《中國家族社會之演變》，由國立社會教育學院提名。許烺光時任美國西北大學助理教授，由中研院提名，作為心理人類學創始人之一，他曾榮膺美國人類學會會長，1978 年當選中研院院士。生平不詳的陳文仟由金陵大學提名，時任學校社會福利行政組及研究組教授兼主任。

　　被籌委會資格審查時淘汰的 108 位候選人群體，有如下值得注意的地方。第一，生平不詳者有化學梁普，植物李良慶，醫學吳印泉，農學魯慕勝，哲學郭中一，中國文史學張志超，語言學張公輝，法律劉鴻新，經濟學張渾、趙人儶，社會學陳文仟等共有 11 人，比例達 10%，實在有些高，而前面未被正式提名的 97 人群體生平不詳者僅 3 人，比例僅 3%。雖然一個學人的生平是否被記載具有一定的偶然性，與其學術水準不完全一致，但總體而言還是有比較密切的關係。因此，從這個意義上可以說，這個 108 人群體相比前面 97 人群體，學術水準總體而言較低。

　　第二，當然這個群體也有一些特出人物。1955 年學部委員有植物學陳煥鏞、水利工程嚴愷、語言學呂叔湘等 3 人，1980 年學部委員有地質學王曰倫、高振西、趙金科，醫學黃禎祥等 4 人；中研院院士有經濟學蔣碩傑（1958 年）、社會學許烺光（1978 年）、航空工程林同驊（1996 年）等 3 人，林同驊 1990 年還當選美國工程院院士。108 人群體中有 10 當選「院士」，與前述 97 人群體的 14 人相比，人數、比例稍低。

　　第三，這些人之所以首先被淘汰，大多數人可能因學術成就或主持領導機構貢獻不足而被淘汰，但年齡也可能是一個值得注意的因素。周炳琳受胡適委託提名經濟學、法律兩學科候選人，提出法學郭雲觀、吳經熊、劉志暘、李浩培，經濟學馬寅初、陶孟和、楊端六、何廉、方顯廷、陳岱孫、趙迺摶、楊西孟、蔣碩傑。他曾致函胡適，對選取這些候選人的理由有所陳述：

> 所提還是具第二項資格者為多，都是些已出面的人物。在一種意義上說，這是表示學界的貧乏。這些人誠然是成熟些，但求進步不能靠他們。如果可以不必要表面出色的人物，我這名單中恐怕只有三數人雖不甚出名卻是值得抬舉。惟院士制之立殆不能無酬庸之意，故提知名人士或反較能符合原意。〔註68〕

在周炳琳看來，他所提大多數人物都是因為主持或領導學術發展而候選（以「出面」或「表面出色的人物」），但學術的發展不能靠這些「成熟」的老將，因此他將 1918 年出生的蔣碩傑（所有提名人中年齡最小者）作為學術成就代表提出（「不甚出名卻是值得抬舉」）。總體上，他以為還是應提名「知名人士」。他提出的這些人中，除劉志暘因漢奸罪沒有被北京大學提名外，只有年輕的蔣碩傑被首次淘汰。108 人群體中 1907 年（包括 1907）以後出生的有 17 人（1907 年高振西、石聲漢、金灃榮、齊思和、朱斯煌，1908 年容啟東，1909 年徐義生、許烺光，1910 年黃禎祥，1911 年梁百先、林同驊、譚葆泰，1912 年嚴愷，1913 年劉穎、吳文暉、張培剛，1918 年蔣碩傑），比例也達到 16%，比 97 人群體 20% 低一些。正如周炳琳所說，這些人「雖不甚出名卻是值得抬舉」，代表著學術發展的方向，因此取得了相對重要的成就，高振西、許烺光、黃禎祥、林同驊、嚴愷、蔣碩傑等 6 人當選「院士」就是極好的證明。17 人

〔註68〕張友仁編：《周炳琳文集》，第 362 頁。周炳琳雖對因漢奸罪被判刑的劉志暘很看重，並不顧胡適、傅斯年的反對，將劉聘為北京大學法學教授，但劉最終因漢奸罪未被北京大學提名。

中 6 人當選「院士」，比例高達 35%，比 97 人群體中同年齡階段比例還高出 9 個百分點，可見籌委會在資格審查時對年輕人確實有「偏見」。

第四，除少數人外，這些人都由任職單位提名，一方面表明單位提名的本位意識，也一方面也說明有些單位提名的門檻較低，或者說難以尋繹其提名標準。如金陵大學在私立大學中屬於積極響應提名者，共提名了 27 名本校教授，其中有陳竹君、郭中一、陳文仟、潘廷洸、裘家奎、范謙衷、嚴一士、吳紹騄、章元瑋等 9 位在 108 人群體中，而且 27 人中沒有一人進入正式候選人名單，更不用說當選院士了；湖南大學共提名 9 人，有易幹球、何之泰、唐藝菁、羅正晫、張渾、潘源來等 6 人位列 108 人群體。此外，清華大學在全國範圍內提名，其中不少提名人（大多數屬於本單位）也折戟於這次資格審查。

三、評議會確立正式候選人

1947 年 10 月 15～17 日，中研院第二屆評議會第四次年會在南京召開，確定首屆院士正式候選人成為最重要的事務。朱家驊、翁文灝、薩本棟、王家楫、吳有訓、吳定良、吳學周、李濟、李書華、秉志、周仁、周鯁生、林可勝、胡適、胡先驌、茅以升、陳垣、陳楨、陶孟和、淩鴻勳、莊長恭、趙九章、錢崇澍、謝家榮、羅宗洛等 25 位評議員出席，巫寶三、夏鼐、俞建章、陳省身、陳遵媯、魯子惠、馮德培等作為社會所、史語所、地質所、數學所、天文所、心理所、醫學籌備處代表列席，來賓有吳鼎昌、李石曾、居正、王雲五和杭立武等。朱家驊在開幕致辭中強調選舉院士對中研院體制的重要性：

> 本院的性質，本為我國國家學院，但是始終未有主要任務上之組成份子（Academician）。所以在體制上，不如英國皇家學會（Royal Society）、法國科學院（L'Academic des Scienes）等之完備。……到了民國二十四年，設立評議會，才粗具國家學院的初基。而就倡導學術研究而言，實仍感不足。況且二十年來，我國學術界人才輩出，已非昔比，若干部門及個人在科學上的成就，且已頗為國際學術界所公認與讚譽，所以去年十月本院評議會第三次年會決議設置院士，因之修改本院組織法及評議會組織條例。一年以來，即依照決議著手擬定各種有關章則，並積極籌備院士選舉工作。此次年會主要任務，即為院士候選人的審定與公布，再經明春特別召開評議會正式選舉，即可召

開院士會議。……有了院士，本院就完成了體制，奠定我國學術的基礎，而對於倡導今後科學的研究，尤具深長意義。〔註69〕

下午，舉行第一次大會，秘書翁文灝彙報籌備院士選舉情形，並指出院士候選人名單，籌備會「已作初步審查，提出評議會決定，然後公告。經公告後，如有對名單內任何候選人資格有意見者，尚可將各方批評意見之可資參考採擇者，提出評議會」。會議追認通過《國立中央研究院院士選舉規程》，議決院士候選人人數最多不超過當選人一倍，並推定李書華、秉志、胡適為數理、生物、人文三組分組審議候選人名單召集人，確認了籌備會擬定的各學科院士人數分配分案：數理組數學6人、天文氣象學2人、物理學7人、化學5人、地質學7人、工程學6人共33人；生物組動物學6人、植物學6人、醫學8人、藥物學1人、人類學1人、心理學2人、生理學4人、農學5人共33人；人文組哲學（包括教育）3～4人、中國文史學4人、史學6人、語言學3人、法律學4人、政治學3～4人、經濟學4人、社會學2人、考古及藝術史4人共34人。〔註70〕

16日上午分組審查，形成一個153人的名單，其中數理組49人、生物組48人，人文組56人。列席人文組的夏鼐向傅斯年報告說，胡適以陳康在希臘哲學造詣頗深予以推薦；武漢大學周鯁生因李劍農在中國經濟史及近代政治史方面皆有成績而推薦。也有人提出為什麼沒有將熊十力、朱起鳳、向達三人列入正式候選人，胡適作了解釋，「亦無異議」。〔註71〕夏鼐日記記載說，首先刪去因做偽北京大學教授而致函傅斯年自我辯護的容庚，「審查各科，文史方面選出31人，已有濫居其列者；至社會科學，尤其是經濟及法律部門，前者幾無其人」，代替社會學所所長陶孟和出席會議的巫寶三「仍提出7人（馬寅初、劉大鈞、何廉、方顯廷、楊西孟、巫寶三、吳大業），實則可以暫缺；法律方面提出王寵惠、王世杰，以後勉強列入燕樹棠、郭雲觀、李浩培」。〔註72〕夏鼐的記載有誤差，人文組審查後經濟學候選人8人中無吳大業，另有陳岱孫、楊端六。下午召開第二次大會，李書華、秉志、胡適分

〔註69〕朱家驊：《國立中央研究院評議會第二屆第四次年會開幕詞》，王聿均等編《朱家驊先生言論集》，第88～89頁。

〔註70〕中國社會科學院近代史研究所圖書館藏，胡適檔案-2344-3。

〔註71〕1947年10月20日夏鼐致傅斯年函，王世民、湯超編《夏鼐書信集》第98～100頁。

〔註72〕夏鼐：《夏鼐日記》第4卷，華東師範大學出版社，2011年，第150頁。

別代表三組報告候選人審查結果，討論通過數理組、生物組候選名單，議決數理組天文刪去余青松、張鈺哲，化學刪去薩本鐵、趙承嘏〔註73〕，工程刪去錢學森，物理學增加桂質庭，化學增加朱汝華、孫學悟、紀育灃、黃子卿；生物組醫學刪去吳憲（已歸入數理組化學），藥學增加陳克恢，生理學去掉侯宗濂，農學去掉陳嶸、鄧植儀，增加馮澤芳。〔註74〕醫學擬加入李卓皓，因「其未曾返國工作」未能通過。〔註75〕會議還推定各科候選人評語撰稿人，字數「三十一字到五十字為限」：數學陳省身，物理李書華，化學莊長恭，地質謝家榮，氣象趙九章，工程茅以升，動物陳楨，植物胡先驌，醫學馮德培，藥學吳學周、莊長恭，人類學吳定良，心理學魯子惠、王家楫，生理林可勝、馮德培，農學羅宗洛，哲學、中國文史學、史學、語言學四科胡適，考古學及藝術史李濟、夏鼐，政治學、法律學周鯁生，經濟學、社會學巫寶三。值得注意的是，參與撰寫「評語」的趙九章、魯子惠、夏鼐不是正式候選人，魯子惠、夏鼐甚至未被提名。

17 日上午開第三次大會，討論人文組名單，胡適報告哲學、文史學、史學、語言學，周鯁生報告法律、政治，巫寶三報告經濟、社會，李濟報告考古及藝術史候選人名單。討論中，法律增加吳經熊，政治學刪去徐淑希、劉廼誠。關於郭沫若是否候選有專門的討論，夏鼐日記如是記載：

> 關於郭沫若之提名事，胡適之氏詢問主席以離開主席立場，對此有何意見。朱家驊氏謂其參加內亂，與漢奸罪等，似不宜列入；薩總幹事謂恐刺激政府，對於將來經費有影響；吳正之先生謂恐其將來以院士地位，在外面亂發言論。巫寶三起立反對，不應以政黨關係影響及其學術之貢獻；陶孟和先生謂若以政府意志為標準，不如請政府指派；胡適之先生亦謂應以學術立場為主。兩方各表示意見，最後無記名投票，余以列席者不能參加投票，無表決權，乃起立謂會中有人以異黨與漢奸等齊而論，但中央研究院為 Academia Sinica，除學術貢獻外，惟一條件為中國人，若漢奸則根本不能算中國人，若反對政府則與漢奸有異，不能相提並論。在未有國民政府以前即有中國（國民政府傾覆以後，亦仍有中國），此句想到而不須

〔註73〕兩人因有任職偽機構嫌疑。
〔註74〕中國社會科學院近代史研究所圖書館藏，胡適檔案-2343-1。
〔註75〕夏鼐：《夏鼐日記》第 4 卷，第 150 頁。

說出口，中途截止。故對漢奸不妨從嚴，對政黨不同者不妨從寬。

表決結果，以 14 票對 7 票通過仍列入名單中。〔註76〕

按夏鼐的記載，科學家們（包括朱家驊、薩本棟、吳有訓）似乎不能區分政治與學術的關係，不同意郭沫若候選；人文學者堅決要求學術獨立於政治，因此無論是評議員胡適、陶孟和還是無投票權的巫寶三、夏鼐都堅持郭沫若候選。當日出席評議員有朱家驊、薩本棟、王家楫、吳有訓、吳定良、吳學周、李濟、李書華、秉志、周仁、周鯁生、胡適、胡先驌、茅以升、陳垣、陳楨、陶孟和、凌鴻勳、莊長恭、趙九章、錢崇澍、謝家榮、羅宗洛等共 23 人，即使加上吳定良，人文組評議員也僅有 6 人，最終居然以 14 票對 7 票通過，說明大多數科學家們還是贊成學術與政治的分離，即使吳有訓也僅僅是害怕郭沫若以院士的身份「亂發議論」而已。

確定人文組名單時，另有一個未被以往研究者發現的「秘密」——吳敬恒候選學科的「轉移」。雖然胡適在推薦時將吳稚暉歸類哲學學科，並稱「他是現存的思想界老前輩，他的思想比一般哲學教授透闢的多」〔註77〕，但傅斯年的提名和中研院的最終參考名單將他歸屬於中國文史學，正式提名中也僅被胡適領導的北京大學推舉為中國文史學候選人。在這次年會上，他從「中國文史學」被移入「哲學」成為正式候選人。按照選舉程序，候選人的學科歸屬評議會應該沒有權力予以修改。吳敬恒這次學科歸屬改換並在後來的院士選舉最後一名當選，在一定程度上可能反映了院士選舉中的「非學術因素」，胡適在其間可能有不小的作用，具體情形有待進一步查證。

對於這次會議，胡適日記也記載說：「連日討論甚熱烈，最後尚有增減。」〔註78〕第三次大會還討論決定，候選人名單公布時，「每組分科排列，但不標舉學科名稱，每科中名次則依筆劃」。17 日下午第四次大會議議決候選人「考語」即候選理由，大體參照「兩項資格之規定擬寫」，並推定秉志、李書華、茅以升、謝家榮、陶孟和具體整理「考語」文字，秉志任召集人。

候選理由的撰寫並不容易，胡適 16 日晚上就開始擬人文組諸人「合格之根據」，到四點才完。〔註79〕據夏鼐日記記載，會後 22 日，他還費了一天工

〔註76〕夏鼐：《夏鼐日記》第 4 卷，第 150 頁。

〔註77〕《胡適致薩本棟、傅斯年函》（1947 年 5 月 22 日），潘光哲主編《胡適全集：胡適中文書信集》第 3 冊，第 588 頁。

〔註78〕曹伯言整理：《胡適日記全集》第 8 冊，第 331 頁。

〔註79〕曹伯言整理：《胡適日記全集》第 8 冊，第 331 頁。

夫,「完全加以修改,以求與數理及生物兩組一致」。胡適給自己「考語」原為「研究中國思想史與文化史,曾有開創新風氣的貢獻」,「擬將末句改成側重治學方法」,最終「索性刪掉」。陳垣初為「專治中國宗教史,搜集材料最勤,考訂最謹嚴,論斷亦最精確,其餘力所治校勘學、年曆學、迻譯學皆為有用工具」,陳垣謂「不僅為有用之工具而已」,於是改「亦均有特殊貢獻」,最後定稿「專治宗教史,兼治校勘學、年曆學、迻譯學〔註80〕」;陳寅恪原為「天才最高,功力亦最勤謹,往往能用人人習知之材料,解答前人未能想到之問題,研究六朝隋唐史最精」,最後改為「研究六朝隋唐史,兼治宗教史與文學史」;傅斯年原為「治中國上古史,能利用新材料與新眼光,考訂舊史料,於古代制度、地理及文籍體制,有獨到之見解或新鮮之說明」;顧頡剛原為「以懷疑精神研究古史,對於古代傳統有廓清之功,倡導古地理學之研究,亦甚有貢獻」;馮友蘭原為「研究中西哲學思想,曾試作融會貫通之探討」;徐炳昶原為「治古史,時有大膽的假設,所著《中國古史的傳說時代》頗多創見」;後都加以刪削與修改。確實,胡適原來所擬定的候選理由多「帶有色調的句子」,修改之後,平實而切實多了,這自然是學習數理組、生物組的結果。即使如此,胡適還是請夏鼐與李濟一起繼續修訂「考語」。〔註81〕

　　平心而論,以短短幾十字準確反映候選人的學術成就與主持學術機構貢獻,實在是一異常困難的事情,因此有些人的「考語」並不恰如其分。例如「學衡派」主帥柳詒徵理由為「主持南京國學圖書館多年,主講大學史席多年」,僅有主持圖書館與大學教授角色,完全不提他的史學成就,是所有候選人中極少數僅以此類角色候選者。〔註82〕在一定程度上說明,主持擬定候選理由的胡適、傅斯年等人對他可能不是很瞭解。楊鍾健也對他當選院士的學術成就概括不滿意,他在回憶錄中說:「一個人的學術工作,求各方面真正能瞭解,殊為不易。如我在正式候選人名單中,所列的貢獻僅為許氏祿豐龍、新疆水龍獸與山東蛙,其實此三種中,第三種殊為平常之古生物發現,無何稀奇,而余最重要之貢獻為卞氏獸及山東中新統地層之發現等。」這些遠比許氏龍工作更重要

〔註80〕陳垣不研究翻譯,不可能是「迻譯學」,正式公布理由為「避諱學」,可見是日記整理者識讀錯誤。
〔註81〕夏鼐:《夏鼐日記》第4卷,第152頁。值得注意的是,按夏鼐日記的說法,這些「考語」修改之後才「帶有色調的句子」,與實際情形不合。可能是整理所誤。
〔註82〕另僅有工程候選人羅忠忱、經濟學候選人陳岱孫候選理由沒有學術成就,他們都未能榮膺院士。

的貢獻，反而沒有列入，「亦可見知人之難」。〔註 83〕

1947 年 11 月 15 日，中研院在政府公報與各大報公布了 150 名正式候選人名單及其候選理由（括號中的學科及其當選人數為筆者所加）：

數理組 49 人

江澤涵：分析與拓撲學之研究，主持北京大學數學系

姜立夫：圓與球的幾何之研究，曾主持南開大學數學系

許寶騄：數理統計之極限分配、近似分配等研究

陳省身：微分幾何、積分幾何及積分與拓撲學之關係等研究

陳建功：傅氏級數、正交函數等研究，曾主持浙江大學數學系
　　　　分析組

華羅庚：分析數論及方陣幾何學等研究

熊慶來：無窮級半純函數之研究，曾主持清華大學數學系

蘇步青：卵型論與投影微分幾何等研究，主持浙江大學數學系

（以上數學 8 人，當選 5 人）

吳大猷：光譜及天文物理等研究

吳有訓：X 光之康波頓效應、X 光散射與吸收等之研究，曾主
　　　　持清華大學理學院及物理系

李書華：電極膜對於遊子之選擇透過性等研究，主持北平研究院

周培源：流體力學及相對論等研究

桂質庭：中國地磁測定及高空電離層等研究，主持武漢大學理
　　　　學院

葉企孫：磁學研究及勃郎克常數之測定等研究，主持清華大學
　　　　理學院及物理系

趙忠堯：伽瑪射線、中子吸收與放射等研究

嚴濟慈：光譜、壓力對於照相效應、水晶振動及應用光學等研
　　　　究，主持北平研究院物理研究所

饒毓泰：光譜、電離作用、電子等研究，主持北京大學理學院
　　　　及物理系

（以上物理 9 人，當選 7 人）

〔註 83〕楊鍾健：《楊鍾健回憶錄》，第 167 頁。

朱汝華：與維生素 K 及維生素 B 等有關化合物之綜合

吳　憲：蛋白質化學、營養研究及血液分析方法等研究，主持
　　　　協和醫學院生理化學系

吳學周：多原分子之紫外光譜、分子構造及分解能、溶液中之
　　　　反應結構等研究，主持中央研究院化學研究所

紀育灃：嘧啶及其衍生物之製備、國藥之化學研究

孫學悟：發酵工業等之研究，主持黃海化學研究社

莊長恭：男女性內分泌素有關繁醇類之綜合研究，主持北平研
　　　　究院藥物研究所

曾昭掄：有機合成及分析之研究，主持北京大學化學系

黃子卿：熱力學、溶液及比空三方面之研究

（以上化學 8 人，當選 4 人）

尹贊勳：研究中國各紀無脊椎動物化石、山西大同火山、中國
　　　　火山之分布，歷任江西地質調查所所長、中央地質調
　　　　查所所長、主任

王竹泉：測制太原榆林幅地質圖、訂定大同煤系時代、研究大
　　　　青山煤田構造、擬定陝北油井位置，獲得成果

朱家驊：研究德國侏羅紀石灰岩，創辦並主持兩廣地質調查所、
　　　　奠定華南地質研究之始基

李四光：研究中國地質構造、發現第四紀冰川、中國地層及鏈
　　　　科之研究，主持中央研究院地質研究所

李善邦：用重力法測探水口山鉛鋅礦、創制新型地震儀，主持
　　　　鷲峰地震研究室

孟憲民：研究華中華南金屬礦產、探測箇舊錫礦，獲得成果

俞建章：研究中國豐寧系珊瑚化石及分層，主持重慶大學地質系

孫雲鑄：研究中國古生代寒武志留等紀地層分層及三葉蟲及其
　　　　他化石，主持北京大學地質系

翁文灝：創立華南礦床分帶、燕山運動、地震與構造關係、華
　　　　煤分類新法、剝蝕與沉積之研究等，曾主持中央地質
　　　　調查所

黃汲清：二疊紀化石及分層、秦嶺地質構造、中國構造單位、四川及新疆油田地質等研究

楊鍾健：研究祿豐恐龍、新疆穆氏水龍獸及山東蛙化石等，主持地質調查所新生代研究室

謝家榮：煤岩學、中國鐵礦床分類、鋁土成因等研究、發見淮南新煤田、鳳臺磷礦及漳浦鋁礦，主持資源委員會礦產測勘處

（以上地質學 12 人，當選 6 人）

竺可楨：中國氣候學、氣候區域、風暴生成、水旱分布與天文及地理等研究，曾主持中央研究院氣象研究所

（以上天文氣象 1 人，當選 1 人）

王寵佑：冶銻研究，著有《銻》及《鎢》兩書

汪胡楨：中國水利工程之研究，著有水利設計多種

周　仁：鋼鐵理論及製造之研究，主持中央研究院工學研究所

施嘉煬：水工試驗理論研究，著有水力發電計劃數種

侯德榜：製鹼研究，著有《鹼之製造》一書

茅以升：橋樑應力之研究，主持錢塘江大橋工程之設計及施工

凌鴻勳：研究我國鐵路工程之技術標準，主持粵漢鐵路及隴海鐵路兩段重要工程之設計及施工

程孝剛：機車設計製造、機廠設計及機務標準等研究，曾主持各鐵路機務工程

蔡方蔭：結構工程中桁梁應力及變位之研究

薩本棟：電機工程中多相電路各問題之研究，著有《電路分析》等書

羅忠忱：在唐山工學院主講力學，成才甚眾

（以上工程 11 人，當選 5 人）

生物組 46 人

王家楫：原生動物分類形體生態等研究，主持中央研究院動物研究所

伍獻文：魚類形體生理分類生態等方面及寄生蟲之研究

朱　　洗：細胞學及實驗胚胎學之研究，主持北平研究院生理研
　　　　　究所

貝時璋：細胞學及實驗形體學等研究，主持浙江大學生物系

秉　　志：比較解剖學、昆蟲學等之研究，曾主持中國科學社生
　　　　　物研究所

胡經甫：中國昆蟲分類之調查與研究，主持燕京大學生物系

陳世驤：昆蟲分類及幼蟲形體之研究

陳　　楨：金魚之遺傳與演化、及動物之社會行為等研究，主持
　　　　　清華大學生物系

童第周：實驗胚胎學之研究

劉承釗：兩栖類動物分類分布生態等研究

（以上動物 10 人，當選 6 人）

胡先驌：植物分類學、植物地理學及新生代古植物學之研究，
　　　　　主持靜生生物調查所

殷宏章：植物生長素之研究

秦仁昌：中國蕨類植物之分類研究，曾主持廬山森林植物園

張景鉞：植物形態學之研究，主持北京大學植物系

裴　　鑑：植物分類學之研究

劉慎諤：植物地理學、植物分類學及菌類學等研究，主持北平
　　　　　研究院植物研究所

錢崇澍：植物分類學及植物生態學之研究，主持中國科學社生
　　　　　物研究所

戴芳瀾：菌類學及植物病理學之研究，主持清華大學植物病理
　　　　　研究部分

羅宗洛：微量元素與植物之生長量、碳水化合物之代謝作用等
　　　　　研究

饒欽止：淡水藻類學之研究

（以上植物學 10 人，當選 6 人）

李宗恩：裂體蟲病、線蟲病、瘧病、回歸熱等研究，曾主持貴
　　　　　陽醫學院

胡正詳：黑熱病、錐蟲病、斑疹傷寒等研究

洪式閭：寄生原蟲、鉤蟲及其與人體之關係等研究

袁貽瑾：統計學及防疫學之研究，主持中央衛生實驗院防疫研
　　　　究所

馬文昭：高氏體與分泌之關係、嗎啡中毒之細胞變化及血球發
　　　　生史等研究

張孝騫：胃腸病之研究，主持湘雅醫學院

湯飛凡：皰疹、牛痘等過濾毒之研究，主持中央防疫處

馮蘭洲：錐蟲病、黑熱病、瘧疾、絲蟲病、螺旋體病及內臟蟲
　　　　病之寄生蟲研究

劉士豪：研究鈣之新陳代謝

（以上醫學9人，當選3人）

陳克恢：麻黃素及強心劑等之藥理等研究

黃鳴龍：男女性內分泌素之綜合、蚵蒿素及國藥化學等研究

（以上藥物學2人，當選1人）

吳定良：各族顱骨與體骨之比較及黔苗體質之探討等研究，曾
　　　　任中央研究院人類學組主任

（以上體質人類學1人，當選1人）

汪敬熙：內分泌對於行為之影響、中樞神經中之動作電勢及中
　　　　樞神經發展各期對於行為影響等研究

陸志韋：記憶與視覺之研究，主持燕京大學心理系

臧玉洤：腦視覺與學習之關係及胃之飢餓收縮與行為動機等研
　　　　究

（以上心理學3人，當選1人）

林可勝：胃液分泌、延髓中交感神經中樞、膽囊收縮、腦下腺
　　　　之神經支配等研究，曾主持協和醫學院生理學系

徐豐彥：哺乳類呼吸循環系統等研究

湯佩松：細胞呼吸及代謝等研究，主持清華大學生理研究部分

馮德培：肌肉和神經之放熱及神經肌肉接頭之傳導等研究

蔡　翹：神經系統之解剖及生理碳水化合物代謝、抗溶血素、

止血機構等研究，主持中央大學醫學院生理學系

（以上生理學 5 人，當選 4 人）

李先聞：小麥、小米、玉蜀黍雜種染色體之行動等研究，曾主
　　　　持四川省稻麥改良場

俞大紱：蠶豆等作物病害、小麥大麥黑穗粉菌之生理分化與抗
　　　　病育種等研究

馮澤芳：棉花育種之研究，主持中央棉業改進所北平分所

趙連芳：稻連鎖遺傳之研究，曾主持中央大學農藝系

鄧叔群：植物病理學、菌類學、森林學等之研究，曾主持甘肅
　　　　洮河林場

劉崇樂：經濟昆蟲之研究，主持清華大學昆蟲研究部分

（以上農學 6 人，當選 3 人）

人文組 55 人

吳敬恒：思想家，著有《一個新信仰的宇宙觀與人生觀》等

金岳霖：治西洋哲學，著有《邏輯》《論道》等

陳　康：治希臘哲學，於柏拉圖、阿里士多得均有專著

湯用彤：治中國佛教史，著有《漢魏兩晉南北朝佛教史》等

馮友蘭：治中西哲學，著有《中國哲學史》等書

（以上哲學 5 人，當選 4 人）

余嘉錫：治考證之學，重要著作有《四庫提要辯證》

胡　適：研究中國思想史與中國文學史

唐　蘭：考訂甲骨文字、利用古文字材料建立中國文字學理論

張元濟：主持商務印書館數十年，輯印四部叢刊等書、校印古
　　　　本史籍，於學術上有重大貢獻

楊樹達：繼承清代樸學風氣，整理古書，研究古文法與古文字學

劉文典：治校勘考證之學

（以上中國文史學 6 人，當選 4 人）

李劍農：研究中國經濟史貨幣史

柳詒徵：主持南京國學圖書館多年，主講大學史席多年

徐中舒：用古文字與古器物研究古代文化制度

徐炳昶：治古史，著《中國古代的傳說時代》等書，主持北平
　　　　研究院史學研究所

陳　垣：專治中國宗教史，兼治校勘學、年曆學、避諱學

陳寅恪：研究六朝隋唐史，兼治宗教史與文學史

陳受頤：研究近世中西文化交通之早期史

傅斯年：治中國上古史，利用新材料與新眼光考訂古代制度地
　　　　理及文籍體制，主持中央研究院歷史語言研究所

蔣廷黻：主持大學史學系多年，專治近代中國外交史

顧頡剛：以懷疑精神研究古史，倡導古地理學之研究

（以上歷史學 10 人，當選 5 人）

王　力：研究中國語言與古代音系，兼治中國語法

李方桂：致力於邊疆各種語言之調查與研究，並考訂上古語音

趙元任：為我國現代語言學研究之創導者，規劃並實行漢語方
　　　　言調查工作

羅常培：專治中國中古語言史與中國音韻學史，有廈門臨川兩
　　　　處方言調查報告

（以上語言學 4 人，當選 2 人）

李　濟：為我國田野考古之領導者，精於中國史前文化及殷代
　　　　陶器銅器之研究

梁思永：主持大規模之殷墟工作，又發現華北史前文化次序之
　　　　實證

郭沫若：研究兩周金文，以年代與國別為條貫自成體系，又於
　　　　殷墟中卜辭加以分類研究

董作賓：利用發掘經驗將殷墟卜辭劃分時代，又考訂殷代曆法
　　　　及祀典

（以上考古學 4 人，當選 4 人）

梁思成：主持中國營造學社多年，研究中國古建築物，實地搜
　　　　求、發見甚多

徐鴻寶：精於中國藝術品之演變流傳及真偽辨定，主持故宮博
　　　　物院古物館多年

（以上藝術史 2 人，當選 1 人）

王世杰：研究比較憲法，主持國民政府法制局，於立法事業及
　　　　憲法制度均有貢獻
王寵惠：早年以英文翻譯德國民法，至今有國際聲譽，在國內
　　　　對於法律修訂及憲法制度多所貢獻
吳經熊：研究法律哲學，任法院法官，參加立法工作，均有成績
李浩培：研究國際私法，主持法律學系多年
郭雲觀：研究英美法律，任法院法官，著有成績
燕樹棠：研究國際私法及法律哲學，主持法律學系多年
（以上法律學6人，當選2人）
周鯁生：研究國際法及外交，主持政治學系多年
張忠紱：研究中國外交及行政學
張奚若：研究西洋政治思想
錢端升：研究比較政治制度及現代中國政治制度
蕭公權：研究西洋及中國政治思想
（以上政治學5人，當選3人）
方顯廷：研究工業革命及中國工業
何　廉：推進經濟研究及指數編制，主持南開大學經濟研究所
巫寶三：研究中國農業經濟及中國國民所得
馬寅初：研究中國金融市場及財政金融諸問題
陳　總：主持清華大學經濟系及法學院
楊西孟：研究生活費指數之編制及物價問題
楊端六：研究會計貨幣銀行，主持武漢大學經濟系
劉大鈞：從事中國工業之調查研究，創辦主持經濟研究所
（以上經濟學8人，當選1人）
吳景超：研究中國之社會經濟中階級制度、工業化、經濟建設
　　　　諸問題
凌純聲：研究邊疆民族中之赫哲、苗傜、佘諸族
陳　達：調查並研究中國勞工、人口、移民
陶孟和：研究中國都市及鄉村社會，主持社會調查研究機關
潘光旦：研究中國家族、人才血緣諸問題
（以上社會學5人，當選2人）

　　除陳煥鏞、趙承嘏因政治原因未能名列正式候選人外，中研院第一屆和第二屆評議員（包括當然評議員）還有多人未能進入上述名單，聘任評議員氣象張其昀（專業實為人文地理）和呂炯、工程唐炳源、農學謝家聲、天文學張雲、心理學郭任遠和唐鉞、地質學葉良輔，曾任與現任當然評議員物理學丁燮林、化學任鴻雋、天文學余青松和張鈺哲、氣象學趙九章等共 13 人。值得注意的是，他們都屬於數理組與生物組，人文組評議員都正式候選。13 人中天文學 3 人、心理學和氣象學各 2 人，似乎表明這三門學科人才更替很快，實際完全相反，天文學無一人候選，氣象學僅竺可楨，心理學候選人也非年輕後進。唐炳源、唐鉞、任鴻雋、謝家聲 4 人沒有被正式提名，其他 9 人都進入了 402 人名單被評議員分組審查，曾任評議員張其昀、葉良輔、丁燮林、郭任遠，現任評議員張雲、呂炯、趙九章等 7 人未能通過小組審查。呂炯、趙九章兩位氣象學評議員被淘汰，表徵著氣象學僅剩最後一位候選人竺可楨。余青松、張鈺哲兩位天文學候選人在大會討論時被最終刪去，表徵著天文學這門學科無人候選，顯示了民國天文學發展情狀及在評議員們心目中的地位。現任聘任評議員張雲、呂炯、唐鉞，當然評議員張鈺哲、趙九章等 5 人未能正式候選，比例達 12%，除與天文、氣象學科發展水平不夠有關外，似乎在相當意義上也表明評議會有意無意間規避了第二屆評議員選舉中的「小圈子」意識。夏鼐向傅斯年的報告中專門提及這幾位現任評議員未正式候選，似乎有讚賞的意味，特別指出天文學各方面雖提出張鈺哲、張雲和余青松三人，但評議會審查決定天文學不提候選人，這可以作為有濫竽充數嫌疑的人文組「參考」。因他以為人文組 55 名正式候選人中，「將來恐須刪去一半」，「人文方面可刪去三分之一，社會科學方面可刪去三分之二，尤其是法律及經濟兩科，更罕見院士之人選」。〔註84〕

　　150 名正式候選人中有多人未在籌委會確定的 181 位參考名單中，包括數學許寶騄，物理桂質庭，化學紀育灃、朱汝華，地質李善邦、俞建章，工程汪胡楨、施嘉煬、羅忠忱，動物陳世驤，植物秦仁昌，醫學洪式閭、馮蘭洲，心理臧玉洤，農學李先聞、馮澤芳，哲學陳康，中國文史學劉文典、唐蘭，史學李劍農、徐中舒、徐炳昶、陳受頤，考古學與藝術史梁思永、徐鴻寶，法學吳經熊，政治學張奚若，社會學凌純聲共 28 人，比例高達 18.6%。也就是說，參考名單 181 人中有 122 人正式候選，比例為 67.4%。另外，參考名

〔註84〕王世民、湯超編：《夏鼐書信集》第 99 頁。

單將黃鳴龍歸入化學，吳稚暉歸入中國文史學。特別值得指出的是，史學增加了 4 人之多，說明傅斯年、胡適等開列的名單有相當侷限性，最終 4 人都未能當選，似乎在某種程度上表達了評議員們的共識，值得進一步專門討論。可見，即使吸收了 18 位評議員的意見和總辦事處搜集到的資料，籌委會提供的超過正式候選人 31 人的參考名單，還是有 18.6% 的人才被忽視，「集思廣益」與「三個臭皮匠」的重要性顯現無遺。上述 28 人中有僅有許寶騄、李先聞、梁思永三人最終當選院士，當選比例僅 11%，相比其他 122 人 78 人當選，當選比例高達 64%，這似乎又從一個側面反映了評議員們最終投票時的某種「癖好」與「氛圍」。

　　被評議會淘汰的 252 人候選人群體（具體名單及分科見表 7-5），也值得專門分析。

表 7-5　評議會年會淘汰的候選 252 人名單　　括號中數字為提名次數

組　　別	學　科	名　　單
數理組 117 人	數學 19	申又棖、何衍璿、余光烺、李華宗、李國平、沈青來、周紹濂、柯召、孫光遠、張濟華、曾珹益、湯璪真、楊武之、楊卓新、趙訪熊、趙進義、劉俊賢、樊爔、錢偉長
	物理 15	丁燮林（4）、王竹溪、王守競、任之恭、束星北、余瑞璜、岳劼恒、查謙、倪尚達、張文裕、陸鴻鈺、馮秉銓、趙松鶴、鄭衍芬、錢三強
	化學 16	王星拱（2）、王葆仁（2）、朱子清、吳黴鎧、李方訓（3）、李家光、周發岐、高崇熙（4）、高濟宇（2）、張貽侗、陳裕光（2）、曾朝明、鄔保良（2）、錢思亮、薩本鐵（4）、張子高（2）
	地質 27	王恒升（3）、王烈、田奇瑀（2）、李承三、李春昱（2）、李學清（2）、侯德封（2）、徐克勤、孫健初、袁復禮（2）、馬廷英、高平、張更（3）、張席禔、章鴻釗（4）、許傑、陳旭、陳愷、斯行健（4）、程裕淇（2）、馮景蘭（2）、葉良輔（6）、樂森璕、丁驌（2）、胡煥庸、唐世鳳、張其昀
	工程 31	支秉淵（2）、石志仁、何傑、余家洵、余熾昌、李輯祥、李書田、李麗生、沈怡、周禮、林致平、邵逸周、俞大維（2）、徐世大、陳繼善、陶葆楷、須愷、惲震、馮桂連、黃育賢、楊簡初、葉渚沛、葉楷、趙師梅、劉仙洲、魏壽崑、錢學森、錢鍾韓、顧宜孫、顧毓琭（2）、顧毓琇（3）
	天文 5	余青松、李珩、張鈺哲（2）、張雲（2）、潘璞
	氣象 4	呂炯、涂長望（2）、趙九章（3）、黃廈千

生物組 82 人	動物 11	王希成、辛樹幟、沈嘉瑞、徐蔭祺、張作人、張奎、張璽、陳心陶、陳伯康、談家楨、鄭作新
	植物 10	王鳴岐、李繼侗（2）、林鎔、郝象吾、高尚蔭、張珽、張肇騫、曾呈奎（2）、焦啟源（2）、鍾心煊
	醫學 21	王應睞、白施恩、朱鶴年、李卓皓、李落英、周金黃、林幾、邱煥揚、俞煥文、姜辛曼、胡傳揆、戚壽南（2）、張漢民、陰毓璋、萬福恩、鄭集（2）、葉培、劉瑞恒（2）、謝志光、鍾惠瀾、關頌韜
	藥物 6	汪良寄、曾廣方（2）、湯騰漢（2）、楊紹曾、雷興翰、趙承嘏（4）
	人類學 2	潘銘紫、劉咸
	心理 6	沈有乾、曹飛、郭任遠、敦福堂、楊寶三、蕭孝嶸
	生理 4	沈寯淇、侯宗濂、黃賡祥、盧於道（2）
	農學 22	王志鵠、朱蓮青、吳耕民、吳福楨、周昌芸、金善寶、胡昌熾、孫文郁、孫醒東、張乃鳳、章之汶、章文才、陳華癸、陳嶸（2）、程紹迥、靳自重、熊毅、鄧植儀、韓安、魏景超（2）、齊敬鑫、孫逢吉
人文組 53 人	哲學 10	方東美、倪青原、張頤、嵇文甫、賀麟、熊十力（2）、羅倬漢、李建勳、張懷、莊澤宣
	中國文史 8	李笠、容庚、趙景深、劉永濟、蔣復璁、鄭業建、羅根澤、欒調甫
	史學 15	王繩祖、朱謙之、邵循正、金毓黻、洪業、張森楨、陳恭祿、賀昌群、黃文弼、黃延毓、雷海宗、劉崇鋐、劉繼宣、鄭天挺、繆鳳林
	語言 1	黎錦熙
	考古藝術 2	吳金鼎、鄧以蟄
	法律 5	李祖蔭、趙鳳喈、鄭天錫、戴修瓚、翟楚
	政治 2	徐淑希、劉迺誠
	經濟學 5	伍啟元、吳大業、李炳煥、梁方仲、趙迺摶
	社會學 5	吳澤霖、柯象峰、孫本文（2）、陳序經、費孝通

注釋：原提名中「其他」5 人歸屬於地質學，李善邦正式候選，其他 4 人被淘汰。

　　數理組 165 人中淘汰 117 人，比例高達 70.9%；生物組 129 人淘汰 82 人，比例也有 63.6%；人文組因為此前淘汰太多，108 人刪去 53 人，比例僅 49%，不到一半。如果加上籌委會淘汰的 108 人，數理組淘汰比例為 75.1%，生物組

69.5%，人文組 66.3%。總體淘汰率還是數理組最高，人文組最低，自然與數理組提名人數最多，而正式候選人少於人文組有關。

數學被淘汰的 19 人全部都僅有一個單位提名，而正式候選的 8 人都有多個單位提名。除李華宗、楊武之由武漢大學提名，任教美國的樊𡎉由母校北京大學提名外，其他人都由任職單位提名。申又根時任北京大學教授，專長復變函數插值理論研究，中國微分方程學科創始人之一。何衍璿時任雲南大學教授，著有《解析幾何》《矢之理論與運動學》等。余光烺由金陵大學提名，從事函數論方面教學與研究。李華宗在微分幾何上有開創性研究，在克黎福德代數、二次型、量子力學的埃爾米算子等領域都有貢獻。時任武漢大學教授的李國平專長函數論研究，1955 年當選學部委員。美國密西根大學數學博士沈青來時任東吳大學教授。曾獲法國國家博士學位的周紹濂，時任暨南大學教授，專長拓撲學、幾何學研究。柯召時任重慶大學教授，主要從事代數學、數論及組合數學研究，1955 年當選學部委員。中央大學教授孫光遠，中國微分幾何和數理邏輯奠基人之一，中國最早在國際數學期刊發表論文並取得影響的數學家之一。張濟華長期任教金陵大學，曾任數學系主任。數學史和曆算專家曾珹益（昭安），曾任中國數學會首任董事。安徽大學教授湯璪真研究涉及代數、幾何、數理邏輯、分析等領域。中國數論和代數學奠基人之一楊武之，曾長期任教清華大學，後轉同濟大學、復旦大學。留美博士楊卓新，曾任湖南大學校長。長期任教清華大學的趙訪熊專長應用數學和計算數學。趙進義致力於數學、天文學和力學科研和教學，對函數論造詣頗深。長期任教中山大學的劉俊賢專長數學分析。樊𡎉專長非線性泛涵分析，取得了舉世聞名的成就，1964 年當選第五屆中研院院士。錢偉長是中國近代力學、應用數學奠基人之一，1955 年當選學部委員。

19 位被淘汰的數學工作者，年齡最大的為 1890 年的楊卓新，年齡最小的為 1914 年出生的樊𡎉，1907 年及以後出生有李華宗、李國平、柯召、趙訪熊、樊𡎉、錢偉長等 6 人，比例為 31%，而真正取得學術成就也就是這批人，除趙訪熊和英年早逝的李華宗外，其他 4 人或當選 1955 年學部委員或當選中研院院士。當然，申又根、孫光遠、周紹濂在學術上也有其獨特貢獻。

物理學 15 人被淘汰，除曾長期擔任中研院物理所所長的丁燮林外，都僅有一個單位提名，而正式候選的 9 人都有多個單位提名。清華大學除提名本校教授王竹溪、余瑞璜以外，還提名此時在國外的王守競、任之恭、張文裕、錢

三強等 4 人，其他人都由任職單位提名。以戲劇家聞名的丁燮林，時任山東大學教授，其在物理學研究上並無特出成就，雖擔任中研院物理所所長近二十年，但對中國物理學發展並無大影響，雖有山東大學、北京大學、中國物理學會、中研院等 4 個單位提名，還是被評議會排除正式候選人之列。王竹溪從事熱力學、統計物理學、數學物理等方面研究，取得重要成就，1955 年當選學部委員。曾任北京大學物理系主任的王守競，曾在量子力學研究方面做出獨特貢獻，可惜回國後不久就放棄了學術研究。任之恭從事微波光譜學研究，1962年當選第四屆中研院院士。時任浙江大學教授的束星北，早年曾從事相對論研究，未能取得有實質意義的成果。余瑞璜從事 X 射線晶體學、金屬物理等方面研究，1955 年當選學部委員。西北大學教授岳劼恒主要從事絡合物光學研究。查謙時任武漢大學教授，研究光電效應中的不對稱現象。時任金陵大學教授倪尚達是中國無線電學奠基人之一。畢業於卡文迪什實驗室的張文裕，中國宇宙線研究和高能實驗物理開創人之一，1957 年當選學部委員。東吳大學教授陸鴻鈺 1948 年赴美任教。時任教嶺南大學的馮秉銓專長無線電振盪理論、無線電技術等研究。留英博士趙松鶴，時任河南大學教授。重慶大學教授鄭衍芬長期研究 X 射線。錢三強時任法國國家科學研究中心研究員，1955 年當選學部委員。

15 位被淘汰者中，年齡最大的為 1893 年出生的丁燮林、鄭衍芬，最小為 1913 年出生的錢三強，1907 年及以後出生有王竹溪、束星北、張文裕、陸鴻鈺、馮秉銓、錢三強等 6 人，比例高達 40%。王竹溪、余瑞璜、錢三強當選 1955 年學部委員，張文裕當選 1957 年學部委員，任之恭 1962 年當選中研院院士，15 人中有 5 人當選「院士」，達到三分之一，這個群體對中國物理學發展貢獻之大由此可見。

與數學、物理不同，化學被淘汰的 16 人中高崇熙、薩本鐵有 4 個單位提名，李方訓 3 個單位提名，王星拱、王葆仁等 6 人兩個單位提名，正式候選的朱汝華僅有兩個單位提名，吳學周、紀育灃僅有 3 個單位提名，說明提名單位的多少不是化學淘汰的基本標準。除清華大學、中國化學會和中研院提名外，武漢大學也提名了陳裕光，其他都由任職單位提名。曾任武漢大學、中山大學校長的王星拱化學研究並無成就，在科學宣傳與普及上有開拓之功，著有《科學概論》《科學與人生觀》等。中國有機化學先驅者和高分子化學奠基人之一王葆仁，時任浙江大學教授，1980 年當選學部委員。暨南大學化學系主任朱子

清，在天然產物有機化學方面有精湛研究。物理化學家、放射化學家吳黴鎧，時任浙江大學教授，1980 年當選學部委員。長期任教金陵大學的李方訓，從事電解質溶液性質及理論研究，1955 年當選學部委員。生平不詳的李家光，為華中大學提名的唯一候選人。北平研究院化學所所長周發岐，主要從事有機化學與炸藥化學研究。長期任教清華大學的高崇熙，在無機合成研究上成就卓著。長期任教中央大學的高濟宇，從事有機合成研究，1980 年當選學部委員。西北大學教授張貽侗主要從事化學教學。陳裕光主要社會角色是金陵大學校長。生平不詳的曾朝明，時任嶺南大學化學系主任。鄔保良長期任教武漢大學。錢思亮對臺灣科學事業發展有重大貢獻，1964 年當選中研院第五屆院士。因有附偽嫌疑被排除的有機化學家薩本鐵 1946 年赴美，爆發了學術研究第二春。時任清華大學教授的張子高是中國化學教育先驅者、中國化學史研究開拓者之一。

化學 16 人中李家光、曾朝明生平不詳，其他 14 人年齡最大為 1886 年出生的張子高，最小為 1913 年出生的吳黴鎧，1907 年及以後出生的有王葆仁、吳黴鎧、錢思亮 3 人。李方訓當選 1955 年學部委員，王葆仁、吳黴鎧、高濟宇當選 1980 年學部委員，錢思亮 1964 年當選第五屆中研院院士，1907 年及以後出生 3 人都當選「院士」。除此之外，朱子清、周發岐、高崇熙、薩本鐵在學術研究上都有其各自貢獻。

地質學（包括地理、海洋學）有 27 人被淘汰，葉良輔有 6 個單位、章鴻釗和斯行健 4 個單位提名，王恒升、張更 3 個單位提名，田奇瑪等 9 人兩個單位提名，正式候選人中王竹泉、李善邦僅有兩個單位提名。地質學與化學一樣，提名單位的多少不是淘汰的唯一標準。相對其他學科而言，地質學已經有比較完善的學科共同體，中國地質學會、地質調查所和中研院地質所是主要的提名機構，北京大學、清華大學、中央大學和任職單位浙江大學、廈門大學等也參與了提名。

王恒升長期從事岩石、礦床理論教學與研究，1980 年當選學部委員。王烈為北京大學首任地質系主任，參與創建中國地質學會，曾任評議會副會長。田奇瑪是中國泥盆紀生物地層學研究奠基人，1955 年當選學部委員。中國河流地貌學奠基人之一李承三，對砂金礦的分布規律有研究。區域地質和構造地質學家李春昱，曾任中央地質調查所所長，1980 年當選學部委員。中央大學地質系主任李學清，中國寶玉石礦物學研究先驅之一。1955 年當選學部委員的侯德封，是中國地球化學、鈾礦地質和第四紀地質的開拓者和奠基人。徐克

勤致力於礦床學、岩石學等研究，1980 年當選學部委員。孫健初為中國石油地質奠基人。袁復禮是中國地貌學和第四紀地質學先驅。海洋地質學家、古生物學家馬廷英，研究成果曾兩次獲教育部學術獎勵。礦產地質學家高平曾任地質調查所北平分所所長。時任中央大學地質系教授張更，中國石油地質科學奠基人之一。張席禔專長古脊椎動物研究，時任清華大學地學系教授。中國地質學奠基人之一章鴻釗，在地質科研上貢獻不大。中國筆石古生物學與生物地層學奠基人許傑，1955 年當選學部委員。陳旭是中國䗴類學科的奠基人之一，時任中央大學地質系教授。陳愷專長構造地質，曾獲得趙亞曾獎金。斯行健是中國陸相地層學研究先驅，1955 年當選學部委員。變質岩石學家、礦床學家程裕淇，1955 年當選學部委員。中國礦床學奠基人之一和地貌學家馮景蘭，1957 年當選學部委員。曾接替丁文江擔任首屆中研院評議員的葉良輔，在科研上並無多少作為。樂森璕長於四射珊瑚和泥盆紀地層研究，1955 年當選學部委員。地貌學家丁驌，後赴美任教，晚年曾轉向中國古史研究。中國現代人文地理學和自然地理學奠基人胡煥庸，曾提出影響深遠的「胡煥庸線」。唐世鳳是中國海洋學奠基人之一。張其昀逡巡於政學之間，作為人文地理學者當選中研院氣象學評議員引起非議。

地質學被淘汰的 27 人中，年齡最大的章鴻釗生於 1877 年，最小的丁驌生於 1913 年，足足相差 36 人（丁驌此時才 34 歲）。1907 年及以後出生的僅有徐克勤、高平、陳愷、程裕淇、丁驌等 4 人，比例遠低於數學、物理和化學，可能與地質學是中國最早本土化與體制化學科有關。可以看出地質學的淘汰標準有兩個，一是完全以學術成就為準，因此對學科發展有奠基作用的章鴻釗、葉良輔雖各有 4 個、6 個單位提名，但在學術研究上沒有特出成就，毫不猶豫被淘汰；第二，也考慮學科的分布，雖然李善邦、王竹泉僅有兩個單位提名，但他們分別是地震學科和煤田地質代表人物，未被淘汰。另外，地理學、海洋學因為發展水平有限，也沒有代表性人物，都被淘汰。

1955 年學部委員有田奇瓐、侯德封、許傑、斯行健、程裕淇、樂森璕，1957 年學部委員馮景蘭，1980 年學部委員王恒升、李春昱、徐克勤，共有 10 人之多，比例高達 37%。另外，李承三、李學清、孫健初、袁復禮、馬廷英、張更、張席禔、陳旭等也取得了相當的學術成就。27 人中有馬廷英、陳愷、丁驌、張其昀等人政權鼎革之際離開了大陸，但他們沒有一人當選中研院院士，數理化三門學科都有代表當選，可能與地質學在臺灣發展情狀有關。

工程學科被淘汰有 31 人之多，與提名候選人過多有關。顧毓琇有 3 個單位提名，支秉淵、俞大維、顧毓琭有兩個單位提名，正式候選人汪胡楨、程孝剛、羅忠忱、施嘉煬、蔡方蔭等 5 人僅有一個單位提名，王寵佑、凌鴻勳僅有兩個單位提名。可見，提名單位多少也不是工程學科淘汰的標準。這些人主要由清華大學和中研院提名，當然也有任職單位提名。

支秉淵是中國機械工業奠基人之一，內燃機研製先驅。中國鐵路機車車輛工業開拓者石志仁，1955 年當選學部委員。地質礦冶專家何傑曾榮膺教育部部聘教授。武漢大學教授余家洵專長港口及航道工程、余熾昌專長橋樑與鐵路工程。機械工程學家李輯祥曾任清華大學機械工程、農業機械系、動力機械系主任。中國近代水利科學的開拓者之一李書田時任北洋大學工程學院院長。河南大學教授李麗生畢生從事水利和治黃工作，提出黃河治理要上中下游並舉，著有《黃河的治理》等。沈怡曾任交通部次長，時任南京市市長。生卒年不詳的周禮專長農田水利，1949 年赴臺後曾任農村復興委員會技正。中國航空工程奠基人之一林致平，1958 年當選第二屆中研院院士。亦學亦政的邵逸周是中國礦冶先驅。國民黨政要俞大維對中國兵工事業貢獻卓著，時任行政院政務委員兼交通部長。水利工程專家徐世大時任臺灣大學教授，由清華大學提名。機械工程專家陳繼善由清華大學提名。中國衛生工程和環境工程創始人之一陶葆楷，時任清華大學土木系主任。被傅斯年看好的須愷是中國現代水利事業先驅。電力工程專家惲震長期任職實業界，由清華大學提名。清華大學航空工程系教授馮桂連，曾與王士倬設計成功滑翔機。長期任職水利部門的黃育賢是水力發電專家。電機工程學家楊簡初，時任金陵大學電機系主任。葉渚沛當時任職聯合國，由中研院提名，是中國化工冶金學科奠基人，1955 年當選學部委員。葉楷專長電子學、微波、線性和非線性電路分析等，由清華大學提名。電機專業出身的趙師梅時任武漢大學教授。機械工程學家劉仙洲，中國機械史研究開拓者，1955 年當選學部委員。中國冶金物理化學學科創始人之一魏壽崑，1980 年當選學部委員。錢學森時任麻省理工學院教授，1957 年當選學部委員。工程熱物理和自動化專家錢鍾韓，中國機電結合動力工程學科奠基人，1980 年當選學部委員。長期任教唐山工程學院的顧宜孫，中國橋樑和結構學科奠基人之一。紡織機械製造專家顧毓琭一直任職實業部門。遊弋於文學與教育之間的顧毓琇，曾任教育部次長、上海市教育局長等，專長電機工程與自

動控制，1959 年當選第三屆中研院院士。

31 位被淘汰者，除周禮生卒年不詳外，1888 年出生的礦冶專家何傑年齡最大，1911 年出生的錢學森、葉楷、錢鍾韓最年輕。1907 年及以後出生的有余家洵、林致平、馮桂連、魏壽崑、葉楷、錢學森、錢鍾韓等 7 人。學部委員 1955 年有石志仁、葉渚沛、劉仙洲，1957 年錢學森，1980 年魏壽崑、錢鍾韓共 6 人，中研院院士第二屆林致平、第三屆顧毓琇，31 人中有 8 人當選「院士」，比例達到 26%，當選院士比例比數學略高（數學 21%）。

他們之所以被淘汰，除錢學森外都是因為候選院士的兩個條件不夠。錢學森因從未在國內任職因而沒有為中國學術的發展貢獻力量而淘汰。值得注意的是，評議會對「政要」充滿警惕，哈佛大學博士、早期也曾發表有影響的數學論文、時任交通部長俞大維，雖有清華大學和中研院提名加持，還是被淘汰。長時間擔任教育部次長的顧毓琇雖有清華大學、北京大學和中國電機工程師學會提名，也還是不能擺脫被淘汰的命運，一當他回歸學術，又被推舉為院士。同樣，德國德累斯頓工業大學博士高官沈怡也不能「逃脫」被淘汰的命運。

天文學 5 位候選人全部被淘汰，其中張鈺哲、張雲兩個單位提名，此前籌委會資格審查被排除的 108 人中沒有天文學者，實實在在表徵了民國天文學發展情狀。余青松有「余青松法」和「余青松星」傳世。中國現代天文學事業奠基人之一李珩時任中研院天文所研究員。張鈺哲曾發現小行星，1955 年當選學部委員。張雲主要從事物理變星、食變星的測光，造父變星的統計和脈動理論等方面研究，有「張雲」小行星傳世。潘璞時任暨南大學天文數學系主任。5 人中有兩任中研院天文所所長余青松、張鈺哲，評議會聘任評議員張雲，確實是當時中國天文學的代表性人物。余青松、張雲在學術研究上都有特出成就，因此受到國際天文學聯合會的認同，後來都離開了大陸。最年輕的潘璞也移居海外。

氣象學有 4 人被淘汰，其中趙九章有三個單位提名，涂長望有兩個單位提名，僅有竺可楨一人進入正式候選行列。海洋氣象與農業氣象專家呂炯曾代理中研院氣象所長。涂長望開創長期天氣預報研究，提出中國氣團分類，1955 年當選學部委員。大氣物理、地球物理和空間物理學家趙九章時任中研院氣象所所長，1955 年當選學部委員。黃廈千曾任中央大學氣象系首任主任。除竺可楨而外，這 4 位被淘汰者確實是中國氣象學代表，呂炯、趙九章都曾擔任中研

院氣象所長，黃廈千、呂炯擔任中央氣象局長，黃廈千還是中央大學氣象系創系主任，為南京大學氣象學奠定了堅實基礎。涂長望、趙九章當選 1955 年學部委員。天文氣象被淘汰 9 人中只有趙九章一人出生於 1907 年，其他人年齡都比他大。

　　整個數理組被淘汰 117 人中，除生平不詳的李家光、曾朝明、周禮外，年齡最大的為 1877 年出生的地質學章鴻釗，最小為 1914 年出生的數學樊𤲬，1907 年及以後出生共有 26 人，占 23%。當選「院士」數學有李國平、柯召、錢偉長和樊𤲬，物理有王竹溪、余瑞璜、錢三強、張文裕和任之恭，化學有李方訓、王葆仁、吳徵鎧、高濟宇和錢思亮，地質學有田奇瑪、侯德封、許傑、斯行健、程裕淇、樂森璕、馮景蘭、王恒升、李春昱、徐克勤，工程有石志仁、葉渚沛、劉仙洲、魏壽崑、錢學森、錢鍾韓和林致平、顧毓琇，天文有張鈺哲，氣象有涂長望、趙九章，共有 35 人之多（其中中研院院士 5 人），當選比例高達 30%。未被正式提名的 97 人群體數理組 43 人中僅「院士」4 人，當選比例不到 10%；資格審查中被淘汰的 108 人群體數理組 28 人中僅有院士 5 人，當選比例 18%。說明他們在第二輪才被淘汰，有其總體上的合理性，這個群體也是中國數理科學及工程科學的中堅。

　　生物組共有 82 人被淘汰，其中醫學和農學有 43 人之多，也與這兩個學科提名人物多有關。動物 11 人，都僅有一個單位提名，進入下一輪的伍獻文、陳世驤、劉承釗也僅有中研院提名。11 人中除中研院提名浙江大學的談家楨、武漢大學提名辛樹幟外，都是任職單位提名。動物分類學家、實驗胚胎學家王希成時任中央大學教授。主要擔任大學校長的辛樹幟，對農史有一定的研究，歸類於農學似乎更合適。北平研究院動物所研究員沈嘉瑞，中國現代甲殼動物分類學開拓者和奠基人。寄生蟲學家徐蔭祺，中國蜉蝣目研究創始人。張作人是中國原生動物細胞學開拓者。寄生蟲病專家張奎時任齊魯大學教授。任職北平研究院的張璽是中國海洋無脊椎動物研究奠基人之一。醫學寄生蟲學家陳心陶，對華南地區的蠕蟲區系、中國吸蟲區系分類等奠定了基礎。組織胚胎學家陳伯康，任職嶺南大學教授。摩爾根嫡傳弟子談家楨是中國現代遺傳學主要奠基人之一，1980 年當選學部委員，1985 年當選美國科學院外籍院士。中國鳥類學奠基人鄭作新，1980 年當選學部委員。

　　11 人年齡最大的是 1894 年出生的辛樹幟，最小是 1909 年出生的談家楨，1907 年以後出生僅他一人。僅年齡最小的談家楨和鄭作新兩人當選為

1980 年學部委員，居然無一人當選 1955 年學部委員。遺傳學當時似乎沒有受到學術界重視，摩爾根的第一個中國學生、談家楨的老師、時任北京大學教授李汝祺居然沒有被提名。

植物學被淘汰 10 人，李繼侗、曾呈奎、焦啟源有兩個單位提名，進入下一輪的裴鑑、饒欽止僅一個單位提名，殷宏章、秦仁昌、劉慎諤、錢崇澍、羅宗洛等 5 人也僅兩個單位提名。可見，提名單位的多少也不是植物學淘汰的重要標準。除李繼侗由武漢大學、曾呈奎由北京大學提名外，都是任職單位或中研院提名。植物病理、病毒學家王鳴岐任職河南大學。清華大學教授李繼侗，中國植物生理學開拓者、植物生態學與地植物學奠基人之一，1955 年當選學部委員。中國真菌學研究開拓者之一林鎔，1955 年當選學部委員。郝象吾長期任教河南大學，曾任理學院、農學院院長等。高尚蔭從事煙草花葉病毒、流感病毒等性質及應用研究，1980 年當選學部委員。張珽長期任教武漢大學。植物分類學家張肇騫 1955 年當選學部委員。海洋生物學家曾呈奎 1980 年當選學部委員。焦啟源主要從事植物分類學、生理學研究。中國藻類學與微生物學研究先驅者鍾心煊，時任武漢大學教授。

10 人中年齡最大的是 1884 年出生的張珽，最小的 1909 出生的高尚蔭與曾呈奎，1907 年後出生也僅他倆。與動物學無一人當選 1955 年學部委員不一樣，有李繼侗、林鎔、張肇騫 3 人當選，另外高尚蔭和曾呈奎當選 1980 年學部委員，當選比例高達 50%，在所有學科中當選比例最高，似乎說明植物學候選人的提名具有相當的權威性與合理性，也從一個側面說明動物學的提名似乎存在一些問題。

醫學有 21 人被淘汰，其中包括被傅斯年極端看好的戚壽南，戚壽南、鄭集、劉瑞恒有兩個單位提名，進入下一輪的胡正詳、洪式閭、袁貽瑾、馬文昭、湯飛凡都僅有一個單位提名。21 人中中央大學提名 7 人、北京大學提名 6 人、武漢大學提名 5 人、江蘇醫學院和廣西省立醫學院也各提名了兩人。中國生物化學先驅王應睞時任中研院研究員，1955 年當選學部委員。微生物學家白施恩時任武漢大學教授。生理學家朱鶴年，首次發現哺乳類動物下丘腦室旁核神經細胞具有神經分泌現象。國際著名生物化學家李卓皓，被譽為「荷爾蒙研究之父」，曾獲拉斯克醫學獎，1958 年當選第二屆中研院院士，1973 年當選美國科學院院士。生理學家李落英時任廣西醫學院教授。藥理學家周金黃，中西醫結合研究中藥藥理開拓者。法醫學家林幾時任中央大學教

授。生平不詳的邱煥揚專長放射醫學，後被譽為新加坡放射學之父。流行病學專家俞煥文時任中央大學教授。姜心曼是眼科專家，時任江蘇醫學院教授。皮膚性病學家胡傳揆，為消滅中國的性病、控制頭癬和麻風貢獻卓著。戚壽南是中國現代內科醫學奠基人，曾長期擔任中央大學醫學院院長。生平不詳的天主教徒張漢民曾研製蝨子斑疹傷寒疫苗。中國婦產科創始人陰毓璋，任職中央大學。神經外科專家萬福恩時任中央大學醫學院教授。中央大學教授鄭集，著名生物學家、營養學家和衰老研究開創人。兒科專家葉培時任廣西醫學院小兒科教授。曾任協和醫學院院長的劉瑞恒早早從政擔任醫療行政官員。臨床放射學家謝志光，中國放射學科奠基人之一。熱帶醫學家和醫學寄生蟲學家鍾惠瀾，1955 年當選學部委員。中國神經外科先驅關頌韜，據稱是世界上第七位能開顱的醫生。

21 人中王應睞、李卓皓似乎歸類於生理學更合理，其他包括臨床醫學兒科、內科、外科、婦科、傳染科、眼科、神經科，也有放射科、公共衛生、法醫學和熱帶醫學等。除生平不詳的邱煥揚、張漢民外，年齡最大的為 1891 年出生的劉瑞恒，最小為 1913 年的李卓皓。1907 年及以後出生有王應睞、李卓皓、周金黃、俞煥文、葉培等 5 人。僅王應睞、鍾惠瀾和李卓皓當選「院士」，李卓皓還曾當選美國科學院院士。至少有李卓皓、邱煥揚、戚壽南、劉瑞恒和關頌韜離開大陸，比例相當高。

藥學淘汰 6 人，趙承嘏有 4 個單位提名，因有附偽嫌疑被淘汰，進入下一輪的陳克恢、黃鳴龍各有三個、兩個單位提名，而被淘汰的曾廣方、湯騰漢也有兩個單位提名，可見，提名單位的多少也不是淘汰的唯一標準。中國藥學會提名的汪良寄，用現代科學方法和知識整理中國醫藥。留日的曾廣方主要從事中藥黃酮類成分研究。印尼華僑湯騰漢是藥物化學家。楊紹曾後以楊石先聞名，中國農藥化學和元素有機化學奠基人，1955 年當選學部委員。苗族雷興翰是著名的藥物科學家。趙承嘏是中國藥用植物研究先驅，1955 年當選學部委員。相比藥學家，楊石先以化學家聞名，湯騰漢、雷興翰以化學藥物合成為研究領域，汪良寄、曾廣方、趙承嘏以科學方法研究中藥，可謂各領風騷。年齡最大的趙承嘏學術成就最高，也得到了 4 個單位的提名，他與楊石先當選1955 年學部委員。

人類學一共 3 人，淘汰了兩人，都僅有一個單位提名，進入下一輪的吳定良也僅有浙江大學提名，奇怪的是，他曾長期任職的中研院居然沒有提名他，

不知是否與他在中研院成立體質人類研究所不成而離開中研院有關。中國體質人類學研究開創者潘銘紫，首次報導中國人血管分支類型與神經分布類型。暨南大學提名的劉咸，留學回國後主要精力是任職中國科學社，主編《科學》雜誌和擔任明復圖書館館長。

心理學 9 人中淘汰 6 人，都僅有一個單位提名。進入下一輪的三個人中只有臧玉淦由北京大學一個單位提名。沈有乾推動了心理學、邏輯學和統計學在中國的發展，由清華大學提名。卒年不詳的曹飛任教中央大學。郭任遠以反本能在心理學界激起反響，是聞名世界的行為心理學家，中國心理學第一人。政權轉換之際離開大學的敦福堂時任清華大學教授。楊寶三長期任教河南大學教育系。蕭孝嶸研究格式塔心理學，其著作《教育心理學》被確立為「部定大學用書」。

生理學 9 人中僅淘汰 4 人，淘汰比例不到一半，其中盧於道兩個單位提名，正式候選人 5 人中徐豐彥一個單位提名。北京大學教授沈寯淇從事代謝特別是脂肪代謝等研究。生理和醫學家侯宗濂時任西北醫學院院長。卒年不詳的黃賡祥時任英士大學教授。盧於道專長神經解剖，時任復旦大學教授。

人類學、心理學和生理學淘汰 12 人中，僅心理學曹飛、敦福堂出生於1907 年後，後來居然無一人當選「院士」，真正取得有影響的學術成就者僅有潘銘紫、郭任遠、盧於道、侯宗濂等人。

農學僅有 6 人進入下一輪，淘汰 22 人之多，其中陳嶸三個單位提名、魏景超兩個單位提名，而 6 位正式候選人中馮澤芳、鄧叔群、劉崇樂都僅有一個單位提名，農學並不以提名單位數量為淘汰標準。1949 年赴臺的王志鵠，中國土壤學奠基人之一，兩次獲得教育部學術獎勵。土壤學家朱蓮青在土壤地理、土壤發生分類、水稻土的形成和特性等方面有重要貢獻。中國近代園藝事業奠基人之一吳耕民，曾榮膺教育部部聘教授。中國棉蟲病害防治先驅吳福楨，中國農業昆蟲學奠基人之一。1949 年赴臺的周昌芸，也是土壤學家。中國小麥科學奠基人之一金善寶，1955 年當選學部委員。園藝學家胡昌熾，致力於柑桔等果樹的分類研究。孫文郁農業教育外，也從事農業經濟研究。中國大豆、牧草和綠肥作物研究先驅孫醒東由中央林業實驗所提名。土壤肥料學家張乃鳳長期致力於化學肥料試驗研究。長期擔任金陵大學農學院院長的章之汶後任職聯合國。中國柑桔學科奠基人之一章文才，著有《實用柑桔栽培學》等。陳華癸是中國農業微生物奠基人之一，1980 年當選學部委員。中國林業

科學奠基人陳嶸，長期任教金陵大學。程紹迥是中國獸醫生物藥品製造創始人之一。靳自重從事細胞遺傳學研究。中國土壤膠體化學和土壤礦物學奠基人熊毅，1980 年當選學部委員。長期任教中山大學的鄧植儀是中國土壤學奠基人之一，曾榮膺教育部部聘教授。韓安是中國近代林業開拓者之一。植物病理學家魏景超對真菌學和植物病毒學有特出貢獻。林學家齊敬鑫曾獲教育部學術獎勵。1947 年赴臺的孫逢吉從事作物雜交與分類等研究。

　　從研究領域看，被淘汰的 22 人中從事相關土壤研究者有 6 人、林學和園藝學各 3 人，其他植物保護、植物病理、微生物、細胞遺傳、獸醫、農業經濟等 10 人，年齡最大為 1883 年出生的韓安，另有陳嶸、鄧值儀出生於 1888 年，最小為 1914 年出生的陳華癸，1907 年及以後出生有朱蓮青、陳華癸、靳自重、熊毅、魏景超等 5 人。僅金善寶當選 1955 年學部委員，年齡最小的熊毅與陳華癸當選 1980 年學部委員。前述 97 人群體中 13 位農學家，蔡邦華、梁希 1955 年當選學部委員，汪厥明 1959 年當選中研院院士，似乎總體水平超過這個群體。22 人中有 5 人離開了大陸，比例也是所有學科中較高的。

　　生物組被評議會淘汰的 82 人中，除生卒年不詳的醫學邱煥揚、張漢民外，年齡最大的為 1883 年出生的韓安，最小為 1914 年出生的陳華癸（都屬於農學），1907 年及以後出生 15 人。有李繼侗、林鎔、張肇騫、王應睞、鍾惠瀾、楊紹曾、趙承嘏、金善寶等 8 人當選 1955 年學部委員，談家楨、鄭作新、高尚蔭、曾呈奎、陳華癸、熊毅等 6 人當選 1980 年學部委員，另有李卓皓 1958 年當選第二屆中研院院士，共 15 人當選院士，當選比例僅 18%，遠低於數理組的 30%。前述 97 人群體中生物組 38 人中共有 8 人當選院士，當選比例也達到 21%，這似乎從一個側面再次說明中研院提名的權威性，當然也與生物組有些學科未來的發展密切相關，諸如人類學被取消，遺傳學全面學習李森科主義等。

　　人文組共淘汰 53 人，史學 15 人、哲學 10 人是兩個淘汰最多的學科。哲學淘汰 10 人中僅熊十力兩個單位提名，進入下一輪 5 人中吳稚暉、金岳霖也僅一個單位提名。新儒家代表人物之一方東美，最終歸趣佛教。生平不詳的倪青原，中國研究現象學第一代學者，著有《中國哲學之性質與方法》。主要任教北京大學的張頤被譽為「中國黑格爾哲學研究第一人」。以史學家聞名的嵇文甫，著有《左派王學》《船山哲學》等，1957 年當選學部委員。新儒家第一代代表人物之一賀麟，自創融黑格爾主義和陸王心學於一爐的「新心學」。新儒家開山者熊十力，自學成才，被譽為 20 世紀中國最傑出的哲學家。羅倬漢

也以史學研究見長，曾獲得教育部學術獎勵。曾任教多所高校的李建勳，是中國教育行政研究拓荒者。曾獲哲學和教育學博士的張懷長期從事教育事業。莊澤宣也是教育名家。

可以清楚地看出，被淘汰 10 人中李建勳、張懷、莊澤宣屬於教育學，嵇文甫、羅倬漢也以史學家名世。賀麟、方東美雖然西方哲學出身，但以新儒家傳世，僅張頤和生平不詳的倪青原研究西方哲學。新儒家熊十力、賀麟、方東美都被評議會排除，由清華大學、武漢大學提名的熊十力，被胡適主持的人文組淘汰引起非議，胡適做了說明，可惜不知胡適是如何說明的。10 人中僅紅色學者嵇文甫當選 1957 年學部委員，除生平不詳的倪青原外，方東美、莊澤宣離開大陸。

中國文史學 8 人被淘汰，都僅有一個單位提名。進入下一輪的 6 人中僅劉文典一個單位提名，提名單位多少似乎是淘汰的一個重要標準。自學成才的李笠任教多所大學。容庚是著名金石學家、古文字學家。〔註85〕作家趙景深也是著名戲曲研究家、文學史家。古典文學專家劉永濟對屈賦和《文心雕龍》頗有研究，著有《文心雕龍校釋》等。圖書館學家蔣復璁 1974 年當選中研院院士。鄭業建專長中國古代修辭學、文字學等。羅根澤是著名文學史家，曾獲教育部學術獎勵。自學成才的欒調甫著有《論語研究》《墨學講義》等。與其他學科大多科班出身留洋獲得碩士、博士學位不同，中國文史學被淘汰 8 人中李笠、劉永濟、欒調甫、趙景深等完全是「自學成才」，容庚也靠自學才進入北京大學讀研究生，自然與這個學科的屬性相關。蔣復璁後來當選中研院院士，是對他在圖書館事業與學術貢獻上的認同。

史學 25 人中被淘汰 15 人，都僅有一個單位提名，正式候選人 10 人中也有李劍農、柳詒徵、陳受頤、徐中舒僅一個單位提名。中國國際關係史奠基人王繩祖長期任教金陵大學。興趣廣泛的朱謙之，在歷史哲學、文化哲學、中國哲學史等方面都有研究，著作曾獲教育部學術獎勵。清華大學教授邵循正專長蒙古史。金毓黻在史學史、東北地方史等都卓有建樹，其《靜晤室日記》也是一個值得開發的寶庫。以編纂引得聞名的洪業，對杜甫有精深研究，對哈佛燕京學社的發展也影響甚大。長於宋史研究的張森楨也注重河南地方史。長期任

〔註85〕夏鼐以為他學問「並不下於唐蘭先生也」（1947 年 10 月 20 日夏鼐致傅斯年函，王世民、湯超編《夏鼐書信集》第 100 頁）。楊樹達卻認為容庚「於文字學略無根柢，而又強作解事，故開口便錯，真可嗤也」（楊柳岸整理《楊樹達日記》第 70 頁）。

教金陵大學的陳恭祿是中國近代史學科奠基人，著有近 60 萬字的《中國近代史》。自學成才的賀昌群專長中外交通史、漢唐史。以考古聞名的黃文弼時任北平研究院史學所研究員。生平不詳的黃延毓任職嶺南大學。提倡兼顧考證和綜合的雷海宗，「戰國策派」主幹，也被認為是「清華學派」代表人物之一。任教清華大學的劉崇鋐一生從事西洋近代史研究和教學。劉繼宣致力於中國文化史的教研，著有《中華民族發展史》等。清史專家鄭天挺曾獲教育部學術獎勵。繆鳳林是以柳詒徵為代表的「學衡」主幹，曾獲教育部學術獎勵。15 人中除生平不詳的黃延毓外，年齡最大為 1887 年出生的金毓黻，最小為 1909 年出生的邵循正，有 3 人在政權更迭之際離開大陸，無一人當選「院士」，可能與歷史學的學科屬性有關。

語言學 5 人僅淘汰了黎錦熙一人，由北平師範學院提名，他不僅是語言學家，也被譽為社會活動家與語文教育家，1955 年當選學部委員。

考古與藝術史 8 人淘汰吳金鼎、鄧以蟄兩人，他們都僅一個單位提名，正式候選人中徐鴻寶也僅中研院提名。吳金鼎為考古學家，龍山文化發現者。鄧以蟄為著名美學家與藝術史家。

以上哲學、中國文史學、史學、語言學、考古和藝術史一共淘汰 36 人，僅有哲學的嵇文甫、中國文史學蔣復璁和語言學黎錦熙 3 人當選「院士」，比例不到 9%，實在太低，自然與這些學科後來的發展環境密切相關。1907 年以後出生的僅有邵循正一人，也反映了這些學科的屬性。

社會科學方面，法律 11 人中淘汰 5 人，都僅有一個單位提名，正式候選人中王寵惠、吳經熊、郭雲觀也都僅有一個單位提名。長期任教湖南大學的李祖蔭，專長民法學，著有《比較民法總則編》等。清華大學教授趙鳳喈也專長民法，著有《民法親屬編》《中國婦女在法律上之地位》等。曾任國際法庭法官的鄭天錫，著有《國際私法中關於確定契約能力的法規》等。戴修瓚也是民法學家，著有《民法債編總論》等。翟楚專長國際法，著有《國際私法綱要》等。5 人中 3 人專長民法，2 人專長國際法，與 108 人群體中被淘汰的主要是刑法學家實在是「大相異趣」。

政治學 7 人僅淘汰 2 人，都是一個單位提名，正式候選人中張忠紱也僅有中研院提名。已棄學從政的徐淑希完成是一個外交官員，而不是政治學者，由中研院提名。一直任教武漢大學劉廼誠專長比較政治研究，著有《比較政治制度》等。

　　經濟學 13 人淘汰 5 人，都是僅有一個單位提名，正式候選人中巫寶三、劉大鈞都僅有中研院提名。任職聯合國的伍啟元專長經濟史研究，主張國家干預，強調社會公平與正義，著有《國際價格理論大綱》等。同樣任職聯合國的吳大業專長貨幣金融，著有《物價繼漲的經濟學》等。從事經濟學史和理論經濟學教研的李炳煥，是中國較早從事數理經濟學研究者之一。著名社會經濟史家梁方仲，著有《一條鞭法》《中國歷代戶口、田地、田賦統計》等。著名經濟思想史家趙迺搏，著有《理查德·瓊斯：一位早期英國的制度經濟學家》（英文）、《歐美經濟學史》等。5 位經濟學候選人，三位研究經濟學理論，其中兩位任職聯合國因而離開中國，兩位經濟史家，一位研究中國經濟史，一位研究西方經濟史。

　　社會學 10 人淘汰 5 人，其中被傅斯年推崇的孫本文由清華大學和中央大學提名，其他人僅有一個單位提名，進入下一輪的 5 位候選人凌純聲僅有中研院提名，其他 4 位也都僅有兩個單位提名，其中一個單位都是中研院，被淘汰的 5 人中僅費孝通由中研院提名，其他人都是任職單位提名，中研院提名似乎有相當分量。社會學家、人類學家和民族學家吳澤霖，也是中國民族博物館創始人。柯象峰以人口和貧窮問題為研究領域，建立起以社會救濟為核心的社會工作思想。孫本文勤於著述，後人輯有十卷本《孫本文文集》。「全盤西化論」倡言人之一陳序經，以文化為視角研究社會學。以《江村經濟》名世的費孝通，是中國社會學、人類學、民族學主要奠基人之一。1949 年後，社會學作為資產階級偽科學被取消，吳澤霖、費孝通等轉入民族學，柯象峰轉教外語，孫本文轉入政治學、地理系。1910 年出生的費孝通被淘汰，可能與年齡有關，社會科學被淘汰的 17 人，後來無一人當選「院士」，表明與現實密切相關學科的學術命運。年齡最大的 1884 年出生的鄭天錫，年齡最小的是 1912 年出生的伍啟元，1907 年及以後出生的有吳大業、梁方仲、費孝通、伍啟元 4 人。整個人文組 53 人中除哲學倪青原、史學黃延毓生卒年不詳外，年齡最大為出生於 1884 年的李建勳和鄭天錫（已 63 歲），最小為 1912 年出生的伍啟元，年僅 35 歲。1907 年及以後出生僅有邵循正等 5 人，比例遠比數理組、生物組這個年齡段低，這自然與人文社會科學特別是哲學、中國文史學、史學人文科學的學科特性有關。

　　53 人中僅 3 人當選「院士」（黎錦熙當選 1955 年學部委員，嵇文甫當選 1957 年學部委員，蔣復璁當選 1974 年中研院院士），比例也遠低於數理組與

生物組，自然也與這些學科與政治緊密相連有關。當然，無論是哲學的熊十力、方東美、賀麟，中國文史學的容庚、趙景深、羅根澤，史學的邵循正、金毓黻、雷海宗、鄭天挺、洪業、賀昌群，法學鄭天錫，經濟學的伍啟元、梁方仲，社會學的吳澤霖、孫本文、費孝通等都有彪炳史冊的學術成就，隨時代的發展亦愈來愈凸顯價值。

前述 97 人群體中人文組 16 人中有兩位學部委員，再次證明中研院提名的權威性。被首次淘汰的 108 人群體中人文組 55 人，也僅有呂叔湘、蔣碩傑、許烺光 3 人當選「院士」，與 252 人群體實在是不相上下。

總體而言，252 人群體是中國近代學術發展歷程中極為重要的一群人物，在相當意義上可以看作各個學科發展過程中的代表性人物。雖然人文組 53 人中後來僅有 3 人當選「院士」，但數理組、生物組有 50 人當選「院士」，一共多達 53 人，比例達到 21%；相比 108 人群體的 9%，97 人群體的 14%，可以看出其群體重要性，值得進一步關注。第二，他們之所以被淘汰，除學術成就、學術地位不夠，學術成就主要在國外取得而對中國學術發展沒有影響（如李卓皓、錢學森）外，可能也有其他評議會會議沒有指明的隱性因素。如新儒家開創人物熊十力與方東美、賀麟都被淘汰，可能與當時學術潮流有關；1907 年及以後出生的有 46 人之多，占 18%，他們被淘汰，可能與年齡有關，如數學的柯召、樊𰷒、錢偉長，物理的王竹溪、張文裕、錢三強，地質的程裕淇，工程的林致平，氣象的趙九章，動物學的談家楨，醫學的王應睞，史學的邵循正，社會學的費孝通等。第三，評議會似乎對「為官作宰」者有天生的「偏見」，無論是國民黨政要俞大維、沈怡、鄭天錫，還是棄學從政的顧毓琇、劉瑞恒、徐淑希似乎都不受待見。這與第二屆評議會選舉中注重與官方連絡人物可謂「大相異趣」，由此可以看出院士選舉似乎相當程度上汲取了經驗與教訓。

四、院士選舉與學術評議制度的最終確立

正式候選名單公布按規定滿 4 個月後，1948 年 3 月 25 日，中研院評議會第二屆第五次年會在南京雞鳴寺路一號中研院禮堂舉行，選舉第一屆院士。出席評議員有朱家驊、翁文灝、薩本棟、王世杰、王家楫、呂炯、吳定良、吳學周、李濟、李書華、秉志、周鯁生、周仁、林可勝、胡適、胡先驌、茅以升、陳垣、陳楨、張鈺哲、莊長恭、凌鴻勳、錢崇澍、趙九章、羅宗洛

等 25 人，唐鉞、陶孟和、陳寅恪、謝家榮、戴芳瀾 5 人請假，王寵佑、汪敬熙、何廉、吳有訓、姜立夫、侯德榜、張雲、曾昭掄、傅斯年、趙元任、李四光 11 人出國，中研院副研究員以上列席的有郭寶鈞、夏鼐、勞幹、楊時逢、陳志強、陳宗器 6 人，來賓有考試院院長戴季陶、行政院院長張群與秘書長甘乃光、監察院院長于右任和副院長劉哲等。按三組分類，數理組缺席評議員姜立夫、吳有訓、曾昭掄、李四光、謝家榮、侯德榜、王寵佑、張雲 8 人，生物組缺席汪敬熙、唐鉞、戴芳瀾 3 人，人文組缺席陶孟和、何廉、陳寅恪、傅斯年、趙元任 5 人。

朱家驊在開幕詞中指出本次年會選舉院士的劃時代意義：

> 這次會議主要的任務就是院士選舉。院士之設置，是為完成本院本身的體制，兼以樹立我國學術上的組織，本院成立迄今，適二十週年，在此二十年間，我國學術研究確有長足進展，不但人數上日見增加，而且工作上亦有很多成績，很多貢獻。這次院士選舉，在我國雖尚屬創舉，然而事實上也只有現在才可能舉行，才有此必要，換句話說，也唯有這二十年來的進步，本院乃得於現在舉辦院士選舉。所以這次會議，在本院，甚至在中國學術史上，也具有劃時代的深長意義。〔註86〕

第二天分組進行資格審查，李書華、秉志、胡適為各組召集人。數理組與會評議員有李書華、吳學周、莊長恭、朱家驊、薩本棟、茅以升、淩鴻勳、周仁、趙九章、呂炯、張鈺哲等 11 人，數學缺人，出席會議的天文、氣象趙九章、呂炯、張鈺哲都不在候選人之列。他們在通信投票（缺席的 16 位評議員有 11 人通信投票有效）基礎上，繼續投票排定順序（以 33 人當選預定目標，每人投 33 票）：22 票吳有訓、吳憲、李四光 3 人，21 票竺可楨，20 票姜立夫、陳省身、吳大猷、葉企孫、翁文灝、謝家榮、侯德榜、茅以升、薩本棟 9 人，19 票華羅庚、嚴濟慈、朱家驊、淩鴻勳 4 人，18 票李書華、饒毓泰、吳學周、莊長恭 4 人，17 票蘇步青、曾昭掄、楊鍾健 3 人，16 票黃汲清、周仁，15 票趙忠堯、孫學悟，14 票江澤涵、周培源，13 票陳建功，12 票王寵佑，10 票許寶騄，9 票及以下熊慶來（9）、尹贊勳（9）、桂質庭（8）、朱汝華（8）、孫雲鑄（8）、黃子卿（7）、孟憲民（7）、王竹泉（5）、施嘉煬（5）、羅忠忱（5）、

〔註86〕《國立中央研究院評議會第二屆第五次年會開會詞》，王聿均等編《朱家驊先生言論集》，第 90 頁。

程孝剛（4）、紀育灃（3）、俞建章（3）、汪胡楨（2）、蔡方蔭（2）、李善邦（2）16 人。〔註 87〕值得注意的是，19 票及以上的 17 人與會評議員投票與通信投票差距在一票之間，說明這些人得到了兩組評議員的共同信任，最終當選應屬意料中事。其他 32 人除少數人兩組票數相同外，最大差距有 5 票之多，例如孫學悟通信得 10 票，與會僅 5 票；王竹泉通信 5 票，與會一票未得；周仁兩次投票相差 4 票，曾昭掄相差 3 票。得票較少的 16 人以地質學（6 人）、工程（5 人）兩科人最多，自與兩科候選人較多有關。

　　與會生物組評議員有秉志、陳楨、林可勝、王家楫、胡先驌、錢崇澍、羅宗洛、吳定良等 8 人，是否全部參加小組審查不得而知。他們直接在通信投票基礎上討論，向大會提出了一個包括 33 人的院士候選名單，直接被刪除的 13 人包括動物學胡經甫、陳世驤、劉承釗，植物學秦仁昌、裴鑑、饒欽止，醫學洪式閭、馮蘭洲、劉士豪，藥物學黃鳴龍，心理學臧玉洤，生理學徐豐彥，農學劉崇樂，這些人後來都未能當選。值得注意的是，推薦 33 人中有人在通信投票中得票很低，如動物學的朱洗僅 4 票，植物學的劉慎諤僅 2票，被刪去的也有通信投票得票較高，如胡經甫 8 票、劉崇樂 7 票〔註 88〕，可見推薦的 33 人名單是與會評議員經討論達成的共識，與會評議員裁量權較大。

　　人文組與會的評議員僅有胡適、陳垣、李濟、周鯁生、王世杰 5 人，是否全部參與小組審查也不得而知。與生物組一樣，人文組在通信投票基礎上討論，最後向評議會提出一個 33 人的名單，被排除的 22 人包括哲學陳康，中國文史學唐蘭、劉文典，歷史李劍農、徐中舒、陳受頤，語言王力，考古與藝術史徐鴻寶，法學吳經熊、李浩培、郭雲觀、燕樹棠，政治學張忠紱、張奚若，經濟學方顯廷、巫寶三、楊西孟、楊端六、劉大鈞，社會學吳景超、凌純聲、潘光旦，這些人都未能當選。文史方面被刪去 8 人，社會科學方面被刪去 14人，特別是經濟學被刪 5 人、法學被刪 4 人、社會學被刪 3 人，刪去的比留下的多。這樣，人文科學原來 31 位候選人剩下 23 人，淘汰率 26%；社會科學24 位候選人僅剩下 10 人，淘汰率 58%。這似乎在一定程度上表明評議員們受到傅斯年所提出的「人文與社會科學」，「前者在中國比後者發達」看法的影

〔註 87〕具體票數與選舉過程除注明外，參閱郭金海《院士制度在中國的創立與重建》，第 219～232 頁。
〔註 88〕生物組通信投票最高票王家楫、張景鉞、林可勝、俞大紱，都得 10 票。

響。與生物組一樣，人文組也有通信投票較高的被排除在 33 人名單之外，如中國文史學的唐蘭、政治學的張奚若都是 7 票，而相應入選的余嘉錫 4 票、蕭公權 6 票。

無論是數理組、生物組還是人文組，評議員們小組審查的標準雖然都沒有明示，但還是可以看出主要以當選院士的兩個候選條件為準繩進行篩選，當然其間可能也有其他因素牽扯期間。至少在生物組與人文組方面，顯現出與會評議員裁量權之大，特別是人文組僅有 5 位評議員與會，缺席者剛好一半。例如中國文史學唐蘭的被排除不知是否與胡適有關，畢竟他在唐請求下也不予提名。〔註89〕劉文典的出局，自然與傅斯年的信函有大關係。可以說，小組審查被排除的生物組 13 人、人文組 22 人還沒有進入正式投票階段就被注定了落選命運。

小組評議員審查相對大會選舉而言更為專業，可以給大會選舉提供更可靠的參考。3 月 26 日下午舉行第二次大會，開始正式院士選舉，25 位評議員全部出席。翌日上午舉行第三次大會，總幹事薩本棟宣布第一次選舉結果，獲得五分之四選票即 20 票僅有 67 人，其中數理組 24 人、生物組 21 人、人文組 22 人。得 15 票以上者，數理組許寶騄、蘇步青、曾昭掄 18 票，趙忠堯 17 票，周培源、王寵佑 15 票；生物組童第周、湯飛凡、李先聞、俞大紱、馮澤芳 19 票，貝時璋 18 票，陸志韋 17 票，趙連芳 16 票；人文組顧頡剛、郭沫若、蕭公權 18 票，吳敬恒、柳詒徵、羅常培、何廉 17 票，余嘉錫、徐炳昶、陳總 16 票。根據每組最少 27 人，數理組、生物組 33 人，人文組 34 人的規定，大會議決以數理組 9 人，生物組、人文組各 12 人繼續投票，補選出許寶騄（23 票）、蘇步青（20 票）、趙忠堯（21 票）、曾昭掄（23 票）、貝時璋（21 票）、童第周（24 票）、李先聞（20 票）、俞大紱（22 票）、柳詒徵（20 票）、郭沫若（20 票）、蕭公權（23 票）共 11 人。數理組得票較多的 6 人 4 人當選，剩下兩人周培源和王寵佑得 17 票；生物組 8 人中有 4 人當選，原 18 票的貝時璋

〔註89〕對於唐蘭，胡適在日記中顯露出少有的刻薄與出格。1949 年 8 月 29 日，唐蘭在《人民日報》發表《我的參加黨訓班》說：「我只覺得這一回能參加共產黨的黨訓班，是無比的光榮，因為這是學習，我向革命的先進者學習，這是自發的，不是被迫的。」胡適評論說唐蘭文可與費孝通《我參加了北平各界代表會議》「媲美了」，進而推展開來：「前年中央研究院辦選舉院士，只有唐蘭來『請求』我推薦他。那是『自發的』，因為被選作院士在那時候也是『無比的光榮』。」曹伯言整理《胡適日記全集》第 8 冊，第 445 頁。

突起當選，而 19 票的湯飛凡僅得 14 票，低於被小組審查排除的洪式閭（15
票），馮澤芳得 16 票；人文組原 17 票的柳詒徵當選，原 18 票的顧頡剛與余嘉
錫同票，僅 16 票。

　　經過兩次選舉，數理組 28 人、生物組 25 人、人文組 25 人共 78 人。大
會議決以數理組 5 人、生物組 8 人、人文組 9 人標準進行第三次投票，因有
兩名評議員離開，以獲得 19 票當選。下午舉行第四次大會，出席評議員 24
人，薩本棟宣布第三次選舉結果，僅人文組顧頡剛以 20 票當選。另外，數
理組周培源 18 票、尹贊勳 17 票，生物組湯飛凡、陸志韋、馮澤芳都是 16
票。可見，這次投票中，尹贊勳得票突然增多。鑒於人數不足，主席朱家驊
發言說，三次選舉結果，「依法就組別言，生物組尚缺二人，人文組缺一人，
應補選三人，就總數言，至少須達八十一人，亦應補選二人，方合規定」。
議決繼續選舉，以數理組 5 人，生物、人文組各 8 人投票，因僅 23 人投票，
以 19 票當選。這次投票，有評議員開始「作怪」，給已當選的蘇步青、張元
濟、顧頡剛投票，最終僅有餘嘉錫以 19 票當選。其他周培源、尹贊勳、馮
澤芳 18 票，王寵佑、吳敬恒 17 票。至此，全體院士已達 80 人，滿足了 80
～100 人的最低規定。但大會議決再選一次，以數理組 5 人、生物組 8 人、
人文組 7 人投票，最終僅吳敬恒以 19 票當選，尹贊勳 18 票，陸志韋、馮澤
芳 17 票。經過 5 次選舉，選出 81 位院士，大會提出議案：「按照《院士選
舉規程》分配各組名額，生物組尚少二名，但與法定八十至一百名總額已可
符合，擬不再選。」艱苦的院士選舉終於宣告結束。並未與會（僅列席第一
天大會）的夏鼐聽聞，「吳敬恒之加入，以朱院長之再三懇求，始於最末一
次當選」。〔註90〕

　　後三次選舉，每次都僅選出人文組一人，從效率角度來說，實在是浪費！
如果說朱家驊有選出吳敬恒的「意願」，評議員們的抵抗也確實值得讚賞。從
具體選舉過程看，僅一票之差落選的周培源、尹贊勳、湯飛凡、馮澤芳等實
在是可惜。從學術成就來看，他們當選完全可以說實至名歸，比那些僅以主
持科研機構當選的人來說更應獲此殊譽。無論如何，一連 5 次投票，才選出
81 人來，選舉過程「可以說相當的鄭重審慎」。〔註91〕具體組別及學科分布
如下：

〔註90〕夏鼐：《夏鼐日記》第 4 卷，第 179 頁。
〔註91〕夏鼐：《中央研究院第一屆院士的分析》，《觀察》第 5 卷第 14 期。

數理組 28 人

數學：姜立夫、許寶騄、陳省身、華羅庚、蘇步青

物理：吳大猷、吳有訓、李書華、葉企孫、趙忠堯、嚴濟慈、
饒毓泰

化學：吳憲、吳學周、莊長恭、曾昭掄

地質：朱家驊、李四光、翁文灝、黃汲清、楊鍾健、謝家榮

氣象：竺可楨

工程：周仁、侯德榜、茅以升、凌鴻勳、薩本棟

生物組 25 人

動物：王家楫、伍獻文、貝時璋、秉志、陳楨、童第周

植物：胡先驌、殷宏章、張景鉞、錢崇澍、戴芳瀾、羅宗洛

醫學：李宗恩、袁貽瑾、張孝騫

藥物學：陳克恢

體質人類學：吳定良

心理學：汪敬熙

生理學：林可勝、湯佩松、馮德培、蔡翹

農學：李先聞、俞大紱、鄧叔群

人文組 28 人

哲學：吳敬恒、金岳霖、湯用彤、馮友蘭

中國文史學：余嘉錫、胡適、張元濟、楊樹達

歷史學：柳詒徵、陳垣、陳寅恪、顧頡剛、傅斯年

語言學：李方桂、趙元任

考古學：梁思永、郭沫若、李濟、董作賓

藝術史：梁思成

法學：王世杰、王寵惠

政治學：周鯁生、錢端升、蕭公權

經濟學：馬寅初

社會學：陳達、陶孟和

　　與 1947 年確定的學科名單分配相比，最後當選數理組數學、天文氣象、化學、地質學、工程學各少 1 人共少 5 人；生物組醫學少 5 人、心理學少 1人、農學少 2 人共少 8 人；人文組史學少 1 人、語言學少 1 人、法學少 2 人、

經濟學少 3 人，考古與藝術史增加梁思成 1 人，共少 6 人，一共少 19 人。

　　數理組大會選決中，小組投票 16 票及其上的 24 人除蘇步青、曾昭掄以外全部在第一次選舉中當選，蘇步青、曾昭掄與 15 票的趙忠堯、10 票的許寶騄在第二次選舉中當選。許寶騄在大會選舉中異軍突起，他在通信和小組投票各得 5 票，第一次投票得 18 票，第二次居然與曾昭掄同票達到 23 票，比蘇步青、趙忠堯高。這一方面說明大會選舉時，生物組、人文組評議員在尊重數理組意見的基礎上，也有他們自己的獨立見解。許寶騄數學成就突出，當時已蜚聲國際數學界，小組審查時成員們之所以不能「慧眼識珠」，可能與成員組成沒有數學家，而且沒有討論直接投票有關。正如傅斯年所說，「隔行投票，實難正確，故須先討論而後投票」〔註92〕。就許寶騄的投票而言，第一次投票 25 人，假設小組審查 11 人還是投 5 票，其他 14 人居然僅有一人未投，可見大會投票是對小組意見的「糾錯」。第二次投票時，數理組的評議員們也認識到失誤，全部評議員中僅兩人未投。

　　生物組 25 位院士全部在小組提供的 33 人名單中，僅朱洗、劉慎諤、胡正詳、馬文昭、湯飛凡、陸志韋、馮澤芳、趙連芳等 8 人未能當選。醫學本來計劃 8 人，小組僅提供 6 人，最終選出 3 人，應該與傅斯年對醫學候選人的總體評論有關。當然，第一次投票時，也有 33 人名單之外候選人得票高於小組提出名單中人，如秦仁昌、洪式閭遠高於胡正詳、馬文昭。人文組 28 位院士也全部在小組提供的 33 人名單中，僅徐炳昶、蔣廷黻、羅常培、何廉、陳總未能當選。第一次投票時，33 人名單得票都高於其他人，大會完全尊重了小組意見。

　　可見，除糾正數理組對許寶騄的「偏見」外，大會完全尊重小組意見，也就是尊重專家的意見。充分尊重小組專家意見，這應是隔行投票遵循的基本原則。正如第五章所顯示那樣，教育部學術審議會的學術評議也大體尊重了這一準則。

　　從具體的選舉過程看，本章起首所引傅斯年信函有相當的影響。傅斯年對劉文典「二雲居士」的指控屬於道德範疇，完全超出學術之外，自然不能成為院士選舉應予考慮的「條件」與「因素」。認為潘光旦的社會學研究，前提有誤自然結論不可靠，完全不能與陳達的研究相提並論。從選舉結果看，傅斯年信函對劉文典、潘光旦的選舉可能有重大影響，他們首先被小組排除在名單之

〔註92〕王汎森等主編：《傅斯年遺札》第 3 卷，第 1774 頁。

外，在五次大會選舉中，劉文典與潘光旦都是一票未得。同樣未得票的人文組還有陳受頤、王力、郭雲觀、巫寶三4人，數理組有李善邦、汪胡楨，生物組有裴鑑、饒欽止和臧玉淦。傅斯年對「附偽」深惡痛絕，當選的3位醫學院士，都沒有附偽嫌疑。他認為醫學候選人名單最有問題，以非臨床醫學的林可勝一人推舉院士問題很大，且其中不少人沒有多少研究成果；相較人文各科文、史、哲、語言與考古學，醫學和農學這種具有較強應用性質的學科，應該以「第二項資格」選舉院士，而不是研究成果。其實，無論是醫學還是農學，當時都有不少取得重大科研成就的學者，只是處於醫學、農學學術共同體之外的傅斯年不太瞭解而已。相較他提出的醫學戚壽南、農學謝家聲，無論是醫學、農學候選人還是未能候選的農學如沈宗瀚都更為合適。當然，選舉結果也表明，醫學三位院士，除袁貽瑾成果較少（僅論文5篇）外，中國熱帶醫學奠基人李宗恩和中國消化病學奠基人張孝騫科研成就都很突出，當然他們也是醫學機構主持人，李宗恩抗戰期間創建貴陽醫學院並擔任院長，當選時是協和醫學院首任華人院長；張孝騫也在抗戰期間擔任湘雅醫學院院長，當選時任協和醫學院教授；而袁貽瑾時任衛生部政務次長，更是中國公共衛生學的創始人之一。農學三人的科研成果也不少。醫學當選三人都與協和醫學院關係密切，傅斯年想「提攜」的戚壽南、沈克非雖都短期任教協和，但畢竟長期在南方工作。可見，傅斯年此一議論並沒有多少依據，大多屬於無的放矢。根據選舉規則，他「斗膽」提出的戚壽南、沈克非和謝家聲自然也不能作為候選人進入選舉環節（戚壽南曾被正式提名，評議會第一次年會排除正式候選人之外，另兩人沒有被正式提名。傅斯年的提名不符合程序）。另外，值得注意的是，傅斯年致函胡適提出院士候選人時，曾說人文與社會科學名單平分「殊不公」，正式候選人人文31人，社會科學僅24人，已經向人文方向傾斜了，選舉結果人文有20人之多，當選比例高達64%；社會科學僅8人，當選比例僅33%。可見，傅斯年的看法可能在相當程度上影響了評議員。這樣，傅斯年信函中的個人「私議」成為評議員們選舉時「公評」，是學術評議中的「私議」轉化為「公評」的典型例證。

當然，選舉過程中也可能有一些難以言說的隱性因素。如顧頡剛、余嘉錫的當選實在幸運。任何學術評議都存在同樣的現象，有些人是眾望所歸，有些人卻具有一定的偶然性，當選與落選往往在投票人的一念之間。值得指出的是，通信投票中高達9票的徐炳昶落選，而僅得5票的柳詒徵、4票的余嘉錫

當選，只能說明與會評議員裁量權之大。對於余嘉錫當選院士，胡文輝根據啟功的回憶認定陳垣在其間有大作用：「院士原來走後門」。〔註93〕徐炳昶是北平研究院人文學科唯一正式候選人，也從首屆評議會選舉開始就候選考古學，院士選舉中作為歷史學候選人進入最後名單。他一直在學術界耕耘，致力於史前考古和研究，著有《中國古史的傳說時代》等，他的落選不知是否與北平研究院、中研院矛盾有關。〔註94〕

　　院士名單公布後，激進的媒體也認為院士選舉是中研院做的「第一件【篇】大文章」，院士是「給予全國科學家的最高榮譽」，但面對國共內戰的烽煙與科研環境的惡化，他們更呼籲「民主」與「自由」：

> 今春的三月間，正是江南草長，群鶯亂飛，在成千成萬人的注
> 視下，首屆的院士已經由評議會選出八十一人，大多是深厚飽學的
> 學者，人選大體上還算差強人意，可是單把院士的光榮頭銜給了他
> 們，未必就算中國科學有了大的進步。在科學研究不受重視，科學
> 工作被人誤用的今天，不給科學家們安定的研究環境，不給他們溫
> 飽與工作，讓他們忍饑耐寒，有時還要受到迫害，空洞的頭銜，就
> 容易淪為現實的中國科學界的莫大的諷刺了。……中國科學的困難

〔註93〕胡文輝：《現代學林點將錄》第 89〜90 頁。為余嘉錫辯護者反駁胡文輝的例證大多不成為其理由，諸如當選院士朱家驊、李書華、葉企孫、侯德榜等論著極少，姜立夫更僅有一篇寫於 1945 年的論文，他們不是以科研成就當選，而是以推動學科發展當選。參閱魯崮《院士何曾走後門》（《東方早報·上海書評》2011 年 9 月 11 日）。

〔註94〕中國科學院籌設期間，有許多科學家認為中研院與北平研究院「各自為政，設置的研究所疊床架屋；兩院只把目光侷限在自己的研究所上，從未發揮計劃與領導全國科學研究工作的作用；科學研究漫無計劃，與大學和其他科學研究機構缺乏密切的聯繫合作」（樊洪業主編《中國科學院編年史》（1949〜1999），上海科技教育出版社，1999 年，第 2 頁）。這一指控可能與言說環境有關，但兩個所謂國立研究院相互之間矛盾一直存在（參閱拙著《中國近代科學與科學體制化》，四川人民出版社，2008 年，第 277〜280 頁）。院士選舉中，北平研究院推舉了李書華、嚴濟慈、趙承嘏、莊長恭、周發歧、紀育灃、張璽、沈嘉瑞、劉慎諤、林鎔、朱洗、徐炳昶等 12 人為候選人，李書華、嚴濟慈、莊長恭、紀育灃、劉慎諤、朱洗、徐炳昶等 7 人正式候選，李書華、嚴濟慈、莊長恭 3 人當選。北平研究院也在 1948 年 8 月推舉（不是選舉）出 90 位會員，其中僅 36 人與中研院院士重合，史學組有徐炳昶、陳垣、陳寅恪、顧頡剛、姚從吾、張星烺、董作賓、湯用彤、李儼等 9 人，胡適、張元濟、吳稚暉被歸於文藝組（參閱劉曉《北平研究院的學術會議及會員制度》，《中國科技史雜誌》2010 年第 1 期）。

所在，最大的緣由，是中國還沒有民主，科學家須得爭取經費、爭取設備、爭取民主和自由，反盲從、反獨斷⋯⋯〔註95〕

對這次慎重的選舉也有各種各樣的批評，最重要的是因為提名辦法不佳，有些可能當選的學者根本沒有被提名，「令人無從選出，頗有遺珠之感」。例如，楊鍾健就說地質學方面發現北京人的裴文中就應當選，但居然沒有被提名：「真正的飽學之士被遺漏者亦有其人。譬如裴文中連第一次推薦時即未被列入，而他卻在近年來，尤其是在抗戰期中，對學術工作很有成績。」〔註96〕還有前面提及的物理學王淦昌，不僅任職單位浙江大學未提名，其他全國範圍內提名的北京大學、清華大學、中央大學和中研院也沒有提名。其實，朱家驊在第五次年會開幕詞中對可能會出現的批評意見已經有所警覺：

在本次院士候選人名單中，尚有學術界知名之士，未經選入，這是本院所認為遺憾的。因為按照規定是先由本院通告各院校各研究機關請其提名，所以其主持的人，往往自己謙遜為懷，提名他人，其本人反而不與。此外，亦有提名機構未為提名，或提名機構不合規定，因此本院限於法規，都無從補救。

本來，按照院士選舉規程，還有一個可以彌補提名機構缺漏的評議員5人連署提名，「但各評議員以第一次院士選舉，係由評議會執行，故未行使此項職權，以示大公，而昭慎重」。〔註97〕僅有茅以升等5人聯署提名了化學梁普。

其實，這牽涉到選舉的提名製度問題，後來影響更大並引起非議的可能是被譽為「國學大師」的錢穆未能當選一事，其間還牽涉學術潮流。呂思勉、陳垣、陳寅恪和錢穆被嚴耕望推舉為民國四大史學家，以通識見長的通史撰述者呂思勉、錢穆沒有當選首屆院士。嚴耕望曾分析錢穆未能當選原因，以為當時史學主流是史語所為代表的新考證學派，而錢穆雖以考證成名，但以通識為「依歸」，「故與考證學派分道揚鑣，隱然成為獨樹一幟、孤軍奮戰的新學派」。錢穆未能當選院士，顯然是中研院的「失當」，因此當時向達有「諸子皆出王官」之譏。〔註98〕錢穆對他未能當選也是耿耿於懷，1966年中研院

〔註95〕周永隆：《國立中央研究院》，《科學大眾》第4卷第2期（1948年5月號）。
〔註96〕楊鍾健：《楊鍾健回憶錄》，第167頁。
〔註97〕朱家驊：《國立中央研究院評議會第二屆第五次年會開會詞》，王聿均等編《朱家驊先生言論集》，第90～91頁。
〔註98〕院士選舉結果公布後，向達發表文章說中研院的所長、大部分專任研究員都當選院士，「令人有一種諸子出於王官之感」。對於向達的「譏誚」，時任中研院史語所副研究員的夏鼐曾有辯說，參見下文。

推舉候選人時，不僅拒絕提名，而且「相當憤慨」的對嚴耕望說：「民國三十七年第一次選舉院士，當選者多達八十餘人，我難道不該預其數。」〔註99〕無論是嚴耕望還是其他人，都認為錢穆未能當選院士，與胡適、傅斯年為代表的「學閥」所形成的「門戶之見」相關。〔註100〕胡適、傅斯年在向中研院提出候選名單時，似乎確實存有門戶之見，無論是呂思勉還是錢穆都沒有被他們提名，但傅斯年提名余嘉錫、柳詒徵及其他們的當選似乎又表徵著他們並沒有嚴格遵守其「學派」與「門戶」的壁壘。〔註101〕

　　正如嚴耕望自己所說和這裡所示，首屆院士候選人正式提名由各大學、獨立學院、研究機構和專門學會進行，無論是胡適的提名還是傅斯年的推薦都僅具有參考意義，沒有「法律」效應，他們都沒有提名的梁思永當選也是足夠的例證。1947 年 5 月開始正式提名時，錢穆在昆明五華書院或剛到無錫江南大學，「可能根本無機關辦提名手續」。〔註102〕據統計，當時無論是大學、專業科研機構還是有影響的學術團體，真正參與有效提名比例極低，僅有 29 所大學、13 所獨立學院、8 個研究機構和 7 個專門學會參與了提名，高校僅占 36.5%、研究機構（不算省立機構）占 42.8%、專業團體不足 10%。〔註103〕錢穆供職的昆明五華書院或江南大學，或沒有提名權（五華書院）或沒有履行其職責（江南大學），呂思勉擔任教授的光華大學也沒有參與提名。與此同時，僅有中研院、北京大學、清華大學、武漢大學、中央大學、河南大學 6 個單位突破自身侷限，從全國範圍內提出候選人，呂思勉、錢穆也都沒有被這些單位矚目，自然也就無法進入胡適、傅斯年等人可能可以「操控」的後續程序。因此，討論呂思勉、錢穆未能當選首屆院士，與其說主要原因是「門戶之見」，毋寧說是提名製度所致。〔註104〕1940 年第二屆評議會選舉時，由教授們進行初步選舉，提名的 33 人中不僅有呂思勉、錢穆，也有向達、姚從吾、

〔註99〕嚴耕望：《錢賓四先生與我》，嚴耕望《治史三書》（增訂本），上海人民出版社，2016 年，第 279～281 頁。

〔註100〕翟志成有專文研究錢穆當選院士的曲折之路，其間對於錢穆未能當選首屆院士，就持這種看法，而且似乎也是目前的通常看法。參閱翟志成《錢穆的院士之路》，《中央研究院近代史研究所集刊》第 103 期（2019 年），第 91～126 頁。

〔註101〕尤其值得注意的是，當選的柳詒徵也以「通史」見長，無論是《國史要義》《中國文化史》，還是《中國版本概論》，都是以貫通性為特色的著作。

〔註102〕嚴耕望：《錢賓四先生與我》，嚴耕望《治史三書》（增訂本），第 280 頁。

〔註103〕李來容：《院士制度與民國學術——1948 年院士制度的確立與運作》，第 249～251 頁。

〔註104〕當然，錢穆此後多屆未能當選中研院院士，自然與「門戶之見」多有關係。

蒙文通等成就卓著者，具有相當的廣泛性。首屆院士正式提名候選人呂思勉、錢穆等 11 人未被舉出，新舉 18 人中也有不少名家，但具體分析其任職單位等，具有相對的封閉性，大多與清華大學、北京大學、中央大學有關。這反映了個人提名與機構提名兩種制度的特性。正如前面所言，目前沒有資料說明中研院評議會為何放棄已實踐過一次的教授個人提名候選人機制，而採取新的機構提名方式，除不能控制「運動選舉」而外，確定具有投票權的教授名單並投寄選票給教授，在內戰環境下是一個無論如何都不可能輕易完成的任務，這自然不是評議會的「選項」。

機構提名有賴於各相關機構的積極性，與機構的領導人與主持者密切相關。更為重要的是，機構提名具有相當的封閉性，大多僅就本機構提名。如果所有機構都參與提名，這種「封閉性」在提出眾多無價值的提名時也能網羅所有的「飽學之士」，但這僅僅是「理想」而已。比較而言，個人提名因為具有廣泛性與個人能動性，可以彌補上述缺點。因此，中研院後來院士選舉採取了院士聯署提名的制度。但僅僅院士聯署提名也會出現問題，就是院士們可能結成小圈子，排擠新學科或某些研究代表人物，錢穆后來參選院士就遭遇了這種待遇。因此，像諾貝爾獎這樣的學術評議，提名人除諾貝爾獎獲得者外，還有世界上各學科代表人物。也就是說，院士選舉這樣的學術評議中，以個人提名取代機構提名，最終將提名權從院士聯署提名擴展到更大範圍的各學科相關專家提名，可能更具有合理性。

當然，錢穆未被就職單位提名，但畢竟有中研院、北京大學、清華大學、中央大學、武漢大學和河南大學等 6 家在全國範圍內提名，錢穆乃至呂思勉未被他們看重，可能與當時的學術潮流有關。民國時期正處於中國近代各門學科初創階段，又適逢世界學術發展日益專門化與專業化時代。無論是朱希祖對北京大學史學在方法上的革新即社會科學化、研究目標的更替即專門化〔註105〕，還是蔣廷黻改造清華大學歷史系，「歷史與社會科學並重」「西方史與中國史並重」「考據與綜合併重」〔註106〕，無論是胡適以科學的方法與精神整理國故的宣揚，還是其弟子傅斯年在史語所號稱「上窮碧落下黃泉，動手動腳找材料」，倡導跨學科綜合研究，都是中國史學邁向近代化的「不二法門」。在這樣的時

〔註105〕 朱淵清：《朱希祖及其史學史研究》，朱淵清編《朱希祖史學史選集》，中西書局，2019 年，第 1～49 頁。
〔註106〕 何炳棣：《讀史閱世六十年》，第 68 頁。

代，正如張光直評價其師李濟所說，「科學標準」是最高標準。〔註107〕

　　在一個學術日益專門化的時代，學術評議以專業化的專深研究為標準自然無可厚非。因此，像錢穆這樣喜歡中西比較而掌握的西方知識「簡直是笑話」（王世杰語），「盡從讀《東方雜誌》得來」（傅斯年語）；著作被年輕學生認為「未受過科學訓練，時有不合 logic〔邏輯〕之言論」〔註108〕，「一些論點缺乏一番必要的邏輯洗煉」〔註109〕。立足學術界的著作《先秦諸子繫年》被

〔註107〕　張光直：《懷念「李濟」（1896～1979）》，李光謨《從清華園到史語所：李濟治學生涯瑣記》，商務印書館，2016 年，第 405 頁。

〔註108〕　這是學生時代的夏鼐 1935 年 7 月讀完錢穆《國學概論》後的評論，原文為：「此書為初學者說法，乃一部中國學術史略也。賓四先生用力頗勤，時有創獲，但亦多偏宕之處，最大的缺點在於未受過科學訓練，時有不合 logic〔邏輯〕之言論，本書末章歌頌三民主義之處，更令讀者發生不快之感。」（《夏鼐日記》第一卷，第 337 頁）也許，錢穆對「當局」那種無節制的頌揚也為當日學術界所側目。胡適就曾在日記中記載他閱讀由蔣介石直接撥款，張其昀主編，錢穆、馮友蘭、賀麟等為主幹的《思想與時代》的感想：「張其昀與錢穆二君均為從未出國門的苦學者，馮友蘭雖曾出國門，而實無所見。他們的見解多帶反動意味，保守的趨勢甚明，而擁護集權的態度亦頗明顯。」（曹伯言整理《胡適日記全集》第 8 冊，第 179 頁）顧頡剛對於錢穆攀附結交張其昀，在日記中也有評說：「張其昀有政治野心，依倚總裁及陳布雷之力，得三十萬金辦《思想與時代》刊物於貴陽，又壟斷《大公報》社論。賓四、賀麟、蔭麟等均為其羽翼。賓四屢在《大公報》發表社論文章，由此而來。其文甚美，其氣甚壯，而內容經不起分析。樹幟讀之，甚為賓四惜，謂如此發表文字，實自落其身價也。」（《顧頡剛日記》第 4 卷，中華書局，2011 年，第 602 頁）陳布雷自殺後，張其昀日漸成為蔣介石「文膽」。張其昀去世後，錢穆曾以 91 歲高齡為文悼念這名生平摯友，以為《思想與時代》促使他治學轉向，由前期「歷史性論文」轉向「文化問題」：「此後造論著書，多屬文化性，提倡復興中國文化，或作中西文化比較。」（錢穆《紀念張曉峰吾友》，錢穆《八十憶雙親、師友雜憶合刊》，九州出版社，2017 年第 2 次印刷，第 375～376 頁）。

〔註109〕　這是何兆武晚年接受訪談時所說，原文為「那時候教我們中國通史的是錢穆先生，《國史大綱》就是他上課的講稿。錢穆先生講課總是充滿了感情，往往慷慨激越，聽者為之動容。錢先生講課有他自己的一套，講到宋朝一學年就結束了，宋以後的內容讓我們去讀他的書。我總覺得他的一些論點缺乏一番必要的邏輯洗煉」。（何兆武、鄧京力《沒有哲學深度，就不能真正理解歷史》，《歷史教學問題》2002 年第 3 期）對錢穆《國史大綱》，《上學記》中何兆武如是說：「裏面很多見解我不同意，不但現在不同意，當時就不同意。錢先生對中國傳統文化的感情太深厚了，總覺得那些東西非常之好。有點像情人眼裏出西施，只看到它美好的一面，而對它不怎麼美的另一面絕口不談。」他也認為錢穆「舊學出身，對世界史，特別是對近代世界的知識瞭解不夠」（何兆武口述、文靖執筆《上學記》（增訂本），人民文學出版社，2016 年，第 111 頁）

認為「寫法仍是清人劄記體裁」〔註110〕，其研究成果不被主流學界所承認，似乎也「理所當然」，有相當的合理性。

與此相應，錢穆在《國史大綱‧導言》中批評說科學派史學與傳統的「記誦派」一樣，「同偏於歷史材料方面」，「路徑較近，博洽有所不逮，而精密時或過之」，「同於缺乏系統，無意義，乃純為一種書本文字之學，與當身現實無預」。相比科學派，至少「記誦派」「縱若無補於世，亦將有益於己」，而科學派：

> 震於「科學方法」之美名，往往割裂史實，為局部狹窄之追究。以活的人事，換為死的材料。治史譬如治岩礦，治電力，既無以見前人整段之活動，亦於先民文化精神，漠然無所用其情。彼惟尚實證，誇創獲，號客觀，既無意於成體之全史，亦不論自己民主國家之文化成績也。〔註111〕

與科學派冷酷的「客觀」、記誦派「與當身現實無預」決然有別，他的史學懷抱「溫情與敬意」（「對本國已往歷史之溫情與敬意」），他的「新國史」，需具備兩個條件：

> 一者必能將我國家民族已往文化演進之真相，明白示人，為一般有志認識中國已往政治、社會、文化、思想種種演變者所必要之知識；二者應能於舊史統貫中映照出現中國種種複雜難解之問題，為一般有志革新現實者所必備之參考。前者在積極的求出國家民族永久生命之源泉，為全部歷史所由推動之精神所寄；後者在消極的指出國家民族最近病痛之症候，為改進當前之方案所本。〔註112〕

有「溫情與敬意」前提與「經世致用」目標，如何可能客觀地尋繹出「國家民族已往文化演進之真相」？在邏輯上確實不能自洽，自然與科學追求真理即「為學術而學術」的本質完全背道而馳，其研究及研究成果不被當時學界認

〔註110〕據夏鼐記載，錢鍾書談學林掌故時告知，錢穆《先秦諸子繫年》申請列入清華大學叢書出版，三位匿名評審人之一為時任清華大學歷史教授雷海宗，「評語謂創獲甚多，但寫法仍是清人劄記體裁，須要改寫」，「錢聞之甚為不滿」。（《夏鼐日記》第八卷，第244頁）而錢穆在《師友雜記》中卻說，三位審稿人中馮友蘭「主張此書當改變體裁使人閱讀」；陳寅恪「私告人，自王靜安後未見此等著作矣。聞者乃以告余」；第三人「則已忘之」。（錢穆《八十憶雙親、師友雜憶合刊》第150頁）不論錢鍾書的記憶還是錢穆自己的回憶，總有人認為《先秦諸子繫年》撰著形式不合於新的史學潮流。

〔註111〕錢穆：《國史大綱‧引論》，中州出版社，2016年第2次印刷，第3～4頁。

〔註112〕《國史大綱‧引論》第7頁。

同似乎也沒有詫異之處。語言學家李方桂後來在口述中就說錢穆「搞的歷史研究與我們不同」，「我們或多或少是根據史實搞歷史研究，不，他搞的是哲學，他是從哲學觀點來談論歷史，因而跟我們搞的大不相同」。〔註 113〕

　　當然，除提名之外，在具體的審查與選舉中也存在一些可以商榷的地方。如果說裴文中是提名「遺珠」；那麼薩本鐵、趙承嘏、郭任遠和前面提及的陳煥鏞可能是審查「遺珠」，周培源、湯飛凡可能是選舉「遺珠」。薩本棟哥哥薩本鐵被認為是 20 世紀為數不多享有國際聲譽的中國科學家之一，留美得博士回國擔任清華大學化學系教授，抗戰爆發後沒有隨校內遷，擔任輔仁大學教授達 8 年之久，1945 年因經濟困窘擔任偽北京大學化學系主任。在戰後高漲的追究「漢奸」氛圍下，於 1946 年赴美，並最終定居美國，迎來學術生涯第二春。去國前，薩本鐵在有機化合物分析和合成領域成就卓著，將清華大學有機化學研究帶到了世界水平，同時在生物化學和營養化學方面也展開卓有成效的研究；去國後主要在加州大學戴維斯分校工作，從事生理學和藥理學研究。〔註 114〕趙承嘏長期擔任北平研究院藥物所所長，以化學方法從事中草藥研究，與陳克恢在協和醫學院的合作研究，為用現代科技手段研究中草藥有效成分和藥理機制開闢了新路。〔註 115〕汪敬熙被譽為民國學界科學領域的「傅斯年」，他晚年定居美國期間對趙承嘏稱譽有加，說趙承嘏係「國人中最老的第一人，不但能獨立工作，而且可與科學先進國家之名流抗衡」，是研究植物堿化學家中「最能幹的數人之一」，在植物堿物質提取和合成上是「世界頭等人物之一」。加州理工學院一化學家數年工作沒有達成的目標，他兩周就完成。〔註 116〕曾在心理學發展史上掀起巨大波瀾的行為主義心理學家郭任遠是名副其實的中國心理學第一人，在世界心理學史上也佔據獨特地位，曾有西方學者將他與發生認識論創立者皮亞傑等人相提並論。〔註 117〕僅刊

〔註 113〕李方桂著，王啟龍、鄧小詠譯：《李方桂先生口述史》，清華大學出版社，2003年，第 81 頁。

〔註 114〕張藜：《薩本鐵的前半生》，《中國科技史雜誌》第 27 卷第 4 期（2006）。

〔註 115〕關於他在抗戰期間為保存北平研究院藥物所與鐳學所財產經過，參閱劉曉《趙承嘏與北平研究院藥物所》，《中國科學‧生命科學》2016 年第 7 期。

〔註 116〕李書華：《悼汪敬熙先生》，《李書華自述》第 246～247 頁。

〔註 117〕E. 赫斯特（E. Hearst）在其《實驗心理學一百年》（*The First Century of Experimental Psychology*, 1979）一書中高度評價郭任遠的工作，指出他對心理學的比較—發展方向做出了卓越貢獻，郭任遠是該書唯一提及的中國心理學家。

載實驗報告的《比較與生理心理學雜誌》在他去世後破例刊登了有關他的長篇傳記，稱譽他為「急進的科學哲學家和創新的實驗家」。〔註118〕他發明的「郭窗」〔註119〕在生物學發展史上也佔據極端重要地位。中研院選舉第一次評議員時，他以浙江大學校長身份與會，一言九鼎平息心理學科評議員人數太少的爭論，並當選聘任評議員。院士選舉時，郭任遠移居香港，被清華大學提名進入候選名單，可在 1947 年 10 月的第四次年會中資格審查時，被排除名單，具體原因不得而知。對於他的落選，有科學史家稱為第一屆院士的「遺珠」。〔註120〕

周培源在廣義相對論、相對論宇宙學和流體力學等領域都作出過重要成就。吳大猷認為他是對相對論真正有研究的人，並做出了相當的貢獻，深遠地影響了後來的研究。1938 年，周培源開始湍流研究，通過提出脈動方程建立普通湍流理論，提出求解湍流運動的具體方法，奠定「湍流模式理論」基礎。〔註121〕抗戰期間，吳有訓、趙忠堯已不「作研究」，他與吳大猷被認為是西南聯大「最有希望者」，但「吳大猷以妻病肺不能工作，周培源則盡室而去C. I. T.」。〔註122〕1943 年去美的周培源，1947 年回國繼續在清華大學任教授。他的研究領域及成果都是特出的，但還是多次因一票之差落選。當然，物理學已有 7 位院士，名額已滿，可能是原因之一。以「沙眼病毒」聞名世界的湖南醴陵人湯飛凡，1925 年入哈佛大學醫學院，師從「抗體一元論」理論創立者秦瑟（Hans Zinsser，1878～1940），研究皰疹、狂犬等病毒的致病與免疫。湯飛凡是中國第一代病毒學家，也是世界上最早研究支原體學者之一，他的研究推翻了日本學者野口沙眼「細菌病原說」，也曾指導研究人員用自己分離的菌種研製出青黴素。評議會第一次投票中湯飛凡僅以一票之差落選，後幾次得票都

〔註118〕 Gilbert Gottlieb, Zing-Yang Kuo: Radical Scientific Philosopher and Innovative Experimentalist (1898~1970), *Journal of Comparative and Physiological Psychology,* 1972, 80(1): 1~10.

〔註119〕 Kuo Window，即在蛋外殼開一個小「窗口」，在「窗口」完整的蛋膜上塗上油脂使其透明，在強光照射下通過窗口觀察蛋膜內胚胎的成長。

〔註120〕 張之傑：《為當代中國科學家立傳》，《科學月刊》第 30 卷第 3 期（1999），第 186 頁。當然，遠離學術界蟄居香港的郭任遠，後來也沒有得到臺灣學術界的垂青，當時臺島的眼光只緊緊盯住光鮮的歐美學界。

〔註121〕 吳大猷述，黃偉彥、葉銘漢、戴念祖整理，柳懷祖編：《早期中國物理發展之回憶》，上海科學技術出版社，2006 年，第 81～84 頁；董光璧《中國現代物理學史》，山東教育出版社，2009 年，第 41～42、139～140 頁。

〔註122〕 樊洪業主編：《竺可楨全集》第 9 卷，第 53 頁。

不高。據說最後一次投票目標是選舉出生物組院士，因生物組 25 人離 27 人的最低人數還差 2 人，結果還是選出人文組吳稚暉。〔註 123〕

被中研院提名卻未被正式提名的向達發表文章批評當選者與中研院同仁及有關人物過多。夏鼐曾就 81 名院士的社會結構作過分析，表明有 21 位院士就職中研院〔註 124〕，其中 13 位所長中 11 人當選。他說：

> 中央研究院的所長和專任研究員，因為「近水樓臺」的關係，他們的工作和貢獻，院中同人自然比較熟悉。又加以人類到底是感情的動物，朝夕相處的熟人之間多少有點「感情」的關係。所以同等成績的學者，也許是院內的人比較稍佔便宜。〔註 125〕

因此，他提議說：「為著『避嫌疑』及延攬院外人才起見，也許需要採取一種政策，如果遇到有同等成績的學者，優先推選院外者，以表示禮貌（Courtesy）」。正如前面所言，院士選舉時現任聘任評議員中有張雲、呂炯、唐鉞，當然評議員中張鈺哲、趙九章都未能成為正式候選人，正式候選的聘任評議員王寵佑、何廉最終也未能當選。可見只要一切從學術和良知出發，有時「近水樓臺也得不到月」。因此，身為中研院研究人員的夏鼐對向達批評中研院各所長、大部分的專任研究員，「幾乎都是當然院士」，「令人有一種諸子出於王官之感」的批評，進行辯護說 11 位所長當選院士，「所佔比例確實是大」：

> 但是如果我們假定中央研究院設立每一所時，是認定這一所研究對象的學科，在中國確已產生有專長於此的權威人物否則寧缺毋濫；又如果中央研究院所延聘的所長，確實便是這一權威人物；那麼，各所長幾乎全體被選為院士，毋寧認為是一件當然的事情。不過，事實是否如理想上所假定的那樣的美滿，那是另外的一件事。至於專任研究員（兼任的及副研究員都不算在內）中央研究院現下共有六十八名，這次被選為院士的，共計九人，僅占百分之十三，似乎不能稱作「大部分」。

還有人批評老一輩中有許多早已不做研究工作，且年輕時亦未曾有重要貢獻；還有一些所謂「科學界中的政客」，雖有院士資格第二項可言，但嫌所

〔註 123〕 夏鼐：《夏鼐日記》第 4 卷，第 179 頁。
〔註 124〕 包括院長朱家驊，所長姜立夫、吳有訓、吳學周、李四光、竺可楨、周仁、王家楫、羅宗洛、汪敬熙、傅斯年、陶孟和，研究員陳省身、薩本棟（兼總幹事）、伍獻文、馮德培、李先聞、鄧叔群、李濟、梁思永、董作賓。
〔註 125〕 夏鼐：《中央研究院第一屆院士的分析》，《觀察》第 5 卷第 14 期。

佔比例太高。〔註126〕具體分析這份名單，只有朱家驊、翁文灝、吳稚暉、王世杰、王寵惠等少數人物當時屬於「政客」。但正如夏鼐所說，這些行政官僚，「他們所以當選，並不是由於做官的煊赫，實是由於他們在學術工作方面的貢獻」。〔註127〕王世杰、王寵惠在法學上，翁文灝在地質學上的奠基地位是不能忽略的。政壇元老吳稚暉，哲學成就實在是難以窺測，當選理由是他在「科玄之爭」中聲名鵲起的《一個新信仰的宇宙觀與人生觀》，無論如何不能與其他當選者相提並論。至於朱家驊，楊鍾健回憶說，地質學當選6名院士中，「獨朱對於地質方面的工作太少。然因別的原因（推進工作有功）而當選。此事為許多人不滿。」〔註128〕湯佩松幾十年後的回憶中還說：「至今我仍未得到一個問題的答案：個別院士是怎樣被『遴選』進來的？並且又如何『當選』為第一任院長的？」〔註129〕朱家驊以「研究德國侏羅紀石灰岩、創辦並主持兩廣地質調查所，奠定華南地質研究基礎」當選院士，這一理由相當勉強，或者說名不副實。他作為院士的著作目錄上，僅有兩篇論文，是他博士畢業時代的作品。他在地質方面的實際工作很少，在所列當選資格所及幾個方面的成就也無足輕重。因此，他以「研究」面目當選院士，自然遭來非議。

自1940年蔡元培逝世以後，朱家驊代理中研院院長已八載有餘，對中研院的發展及其整個中國學術的推展有目共睹。因此，如果朱家驊以中研院院長這個職位而不是以研究專家名義當選為院士，恐怕更令人信服。在一個角色日益專業化的時代，「科學家」這個名義是不容易擔當的，是學術推進者就是學術推進者，是政府官員就是政府官員，官員竊位到科研崗位，自然「名不正，言不順」。當然，隨著中國科學家社會角色的日漸形成，其社會地位也愈來愈尊隆，因此朱家驊不惜被人非議也要以地質學家形象而不以政府任命的官員名義候選院士，也有其一定的緣由。其實，無論是從朱家驊對國民政府時期科學技術的推進作用，還是中研院「組織法」規定，朱家驊都應當選院士。「組織法」規定中研院評議會評議員由院士選舉組成，院長是評議會議長。若朱家驊不能當選

〔註126〕羅豐：《夏鼐與中央研究院第一屆院士選舉》，《考古與文物》2004年第4期。
〔註127〕夏鼐：《中央研究院第一屆院士的分析》，《觀察》第5卷第14期。
〔註128〕楊鍾健：《楊鍾健回憶錄》，第167頁。
〔註129〕湯佩松：《為接朝霞顧夕陽》，載韓存志主編《資深院士回憶錄》，上海科技教育出版社，2003年，第117頁。其實朱家驊直到1957年在臺灣被蔣介石逼迫辭職一直是代院長，也不是第一任院長，第一任院長自然是蔡元培。而且朱家驊早就代理院長，不是當選院士後再當選院長。

院士，又怎能擔任議長呢？因此，楊鍾健的說法可能還是比較公允的：「事後，我也聽到許多對於選舉院士不滿意之怨言，見仁見智，各有不同。大凡一事之舉，欲求各方面均能如願是不大可能的，好在大體方面並不很錯……」〔註130〕

當選院士自然是令人高興的驚喜，康奈爾大學博士畢業回國就業曾一再碰壁的李先聞回憶說，他在床上看報紙，看到了自己的名字：

> 我以為我的眼光模糊不清，用手巾擦了幾次後，的確我的名字
> 是在報上，當選為生物組二十五人之一，孩子們知道，就亂哄哄大
> 聲嚷：「爸爸高中了，要請客。」我心中很興奮也很慚愧！興奮的是，
> 回國後將近二十年的努力，終於得到社會人士的推崇，以國士待我。
> 自問學識不足，同時，落選的學人有好多位是我平時欽佩與讚美的。
> 既然選出來了，今後更要自勉、自奮，以不負國人的期望。〔註131〕

李先聞感慨社會以「國士」待他，促使他奮進。顧頡剛更認為院士比「參政員國大代表實在的多」，他興奮之餘也很慚愧：「惟予近年勞於生活，竟不能從事研究，未免有愧於衷耳。」並在日記中剪報《申報》所載院士名錄。〔註132〕

相比教育部學術審議會的以某種研究成果獲獎，當選院士是終身名譽性獎勵，因此獲選者對兩者的態度也很不一樣。楊鍾健回憶說，1943 年教育部在報上登廣告徵求學術審議會獎勵作品時，有人勸他以剛出版的《許氏祿豐龍》應徵，但他覺得有「諸多不妥，未為應允」。但作為學術審議會委員的傅斯年自告奮勇予以推薦，並說「值此生活困難年頭，此等順手牽羊之財何必推辭，切不要因人害事」。不想居然中了個一等獎，「獎金為多少，我已記不得了」。對榮獲一等獎好像「等閒視之」。可當選中研院院士的感受就完全不一樣了：「我之當選為院士，友人爭相馳賀。其實我亦不勝其慚疚，惟同時亦感社會對認真工作的人並非完全不認識，故亦稍為安慰。」〔註133〕謙虛中欣喜之情溢於言表。

楊樹達曾兩次分別獲得教育部學術審議會古代經籍類、文學類二等獎和一次獎助，在日記中除第一次獲獎有評說外，第二次僅僅提及而已。對當選院士一事，日記中成為候選人時有詳細記載（1947 年 10 月 18 日）：

〔註130〕楊鍾健：《楊鍾健回憶錄》，第 167 頁。
〔註131〕李先聞：《李先聞自述》，湖南教育出版社，2009 年，第 198 頁。
〔註132〕顧頡剛：《顧頡剛日記》第 6 卷，第 247～248、252 頁。
〔註133〕楊鍾健：《楊鍾健回憶錄》，第 166～167 頁。

　　報載中央研究院評議會推舉院士候選人百五十人，余與余季豫皆與焉。湘籍共十人，人文組八人，生物數理組各一人。因此次由各方提名者共五百一十人，經評議會討論後，最後決定百五十人。四個月後再開評議會正式選舉院士八十至百人云。

當天日記僅記載此事，可見他對自己候選院士的重視。12 月 17 日，日記複載看政府公報中中研院公告，得知每個候選人有候選理由，並抄下他自己的「理由」。12 月 23 日，載余嘉錫來函說：「明年院士之選兄必入彀，蓋從各方面衡量，略得端倪，非無據漫談也」。余嘉錫信函還說，陳垣「比此次名單為公車徵士錄，雖不中選，亦何幸而得為閻潛邱、全紹衣邪？」楊樹達說「此可謂善於解嘲矣」。當選時日記不僅記載（1948 年 3 月 28 日），並對法定評選 80～100 人僅選出 81 人，評論說「蓋採嚴格主義也」。此後還有不少記述，如 4 月 20 日，在中山大學與王力聊天，王力以落選院士「為歉」，「余未能即席致詞慰之。歸後悔之，已無及矣。余性遲鈍，往往如此，殊有恨也」。翌日，詳載余嘉錫來函中談及當選院士言論：「此次院士選舉，兄以聲譽卓著，為眾望所歸，故以二十票順利通過。弟則不為人所知，而卒獲附驥，蓋幸也。然全國私立大學與此選者惟弟一人，其難如此（陳援庵亦私立大學，然本是評議員）。」〔註134〕出席在南京召開的院士會議時，更有許多的記載，如李劍農很想當選院士而未得，「頗以為恨」；統計當選院士籍貫等等。〔註135〕兩相比較，孰重孰輕，一目了然。

　　無論如何，首屆中研院 81 位院士是當時中國各門科學的代表，「足以代表今日中國學術界的情況」。1948 年 9 月 23 日，中研院第一屆院士會議舉行，翌日選舉第三屆評議會聘任評議員 32 人：數理組陳省身、蘇步青、吳有訓、李書華、葉企孫、莊長恭、翁文灝、竺可楨、茅以升、凌鴻勳 10 人，生物組秉志、伍獻文、陳楨、胡先驌、錢崇澍、李宗恩、林可勝、馮德培、湯佩松、俞大紱等 10 人，人文組湯用彤、馮友蘭、胡適、陳垣、趙元任、李濟、梁思成、王寵惠、王世杰、周鯁生、錢端升、陳達等 12 人。與第二屆相比，數理

〔註134〕余嘉錫的說法自然不成立，私立的協和醫學院也有多人當選院士，包括非評議員的李宗恩等。

〔註135〕楊樹達：《積微翁回憶錄》，第 262～264、269～270、276、278 頁等。楊樹達統計院士籍貫浙江 19 人，江蘇 15 人，廣東 8 人，江西、湖北各 7 人，福建、湖南各 6 人，山東、河南、四川各 3 人，河北 2 人，安徽、陝西各 1 人，「遼、黑、吉、甘、新、桂、黔、滇皆缺」。

組原有 12 位聘任評議員，僅有李書華、吳有訓、莊長恭、翁文灝、茅以升、凌鴻勳 6 人留任，陳省身、蘇步青、葉企孫、竺可楨新當選；生物組原僅有 8 人，現增加為 10 人，也僅有秉志、胡先驌、錢崇澍、林可勝 4 人留任，伍獻文、陳楨、李宗恩、馮德培、湯佩松、俞大紱新任；人文組人數不變，留任僅有胡適、陳垣、趙元任、李濟、王世杰和周鯁生 6 人，新當選湯用彤、馮友蘭、梁思成、王寵惠、錢端升、陳達 6 人。可見，新的聘任評議員全是新當選的院士，評議會組成大變臉，第二屆 30 人中僅有 16 人當選，也就是說聘任評議員一半是新人，除曾任評議員葉企孫、竺可楨、王寵惠外，其他 13 人全是新人，為這個全國的學術評議與獎勵組織增添了全新的血液，特別是像陳省身、伍獻文、馮德培、湯佩松這樣的年輕一代的加入，可以為戰後正欣欣向榮的中國學術發展帶來新的活力與動力。

由此，中研院「主持人為院長，構成之主體則為院士，學術評議之責屬於評議會，而從事學術研究者，則為各研究所，國家學院之體制」，於中研院成立二十年之際，「乃告完成」。〔註 136〕院士選舉標誌著中國近代學術評議獎勵機制的體制化完成，中研院也通過授予學人最高榮譽這一舉措，將學術評議與獎勵的職權從教育部回收。當然，正如前面朱家驊所說，院士制度能最終建立，與幾十年來中國學術進步，產生了一批具有世界性影響的學人密切相關。也就是說，院士的成功選舉，在相當程度上說是民國學術發展的自然與邏輯結果。

更值得重視的是，1948 年 3 月第二屆評議會第五次年會通過了《蔡元培先生紀念辦法》，其中規定中研院設立「蔡元培獎章，每年由評議會就中國籍學術研究成績特著者授給之」。〔註 137〕完全承襲了中國科學社設立「中國科學社獎章」的初衷，似乎也可以看作今日「國家最高科學技術獎」的源頭，只不過今日之獎勵已沒有人文社會科學「立錐之地」而已。非常可惜的是，這一剛剛建立起來的機制，面對政治強力完全不堪一擊，還未正式運行就得說「再見」，被掩埋進厚厚的歷史的塵土之中，81 位院士也得為自己的未來選擇道路，「勢散而四散」，中華民族學術發展之途陡然斷裂。〔註 138〕

〔註 136〕《國立中央研究院概況（民國十七年六月至三十七年六月）》，第 4 頁。
〔註 137〕《國立中央研究院概況（民國十七年六月至三十七年六月）》，第 20 頁。
〔註 138〕中研院院士性質的學術評議機制在大陸的重建參閱郭金海《院士制度在中國的創立與重建》，在臺灣的恢復與運行參閱陳永發《追求卓越八十年》卷一《任重道遠·全院篇》。

第八章　院士群體與民國學術

　　1948 年 9 月 23 日，中研院第一次院士會議在南京召開，朱家驊在開幕詞中說，院士是中研院「構成的主體」，「過去的重心在評議會，今後是在院士會議」，「今後我們有了院士會議，全國學術研究踏上了新的階段」。演講最後，他向院士們提出期望：

　　　　二十年來，我國的學術確有進步，這當然算不得是什麼奇蹟，進步得不夠，但是若干學者的成就，不僅使我學術放一異彩，而蜚聲於國際者，在各部門學科中，均大有人在。這確是難能可貴的。因為我們是處在一個不重視學術的環境的。

　　　　我們治學的人，當本著「正其誼不謀其利，明其道不計其功」的一貫精神，孜孜矻矻地工作，總期對國家學術暨人類幸福有所獻替，但我們誠摯希望：

　　　　第一，政府應本著憲法基本國策章，多多獎勵科學的發明與創造，並予研究工作完善的設備。

　　　　第二，社會各方多多鼓勵學術的研究，增高學術研究風氣，擴大我們智識的領域。

　　　　諸位院士先生，都是每一部門的學術權威，院士會議又屬創舉，我們相聚一堂，請多發抒偉論，使我們會議得著寶貴的收穫。[註1]

　　首屆中研院院士選舉的成功自然得益於中國學術的發展，一些院士還取

〔註 1〕朱家驊：《國立中央研究院第一次院士會議開幕詞》，王聿均等編《朱家驊先生言論集》第 95～98 頁。

得了卓越的成就而「蜚聲於國際」,因此院士的學術成就也就值得專門探究。
正如朱家驊所言,這一基礎的奠定是在艱難的不重視學術的環境下形成的,
因此更彌足珍貴。可惜,世事的變化使朱家驊對未來的期許與理想一時間灰
飛煙滅。

一、院士群體社會結構

對於 81 位院士的社會結構,夏鼐當年曾從年齡、籍貫、學歷、國內教育、
職務等方面進行了詳細的統計與分析〔註2〕,但因資料與時代等原因,還有繼
續分析的必要。因數理組、生物組作為科學技術與人文組作為人文社會科學有
非常明顯的不同,下將數理組、生物組 53 名院士與人文組 28 位院士分開,接
續夏鼐的研究,做社會結構方面的分析(也主要考察年齡、籍貫〔註3〕、國內
外教育與當選前工作經歷等因素),尋找他們共性的同時,也分析兩大類學科
的不同特徵。下為 53 位科學技術院士 1949 年前簡歷(籍貫、國內教育、留學
教育與主要經歷,每項之間以「 ; 」相隔)。

姜立夫(1890～1978):原名蔣佐,浙江平陽人;私塾、平陽縣
學堂、杭州府中學堂、庚款二屆備取生;1911～1919 年加州大學學
士、哈佛大學博士,1934～1936 年德國進修;創建南開大學數學系
並長期擔任主任、籌建中研院數學所併任所長。

許寶騄(1910～1970):字閒若,浙江杭州人,生於北京;北京
匯文中學、燕京大學、清華大學;1936～1940 年倫敦大學學院哲學
博士、科學博士;倫敦大學學院講師、北京大學數學系教授、伯克
利加州大學與哥倫比亞大學講學。

〔註 2〕夏鼐:《中央研究院第一屆院士的分析》,《觀察》第 5 卷第 14 期。
〔註 3〕這裡以籍貫而不以出生地為標準,《國立中央研究院院士錄》關於胡適的記載
如是說「生於上海(原籍安徽績溪)」,張元濟也如胡適一般「生於廣州(原籍
浙江海鹽)」。如果完全按照該「院士錄」,俞大紱、金岳霖、陶孟和三人僅有
生於南京、長沙和天津的記載,無「原籍」注明,不能算浙江人,因此竺可楨
統計浙江籍 18 人(樊洪業主編《竺可楨全集》第 11 卷,上海科技教育出版
社,2006 年,第 214 頁),胡適統計 19 人(他把俞大紱看作浙江人,而把他
的老朋友哲學家金岳霖作為湖南人統計,也自然把陶孟和作為天津人(曹伯言
整理《胡適日記全集》第 8 冊,第 362 頁)。夏鼐統計浙江 19 人(依所知原籍
統計)。當然,金岳霖在長沙與北京接受教育,陶孟和完全在天津接受國內教
育,與浙江甚至江南地區都無關,胡適不將他們作為浙江人完全有理由,也是
合理的。

陳省身（1911～2004）：號辛生，浙江秀水人；秀州中學、天津扶輪中學、南開大學、清華大學碩士；1934～1937 年德國漢堡大學博士、赴巴黎隨嘉當研究幾何；清華大學數學系教授、普林斯頓高等研究院訪問研究、中研院數學所代所長。

華羅庚（1910～1985）：江蘇金壇人；金壇初級中學；1936～1938 年劍橋大學訪問學者；清華大學數學系教授、普林斯頓高等研究院訪問研究、伊利諾伊大學訪問教授。

蘇步青（1902～2003）：字雲亭，浙江平陽人；平陽第一小學、浙江省立第十中學；1919～1931 年東京高等工業學校畢業、東北帝國大學博士；浙江大學數學系教授兼主任。

吳大猷（1907～2000）：筆名洪道、學立，廣東高要人，生於番禺；番禺縣立小學、南開中學、南開大學；1931～1934 年密西根大學博士及博士後；北京大學教授、四川大學講座教授、西南聯大教授、密西根大學教授等。

吳有訓（1897～1977）：字正之，江西高安人；私塾、瑞州中學、南昌第二中學、南京高等師範學校；1921～1926 年芝加哥大學博士；東南大學教授、物理系主任，清華大學物理系教授、主任、理學院院長，西南聯大理學院院長、中央大學校長。

李書華（1890～1979）：字潤章，河北昌黎人；昌黎高等小學、保定直隸高等農業學堂；1913～1922 年巴黎大學國家博士；北京大學教授、中法大學校長、北平研究院副院長、教育部次長、中研院總幹事、國民黨中央執行委員、國大代表等。

葉企孫（1898～1977）：名鴻眷，以字行，上海人；敬業學堂、清華學校；1918～1923 年芝加哥大學學士、哈佛大學博士；清華大學物理系教授、主任、理學院院長，西南聯大理學院院長、中研院總幹事等。

趙忠堯（1902～1998）：浙江諸暨人；諸暨中學、東南大學學士；1927～1931 年加州理工學院博士，訪學德國、英國；清華大學教授，中央大學教授兼物理系主任，麻省理工、加州理工學院訪問研究。

嚴濟慈（1901～1995）：字慕光，浙江東陽人；私塾、東陽縣立中學、東南大學學士；1923～1927 年巴黎大學國家博士，1928～1930

年居里實驗室研究；北平研究院物理所、鐳學所所長，美國訪學。

饒毓泰（1891～1968）：字樹人，江西臨川人；撫州中學堂、中國公學、南洋公學；1913～1922年芝加哥大學學士、普林斯頓大學博士，1929～1932年德國訪問研究；創建南開大學物理系，北京大學物理系教授、主任、理學院院長，西南聯大教授、物理系主任，美國訪問研究。

吳憲（1893～1959）：字陶民，福建福州人；秀才、全閩高等學堂、第三屆庚款留美；1911～1920年麻省理工學院學士、哈佛大學博士；北京協和醫學院教授、生物化學系主任，中央衛生實驗院營養研究所所長、北平分院院長，英美訪學。

吳學周（1902～1983）：號化予，江西萍鄉人；萍鄉縣立中學、東南大學學士；1928～1933年加州理工學院博士、德國從事研究；中研院化學所研究員、所長。

莊長恭（1894～1962）：字丕可，福建泉州人；泉州中學、北京農業專門學校；1919～1924年芝加哥大學博士，1931～1932年德國訪問研究；東北大學化學系主任、中央大學理學院院長、中研院化學所所長、北平研究院藥物所研究員、臺灣大學校長等。

曾昭掄（1899～1967）：號叔偉，湖南湘鄉人；雅禮中學、清華學校；1920～1926年麻省理工學院博士；廣州兵工廠技師、中央大學副教授兼化工科主任、北京大學化學系教授兼主任、西南聯大化學系教授等，赴美考察。

朱家驊（1892～1963）：字騮先，浙江吳興人；私塾、南潯公學、同濟醫工學校；1914～1916年柏林礦科大學，1918～1922年德國柏林大學博士；大學教授、系主任、校長，省主席、政府部長、國民黨中央組織部長、中央調查局局長等，中研院代院長。

李四光（1889～1971）：字仲揆，湖北黃岡人；私塾、武昌高等小學；1904～1910年留日，1913～1918年英國伯明翰大學碩士；湖北實業司長、北京大學地質系教授兼主任、中研院地質所所長。

翁文灝（1889～1971）：字詠霓，浙江鄞縣人；私塾、秀才、震旦院；1908～1912年比利時魯汶大學博士；地質調查所所長、大學教授、系主任、行政院秘書長、政府部長、行政院院長等。

　　黃汲清（1904～1995）：字德淦，四川仁壽人；北洋大學、北京大學學士；1932～1935 年瑞士伯爾尼大學、濃霞臺大學博士；地質調查所研究員、研究室主任、所長。

　　楊鍾健（1897～1979）：字克強，陝西華縣人；三秦公學、省立第三中學、北京大學學士；1924～1927 年慕尼黑大學博士；地質調查所研究員、研究室主任，西北大學校長。

　　謝家榮（1898～1966）：字季驊，上海人；製造局兵工學堂附中、工商部地質研究所；1917～1920 年斯坦福大學、威斯康星大學碩士；地質調查所研究員、研究室主任，中山大學教授、北京大學地質系教授、資委會礦產測勘處處長等。

　　竺可楨（1890～1974）：字藕舫，浙江紹興東關鎮（今屬上虞）人；上海澄衷學堂、復旦公學、唐山路礦學堂、二屆庚款留美；1910～1918 年伊利諾大學學士、哈佛大學博士；武昌高等師範學校教授、東南大學地學系教授兼主任，中研院氣象所所長、浙江大學校長。

　　周仁（1892～1973）：字子競，江蘇南京人；育材書塾、江南高等學校，二屆庚款留美；1910～1915 年康奈爾大學碩士；南洋大學教授、中央大學工學院院長、中研院工程所所長等。

　　侯德榜（1890～1974）：字致本，福建福州人；福州英華書院、清華學校；1913～1921 年麻省理工學院學士、哥倫比亞大學博士；永利公司總工程師、總經理，經濟部技術專員。

　　茅以升（1896～1989）：字唐臣，江蘇鎮江人；江南商業學堂、唐山工業專門學校；1916～1919 年康奈爾大學碩士、卡耐基理工學院博士；東南大學工科主任、河海工科大學校長、北洋工學院院長、錢塘江橋工程處處長、唐山工程學院院長、交通部橋樑設計工程處處長、中國橋樑公司總經理等。

　　淩鴻勳（1894～1981）：字竹銘，廣東廣州人；私塾、廣州府中學堂、上海高等實業學堂；1915～1918 年美國橋樑公司實習；交通部路政司技正等、南洋大學校長、鐵路工程局長兼總工程師、交通部次長等。

　　薩本棟（1902～1949）：字亞棟，蒙古族，福建福州人；福州明倫小學、清華學校；1922～1927 年斯坦福大學學士、沃斯特工學院博

士；清華大學教授、廈門大學校長、中研院總幹事兼物理所所長等。

王家楫（1898～1976）：號仲濟，江蘇奉賢（今屬上海）人；私塾、金陵大學附屬中學、東南大學學士；1925～1928年賓夕法尼亞大學博士；中國科學社生物所助理員、技師，中央大學教授，中研院動植物所所長、動物所所長等。

伍獻文（1900～1985）：字顯聞，浙江瑞安人；瑞安中學、南京高等師範學校、廈門大學學士；1929～1932年巴黎大學博士；中央大學生物系教授兼主任，中研院動植物所、動物所研究員。

貝時璋（1903～2009）：浙江鎮海人；寶善學堂、漢口德華學校、同濟醫工；1921～1928年弗萊堡大學、慕尼黑大學和圖賓根大學博士；浙江大學生物系教授兼主任。

秉志（1886～1965）：字農山，滿族，河南開封人；私塾、舉人、河南高等學堂、京師大學堂、首屆庚款留美；1909～1920年康奈爾大學博士、費城韋斯特解剖學和生物學研究所研究；東南大學教授、中央大學教授、中國科學社生物所所長、靜生生物調查所所長等。

陳楨（1894～1957）：字席山，江蘇邗江人；私塾、中國公學預科、金陵大學學士；1919～1922年康奈爾大學、哥倫比亞大學碩士；東南大學生物系教授、清華大學生物系教授兼主任。

童第周（1902～1979）：字蔚蓀，浙江鄞縣人；私塾、寧波效實中學、復旦大學學士；1930～1934年比利時布魯塞爾大學博士；山東大學、中央大學、同濟大學、復旦大學教授，中國心理生理研究所研究員。

胡先驌（1894～1968）：字步曾，號懺庵，江西新建人；私塾、秀才、洪都中學堂、京師大學堂；1913～1916年加州大學學士，1923～1925年哈佛大學博士；東南大學教授、中國科學社生物所植物部主任、靜生生物調查所所長、中正大學校長。

殷宏章（1908～1992）：字伯文，山東兗州人；南開中學、南開大學學士、清華大學研究生；1935～1937年加州理工學院博士；北京大學教授、劍橋大學訪問研究員。

張景鉞（1895～1975）：字峴儔，江蘇武進人，生於湖北光化；蕪湖聖雅各中學、清華學校；1920～1926年芝加哥大學博士，1931

～1932 年英國、瑞士訪學；中央大學生物系主任，北京大學生物系主任、植物系主任。

錢崇澍（1883～1965）：號雨農，浙江海寧人；私塾、秀才、南洋公學、唐山路礦學堂、二屆庚款留美；1910～1915 年伊利諾大學學士，芝加哥大學、哈佛大學進修；金陵大學、東南大學、清華學校、廈門大學、四川大學、復旦大學教授，中國科學社生物所植物部主任、代所長。

戴芳瀾（1893～1973）：字觀亭，湖北江陵人；上海震旦中學、清華學校；1913～1918 年康奈爾大學學士，哥倫比亞大學研究生，1934～1935 年紐約植物園、康奈爾大學研究院進修；江蘇省第一農校、廣東農業專門學校教員，東南大學、金陵大學教授，清華大學農業研究所植物病理研究室主任、農學院植物病理系主任等。

羅宗洛（1898～1978）：字潤東，浙江黃岩人；私塾、杭州安定中學、上海南洋中學；1918～1931 年東京第一高等學校預科、仙臺第二高等學校理科、北海道帝國大學博士；中山大學、暨南大學、中央大學、浙江大學教授，中研院植物所所長、國立臺灣大學校長等。

李宗恩（1894～1962）：字伯綸，江蘇武進人；私塾、震旦學院；1911～1923 年格拉斯哥大學學士，倫敦熱帶病與衛生學院研究助理員、熱帶病醫學證書；協和醫學院裏教授、國立貴陽醫學院院長、協和醫學院院長。

袁貽瑾（1899～2003）：字懷如，湖北咸寧人；協和醫學院博士；1929～1931 年約翰‧霍普金斯大學衛生學碩士、博士，科學博士；協和醫學院衛生學系教授兼主任、中央衛生實驗院流行病預防所主任、衛生部政務次長。

張孝騫（1897～1987）：字慎齋，湖南長沙人；私塾、明德學校、長郡中學、湘雅醫學院博士；1926～1927 年約翰‧霍普金斯大學、斯坦福大學進修；協和醫學院裏教授、教授，國立湘雅醫學院院長。

陳克恢（1898～1988）：字子振，江蘇青浦（今屬上海）人；金澤金溪小學、南洋公學、清華學校；1918～1922 年威斯康星大學博士，1925～1927 年約翰‧霍普金斯大學博士；北京協和醫學院助教、

約翰・霍普金斯大學副教授、印第安納大學教授、美國禮來藥廠研究室主任。

吳定良（1894～1969）：字均一，江蘇金壇人；私塾、兩淮師範學堂、東南大學學士；1926～1927 年哥倫比亞大學碩士、1927～1928 年倫敦大學博士、1929～1933 年英國研究；中研院史語所研究員、體質人類學所籌備主任、浙江大學教授兼體質人類學所所長。

汪敬熙（1893～1968）：字緝齋，山東濟南人；北京大學學士；1919～1923 年約翰・霍普金斯大學博士；中州大學、中山大學、北京大學教授，中研院心理所所長。

林可勝（1897～1969）：福建廈門人，生於新加坡；1905～1919 年愛丁堡大學博士、1923～1924 年芝加哥大學博士；愛丁堡大學講師、協和醫學院生理系教授兼主任、中國紅十字會救護總隊長、軍醫署署長、中研院醫學研究所籌備主任。

湯佩松（1903～2001）：湖北浠水人；北京師範大學附中、清華學校；1925～1930 年明尼蘇達大學學士、約翰・霍普金斯大學博士；哈佛大學研究員，武漢大學教授，清華大學農業研究所教授、農學院院長等。

馮德培（1907～1995）：浙江臨海人；浙江省立第六中學、復旦大學學士、協和醫學院研究生；1929～1930 年芝加哥大學碩士，1930～1933 年倫敦大學博士；協和醫學院副教授、上海醫學院教授、洛克菲勒醫學研究所訪問、中研院醫學研究所代理籌備主任。

蔡翹（1897～1990）：字卓夫，廣東揭陽人；潮安金山書院、復旦大學附中、北京大學；1919～1925 年印第安納大學學士、芝加哥大學博士，1930～1932 年英德訪問研究；復旦大學教授、上海醫學院副教授、雷士德醫學研究院副研究員，中央大學教授、醫學院代院長，赴美訪問研究。

李先聞（1902～1976）：字達聰，四川江津（現屬重慶）人；清華學校；1923～1929 年普渡大學學士、康奈爾大學博士；中央大學副教授，東北大學、河南大學、武漢大學教授，四川稻麥改良場場長、中研院植物所研究員等。

俞大紱（1901～1993）：字叔佳，浙江紹興人，生於南京；復旦

中學、復旦大學預科、金陵大學學士；1928～1932 年艾奧瓦大學博士；金陵大學、清華大學、北京大學教授。

鄧叔群（1902～1970）：字子牧，福建福州人；清華學校；1923～1928 年康奈爾大學農學士、林學碩士，植物病理系學習；金陵大學、中央大學教授，中央林業實驗所副所長、中研院植物所研究員等。

從出生時段看，1891 年以前 8 人，其中錢崇澍 1883 年，年齡最大（已 65 歲）；秉志 1886 年，次之；李書華、翁文灝、李四光三人同為 1889 年，姜立夫、竺可楨、侯德榜三人生於 1890 年。1891～1895 年 13 人，1896～1900 年 14 人，1901～1905 年 12 人，1905 年以後 6 人。年齡遵循正態分布，主要集中在 1891～1905 年間（共 39 人），占 73.6%。1907 年及以後出生吳大猷和馮德培（1907 年、41 歲）、殷宏章（1908 年、40 歲）、許寶騄和華羅庚（1910 年、38 歲）、陳省身（1911 年、年齡最小僅 37 歲）。平均年齡 50.5 歲，作為一個終身成就榮譽獲得者群體，並不高。院士是對一個學者學術成就的最高肯定，像許寶騄、華羅庚、陳省身等不滿 40 歲就能當選，一方面可見他們科研成就取得之迅速與成果影響，另一方面也反映了評議員們選舉時的胸襟與胸懷，特別是大會時將許寶騄從小組選舉的不利境況下「舉出」，實實在在表明他們的「慧眼識珠」。

具體分析，數學學科 5 位院士平均年齡僅 43.4 歲，是所有學科中年齡最小的，這自然與數學這門古老學科性質密切相關。數學被認為是年輕人的事業，20 世紀偉大的數學家之一 G‧H‧哈代說過，「任何數學家都永遠不要忘記：數學，較之別的藝術或科學，更是年輕人的遊戲」，「我還不知道有那一個重要的數學進展是由一個年過半百的人創始的」。[註 4]因此，許寶騄、華羅庚、陳省身等年紀輕輕就「譽滿全球」是可以理解的。相對而言，58 歲的姜立夫可能是「另數」，突破了數學研究對年齡的限制，他當選成就《圓素和球素幾何的矩陣理論》1945 年 55 歲才發表。陳省身是姜立夫南開大學的學生，許寶騄、華羅庚、陳省身三人曾同時在清華大學求學。

物理 7 人，平均年齡 50.0 歲，最大李書華 58 歲，最小吳大猷 41 人，相差 17 歲。李書華 1913 年留學法國時，吳大猷才 5 歲，李書華 1922 年獲得國家博士學位回國任北京大學教授時，吳大猷還是初中生。吳大猷也是另一位院

〔註 4〕〔英〕G.H. 哈代等著，毛虹等譯：《科學家的辯白》，江蘇人民出版社，1999 年，第 39～40 頁。

士饒毓泰在南開大學的學生。被稱為「硬科學」的物理科學，平均年齡相對還
是有點大，主要原因是李書華、饒毓泰年紀大。化學 4 人，平均年齡 51.0 歲，
最大吳憲 55 歲，最小吳學周 46 歲，相差不大，平均年齡超過整個科學技術群
體，也屬於偏大。地質 6 人，平均 53.17 歲，在所有科學技術學科中年齡排名
第二，幾乎與工程學科一樣，這自然與地質學是中國最早有成就而且屬於地方
性科學有關。最大李四光、翁文灝 59 歲，最小黃汲清 44 歲，相差 15 歲，黃
汲清是李四光在北京大學的學生，也是翁文灝在地質調查所的「徒弟」。工程
技術 5 人，平均 53.2 歲，所有科學技術學科中平均年齡最大，這可能與當選
者主要以實際工程成就為標誌有關。最大侯德榜 58 歲，最小薩本棟 46 歲，相
差 12 歲，薩本棟主要以工程學術而不是工程成就當選。

　　動物學 6 人，平均 50.8 歲，最大秉志 62 歲，最小貝時璋 45 歲，相差 17
歲。秉志是中國動物學奠基人，王家楫、伍獻文是他的學生，當選年齡較小
的貝時璋、童第周從事的都是實驗生物學，是當時生物學發展的趨向。植物
學 6 人，平均 52.8 歲，是生物組年齡最大的學科，其中錢崇澍最大 65 歲，
最小殷宏章 40 歲，相差 25 歲，互相之間沒有師生關係，殷宏章從事的也是
實驗生物學。生物學中出現年齡最大的兩位科學技術院士錢崇澍和秉志，也
與生物學屬於地方性科學有關，更與中國生物學早期主要從事調查、分類與
形態研究等所謂調查生物學有關。當然，年輕的殷宏章、貝時璋與童第周等
人的當選，也表明實驗生物學在中國的快速發展與取得的成就。醫藥學 4 人，
平均 51.0 歲，最高與最低相差 5 歲，相差不大，但袁貽瑾是李宗恩在協和醫
學院的學生。生理學 4 人，平均 47.0 歲，最大的林可勝、蔡翹 51 歲，最小
的馮德培 41 歲，馮德培是蔡翹在復旦大學的學生，也是林可勝在協和醫學
院的學生。農學 3 人，俞大紱 47 歲，鄧叔群、李先聞 46 歲，是生物組學科
中平均年齡最小的，僅 46.3 歲，比最大的植物學小 6.5 歲，在所有科學技術
學科中名列第二。

　　可見，這個院士群體中有多人師生共同當選，除數學的姜立夫、陳省身
外，還有動物學的秉志與王家楫、伍獻文，生理學的蔡翹、林可勝與馮德培。
第二，不同的學科平均年齡之所以有如此大的區別，一是學科本身的性質決定
如數學、地質學、生物學，二是與中國近代科學發展的具體實際情況有關，如
作為地方性科學的地質學和生物學較早形成自己的學術共同體，第一代科學
家自然年歲較大。另外，值得注意的是，錢崇澍、秉志這樣的老一輩分別是庚

款留美的第二、第一屆,當時錢崇澍真實年齡 27 歲,顯然超過了庚款留美的年齡限制,他報考年齡為 20 歲。吳大猷曾說,中研院第一、二屆評議會評議員「可以說是我國近代學術發展中的『第一代』」,而首屆院士「則『第一代』之外,已有些可以說是『第二代』」,包括數學方面的許寶騄、陳省身、華羅庚、蘇步青,物理方面的趙忠堯和他自己,生物方面的殷宏章、湯佩松、馮德培等。「所謂『兩代』者,是指約有十餘年之隔,或有師生的關係而言。當然亦有『兩代之間』的」。〔註 5〕樊洪業先生從教育史的角度,結合科學史、社會史,將早期科學家群體分為三代,1890 年以後出生的為第一代,1903 年前後出生的為第二代,1915 年前後出生的為第三代。〔註 6〕如果僅僅按照年齡間隔來說,應該說中研院院士集中了三代科學工作者,從 1883 年出生的錢崇澍到 1911 年出生的陳省身,年齡相差 28 歲之多。

從籍貫看,浙江 16 人、江蘇 11 人(包括上海)、福建 6 人,湖北、江西各 4 人,廣東 3 人,湖南、山東、四川各 2 人,河南、河北、陝西各 1 人。除浙江、江蘇而外,福建有 6 人之多,是廣東的一倍,可以想見廣東與福建在學術發展與趣味上的分別。長江流域的湖北、江西、湖南也有 10 人之多,特別是湖北居然比湖南多出一倍,也可見近代以來兩湖地區學風的區分。西南的四川,山東、河南、河北及陝西都有人當選。奇怪的是,瀕江近海的安徽居然無人,而且如果按照出生地計算,81 位院士中安徽更無一人,「怪不得胡適之先生想為他的本鄉掙面子,要依照原籍來算,不必管他的出生地上海市」。〔註 7〕院士們籍貫僅牽涉 12 個行省,相對而言,區域性很強。這自然反映了近代科學技術在中國不同區域發展的差距與不平衡。天才遍天下,但需要成材的環境與氛圍。此外,更值得注意的是,浙江籍院士遠多於江蘇籍(包括上海)主要表現在科學技術方面(人文組浙江與江蘇一樣多,見下文)。對此,1948 年 9 月 23 日,參加第一次院士會議的竺可楨對院士籍貫進行統計後曾說:「素評議會蘇多於浙,而第一屆院士則浙多於蘇,數學五人中浙占其四也。」〔註 8〕中研院第一屆、第二屆評議會評議員江蘇籍多於浙江籍,說明在中國近代科學技術發展的早期江蘇人貢獻相比浙江人更大,而在隨後的具體科學成就方面,

〔註 5〕《吳大猷文選》,第 3 冊,臺北遠流出版事業有限公司,1986 年,第 161 頁。
〔註 6〕樊洪業:《20 世紀中國科學精英的年齡分布狀況及其教育背景考察》,王渝生主編《第七屆國際中國科學史會議文集》,大象出版社,1999 年。
〔註 7〕夏鼐:《中央研究院第一屆院士的分析》,《觀察》第 5 卷第 14 期。
〔註 8〕樊洪業主編:《竺可楨全集》第 11 卷,第 214 頁。

似乎浙江人後來居上，這一現象值得進一步的討論。〔註9〕

　　國內教育看，大多人都有入私塾就讀的經歷，年齡較大的秉志曾中舉，吳憲、翁文灝、胡先驌、錢崇澍都曾中秀才〔註10〕。可以說，1905 年的廢除科舉在相當程度上改變了他們的命運，否則他們大多還是在科考道路上跋涉。同時也可以看到，即使出生較晚的許寶騄、陳省身，他們都在家裏接受早期教育，公共教育時間都較晚，許寶騄直接入中學，陳省身進高小，這自然與他們書香門第的家庭環境與背景有關。無論如何，這些人大都在家鄉接受了較為完整的初中等教育，然後到上海、北京、南京、天津等大城市接受中高等教育，這自然歸公於晚清新政以來對新教育的提倡。大多數人曾在國內接受高等教育（包括高等學堂和專科、本科和研究生三個層次），其中畢業於中央大學及前身東南大學和南京高等師範有 7 人、北京大學 4 人、清華大學 3 人（兩人讀研究生）、南開大學 3 人，其他唐山工業專門學校及其前身唐山路礦學堂 3 人，震旦學院、金陵大學、復旦大學、協和醫學院各 2 人，還有北京農業專門學校、同濟醫工、廈門大學、湘雅醫學院等。比較而言，留美預備學堂清華學校最多，有 16 人，其中 1909～1911 年三屆庚款留美生 6 人，他們自然不能算完全接受了高等教育。另有李四光、蘇步青、羅宗洛、淩鴻勳等少數幾人沒有在國內接受高等教育，華羅庚完全自學成才。相較而言，較晚出生者在國內接受了完整的高等教育，不少人獲得學士學位，也有人攻讀研究生，如吳大猷南開大學畢業，趙忠堯、嚴濟慈獲得東南大學學士學位，伍獻文南京高等師範畢業後在廈門大學獲得學士學位，童第周、馮德培畢業於復旦大學，俞大紱畢業於金陵大學，許寶騄畢業於清華大學；陳省身南開大學畢業後在清華獲得碩士學位，殷宏章南開大學畢業後在清華讀研究生，馮德培也在協和醫學院讀研究生。這說明隨著第一代留學生的歸國，中國科學教育本土化已初見成效，培養出自己的第一代本科畢業生甚至碩士研究生。另外，張孝騫在湘雅醫學院、袁貽瑾在協和醫學院獲得博士學位，是國內教育最高學位獲得者，這自然與醫學教育的特殊性有關。

〔註 9〕筆者曾對浙江籍院士進行過分析，發現科學技術 53 位院士中有 16 人留歐，其中浙江籍有 9 人之多，這可能是浙江籍院士取得重大成就最為根本的原因，因為當時世界科學的中心在歐洲而不是大多數院士的留學地美國。具體參閱拙文《首屆中央研究院浙江籍院士群體分析》，《科學文化評論》2021 年第 1 期。

〔註10〕錢崇澍曾說：「科舉制度將我關了十六年。新學固然不好學，但比起死背古書卻是一種進步。」《中國現代科學家傳記》第 1 集，科學出版社，1991 年，第450 頁。

　　留學方面可以從幾個角度考察。一是留學時間長短，這與國內受教育程度
與獲得學位級別相關。如果進修與訪問不算，主要計算攻讀學位時間，留日學
生獲得博士學位最長，蘇步青 1919～1931 年整整花了 12 年，羅宗洛也從
1918～1929 年整整花去了 11 年，不過他們在國內僅僅是中學畢業；1909～
1911 年三屆庚款留美生 8～9 年；國內高等學校諸如南京高等師範、清華學校
等畢業一般 5 年，大學畢業一般 3 年，研究生畢業一般 2 年。趨勢國內教育程
度越高，留學時期愈後，留學時間愈短。

　　其實，到二十世紀三十年代，國民政府開始整頓留學秩序，「對於公費留
學，須嚴其派遣，確定大學或專科畢業，曾經服務具有成績，及大學優秀助教
兩種資格，為派遣標準，其所習學科，亦須限定，各省派遣者，並須經過本部
複試，……至於私費留學，至少須有專科或大學畢業資格，……如此留學教
育，方可漸符研究專門學術，以改進本國文化之本旨」。這一措施，改變了過去
「年齡無限制，資格無限制，而所習學科更無限制，結果成為往國外受普通教
育，並非往國外研究專門學術」的弊病。〔註 11〕1937 年留學的費孝通回憶說，
到 1930 年代後期，留學制度已經發生了變化：

　　　　早期的留學生出國時的水平很多是比較低的，在國內只是準備
　　了一般的基礎，專業訓練比較差，到了國外才選擇專業，選擇老師。
　　但是到了我出去留學的時候，不論是經過留學考試或是研究生院畢
　　業之後才出去的，都在專業上花過了一番工夫；學什麼，跟誰學，
　　這些問題在出國之前都經過一番考慮的。這樣加強了目的性和計劃
　　性，對於專業培養和提高質量，看來是有幫助的。〔註 12〕

　　在國內接受了較為系統的高等教育，選定所學專業並有一定的研究基礎，
甚至選定研究方向與導師，出國留學自然很快就能取得成就。年青有為的華羅
庚、許寶騄、陳省身等留學之前，已在國內打下了相當堅實的專業基礎。許寶
騄在北京大學作助教，跟隨哈佛大學到北京大學講學的數學家奧斯古德學習，
在分析和代數方面打下了紮實的基礎，1935 年發表了兩篇分析方面的論文；
華羅庚出國進修前已經在中基會資助下獨立從事研究，並發表不少論文；陳省
身獲得清華大學碩士學位，也已發表 3 篇論文。可以說，當時中國相對獨立自

〔註11〕朱家驊：《九個月來教育部整理全國教育之說明》（1932 年 11 月 25 日），王聿
　　　　均等編《朱家驊先生言論集》，139～140 頁。
〔註12〕費孝通：《師承·補課·治學》，北京三聯書店，2002 年，第 14 頁。

主的科學教育體系正在建設過程中，並已取得相當成就。像李四光高等小學畢業就被派往日本留學 6 年，後來又到英國留學 5 年才獲得碩士學位到三十年代已經不可能了。

　　二是留學國別與留學學校，以獲得最後學位計算。統計 52 人（華羅庚自學成才），美國 34 人，哈佛大學 6 人、康奈爾大學和約翰‧霍普金斯大學各 5 人、芝加哥大學和哥倫比亞大學各 4 人、加州理工學院 3 人、威斯康星大學 2 人，其他密西根大學、普林斯頓大學、麻省理工學院、賓夕法尼亞大學、艾奧瓦大學、沃斯特工學院各 1 人（陳克恢是威斯康星與霍普金斯兩個學校博士）；英國 6 人，倫敦大學 4 人，劍橋大學、伯明翰大學各 1 人；德國 4 人，漢堡大學、柏林大學、慕尼黑大學、圖賓根大學各一人；法國 3 人，都畢業於巴黎大學；日本 2 人，分別是東北和北海道帝國大學；比利時 2 人，分別畢業於魯汶大學和比京大學；瑞士黃汲清 1 人。如果按傳統歐、美、日三個區域分，則美國 34 人、歐洲 16 人、日本 2 人。美國科學發展對中國影響之大，可見一斑。留日學生雖眾，但取得成就者較少。值得專門指出的是，即使到吳大猷留美時期的二十世紀三十年代，美國還不是世界科學中心，美國人要想在科學上有所作為也只能到歐洲取經，奧本海默先到英國卡文迪許實驗室，然後到哥廷根問道於玻恩。因此，陳省身、許寶騄、嚴濟慈、楊鍾健、黃汲清、吳定良、馮德培、童第周、貝時璋等相對年輕一代留學歐洲，與世界科學前沿相接觸，自然相較早期留美者能取得更大成就。陳省身南開大學的大師兄劉晉年〔註 13〕，留美在哈佛大學獲得博士學位，他就說他出國機會沒有陳省身好，陳省身留學佔了便宜。陳省身留歐碰到了幾何學權威布拉施克（Wilhelm Johann Eugen Blaschke，1885～1962），後來布拉施克又推薦他到法國跟嘉當（Élie Cartan，1869～1951）學習，這個機會更好，因為嘉當是當時主流數學微分幾何的創始人。〔註 14〕劉晉年在哈佛大學導師伯克霍夫（George David Birkhoff，1884～

〔註13〕劉晉年（1904～1968），字伯蕃，天津人。1924 年畢業於南開大學算學系（第一人），留校任教。翌年留美，1930 年獲哈佛大學博士，回國任教南開大學。抗戰期間任西南聯大數學系教授，戰後復員南開，曾代理數學系、物理系主任。

〔註14〕徐利治口述，袁向東、郭金海訪問整理：《徐利治先生訪談錄》，第 218～219 頁。吳大猷也敏銳地發現中國物理學家主要留學美國，留歐的人數很少，「美國是培育我們科學人才最重要的國家」。可是直到二次大戰之前，世界物理的中心在歐洲的德國、英國和法國。當時的美國也像中國到美國、日本留學一樣，他們也要到歐洲留學，特別是理論物理學（吳大猷《早期中國物理學發展之回憶》第 11 頁）。

1944），雖是美國自己培養的、20 世紀前期美國最重要的數學家之一，也曾任美國數學會主席，但畢竟與當時數學前沿有距離。

　　53 位院士有 43 人在國外獲得博士學位，比例高達 81%，不少人還有從事博士後研究的經歷；另外李四光、陳楨、周仁、謝家榮、鄧叔群獲得碩士學位，李四光後因成就突出被伯明翰大學授予博士學位，戴芳瀾研究生未畢業因家庭原因回國，錢崇澍得學士學位後到多所大學進修，淩鴻勳被派往美國實習，未獲得學位，但主要還是到美國去學習的。只有華羅庚、張孝騫到國外進行學術訪問，雖然也有求學的意識，但主要是進行研究。留學國外雖然是後發展國家必須走的一條路，但學術獨立、建立起自己的學術體系，到國外不是學習而是進行學術交流與研究才是追求的目標。

　　由於民國時期職位流動性很大，很少有人終身在一個單位供職，特別是像院士們這樣的群體，變動可能更頻繁，一會兒是大學教授、一會兒又成為研究機關研究員，很快又是政府高官，因此對院士們的社會職業分析有相當的難度。這裡主要看看他們的工作單位類別，統計表明，大多就職高校，主要是清華大學、北京大學、中央大學、浙江大學等，北京協和醫學院以其獨特的研究條件也貢獻了林可勝、吳憲、馮德培、李宗恩 4 名院士（還不包括陳克恢），主要是醫學與生理學。專門研究機構中研院有 12 人之多，地質調查所也有 4 人，北平研究院僅有李書華與嚴濟慈 2 人。其他私立機構中國科學社生物所有秉志、錢崇澍兩人，如果加上在這裡受教育的王家楫、伍獻文及其擔任過領導的胡先驌，貢獻也不小；靜生生物調查所有胡先驌。由於民國時期工業企業的科研水平與研發能力有限，只有永利公司總工程師侯德榜 1 人當選院士。可見，他們廣泛就業於大學、政府研究機構、私立研究機構和工業企業。相比大學的蓬勃發展與中研院的雄厚勢力，北平研究院似乎與國立研究機關聲名不符，私立科研機構地位也亟待增強。當選時在政府機構擔任職務屬於官僚系統的有朱家驊、翁文灝、淩鴻勳、袁貽瑾 4 人，朱家驊自然屬於官場中人，社會角色屬於黨務系統，完全不是學人；翁文灝是學人從政代表，為了建設國家抵禦外侮拋棄學術獻身國家，雖嘔心瀝血，但在一個非現代型政府裡最終結果只能是「囚籠困獸」，難有大作為，反而玷污了學人名聲，最終在各種猶豫中選擇了最悲劇性的人生終結；淩鴻勳、袁貽瑾涉入政治不深，臨時客串「次長」，局面不可收拾就立馬退出，都選擇「離家出走」，可謂善終；相對而言，被譽為「政治科學家」的李書華回國後雖不做物理學研究，但以推展學術發展而獲

得社會聲望與政治地位,曾任教育部次長、亦曾當選第六屆國民黨中央執行委員會委員。除上述與政治有糾葛者外,其他不少人不是大學系科主任、理學院院長甚至大學校長,就是研究所主任、所長或研究院院長,實實在在地統領著中國科學技術的發展,僅以教授或研究員職位當選者也不少,如許寶騄、陳省身(短期代理中研院數學所所長)、華羅庚、吳大猷、伍獻文、童第周、殷宏章、陳克恢、湯佩松、馮德培、俞大紱、鄧叔群等。

下為人文組院士政權轉換之前簡歷,也主要關注年齡、籍貫、國內教育、國外教育與任職經歷。

吳敬恒(1863～1953):字稚暉,江蘇武進人;1891 年中舉,曾求學南菁書院、紫陽書院;1901 年留日,1903 年留英,與李石曾、蔡元培等交好;曾任多所學校國文老師、中法大學校長、江南大學董事長,國民黨元老,曾任國民政府委員、中央監察委員等。

金岳霖(1895～1984):字龍蓀,浙江諸暨人,生於湖南長沙;長沙私立明德學堂、雅禮學校、清華學校;1914～1920 年賓夕法尼亞大學、哥倫比亞大學,哲學博士,1921～1925 年倫敦大學經濟學院研習;清華大學哲學系教授、系主任。

湯用彤(1893～1964):字錫予,湖北黃梅人,生於甘肅渭源;私塾、順天府學堂、清華學校;1918～1922 年明尼蘇達漢姆林大學、哈佛大學,哲學碩士;東南大學教授,南開大學、中央大學、北京大學哲學系教授兼主任,北京大學文學院院長。

馮友蘭(1895～1990):字芝生,河南唐河人;私塾、唐河高小、中州中學、中國公學、北京大學;1919～1924 年哥倫比亞大學,哲學博士;中州大學、廣東大學、燕京大學教授,清華大學哲學系教授、主任、文學院院長等。

余嘉錫(1884～1955):字季豫,湖南常德人,生於河南商丘;私塾,舉人;吏部主事,先後任輔仁大學、北京大學、中國大學、北京女子師範大學等校講師,輔仁大學國文系教授兼系主任、文學院院長等。

胡適(1891～1962):字適之,安徽績溪人,生於上海;私塾、上海梅溪小學堂、澄衷學堂、中國公學,第二屆庚款留美;1910～1917 年康奈爾大學學士、哥倫比亞大學博士;北京大學中文系教授、

系主任、文學院院長、校長，曾任駐美大使。

　　張元濟（1867～1959）：字筱齋，號菊生，浙江海鹽人，生於廣州；私塾、進士；翰林院庶吉士、刑部主事、總理衙門章京、南洋公學總理，商務印書館編譯所所長、經理、監事、董事長。

　　楊樹達（1885～1956）：字遇夫，號積微，湖南長沙人；私塾，長沙時務學堂、求實學堂；1905～1911 年京都第三高等學校；北京師範大學國文系主任，清華大學教授，湖南大學中文系教授、系主任、文學院院長。

　　柳詒徵（1880～1956）：字翼謀，江蘇鎮江人；私塾、秀才，兩江師範學堂；江南高等學堂、北京明德大學、南京高等師範學校教員，東南大學、東北大學、北京女子大學、中央大學教授，江蘇省立圖書館館長。

　　陳垣（1880～1971）：字援庵，號勵耘主人，廣東新會人；秀才、私塾；眾議院議員、教育部次長、京師圖書館館長、燕京大學國學研究所所長、北京師範大學史學系主任、輔仁大學校長。

　　陳寅恪（1890～1969）：字鶴壽，江西義寧（今屬修水）人；私塾、復旦公學；1902～1905 年留日，1910～1914 年柏林大學、蘇黎世大學等，1918～1921 年哈佛大學，1921～1925 年柏林大學；清華大學教授、中研院史語所歷史組主任。

　　傅斯年（1896～1950）：字孟真，山東聊城人；天津府中學堂、北京大學；1920～1926 年倫敦大學、柏林大學學習；中山大學教授兼文科學長，中研院史語所所長、總幹事，代理北京大學校長。

　　顧頡剛（1893～1980）：名誦坤，字銘堅，以號行，江蘇吳縣人；私塾、蘇州第一中學堂、北京大學；北京大學、中山大學、燕京大學、齊魯大學、中央大學、復旦大學、國立社會教育學院等校教授，大中國圖書公司總經理等。

　　李方桂（1902～1987）：山西昔陽人，生於廣州；北京高等師範學校附中、清華學校；1924～1928 年密西根大學學士、芝加哥大學博士；燕京大學教授、中研院史語所研究員、哈佛大學教授。

　　趙元任（1892～1982）：字宣仲，江蘇常州人，生於天津；常州溪山小學、江南高等學堂、第二屆庚款留美；1910～1918 年康奈爾

大學學士、哈佛大學博士，1924～1925 年法蘭西學院研習語言學；康奈爾大學、清華學校、哈佛大學講師，清華大學、耶魯大學、哈佛大學、伯克利加州大學教授，中研院史語所語言組主任。

李濟（1896～1979）：字濟之，湖北鍾祥人；鍾祥縣立高等小學、北京五城中學、清華學校；1918～1923 年克拉克大學碩士、哈佛大學博士；南開大學教授、清華學校國學研究院講師、中研院史語所考古組主任。

梁思永（1904～1954）：廣東新會人，生於日本橫濱；日本神戶同文學校、北平崇德中學、清華學校；1924～1930 年哈佛大學碩士；中研院史語所研究員。

郭沫若（1892～1978）：字鼎堂，四川嘉定（今樂山）人；私塾、縣立高等小學堂、嘉定府中學堂、成都高等學堂；1914～1926 年東京第一高等學校、岡山第六高等學校、九州帝國大學；中山大學文學院院長、北伐軍總政治部副主任、軍委會政治部第三廳廳長等。

董作賓（1895～1963）：字彥堂，河南南陽人；南陽縣立師範學校講習所、開封育才館、北京大學研究生；福建協和大學教授、中山大學副教授、中研院史語所研究員、美國芝加哥大學客座教授。

梁思成（1901～1972）：廣東新會人，生於東京；北京崇德小學、匯文中學、清華學校；1924～1928 年賓夕法尼亞大學碩士、哈佛大學研習；東北大學建築系主任，中國營造學社法式組主任、研究主任，清華大學建築系主任，耶魯大學客座教授。

王世杰（1891～1981）：字雪艇，湖北崇陽人；私塾、武昌南路高等小學堂、湖北優級師範學校、北洋大學；1913～9120 年倫敦政治經濟學院學士、巴黎大學博士；北京大學法律系主任、武漢大學校長，法制局局長、教育部長、國民參政會秘書長、軍事委員會參事室主任、外交部長、國民政府委員等。

王寵惠（1881～1958）：字亮疇，廣東東莞人，生於香港；香港聖保羅學校、皇仁書院、北洋西學堂；1904～1911 年加州大學、耶魯大學博士；北京政府司法總長、外交總長、國務總理等，南京國民政府司法院長、海牙國際法庭法官、外交部長、國防最高委員會秘書長、國民政府委員等。

　　周鯁生（1889～1971）：又名覽，湖南長沙人；秀才，省立第一小學；1906～1911 年早稻田大學，1913～1921 年愛丁堡大學碩士、巴黎大學國家博士；北京大學、中央大學、武漢大學政治系主任，武漢大學校長，1939 年赴美協助胡適並講學。

　　錢端升（1900～1990）：字壽朋，江蘇松江（今屬上海）人；私塾，上海敬業學堂、松江省立三中、南洋中學、清華學校；1919～1924 年北達科他州立大學學士、哈佛大學博士；武漢大學、中央大學、清華大學、北京大學政治系主任，哈佛大學客座教授，抗戰期間曾赴美協助胡適並講學。

　　蕭公權（1897～1981）：原名篤平，字恭甫，號跡園，江西泰和人；私塾、上海基督教青年會中學、清華學校；1920～1926 年密蘇里大學碩士、康奈爾大學博士；南開大學、東北大學、燕京大學、清華大學、光華大學、四川大學、政治大學教授。

　　馬寅初（1882～1982）：名元善，以字行，浙江嵊縣人；私塾、紹興學堂、上海中西書院、北洋大學堂；1907～1914 年耶魯大學學士、哥倫比亞大學博士；北京大學、中央大學、交通大學、重慶大學教授，銀行顧問，也曾任立法院經濟委員會委員長、財政委員會委員長等。

　　陳達（1892～1978）：字通夫，浙江餘姚人；私塾，杭州府中學堂、清華學校；1916～1923 年俄勒岡波侖市立德學院學士、哥倫比亞大學博士；清華大學社會學系教授、系主任、國情普查研究所所長。

　　陶孟和（1887～1960）：原名履恭，以字行，浙江紹興人，生於天津；私塾、天津敬業中學堂；1906～1913 東京高等師範學校、倫敦大學政治經濟學院博士；北京大學教授、系主任、文學院院長，中基會社會調查所所長、中研院社會科學研究所所長。

　　人文組 28 人 1880 年及以前出身 3 人，1881～1890 年 7 人，1891～1900 年 14 人，1900 年以後 4 人，也基本符合正態分布。平均年齡 58.3 歲，比科學技術院士平均年齡大 8 歲，最大吳稚暉 85 歲，第二張元濟 81 歲，也是整個院士群體中年歲最高兩人；50 歲以下已經屬於年輕一代，也僅有梁思永（44 歲）、李方桂（46 歲）、梁思成（47 歲）、錢端升（48 歲）4 人而已。當然，不

同學科差別較大，哲學、中國文史學和歷史學三個學科 13 位院士，平均年齡 62.5 歲，最年輕的傅斯年也有 52 歲。具體而言，平均年齡哲學 61.5 歲、中國文史學 66.3 歲、歷史 60.2 歲。對此，夏鼐解釋說：「這是由於文史科學是繼承清代樸學一系統，已有相當的基礎，並不完全需要向西洋學習後始能開始發達，所以尚有幾位老人作後輩的典型。」這解釋對於繼承傳統學問的余嘉錫、張元濟、楊樹達、柳詒徵乃至陳垣都可以，但對年齡最大的吳稚暉和其他從事文史研究的院士就不合適，因為他們或是利用西學重新研究中國傳統學問或本身就是研究西方學術的，自然需要向西方學習。雖然傅斯年一直將考古學與藝術史、語言學也作為人文學科，以與社會科學（法學、政治學、經濟學、社會學）相對立，其實從當選院士的年齡及下面的教育經歷來看，這兩個學科與人文學科有巨大的差距，兩個學科平均年齡僅 50.6 歲，幾乎與科學技術院士平均年齡相同，無論是考古學的李濟、梁思永還是語言學的趙元任、李方桂都留學國外系統掌握了科學方法，並以之研究中國問題從而卓然成家。社會科學 8 位院士平均年齡達 58.1 歲，與整個人文組院士平均年齡差不多，夏鼐的解釋對他們自然無效，完全是因為有 3 位院士年齡超過 60 歲（王寵惠 67 歲、馬寅初 66 歲、陶孟和 61 歲）有關的緣故。也就是說，人文組院士平均年齡的偏大學科因素僅是其中原因之一。

從籍貫看，江蘇、浙江各 5 人，廣東 4 人（超過數理組與生物組的 3 人），湖北、湖南各 3 人，河南、江西各 2 人，安徽、四川、山東、山西各 1 人。28 人分布在 11 個省份，雖然有江蘇、浙江、廣東這樣的大省，但相對 53 位科學技術院士也僅分布於 12 個省份，人文組院士分布還是畢竟廣泛。值得注意的是，排名科學技術第三的福建居然一個人也沒有，而廣東以 4 人位居第三，在一定意義上說明廣東、福建兩地學人在學科趣味上的區別。81 位院士按籍貫分布排序浙江 21 人，江蘇包括上海 16 人，湖北、廣東各 7 人，福建、江西各 6 人，湖南 5 人，四川、山東、河南各 3 人，安徽、河北、山西、陝西各 1 人，涉及 14 個省份，包括西南雲南、貴州、廣西和整個東北地區、西北地區都沒有人當選院士。

與科學技術類院士一樣，人文組院士大多就讀過私塾；與科學技術類院士不一樣，人文組院士有傳統功名者更多，翰林張元濟之外，吳稚暉、余嘉錫中舉，柳詒徵、陳垣、周鯁生等是秀才，馬寅初還因不願科考與父親產生衝突，張元濟、余嘉錫還曾在朝廷做官。也就是說，由於人文組年齡較大等原因，

他們所受傳統文化教育程度更深。81 位院士中僅有 6 位沒有留學經歷（像華羅庚這樣的僅進修研習也算留學經歷），全在人文組，分別是余嘉錫、張元濟、柳詒徵、陳垣、顧頡剛和董作賓。像余嘉錫、張元濟、柳詒徵和陳垣這樣的老一輩，接受的基本上是傳統教育，而顧頡剛與董作賓卻接受了系統的新教育，顧頡剛北京大學畢業，董作賓雖受教育經歷曲折，但最終在北京大學國學門研究生畢業。總體而言，除僅接受傳統教育者，院士們在國內都接受相對系統的新教育。以接受國內最高教育統計，作為留美預備的清華學校最多，有金岳霖、湯用彤、李方桂、李濟、梁思永、梁思成、錢端升、蕭公權、陳達等 9 人，另外胡適、趙元任是二屆庚款留美，也算清華系統；畢業於北京大學的除顧頡剛、董作賓外，還有馮友蘭、傅斯年；值得注意的，後來以工程為特色的北洋大學及前生居然培養了兩位法學院士王世杰、王寵惠和唯一的經濟學院士馬寅初，一個學校傳統的形成比較困難，但中斷輕而易舉。另外，楊樹達、陳寅恪、郭沫若、周鯁生、陶孟和也曾在各級新教育學校就讀。

可見，無論是科學技術還是人文社會科學，清華系統培養了最多的院士，這自然是留美對中國近代學術發展影響的顯現。人文組中，除清華系統的 11 人外，還有北京大學畢業的馮友蘭、復旦公學的陳寅恪、北洋大學堂畢業的馬寅初等 3 人留美，其中 11 人獲得博士學位，兩人獲得碩士學位，陳寅恪無學位；吳稚暉、楊樹達、陳寅恪、郭沫若、周鯁生、陶孟和 6 人都曾留學日本，但都沒有取得諸如碩士、博士這樣的學位，其中吳稚暉、陳寅恪、周鯁生、陶孟和還繼續留學歐洲，周鯁生、陶孟和獲得博士學位，另外傅斯年、王世杰留歐，王世杰獲得博士學位。人文組 28 位院士中共有 14 人獲得博士學位，2 人獲得碩士學位，陳寅恪在日本、美國、歐洲遊學，並不追求學位，與他氣味相投的傅斯年也徜徉於英國、德國，不以學位為目標。相對科學技術方面院士博士學位獲得者高達 81% 的比例，人文組僅有一半人獲得博士學位，這也許是當日科學技術學界與人文社會科學學界比較明顯的差別，也可能與學科屬性有關，畢竟相對科學技術而言，人文社會科學自學成才的可能性更大。正如夏鼐所說：

> 博士學位或者碩士學位，並不見得和一個人將來在學術的成就有什麼必然的因果關係。但是在導師的指導下，做過一番比較狹而深入的研究工作，多少總可使之領悟到研究工作的性質和途徑。如果返國後有適當的研究環境，加以個人的努力，自然容易有所成就。〔註15〕

〔註15〕夏鼐：《中央研究院第一屆院士的分析》，《觀察》第 5 卷第 14 期。

這對於引進西方科學技術和西方學術研究方法同樣適用，因此具體分析人文組院士，除可以自學成才的中國文史學、歷史學外，其他學科基本上都有留學經歷，語言學李方桂、趙元任，考古學李濟、梁思永，法學王寵惠、王世杰，政治學周鯁生、錢端升、蕭公權，經濟學馬寅初，社會學的陳達與陶孟和都曾留學或獲碩士或獲博士。

　　相較數理組、生物組，人文組院士官僚或政治人物比例更高，《國立中央研究院院士錄》中吳稚暉簡歷中無一點官僚氣息，現任江南大學董事長，曾任大學教授、校長、出版機構監事云云，但無論如何他在中國歷史上以政治人物「安身立命」，而且有些時候還有關鍵性作用（如清黨）。同樣道理，郭沫若宣稱自己是「自由職業者」，正如評議會院士資格審查時所展現的那樣，所有人都知道他以政治活動出現在舞臺上。馬寅初雖也曾任多所大學教授甚至院長，但他政治活動不斷，並因嚴厲批評政府遭逮捕、關押、軟禁，成為反政府鬥士。此外，王世杰、王寵惠已完全「棄學從政」，成為政府高官。28 人中至少上述5 人不能完全以「學者」角色安放他們，相比數理組、生物組僅朱家驊、翁文灝是政治人物，比例確實高了一些，這也是人文組院士特徵之一。除上述 5 人之外，統計其他 23 人當選時職業角色與就職單位，中研院傅斯年、李濟、梁思永、董作賓、陶孟和 5 人，其中史語所就有 4 人之多，可見史語所學術成就與地位；清華大學金岳霖、馮友蘭、陳寅恪、梁思成、陳達 5 人；北京大學有湯用彤、胡適、錢端升 3 人；輔仁大學異軍突起，貢獻了余嘉錫、陳垣兩人，其他湖南大學楊樹達、武漢大學周鯁生、四川大學蕭公權、社會教育學院顧頡剛、商務印書館張元濟、江蘇圖書館柳詒徵，兩位語言學院士李方桂與趙元任此時都執教美國著名大學，李方桂哈佛大學教授，趙元任加州大學教授。可見，即使在人文組，清華大學也比北京大學當選院士多，可見有穩定款項支持之下，清華大學在民國學術地位的陡升與地位。23 位院士中，從事教育事業者 16 人，比例還是相當高，也有出版機構董事長、圖書館館長，真可謂英雄不問出處。當然，值得注意的是，有三位大學校長（胡適、陳垣、周鯁生），也有更多的學院院長、系主任，研究所所長與研究組主任，說明他們在各供職單位，都有不小的行政權力，除服務而外也掌握一些資源，確實領導著中國學術向前發展。特別值得指出的是，抗戰期間曾服務於國家，出任駐美大使的胡適雖然與政界關係較為密切，也捲入政治，但終究以學者角色安身立命。純粹以教授、研究員身份當選者僅有陳寅恪（中研院史語所歷史組主任的職務對他

而言實在是可有可無的「名譽」)、顧頡剛、李方桂、梁思永、董作賓、蕭公權等少數幾人而已。

二、院士「著作目錄」與民國學術蠡測

雖然當選院士資格有兩條，但具體到個人而言，有人以科研成就當選，有人因主持科研機構推展學術當選，當然也有人以兩種資格共同作用而當選。1948 年 6 月中研院編印了《國立中央研究院院士錄》，不僅記載了各位院士的簡歷，更重要的是列舉了他們的「著作目錄」〔註16〕，提供了進一步分析他們當選理由與不同學科對科研成就要求的資料，也可由此蠡測民國學術發展情狀。

表 8-1 是數理組各位院士科研成果（專書與論文）數量統計〔註17〕。可見，數學僅有華羅庚專著一部，物理也僅有吳大猷專書一部，兩書都曾獲得教育部學術獎勵一等獎，已經成為經典著作。化學有吳憲專著兩部，分別為《營養學概論》和 *Principles of physical biochemistry*。地質學 6 位院士中李四光、黃汲清、楊鍾健和謝家榮 4 人都有專書，其中黃汲清 9 部（大多為期刊發表專刊之類）、李四光 7 部（包括《中國地勢變遷小史》《冰期之廬山》《地質力學之基礎與方法》等）、謝家榮 5 部（包括《地質學》和英文《揚子江下游鐵礦志》《四川赤盆地中之油氣礦床》等）、楊鍾健一部（《古生物學通論》）。氣象學竺可楨兩部專書《中國之雨量》與《中國之溫度》。工程學科除茅以升外，其他人都有專書，周仁 3 部專書包括「中國工程師學會第六屆年會論文專號」之《鑄鐵鑄鋼之研究與試制》，侯德榜兩部包括英文《純鹼製造》，淩鴻勳三本教材，薩本棟 6 部（包括經典教材《普通物理學》及《普通物理實驗》和在美國出版的英文專著 *Fundamentals of alternating current machines* 等）。可見，數理組院士專書大致可分為三類，一是通俗性作品如李四光《中國地勢變遷小

〔註16〕「著作目錄」源於本人填送、國內學術專家調查表、中研院各研究所填送、院士提名表，並抄送本人親核，「未蒙核覆者，乃照原稿付印」，還是有相當的權威性。

〔註17〕「著作目錄」分為「專書」和「論文」兩類，但有些人如數理組工程學科茅以升，生物組動物學王家楫、伍獻文、貝時璋、秉志、童第周，文史組的胡適、陳垣、顧頡剛、梁思成等等都沒有分類，這裡根據實際情況予以分類。還有對專書的認知也可能存在一定的歧義，如地質學李四光、黃汲清將發表在期刊上的論文專刊作為專書（李四光專書包括 1928 年發表在《地質研究所集刊》上論文《古生代以後大陸上海水進退的規程》），黃汲清因此類別中沒有論文，只有專書。

史》商務印書館作為百科小叢書出版,二是各相關學科的教材與通論性著作,三是真正的學科專著如華羅庚、吳大猷作品和李四光《地質力學之基礎與方法》、侯德榜和薩本棟在美國出版的專著。有些作品無論是教材還是科學專著都已經成為近代學術發展史上的經典,值得進一步研究。

表 8-1　數理組各科院士著述統計表

姓　名	專　書	論　文	姓　名	專　書	論　文	姓　名	專　書	論　文
姜立夫		1	嚴濟慈		53	楊鍾健	1	22
許寶騄		24	饒毓泰		7	謝家榮	5	18
陳省身		38	吳憲	2	135	竺可楨	2	18
華羅庚	1	68	吳學周		24	周仁	3	
蘇步青		95	莊長恭		15	侯德榜	2	
吳大猷	1	41	曾昭掄		75	茅以升		7
吳有訓〔註18〕		24	朱家驊		2	凌鴻勳	3	
李書華		2	李四光	7	49	薩本棟	6	22
葉企孫		2	翁文灝		65			
趙忠堯		10	黃汲清	9				

　　具體分析,數學 5 人共發表論文 226 篇,平均 45.2 篇,蘇步青最多 95 篇,姜立夫最少僅一篇。姜立夫只有 1945 年發表在《科學記錄》上那篇用矩陣方法改寫並發展了圓素和球素幾何學的論文,雖然當選理由包括兩項,其實主要以創立南開大學數學系與主持中研院數學所當選,學術成就似乎「可有可無」。蘇步青雖有主持浙江大學數學系這一項,但他作為中國放射微分幾何創始人,在射影曲線、曲面論、高維空間共軛網理論等方面取得的一系列成就,完全可以以學術成果當選,主持機構不過「加分」而已。同時也可以發現,成果數量並不是表徵成就大小的主要依據,許寶騄僅僅以 24 篇論文當選,其在數學史地位遠高蘇步青;同樣,陳省身論文也不到蘇步青一半,但在數學成就上蘇步青與他根本不能同日而語。當時以陳省身、華羅庚、許寶騄為代表的微分幾何、解析數論、概率論與統計學已經進入世界前沿,任鴻雋總結中國科學歷程時說,抗戰期間數學有驚人的發展,「目下我們的幾個數學專家如華羅庚、

〔註18〕中國物理學會年會的論文摘要未錄。

陳省身等，都被外國的數學大師約去共行研究。將來對於我國的數學，乃至對於全體科學，有極好的影響是不用說的」。〔註 19〕因他們三人的傑出貢獻，世界著名的施普林格出版社後來出版了《陳省身全集》《許寶騄全集》和《華羅庚選集》。〔註 20〕也就是說，數學除姜立夫以主持學術機構當選外，其他 4 人都以科研成就榮膺。

物理學 7 位院士僅發表論文 139 篇，平均 19.8 篇，李書華、葉企孫各僅 2 篇，饒毓泰也僅 7 篇，嚴濟慈發表論文最多有 53 篇。李書華僅有 1922 年發表的論文兩篇，葉企孫也僅有 1921、1925 年發表的論文 2 篇，基本上是學生時代的成果，他們與姜立夫一樣，都是胡適所說的回國後「即不研究特別問題」的人。〔註 21〕可以說，他們兩人都是以主持學術機構當選。吳大猷回憶說李書華是一個非常好的紳士。〔註 22〕作為國立北平研究院實際負責人，李書華優游於李石曾、蔡元培兩派之間，還以此超然角色擔任過一年教育部次長和兩年中研院總幹事，對民國學術發展影響頗大。長期擔任清華大學物理系主任、理學院院長的葉企孫，在抗戰最艱難時期也曾出任中研院總幹事，對中國物理學的發展可謂鞠躬盡瘁，培養了大批學生，被譽為「大師的大師」。吳有訓雖有主持清華大學理學院及物理系的當選理由，但他憑藉發現「康普頓效應」及其回國後的繼續研究，在《自然》和美國《物理評論》發表論文多篇，完全可以當選。嚴濟慈在壓電晶體學、光譜學、大氣物理學、壓力對照相乳膠感光的效應以及光學儀器研製等方面卓有成就，與吳有訓一樣，他主持北平研究院物理研究所也僅是「加分」。相對而言，饒毓泰回國後雖然利用休假機會，得中基會甲種補助金前往世界科學中心德國訪問研究，先後在萊比錫大學、波茨坦大學天文物理實驗室工作，專門從事原子光譜在電場下的斯塔克效應研究，開創了中國光譜學研究的先河，但僅有論文 7 篇而已，他對北京大學物理系的改造及擔任理學院院長可能影響更大〔註 23〕，他可能因兩種因素共同作用而當選。吳大猷是國內培養的第一代物理本科畢業生，其學術成長深受其師饒毓泰的

〔註 19〕任鴻雋：《五十年來的科學》，樊洪業等編《科學救國之夢：任鴻雋文存》第 587 頁。

〔註 20〕除注明外，參閱王元主編《20 世紀中國知名科學家學術成就概覽·數學卷》第 1 分冊（科學出版社，2011 年）相關個人傳記，不一一注明。

〔註 21〕曹伯言整理：《胡適日記全編》，安徽教育出版社，2001 年，第 3 冊，第 479 頁。

〔註 22〕吳大猷：《吳大猷文選》，第 7 冊，第 102～103 頁。

〔註 23〕饒毓泰對北大物理系的改造參閱拙文《饒毓泰與北京大學物理系》，《科學文化評論》2015 年第 6 期。

影響。留美獲得博士學位,歸國後一直在北京大學任教,培養了一代學術才俊馬仕俊、郭永懷、黃昆、楊振寧、李政道等,在原子物理、分子光譜、核物理、等離子體物理、散射理論、統計物理、天文和大氣物理等領域都留下了深深的印跡,是中國近代物理學發展的見證人與奠基者之一。趙忠堯隨密立根攻讀博士論文期間,雖因錯過正電子的發現而與諾貝爾獎擦肩而過,但他對電子對產生與湮滅研究貢獻已得到公認。〔註24〕回國任教清華大學物理系,用蓋革計數器進行 r 射線、人工放射性和中子物理研究,開設核物理課程,主持建立中國第一個核物理實驗室。1946 年受國民政府委派,赴比基尼島參觀核彈試驗,此後在麻省理工學院、加州理工學院等進行核物理和宇宙線研究。抗戰期間因環境所限,沒有多少成果發表,論文僅有 10 篇,但他的研究無疑處於世界前沿。〔註25〕抗戰勝利後不僅饒毓泰、趙忠堯、吳大猷、周培源等老一輩物理學家在國際物理學中心訪學研究,馬仕俊、黃昆、楊振寧、李政道、彭桓武、張文裕、郭永懷、林家翹、吳健雄、胡寧、程開甲等年輕才俊也在各個物理學中心徜徉,中國物理學進入世界學林,從而實現獨立似乎指日可待,不想「夢斷成空」。〔註26〕

　　化學 4 位院士共發表論文 249 篇,平均 62.25 篇,在數理組名列第一,吳憲有 135 篇之多,位居所有院士第二。4 位院士雖都有主持學術機構的理由,但他們各自的科研成就都足以讓他們當選。吳憲被譽為「中國化學的巨人」,「29 世紀前半葉中國最偉大的化學家」,在臨床生物化學、氣體與電解質平衡、蛋白質化學、免疫化學、營養學以及氨基酸代謝等方面都作出了重要貢獻,他博士論文基礎上的一系列工作,為臨床血液化學分析提供了重要手段,其中血糖測定方法被國際上沿用 70 年之久。〔註27〕中國分子光譜研究奠基人之一吳學周,主要從事多原子分子的電子光譜和分子結構研究,最早把光譜數據應用於分子常數和熱力學函數計算,不少成就載入諾貝爾獎獲得者赫茨貝格的光譜學名著《分子光譜與分子結構》。莊長恭是中國有機化學研究先驅

〔註24〕楊振寧等:《趙忠堯與電子對產生與電子對湮滅》,《楊振寧文集:傳記、演講、隨筆》(下),第 572～585 頁。

〔註25〕除注明外,參閱陳佳洱主編《20 世紀中國知名科學家學術成就概覽·物理學卷》第 1 分冊(科學出版社,2014 年),不一一注明。

〔註26〕參閱拙文《學術獨立之夢——戰後饒毓泰致函胡適欲在北大籌建學術中心及其影響研究》,《中國科技史雜誌》2014 年第 4 期。

〔註27〕曹育:《傑出的生物化學家吳憲博士》,《中國科技史料》第 14 卷(1993)第 4 期,第 30～42 頁。

者，有機微量分析奠基人，對有機合成特別是有關甾體化合物的合成與天然有機化合物結構研究有卓越貢獻，曾引起國際有機化學界重視。曾昭掄在元素有機化學特別是對有機氟及金屬有機化合物研究取得相當成就，製備胺類、酚類化合物以及合成甘油酯方面也有不少工作，「對—亞硝基苯酚」成果載入《海氏有機化學詞典》，被國際化學界採用。〔註28〕

地質學 6 位院士共發表專書 22 部、論文 159 篇，平均 3.7 部和 26 篇，朱家驊僅兩篇論文最少，翁文灝 65 篇論文最多。除朱家驊因主持科研機構推進學術發展當選而外，其他人無論是老一輩的翁文灝、李四光，還是學生輩的楊鍾健、謝家榮、黃汲清，僅學術成就也可當選。李四光、楊鍾健、黃汲清的學術貢獻第二章已有述說，這裡簡單介紹翁文灝與謝家榮。翁文灝作為中國地質學的開創人，無論是科研成就還是對民國地質事業的具體影響來說，都遠遠超過早於他的丁文江和晚於他的李四光。從回國到 1932 年棄學從政不到二十年間，翁文灝取得了輝煌的科學成就：在礦床學方面探討了金屬礦床的生成及其分布規律，為礦產資源的開發和利用提供了理論基礎；在構造地質學方面，修正了此前一些外國地質學家在中國地質構造上的認識錯誤，創立了燕山運動及其有關的岩漿活動，至今仍是教科書內容；在地震地質方面，開始研究我國地震的分布及其規律，並領導建立了我國第一個地震臺；在煤田地質、石油地質、古生物學、地層學、沉積學及地理學方面也都留下了艱苦跋涉後的深深印跡。謝家榮成就也是多方面的，是中國礦床學主要奠基人，在金屬和非金屬礦床地質學、煤田地質學和石油地質學等方面貢獻尤大；抗戰期間組織領導資源委員會礦產測勘處，成為經濟地質事業的開拓者；對銅官山銅礦、江華錫礦、漳浦鋁礦、淮南煤礦等開發貢獻極大。〔註29〕

竺可楨雖然也有主持科研機構的條件，但他也完全可以因科研成就當選。作為中國近代地理學、氣象學的奠基人之一，竺可楨一生著述涉獵的學術領域頗廣，在季風、颱風、地理學與自然區劃、物候學、氣象變遷、自然資源綜合考察、科學史等方面都取得了令人矚目的成就。竺可楨也是一個學術領導型人物，創辦中國第一個地學系並任主任，改革地學系的課程內容，培養了一批地理學與氣象學人才，確立地理學和氣象學的專業學科基礎；創建中研院氣象研

〔註28〕除注明外參閱中國科學技術協會編《中國科學技術專家傳略・理學編・化學卷 1》（中國科學技術出版社，1993 年），不一一注明。

〔註29〕孫鴻烈主編：《20 世紀中國知名科學家學術成就概覽・地學卷・地質學分冊》（一），科學出版社，2013 年。

究所，進行氣象事業的觀測研究並培養了大批人才；擔任浙江大學校長，十年間將這所區域性的大學建設為東方「劍橋」。

工程學科的 5 位院士發表專書 14 部、論文 29 篇，平均 2.8 部、5.8 篇，是數理組所有學科中數量最少的。5 位院士中僅薩本棟、侯德榜以科研成果當選，物理學博士薩本棟創造性地將並矢方法和數學中復矢量應用於解決三相電路問題，開拓了電機工程研究新領域，成果一發表就激起世界學界強烈反響，成為美國電氣工程師學會年會議題，受邀訪問美國，擔任俄亥俄大學客座教授，用英文撰成專著《並矢電路分析》在美國出版。後還受聘擔任麻省理工學院和斯坦福大學訪問教授，用英文撰著《交流電機》出版，成為美國不少大學教材。1933 年編撰出版的《普通物理學》和 1936 年出版的《普通物理學實驗》是中國人用漢語編撰的第一部大學物理教材，影響了一代又一代學子。當然，作為廈門大學校長和中研院總幹事兼物理所所長，也具有天生的領導才能。〔註30〕侯德榜通過研究破解了保密的蘇爾維製城法，製造出「紅三角」牌純鹼，被譽為「中國近代工業進步的象徵」。1932 年，他在紐約出版《純鹼製造》一書，將蘇爾維製城法秘密公之於眾，極大地影響了世界製城業。抗戰期間，在德國察恩法（Zahn Pross）基礎上，通過 5 年多時間的艱辛研究，終於在 1943 年研製「聯合製城法」成功，被命名為「侯氏製城法」。這一方法將製城技術推向新高峰，受到國際學界垂青，當年他就被英國皇家化學工業學會遴選為國外會員（當時享此殊榮的外國科學家僅僅 12 人）。其他三位院士，周仁僅有 1915～1937 年間發表專書 3 部，在鋼鐵冶煉與陶瓷鑄造方面也有所造詣，自然以主持中研院工程所當選。凌鴻勳和茅以升主要以主持工程建設當選，在學術成就方面，凌鴻勳僅有高級工業學校教材三本即《鐵路工程學》《市政工程學》和《工廠設計學》，1923～1924 年由商務印書館出版，被列為專書；茅以升也僅有 7 篇論文，還包括《三十年來之中國橋樑工程》這樣的綜述性文章。他們兩人的工程建設成就不可磨滅，無論是凌鴻勳主持修築的粵漢鐵路還是茅以升主持建造的錢塘江大橋，都是中國工程建築史上的標誌性工程，為抗日戰爭作出了重要貢獻。值得指出的是，1935 年侯德榜因「對我國製城工業的貢獻及其所著《純鹼製造》一書」，1936 年凌鴻勳因「領導修築隴海及粵漢鐵路艱巨工程段之成功」，1941 年茅以升因「領導成功修建錢塘江大橋」

〔註30〕陳武元編：《薩本棟博士百年誕辰紀念文集》，廈門大學出版社，2004 年，第262～266 頁。

獲得中國工程師學會榮譽金牌。工程學科院士們所謂的專書，除侯德榜、薩本棟相關著作，基本上都名不副實。

數理組雖有姜立夫、蘇步青、吳有訓、李書華、葉企孫、嚴濟慈、饒毓泰、吳憲、吳學周、莊長恭、曾昭掄、朱家驊、李四光、翁文灝、楊鍾健、謝家榮、竺可楨、周仁等 18 人兩個候選理由都具備，但僅有姜立夫、李書華、葉企孫、朱家驊、周仁主要以主持學術機構當選，饒毓泰可能因兩個條件共同作用當選，其他人完全可以只以學術成就或工程貢獻榮膺。28 位院士中 22 人主要因學術成就當選，可見評議會在選舉院士時，學術成就才是唯一重要的選項。

表 8-2 是生物組 25 位院士的著述統計，只有秉志、張景鉞、汪敬熙、林可勝、湯佩松、馮德培、蔡翹、鄧叔群等 8 人有專書，除秉志 6 部、蔡翹 5 部、汪敬熙 2 部外，其他都僅有一部。秉志作品是通俗性的中文著作諸如《人類一斑》《生物學與民族復興》《科學呼聲》等；張景鉞為《普通植物學——形態之部》，是抗戰期間在西南聯大與李繼侗、吳韞珍合作撰稿的教材；汪敬熙為《科學方法漫談》和《行為之生理的分析》；林可勝為英文 Outline of Physiology（《生理學概要》）；湯佩松為中文《農學論文十篇》；馮德培為與林可勝合著《生理學概要》第一部分；蔡翹作品包括教材諸如《生理學》（大學叢書）、《動物生理學》和通俗讀物《生理學常識》等，鄧叔群為中研院動植物所專刊之一種（有 614 頁之多）。可見，與數理組專書不同，生物組專書大多是相關專業教材、通俗作品，真正的專業性專著較少。

表 8-2　生物組院士各科院士著述統計表

姓　名	專　書	論　文	姓　名	專　書	論　文	姓　名	專　書	論　文
王家楫		27	錢崇澍		22	林可勝	1	89
伍獻文		60	戴芳瀾		29	湯佩松	1	47
貝時璋		17	羅宗洛		17	馮德培	1	48
秉志	6	17	李宗恩		29	蔡翹	5	66
陳楨		12	袁貽瑾		5	李先聞		20
童第周		24	張孝騫		34	俞大紱		35
胡先驌		51	陳克恢		225	鄧叔群	1	23
殷宏章		19	吳定良		17			
張景鉞	1	5	汪敬熙	2	35			

動物學 6 位院士共發表論文 157 篇，平均 26.2 篇。除伍獻文、童第周外都具備兩個候選理由，相較而言，陳楨可能因兩個條件共同作用當選，因他僅有論文 12 篇，王家楫、秉志與貝時璋僅以科研成果也能榮膺，當然他們對中國動物學發展的推進作用也有目共睹，特別是開創者秉志及其學生王家楫。中國動物學宗師秉志，在昆蟲學、神經生理學、動物區系分類學、解剖學、脊椎動物形態學、生理學及古動物學等領域均有許多開拓性工作，對進化論也有精深研究。陳楨是中國動物遺傳學創始人和動物行為學、生物學史研究開拓者，長期從事金魚遺傳與變異的系統研究。中國原生動物學奠基人王家楫，在原生動物研究領域開展了大量工作，發現 3 個新屬、58 個新種、4 個新變種、8 個新亞種。中國魚類分類學、形態學和生理學的奠基人之一伍獻文，他一生的學術進展反映了中國魚類學的發展，研究成果不僅在國內同期同類研究中處於領先地位，也受到國外同行的推崇。童第周是中國實驗胚胎學主要創始人、中國海洋科學研究的奠基人，他通過對兩栖類和魚類研究揭示了胚胎發育的極性現象。中國生物物理學奠基人貝時璋，以發展實驗生物學為主要方向，獨立地創建了「細胞重建」這樣的「一家之說」。以上以年齡為序介紹院士們的大致成就，其實也標誌著中國動物學從最初的調查、分類、形態學向實驗生物學發展的趨勢與方向，特別是童第周 1949 年後還曾從事魚類的克隆研究，被譽為中國「克隆之父」。

植物學 6 位院士共發表論文 143 篇，平均 23.8 篇，胡先驌以 51 篇居首。從候選理由看，植物學殷宏章、羅宗洛僅以科研成就當選，其他人都具備兩個條件。相對而言，張景鉞可能因兩個條件共同作用當選，5 篇論文和 1 部專書《普通植物學——形態之部》似乎難以「名副其實」。中國近代植物學奠基人、植物區系學創始人之一錢崇澍，1916 年在國外發表了中國人用拉丁文為植物命名和分類的第一篇文獻，翌年又發表中國應用近代科學方法研究植物生理學的第一篇文獻，首次寫出中國植物生態學和地植物學論文，在國內第一個從事蘭科、蕁麻科、豆科、毛茛科等系統研究，一生桃李滿天下，培養的生物學家先後有李繼侗、秦仁昌等數十人之多。中國真菌學和植物病理學奠基人戴芳瀾，在真菌分類學、真菌形態學、真菌遺傳學以及植物病理學等方面貢獻突出，建立起以遺傳為中心的真菌分類體系，確立了中國植物病理學科研系統。胡先驌是中國近代植物學奠基人，一生主要科研成就集中在植物分類學和植物生理學上，特別是與學生鄭萬均一同鑒定水杉轟動世界學術界。中國植物形

態學和植物系統學開拓者張景鉞，《院士錄》上 5 篇論文是中國植物形態學、發育解剖學、生理解剖學、實驗形態學的最早文獻。羅宗洛是中國實驗生物學開拓者與奠基人，在植物細胞質膠體、無機營養及離子吸收、組織培養、生長物質、微量元素、水分及抗性生理等領域都取得重要成果。中國植物生理學主要奠基人之一殷宏章，是中國光合作用研究先驅，長期從事植物生物化學、光合作用和生長發育研究，用自己發明的一個組織化學方法闡明了磷酸化酶與植物中澱粉合成的關係。與動物學一樣，中國植物學的發展也有一個從調查、分類、形態到實驗的過程，年輕一代羅宗洛和殷宏章的研究，代表了植物學的發展方向，成就也因此具有普適性與世界性。

　　醫學三人共發表論文 68 篇，平均 22.7 篇。正如前面所分析，袁貽瑾僅有論文 5 篇，應主要因主持防疫研究所當選。作為中國熱帶醫學奠基人，李宗恩的研究幾乎涉及熱帶醫學的各個領域，在絲蟲病、血吸蟲病、瘧疾、糙皮病、黑熱病等都取得了卓越的成就；在長期的教學與科研中，也樹立了熱帶醫學研究的標杆，培養了袁貽瑾、鍾惠瀾、朱憲彝、王季午、瞿承方等一批傑出的熱帶醫學及流行病防疫人才。袁貽瑾研究涉及生物統計學、流行病學、人口統計學、結核病學、營養學等方面，被譽為中國公共衛生學創始人。中國消化病學奠基人張孝騫，致力於臨床醫學、醫學科學研究和醫學教育工作，對人體血容量、胃分泌功能、消化系潰瘍、腹腔結核、阿米巴痢疾和潰瘍性結膜炎等有較深入的研究。三位醫學院士，袁貽瑾代表公共衛生學，李宗恩兼具臨床醫學與公共衛生學，9 位醫學正式候選人中，還有洪式閭、胡正詳、馮蘭洲也從事熱帶醫學研究，可見當日學界對傳染病學和公共衛生學的重視，真正與民眾生活疾苦緊密相連。

　　藥物學陳克恢在所有院士中論文最多，居然有 225 篇，比第二名吳憲多出90 篇，更為重要的是，他的研究一直延續不斷，自 1923 年發表論文到 1947 年綿綿不絕。可見，他雖然自 1925 年留美後就一直學習工作在美國（期間也曾想回國，因各種原因，願望終未實現），但評議會破例將他列入候選人名單，還是有其標杆意義與理由的。吳定良沒有主持學術機構理由也可以當選，他是中國體質人類學創始人和奠基人，創制「相關率顯著性查表」，建立頭骨眉間凸度與面骨扁平度的研究方法等，得到統計學界與人類學界的公認。吳定良為主任的人類學研究組屬於傅斯年領導的史語所，因此中研院第一屆評議會成立後，《科學》發表社論曾對此提出異議。院士選舉將體質人類學歸入生物組

而不是之前的人文組，一方面說明了當日人類學家劉咸批評的正確，另一方面也表明中研院終於認識到問題之所在，因此在抗戰期間曾籌設以吳定良為主任的體質人類學研究所（惜未成功）。目前中國人類學似乎以人文學科的文化人類學為主流，吳定良開啟的體質人類學和當年裴文中等開啟的古人類學研究難以進入人類學史研究者眼界，因此有學者以為中國文化人類學界在研究少數民族時，往往不顧及體質因素，單單從文化因素考慮，可能導致結論與事實、歷史不盡符合。〔註31〕汪敬熙一直處於心理學中西交流前沿，學術成就集中在白鼠活動與性週期關係（證明雌鼠活動週期變化受性週期控制，性週期由卵巢素決定）、皮膚電反射（證明皮膚電反射由汗腺分泌引起，與意識無關）、兩栖類胚胎行為三個方面。

相較其他學科而言，生理學 4 位院士的成果數量相對均衡，湯佩松最少47 篇，最高林可勝 89 篇，共發表論文 250 篇，平均 62.5 篇，稍高於數理組化學的 62.3 篇，在所有科學技術學科位居第一，另發表專書 8 部，平均兩部。4位院士林可勝、湯佩松、蔡翹沒有主持機構的條件，也完全可以當選。無論是從論著數量還是他們所取得的成就而言，生理學 4 位院士學術水準都相當高，不像其他學科「參差不齊」。林可勝是中國生理學科的奠基人與領軍人物，也是蜚聲國際的生理學家，在消化生理學與痛覺生理學兩個領域都成就卓越，發現了進食脂肪可抑制胃液分泌，並認為這種抑制性影響通過血液傳遞的某種激素（腸抑胃素）實現。中國植物生理學奠基人之一湯佩松，長期從事植物呼吸代謝和光合作用的研究，提出植物代謝的多條路線觀點，獨樹一幟，在國際學術界產生影響。馮德培是神經肌肉接頭研究領域國際公認的先驅者之一，中國生理學、神經生物學的主要推動者之一，在肌肉和神經的能力學、神經肌肉接頭生理學、神經與肌肉間營養性相互關係的研究方面取得了開創性成果，發現靜息肌肉被拉長時產熱增加，被稱為「馮氏效應」。中國生理科學奠基人之一蔡翹，1920 年代首先發現視覺與眼球運動功能的中樞部位——頂蓋前核（後稱蔡氏區），在神經解剖、神經傳導生理、糖代謝和血液生理等領域有許多重大發現，還編著了中國第一本大學生理學教科書。

農學 3 位院士共發表論文 78 篇，平均 26 篇（值得注意的是，《院士錄》所公布的鄧叔群論文僅關於林學）。從候選理由看，李先聞、鄧叔群也是兩個條件滿足，但他們主持的學術機構實在沒有多少可以述說的地方，完全可以

〔註31〕杜婧：《中國體質人類學史研究》，知識產權出版社，2013 年。

因科研成就當選。植物遺傳學家、植物細胞遺傳學奠基人和作物育種學家李先聞，長期從事禾穀類植物的細胞、遺傳、進化和育種研究與稻麥改良工作。後來在臺灣從事甘蔗育種改良工作 14 年，被譽為「半仙」和「甘蔗之神」，被外國人稱為「Sugar Li」。俞大紱是植物病理學家、農業微生物學家，早年從事穀類作物抗病育種工作，先後培育並推廣抗黑粉病小麥、大麥良種，以及具有抗莢斑病含油量高的大豆良種、抗稻瘟病水稻品種，提出了小米病害的防治措施等。真菌學家、植物病理學家和森林學家鄧叔群，編寫了中國第一部真菌學專著《中國高等真菌》，為中國高等真菌研究奠定了基礎，在國際上享有聲譽；在森林生態、造林、森林病理等學科做了大量開創性工作，並首先提出了生態平衡理論，李先聞說他是世界分類學權威人士之一。

值得注意的是，同為植物生理學奠基人、同樣也研究植物光合作用，殷宏章屬於植物學科，湯佩松屬於生理學科。湯佩松在困難時期也曾想從北京農業大學調往中科院上海分院，可見湯佩松、殷宏章在研究上多有關聯。同樣主要從事植物真菌學研究，戴芳瀾屬於植物學，鄧叔群屬於農學，在中國科協主持編寫的《中國科學技術專家傳略》中都被收入「農學」。可見，當時在學科分類上似有可商榷之處。

生物組院士中，王家楫、貝時璋、秉志、陳楨、胡先驌、張景鉞、錢崇澍、戴芳瀾、李宗恩、袁貽瑾、張孝騫、吳定良、林可勝、湯佩松、蔡翹、李先聞、鄧叔群等 17 人具備當選院士的兩個條件，但僅有袁貽瑾、陳楨、張景鉞可能因兩個條件共同作用當選，其他 14 人完全可以靠學術成就榮膺院士。25 人中22 人以學術成就當選，比例比數理組高。

表 8-3 是 28 位人文組院士著述統計表，與數理組、生物組巨大的差別顯而易見。第一，前兩組主要以論文為特色，只有少數人有專書（數理組 12 人占 43%，生物組 7 人占 28%），而人文組幾乎人人都有專書（僅梁思成無），有些人根本就沒有論文（吳敬恒、湯用彤、張元濟、楊樹達、柳詒徵、郭沫若、錢端升、蕭公權等 8 人未列舉論文，當然並不表明他們未發表論文，只是以為專書已能充分表達他們的學術成就，論文可以忽略不計或已在專書中有所體現，如蕭公權就有「零篇文字未錄」的說明），可見專書對人文學者的重要性。28 位院士共出版專書 164 部，平均 5.9 部，發表論文 243 篇，平均8.7 篇。

表 8-3　人文組 28 位院士著述統計表

姓　名	專　書	論　文	姓　名	專　書	論　文	姓　名	專　書	論　文
吳敬恒	4		陳寅恪	2	29	王世杰	4	1
金岳霖	2	15	傅斯年	2	13	王寵惠	3	1
湯用彤	2		顧頡剛	6	6	周鯁生	8	6
馮友蘭	12	1	李方桂	3	8	錢端升	7	
余嘉錫	3	11	趙元任	15	24	蕭公權	3	
胡適	6	40	李濟	1	9	馬寅初	12	1
張元濟	6		梁思永	2	6	陳達	13	16
楊樹達	13		郭沫若	12		陶孟和	11	2
柳詒徵〔註32〕	6		董作賓	4	21			
陳垣	2	14	梁思成		19			

　　第二，僅有張元濟（主持商務印書館）、柳詒徵（主持南京國學圖書館）、傅斯年（主持史語所）、梁思成（主持中國營造學社）、王世杰（主持法制局）、周鯁生（主持政治學系）、陶孟和（主持社會調查機關）等 7 人具備兩個條件，其他 21 人僅因學術成就當選。與數理組、生物組 53 位院士中有 35 人有主持機構這一條件「加持」相比，再次說明院士選舉中「主持學術機構」條件，主要是為正處於本土化進程中的科學技術方面的開創者所預備。人文組有主持機構的 7 位院士，沒有這一條件「加持」，也完全可以因學術成就當選。

　　第三，人文組院士的著述數量統計來看，數量也並不是重要條件，質量才是唯一重要的保障。哲學湯用彤僅兩本書《漢魏兩晉南北朝佛教史》《印度哲學史略》，政治學蕭公權也僅三部著作（其中《中國政治思想史》一書僅出版兩冊算兩部）。與之相對應的是，正式候選人經濟學巫寶三有專書 10 本、論文 17 篇，從數量上看僅比趙元任、陳達稍遜，比其他當選者多出許多，與當選的經濟學家馬寅初相比，僅專書少兩本（何況馬專書多演講集、教材），但論文多出 16 篇，可以說毫不遜色，可小組討論就被排除在外。〔註33〕當然，吳敬恒 4 本專書中有「古今談」「座談話」這樣的題目，實在難稱學術著作，當

〔註32〕其餘關於考據史實論著散見《學衡》《史地學報》等未錄。
〔註33〕巫寶三著作目錄見《國立中央研究院概況（民國十七年六月至民國三十七年六月）》第 263～265 頁。

選理由、也是他在「科玄之爭」中聲名鵲起的《一個新信仰的宇宙觀與人生觀》竟然沒有單獨列出。

哲學 4 位院士共有專書 20 部、論文 16 篇，有些著作已成為經典，成為民族文化的一部分。以無政府主義聞名的吳敬恒，著作集結起來也不少，但要總結他在哲學上的成就實在不易，蔣介石曾稱頌他「一言而為天下法，一行而為萬世師」，足見他的政治立場與政治角色，而不是學術地位。金岳霖是第一個運用西方哲學方法，融會中國哲學精神，建立自己哲學體系的中國哲學家，但他最重要的貢獻是把現代邏輯學系統地介紹到中國，其著作《論道》曾獲教育部學術獎勵。湯用彤學術研究主要集中在印度哲學、中國佛教和魏晉玄學等領域，尤以中國佛教史成就最為突出，用科學方法系統地闡述了佛教從印度傳入到唐朝時期的歷史發展過程及其特點、佛學思想與中國傳統思想的相互關係。馮友蘭無疑是 20 世紀中國最傑出的哲學家之一，他運用邏輯分析方法研究中國傳統哲學，以《新理學》建立起自己的哲學體系，《新理學》也因此被譽為 20 世紀最有創見的中國哲學著作。當然，他的《中國哲學史》《中國哲學簡史》等也影響深遠。民國哲學家們以他們接受的系統中西教育為底色，通過艱苦探索搭建起自己的哲學理念與哲學體系，是先天不足、後天難為的後輩幾代哲學工作者難以企及的，應是今天的哲學工作者應有的「自知之明」。

中國文史學的 4 位院士發表專書 28 部、論文 51 篇，除胡適外，以乾嘉的樸學工夫治學。余嘉錫精於目錄學，著有《目錄學發微》《古書通例》《四庫提要辯證》《世說新語箋疏》等，尤以《四庫提要辯證》為畢生精力所萃。翰林張元濟戊戌維新失敗後被迫脫離官場，全身心投入教育文化事業，歷任商務印書館編譯所所長、經理、監理、董事長等職，使商務印書館一躍成為民國影響最大的文化出版機構，同時以商務印書館為平臺從事古籍的整理與影印，並身體力行從事古籍校勘等研究，著有《校史隨筆》等。楊樹達在古典文獻、古漢語語法、文字、訓詁、音韻和方言學等領域均有重要貢獻，著有《漢書窺管》《高等國文法》《詞詮》《積微居金文說》等。楊樹達自稱當世與他同治文字學「義詁」僅沈兼士而已。沈兼士去世後，他曾挽云：「治學恥逃難，獨精義詁；寄書方在道，虞哭先生。」〔註34〕胡適作為新文化運動旗手、中國自由主義宗師、西化派祭酒，躋身於余嘉錫、張元濟、楊樹達間，似乎有些不倫不類，以

〔註34〕楊樹達：《積微翁回憶錄》，第 260 頁。

其影響與《中國哲學史大綱》這樣的學術成就，歸類到哲學學科，似乎更合適。當然，他「整理國故」的主張，身體力行地在考據學、史學等領域開拓創新，著有《白話文學史》《章實齋先生年譜》等似乎也未嘗不可潛行於「中國文史學」，從一直擔任中研院評議會歷史學聘任評議員的社會角色看，也可以混跡於「歷史學」。〔註35〕

歷史學 5 位院士共發表專書 18 部、論文 62 篇，柳詒徵、陳垣未接受過系統西學薰陶，可歸為一類。柳詒徵治學以儒家為思想靈魂，以史學為根本方法，以禮義為核心理念，以文化為精神旨歸，打通漢宋門戶，結合史學與哲學，著有《中國文化史》《國史要義》《中國版本概論》等。陳垣靠自學闖出一條獨特的治學道路，在宗教史、元史、考據學、目錄校勘學等方面成就卓越，著有《元西域人華化考》《校勘學釋例》《史諱舉例》《通鑑胡注表微》等。與陳垣並稱「南北二陳」的陳寅恪，深受西學影響，通梵、巴利、波斯、突厥、西夏、英、法、德等多種文字，繼承乾嘉治史精神，運用中西結合的考證比較方法，發展歷史考據學，對魏晉南北朝史、隋唐史、佛教史、文化史等都有重要貢獻，著有《隋唐制度淵源略論稿》《唐代政治史述論稿》等影響巨大而深遠的著作，實踐為王國維所撰碑文「獨立之精神，自由之思想」理念，成為世所追仰的知識分子典範。與陳寅恪惺惺相惜也心心相印的傅斯年，以「史料即史學」相號召，以「上窮碧落下黃泉，動手動腳找材料」的態度主持中研院史語所，成為影響民國歷史學發展最大的「史料派」盟主。他注重考古材料在歷史研究中的作用，同時將語言學等其他學科的觀點和研究方法應用於歷史研究，在上古史等方面取得了不少成就，著有《性命古訓辨證》等。顧頡剛受胡適「整理國故」影響，用歷史演進觀念和大膽疑古精神，吸收西方社會學、考古學等理論和方法研究中國古代歷史和典籍，形成影響深遠的「古史辨派」，主持編撰《古史辨》，著有《清代學術史略》等。

值得注意的是，無論是中國文史學的余嘉錫、張元濟、楊樹達，還是歷史學的柳詒徵、陳垣，他們以乾嘉的樸學工夫治學，並不表明他們完全與西學隔

〔註35〕周予同認為「使中國史學完全脫離經學的羈絆而獨立的是胡適」，「只有胡適，他才是瞭解經今文學、經古文學、宋學的本質，接受經今文學、經古文學、宋學的文化遺產，而能脫離經今文學、經古文學與宋學的羈絆，以嶄新的立場，建築新的史學，轉變期的史學，到了他確是前進了一步」。周予同《五十年來中國之新史學》，朱維錚編《周予同經學史論著選集》（增訂版），上海人民出版社，1996 年，第 542 頁。

絕。段玉裁說他注《說文解字》，「以經證許，以許證經，又以許證許」。楊樹
達評論說：「固矣；然學問之事，不止證明一節可了也。近來學者所為則以甲、
金、經訂許，又以許訂許，故所得在段氏之上。蓋段氏之所為不過法庭上之證
人，而近來學者則法官也。近人所以能為此者，乃受時代之賜：思想無束縛，
一也；新材料特豐，二也；受科學影響，方法較為慎密，三也。使茂堂生於今
日，吾知其成績必不在近人之下矣。」〔註36〕楊樹達的論說表明，他們在治學
時也會受到時代風氣的影響而「與時俱進」，也會用新學問的方法與手段。

　　通過李方桂和趙元任，中國語言學研究走向世界，兩位共出版專書 18
部、發表論文 32 篇。李方桂被稱為「中國非漢語語言之父」，學界流傳他「研
究人員是一等人才，教學人員是二等人才，當所長做官的是三等人才」的段
子。他精通漢、英、德、法、梵、拉丁、希臘及哥特文、古波斯文等多種語
言，為國際語言學界公認的美洲印第安語、漢語、藏語、侗臺語等少數民族
語言權威學者，著有《龍州土語》《莫話記略》等。趙元任被譽為中國現代語
言學之父，興趣廣泛，學問博大精深，精通多門外語，會說 30 多種方言，曾
親自考察和研究過吳語等方言近 60 種。1928 年出版《現代吳語的研究》，是
中國第一部用現代語言學方法調查漢語方言著作；1934 年發表論文《音位標
音法的多能性》成為結構主義語言學經典；1948 年出版的《國語入門》在語
法分析的理論、方法和體系上影響極為深遠；還著有《鍾祥方言記》《湖北方
言調查報告》等。

　　四位考古學院士出版專書 19 部、發表論文 36 篇，除郭沫若外，考古學院
士都來自傅斯年領導的史語所，可見史語所考古學在當日學界地位。李濟被譽
為中國考古學之父，領導並參加了安陽殷墟、章丘城子崖等田野考古發掘，使
考古發掘走上科學道路，並由此造就出中國第一批水平較高的考古學者。張光
直認為他學術貢獻主要集中四個方面：開闢了中國古代史研究的人類學途徑、
確立了現代科學考古學在中國初期發展方向、開創了殷墟發掘與中國古史研
究新局面、為中國古器物學奠定新基礎。〔註37〕梁思永是中國現代考古學主要
開拓者，曾參與安陽小屯和後崗、章丘城子崖等地發掘工作，扭轉了殷墟探寶
式挖掘，通過後崗遺址發掘，首先從地層學上判定仰韶文化、龍山文化和殷商

〔註36〕楊樹達：《積微翁回憶錄》，第 263 頁。
〔註37〕張光直：《對李濟之先生考古學研究的一些看法》，張光直主編《李濟文集》第
　　　　1 冊，上海人民出版社，2006 年。

文化的相對年代關係，主持編寫中國第一部田野考古報告集《城子崖》。董作賓曾 8 次參加殷墟發掘，隨後專門從事甲骨文字研究。建立殷墟甲骨斷代學說，是董作賓在學術上最重要的貢獻，大大提高了甲骨文作為歷史和語言資料的價值，把甲骨文研究推向新階段。後又通過《殷曆譜》提出分派學說，作為分期學說的補充。以文學家聞名的郭沫若因對甲骨文的研究，與羅振玉、王國維、董作賓並稱「甲骨四堂」。流亡日本十年間，郭沫若通過對大量甲骨文實物的研究，在文字考釋方面屢創新說，在甲骨文分期斷代方面也開創先河，著有《中國古代社會研究》《甲骨文字研究》等。梁思成當選藝術史學科唯一院士，建築學出身的他，系統地調查、整理和研究了中國古代建築的歷史和理論，是建築史學科的開拓者與奠基人。

王世杰、王寵惠兩位法學院士都已早早棄學從政，但他們在中國法學上的貢獻不能抹滅，出版專書 7 部，每人僅有論文一篇。王世杰用比較方法介紹西方國家政治制度、國家制度和憲法理論，剖析中國古代法律，認為中國古代法律有諸如道德與法律界限不清、法律與習慣界限不清、司法官吏既可法外決獄又能科比斷案等缺陷，以為中國應參照吸收西方資本主義的法律制度改變現行政治制度、實行民主政治，主要著作有《比較憲法》（與錢端升合作增訂）《中國奴婢制度》等。王寵惠被譽為中國近代法學奠基者之一，「民國第一法學家」，一生探討中國憲政設計原則和方針，不僅奠定了中華民國立憲基礎，而且引領了近代中國憲政風潮。1907 年英譯《德國民法典》奠定國際法學界地位；1913 年出版《中華民國憲法芻議》，堅持三權分立與制衡的思想，提出司法權應該專屬於法院，並對中國傳統的封建專制制度和司法與行政高度合一的體制進行了批判；主持編訂《中華民國刑法》，採用了世界上最新立法例，充分體現了改善主義精神。

政治學科 3 位院士出版 18 本專書，僅周鯁生有 6 篇論文。周鯁生被譽為法學泰斗和國際法權威，主要著作有《現代國際法問題》《國際公法之新發展》《近代歐洲外交史》《近代各國外交政策》及在紐約由 Macmillan 出版的 *Winning the Peace in the Pacific* 等。與王世杰合著《比較憲法》的錢端升，運用「法律形式主義」研究方法，將政治學研究聚焦於各國憲法，開創了「法律形式主義政治學」，即政治學的研究對象是憲法條文，著有《法國的政治組織》《德國的政府》《法國的政府》《民國政治史》等。蕭公權博士論文《政治多元論》1927 年一出版就聲名鵲起，被列入國際心理學哲學及科學方法叢書之一，

成為經典名著。他以政治學觀點，參酌歷史學方法，充分運用原始資料研究中國政治思想，撰成巨著《中國政治思想史》，消除了「考據」與「義理」的劃分，使考證真正成為理解和闡釋思想的有效工具。〔註38〕三位政治學科院士有兩位與法學密切相關，可見現代國家建構與法律的關係。

以「人口論」聲震當代的馬寅初是唯一的經濟學院士，在 8 名候選人中脫穎而出，可見他在當時經濟學界的地位和影響，共出版有專書 12 部之多（其中有演講集 4 部）。馬寅初致力於中國經濟問題研究和經濟人才培養，主張將西方經濟理論與中國實際相結合，研究解決中國問題。早期主要引進介紹西方經濟學諸如匯兌、銀行等理論以促進中國經濟學科的發展；抗戰期間從戰時稅收制度、穩定幣值等方面分析了戰時經濟；戰後著《通貨新論》研究通貨膨脹。

兩位社會學院士共出版專書 24 部、發表論文 18 篇。陳達長期從事人口問題和中國勞工問題研究，注重實際調查，著有《中國勞工問題》《人口問題》《南洋華僑與閩粵社會》和 *Japanese emigration in China*（1927）、*Emigration Communities in South China*（1940）、*Population in Modern China*（1946）等。中國社會學奠基人之一陶孟和，開創了中國社會調查與社會學研究，他在英國所著英文專書《中國鄉村與城鎮生活》是中國人撰寫的第一部社會學著作。回國後著有《北京人力車夫之生活情形》《北平生活費之分析》《中國社會之研究》《中國勞工生活程度》等。他的社會學研究，聚焦於中國現代轉型中的勞工、家庭與教育三個主題，勞工是他考察中國現代變遷最為關注的階層，家庭則是他理解和分析中國社會的基本單位，教育則旨在塑造現代公民。〔註39〕

人文組 28 位院士除個別人外，學術成就卓著，不少人在長期的學術研究中日漸構建了自己的理論體系、形成了自己的研究特色，為後人留下了寶貴的學術財富與精神財富，是我們可以不斷挖掘和發揮的學術資源與思想資源，更是我們可以不斷吸收的學術與精神養分。

81 位院士的當選理由與具體學術成就分析表明，第一，學術成就是榮膺院士的「硬通貨」，主持學術機構僅僅是對少數學科開創者的「酬勞」，大體遵循了院士選舉的國際通例。當然，不同類別的學科當選原因有所差別，除人文組主要以專書為準、科學技術以論文為主的人文與科學差別外，數理組工程學

〔註38〕陳克艱：《思想的理解與考證——讀蕭公權著〈中國政治思想史〉點滴》，《史林》2007 年第 5 期。
〔註39〕聞翔：《為共和政治探尋民情基礎：陶孟和的社會學誌業之再考察》，《江海學刊》2018 年第 1 期。

科既注重工程學術，更重視具體的工程建設貢獻，這也就是國際通行的科學院之外專設工程院的理由，將純粹的學術與實踐的工程區分開來。

第二，數量並不是學術成就的標誌，質量才是唯一的「生命力」，院士的成果數量可謂千差萬別，有些當選院士成果數量甚至遠低於未能當選者。

第三，正如朱家驊所說，經過幾十年的發展，中國學術已經達到相當的水平，院士選舉是學術發展的必然要求與自然結果。科學技術方面當時不少的學科如數學、物理、生理科學和化學的某些領域已經有世界水平的人才與學術成果，與國計民生密切相關的學科如地質與農學成就也非常突出，與世界水平相差是如此之近，獨立於世界學術之林真是指日可待。即使人文社會科學方面的成就也不是今日學術界隨便就可以「青出於藍而勝於藍」的，真正的學術研究總是在前人肩膀上緩緩進步的，如果將今日人文社會科學成就與當日相比，某些研究方向與領域專題研究可能更加精深一些或瑣碎一些，但從問題意識的總體把握、學科框架的總體設置與布局，理論體系的建立與宏觀思考，遠遠不能與那一代人相比，重新挖掘民國學術人物與成就時，不用說建構了自己理論體系的馮友蘭、熊十力，陳寅恪、錢穆、呂思勉等人的歷史研究，趙元任、李方桂等的語言學研究，今日可有政治學或思想史著作能與蕭公權《中國政治思想史》相提並論？學界名流們隨口貶低民國學術時，捫心自問一下自己的總體學術構架與其老師輩在一個層次上嗎？更不用說與民國不少領域大師相比！民國學術之所以有這樣的成就，自然與學人自身學術素養有關，更與他們所處周遭環境與學術氛圍不可分割。

三、學術與命運（一）：院士群體的「後來」

除 1949 年 1 月 31 日逝世於美國的薩本棟外，另外 80 位院士中陳省身、吳大猷、李書華、吳憲、朱家驊、凌鴻勳、袁貽瑾、陳克恢、汪敬熙、林可勝、李先聞、吳稚暉、胡適、傅斯年、李方桂、趙元任、李濟、董作賓、王世杰、王寵惠、蕭公權等 21 人或赴美或赴臺或本已居住海外，有 59 人選擇留居或回歸大陸，占比達到 74%。有些人的抉擇是是主動的，如陳省身 1949 年的毅然離開，1950 年華羅庚的決然回歸；〔註40〕有些人的選擇非常痛苦與彷徨，如

〔註40〕關於陳省身、華羅庚的選擇最新研究成果，參閱 Zuoyue Wang, Guo Jinhai, Transnational Mathematics and Movements: Shiing shen Chern, Hua Luogeng, and the Princeton Institute for Advanced Study from World War II to the Cold War, *Chinese Annals of History of Science and Technology*, 3(2), pp118~165 (2019).

翁文灝在巴黎〔註41〕、陳寅恪在廣州的徊徨；當然，有些人可能沒有選擇的能力，只能被挾裹而隨波逐流。無論如何，選擇已經作出，命運就此決定。

選舉 1955 年中科院學部委員時，數理組留居大陸的 21 位院士，姜立夫、翁文灝兩人未能當選；生物組留居 20 人，胡先驌、李宗恩、吳定良三人落選；人文組留居 18 位，余嘉錫、張元濟、柳詒徵、顧頡剛、梁思永、周鯁生、錢端升、陳達等 8 人「名落孫山」，其中梁思永、余嘉錫、柳詒徵 1955～1956 年去世，張元濟 1955 年時已 88 歲高齡，他們未當選可能與這類不可抗拒的自然因素有關。〔註42〕這樣，留居大陸 59 人中至少有 55 人可以候選學部委員，卻有 9 人未能當選，比例高達 16.3%。

上述 9 位未能當選學部委員者有共同的原因諸如政治也有自身的個人因素，胡先驌的原因已有專門的研究，既與（現實的）「反對李森科主義」有關，更重要是（歷史的）1949 年前所持政治立場。〔註43〕這裡簡略介紹其他 8 位遭遇。1949 年 2 月，奉命將中研院數學所遷往臺灣的姜立夫抵臺，7 月以述職為由赴廣州，遂滯留南方，先任教嶺南大學，院系調整到中山大學。據竺可楨記載，因華羅庚的極力反對，姜立夫未能當選學部委員：「聞華羅庚竭力反對姜之加入，動機尚是陳省身為姜之學生，而姜把數學所書籍移臺灣實是極大損失。」〔註44〕華羅庚的反對意見都是事實，第一，姜立夫作為陳省身的老師未能督促陳省身回國。問題是陳省身回國姜立夫如何控制？第二，中研院數學書籍移臺對大陸來說確實是「極大損失」，但數學所遷臺也不是姜立夫個人所能左右的。翁文灝 1949 年辭去政治職務後流落海外，經相當長時間的徊徨與思想鬥爭後於 1951 年回國。雖曾擔任過多種名譽性職務，並翻譯大量地質礦產書籍，但 12 號戰犯這樣的緊箍咒，不能當選學部委員似乎也可想見。李宗恩擔任院長的協和醫學院是「美帝」「賊窩」，對於政府對協和的整頓與改造，李宗恩「罔顧」國際形勢與國家大勢，純粹從醫學發展的角度或明或暗予以抵制，他的不能當選自然「合情合理」。吳定良作為中國體質人類學第一人，1955 年學部委員選舉中從未進入過候選名單，1957 年學部委員選聘時，復旦大學校長陳望道曾從

〔註41〕 陸寶千訪問、黃銘明記錄：《金開英先生訪問記錄》，中央研究院近代史研究所口述歷史叢書（29），1991 年，第 174 頁。

〔註42〕 這一推測有反例，楊樹達 1956 年 2 月 14 日去世，僅比 1956 年 2 月 3 日去世的柳詒徵晚 11 天而已，但也當選了學部委員。當然，他可能僅僅是特例，畢竟可以「通天」。

〔註43〕 胡宗剛：《胡先驌落選學部委員考》，《自然辯證法通訊》2005 年第 5 期。

〔註44〕 樊洪業主編：《竺可楨全集》第 14 卷，第 51 頁。

「民族學」提名，但也無從選出。1952年院系調整中，法學、政治學、社會學等作為資產階級偽科學被取消，以這些學科為專業的周鯁生、錢端升和陳達自然沒有當選學部委員的理由。當然，雖然同屬於社會學家，擔任中科院副院長的陶孟仍然當選，似乎說明學科的分界並不是那麼明確，關鍵時刻政治性因素高於學術性條件。對於自己未能當選學部委員，顧頡剛如此說：

> 今日靜秋見報上發表科學院學部委員名單無予名，頗責備予之不進步，以致被摒。然社會科學黨中有不少名家，不似自然科學之悉取材於黨外也。觀黨中歷史學界如尚鉞、嵇文甫、華崗等尚不在內，更何論於予耶！……

> 聞此次學部名單，自然科學、技術科學方面之委員係由各專家票選，而社會科學部之委員則由黨方圈定。予於馬列主義尚未入門，固不當預此選也。

> 生物學部中無胡先驌，大是怪事，渠一生未脫離研究崗位，亦未參加過反動統治，何乃排拒之耶！〔註45〕

作為「局中人」，顧頡剛對於自己未被當選原因的推測純粹是胡亂「猜度」。他的被摒棄自然與他「不進步」有關。這種「不進步」不是當時的顧頡剛自己可以追求的，而是他已經鑄成的「已然」歷史，他與胡適的關係僅僅是原因之一，更為重要的是他與朱家驊一系的更為緊密的聯繫，在為朱家驊主持《文史雜誌》的同時，積極參與朱家驊的「獻鼎」醜聞，這是他無論如何追求「進步」都不能抹去的歷史「恥辱」，即使他「馬列主義」已達「爐火純青」境界也不能當選學部委員。同樣，作為學部委員程序與過程的「局外人」，他對學部委員的具體產生的推測同樣屬於胡亂「猜度」，因此也就對胡先驌的被「摒棄」莫名驚詫。

可見，無論是科學技術方面的姜立夫、翁文灝、胡先驌、李宗恩、吳定良，還是人文社會科學方面的顧頡剛、周鯁生、錢端升、陳達，他們之所以不能當選學部委員，政治是本質性因素，學術完全「退隱」。下面是除薩本棟外80位院士1949年後大致情況，其間充分顯現了學術與命運的關係。

數理組

姜立夫：1949年7月任教嶺南大學，1952年隨院系調整任中山大學教授。遠離京師，似乎也少了與學界的是非爭端，相當平穩地

〔註45〕顧頡剛：《顧頡剛日記》第7卷，第696頁。

度過晚年，曾任全國政協委員。1978 年 2 月 3 日去世，享年 88 歲。南開大學 1982 年設立姜立夫獎學金，1989 年塑半身銅像。

　　許寶騄：1949 年後一直任教北京大學，極力發揮教書育人的才能，但總是受到各種政治運動的阻撓，文革期間被從家裏驅趕到辦公室。1970 年 12 月 18 日去世，享年僅 60 歲。其兄許寶駿在紀念文章中說，文革中許寶駿「身蒙災難，就就自克。親屬往訪，輒閉門不納；偶或遙遙一望，便揮手令去，不交一言，其精神痛苦可想見矣！」「竟在家屬毫無所聞情況下溘然長逝……一隻斷去『parker』牌號的舊金筆棄置在床頭小幾，數頁寫著未竟的殘稿散落在地，見之淒然掩涕，愴然神傷而已！」〔註46〕2009 年北京大學設立許寶騄講座，2019 年塑半身銅像。

　　陳省身：1949 年赴美，擔任芝加哥大學教授，1960 年轉任伯克利加州大學教授，建立了以純粹數學為主的美國國家數學研究所。1961 年當選美國科學院院士。退休後回南開大學創設南開數學研究所。2004 年 12 月 3 日在天津去世，享年 93 歲。2009 年國際數學聯盟設立「陳省身獎」獎勵在國際數學領域做出傑出成就的數學家，中國數學會也設有陳省身數學獎。

　　華羅庚：1950 年 3 月回國，任清華大學數學系主任。後調中科院，曾任數學研究所所長、應用數學研究所所長、副院長，中國科技大學數學系主任、副校長，全國政協副主席等。培養一批學生，奠基中國數論學派，在多復變函數論等領域也卓然成家，曾當選美國科學院外籍院士，出版多種專業著作和科普著作。受到各種政治運動衝擊，文革中不能從事數學研究，花大力氣宣揚「統籌法」與「優選法」。1985 年 6 月 12 日在東京去世，享年 75 歲。中國數學會設立有華羅庚數學獎，家鄉有華羅庚紀念館等。

　　蘇步青：曾任浙江大學教務長，1952 年院系調整到復旦大學，繼續科研與教書育人工作，谷超豪、胡和生等是得意門生，擔任復旦大學副校長與中國數學會副會長等。文革期間曾一度失去人身自由，被勒令去江南造船廠接受「批判」與「再教育」。文革後任復旦

〔註46〕許寶駿：《許寶騄事略》，北京大學數學學院（2021 年 2 月 7 日）（https://www.math.pku.edu.cn/yyhncs/xbl/90znjnc/121723.htm）。

大學校長、全國政協副主席等。2003 年 3 月 17 日在上海去世，享年 101 歲。2019 年編號 297161 小行星命名為「蘇步青星」。

吳大猷：1949 年任加拿大國家研究院理論物理組主任，1963 年返美國，任教紐約布魯克林理工學院、紐約州立大學布法羅分校等。曾任臺灣國科會主委、中研院物理所所長等，1983 年任中研院院長。出版影響深遠的 7 卷冊《理論物理》教材。2000 年 3 月 4 日在臺北去世，享年 93 歲。臺灣國科會設立吳大猷先生紀念獎，美國密西根大學物理系設有吳大猷講座，2008 年編號 256892 小行星命名為「吳大猷星」。

吳有訓：1949 年任交通大學校務委員會主任、華東教育部部長。1950 年調中科院，任近代物理所所長、副院長、數理化學部主任等。曾任中國物理學會理事長、中國科協副主席、全國政協常委、全國人大常委等。1977 年 11 月 30 日去世，享年 80 歲。南京大學有塑像，家鄉有吳有訓紀念館，中國物理學會有吳有訓物理獎。

李書華：去國後在巴黎大學和法蘭西學院從事大分子研究，1951～1952 年任聯邦德國漢堡大學訪問教授，1953～1958 年在美國哥倫比亞大學研究大分子。業餘研究造紙、指南針的歷史變遷，著成《指南針的起源》《紙的起源》《中國印刷術起源》等論著，並著有回憶錄《碣廬集》。1979 年 7 月 5 日在紐約去世，享年 89 歲。

葉企孫：清華大學教授、校務委員會主任，1952 年院系調整任北京大學教授兼教研室主任，曾兼中科院自然科學史研究委員會副主任。文革中受盡折磨，作為「反革命分子」、「中統特務嫌疑」被批鬥、隔離審查和關押，身心受到殘酷摧殘。1977 年 1 月 13 日去世，享年 79 歲。中國物理學會有葉企孫物理獎，清華大學、北京大學塑有銅像。

趙忠堯：1950 年回國，主持中科院近代物理所核物理研究，建成了中國最早的兩臺加速器，未參加原子彈研製工作。1958 年創建中國科學技術大學近代物理系並任系主任，1973 年轉入高能物理研究，曾任高能物理所副所長。文革期間曾被定為「資本家」、戴「特務嫌疑」帽子，關進牛棚受監視與審查。1998 年 5 月 28 日去世，享年 96 歲。中國科學技術大學有塑像和「趙忠堯獎學金」。

嚴濟慈：曾任中科院辦公廳主任兼應用物理所所長、東北分院院長、技術科學部主任、副院長，中國科技大學副校長、校長，中國科協副主席、全國人大副委員長等。1996 年 11 月 2 日去世，享年 95 歲。2012 年編號 10611 小行星命名為「嚴濟慈星」，南京大學、中國科學技術大學有塑像，家鄉有紀念館。

饒毓泰：北京大學物理系主任、理學院院長、校務委員，1952年院系調整後辭去職務僅任教授。思想改造運動中曾因受到不公正對待而精神失常。文革中受盡折磨，1968 年 10 月 16 日在燕南園 51號上吊自殺，享年 77 歲。北京大學有饒毓泰獎學金、饒毓泰基礎光學獎，並有塑像，中國物理學會有饒毓泰物理獎。

吳憲：1947 年出席第 17 屆國際生理學大會後赴美，任哥倫比亞大學醫學院訪問學者、研究員。1949 年 9 月任阿拉巴馬大學醫學院生化系訪問教授，從事氨基代謝研究。1952 年 10 月心肌梗塞，翌年 8 月辭職移居波士頓。1959 年 8 月 8 日去世，享年 66 歲。哈佛大學醫學院設有福林——吳憲（Folin-Wu）紀念室、吳憲生物化學教授，北京協和醫學院有吳憲大樓。

吳學周：歷任中科院物理化學所所長，長春應用化學所所長、名譽所長，環境化學所所長等。曾任全國人大代表、全國政協委員，吉林省人大副主任、政協副主席、科協主席等。文革中成為「反對學術權威」和「特務」，一隻眼睛被打瞎，並被關進監獄。1983 年 10月 31 日在長春去世，享年 81 歲。長春應用化學所有「吳學周獎」和塑像。

莊長恭：中科院有機化學所所長、數理化學部副主任、化學所籌委會主任等，曾任全國人大常委。1962 年 2 月 15 日去世，享年68 歲。上海市化學化工學會設有莊長恭化學化工科技進步獎，上海有機化學所有塑像，並與華東師範大學合建莊長恭研究所。

曾昭掄：1949 年任北京大學校務常務委員和教務長兼化學系主任，翌年任教育部副部長兼高教司司長，1952 年任高等教育部副部長等，1956 年籌建中科院化學所並兼任所長。反右運動中成為「大右派」，回北京大學不成，隻身轉任武漢大學化學系教授。作為「全國大右派」、「資產階級反動學術權威」、「曾國藩的孝子賢孫」，文革

遭受迫害，1967 年 12 月 8 日去世，享年 68 歲。留在北京的妻子北京大學西語系教授俞大絪不堪受辱，1966 年 8 月 25 日自殺。

朱家驊：政權轉換之際，曾任行政院副院長職務。赴臺後，辭去政治職務，以代理中研院院長職務一意重建臺灣學術研究中心，不意 1957 年 8 月被蔣介石強令辭職。此後還曾想捲土重來，一洗從未正式擔任中研院院長之恥，雖票選名列前茅，但仍被蔣介石拋棄。1963 年 1 月 3 日病逝，享年 70 歲。

李四光：曾任中科院副院長、地震委員會主任，地質工作計劃指導員會主任、地質部部長，全國石油地質委員會主任、地質部地質力學所所長，科聯主席、科協主席，九大中共中央委員、國務院科教組組長，全國政協副主席等，地質力學理論曾風靡一時。1971 年 4 月 29 日去世，享年 82 歲。有李四光地質科學獎、紀念館等，2009 年編號 137039 小行星命名為「李四光星」。

翁文灝：1951 年經香港回國，曾任全國政協委員、民革中央委員等，主要從事翻譯工作，文革得特別保護僅受稍許衝擊，但「戰犯」身份使晚年生命歷程中的遭際可以想像，特別是諸如長子不堪受辱自殺這類白髮人送黑髮人的人生大悲。1971 年 1 月 27 日病逝，享年 82 歲。

黃汲清：曾任西南地質調查所所長、西南地質局局長、地質部石油地質局總工程師，地質部地質科學院副院長、名譽院長等。創立多旋回構造運動學說，影響甚大。1995 年 3 月 22 日去世，享年 91 歲。中國地質學會設有黃汲清青年地質科學技術獎。

楊鍾健：歷任中科院編譯局局長，古脊椎動物研究室主任、古脊椎動物研究所所長兼北京自然博物館館長等。1979 年 1 月 15 日去世，享年 82 歲。2001 年雲南祿豐恐龍出土地塑像。

謝家榮：歷任華東工業部礦產測勘處處長、地質工作計劃指導委員會副主任兼計劃處處長，地質部地礦司總工程師、普查委員會總工程師、地質礦產所副所長、地質研究所副所長等。1957 年被打成右派，文革中不堪受辱，1966 年 8 月 14 日服安眠藥自殺，享年 67 歲。旋，其妻吳鏡儂亦以同樣方式離世。

竺可楨：參與籌組中科院，任副院長兼計劃局局長，全面主持

對中研院與北平研究院等機構的接收重組工作，同時參與「科代籌」常委會的運作，擔任科普副主席。後曾任中科院生物地學部主任、自然資源綜合考察委員會主任、科協副主席等。也曾經歷翁文灝一樣的悲劇，大兒子竺津被劃為右派，1961 年在勞教農場去世。1974 年 2 月 7 日去世，享年 84 歲。

周仁：歷任中科院工學實驗館館長、冶金陶瓷所所長、硅酸鹽與工學所所長、華東分院副院長，上海科技大學校長等。文革中遭受迫害，致使一眼瞎一腿瘸，仍遭隔離審查。1973 年 12 月 3 日去世，享年 81 歲。

侯德榜：歷任永利化學工業公司總經理、全國政協委員、中央財經委員會委員，化工部副部長，科聯副主席、科協副主席等。1974 年 8 月 26 日去世，享年 84 歲。

茅以升：曾任北方交通大學校長，鐵道部技術研究所所長、鐵道科學研究院院長，科普副主席、科協副主席、全國政協副主席等，主持設計武漢長江大橋、重慶石板坡長江大橋，1982 年當選美國工程院外籍院士。1989 年 11 月 12 日去世，享年 93 歲。2006 年，銅像在其母校美國卡內基梅隆大學落成，西南交通大學也有塑像。

凌鴻勳：曾任臺灣大學教授、臺灣中國石油公司董事長、新竹交通大學電子研究所籌備主任等。1981 年 8 月 15 日去世，享年 87 歲。新竹清華大學有「竹湖」「竹軒」「竹銘館」等予以紀念。

數理組 27 人中出走海外 6 人，比例 22%。留居大陸的院士不少人成為領導型學術人才，特別是李四光、竺可楨、吳有訓是中科院成立初期領導人（副院長），華羅庚、趙忠堯、吳學周、莊長恭、楊鍾健、周仁等為各研究所主持人，華羅庚、嚴濟慈文革後為中科院副院長；不少人也是教育系統領導人，或教育部領導或大學校長，葉企孫清華大學校務委員會主任、吳有訓交通大學校務委員會主任、曾昭掄教育部副部長、蘇步青復旦大學校長、嚴濟慈中國科技大學校長、茅以升北方交通大學校長；也有人是相關部委領導或科研機構領導或技術領導，李四光是地質系統第一人，黃汲清、謝家榮也在地質系統呼風喚雨，侯德榜是化工界、茅以升是鐵路系統技術領頭人。說明數理組不少院士是新的政權系統需要依靠與借重的人物，但隨著時勢的變化，各種政治運動特別是文革劫難的降臨，不少也就進入晚期生命的絕對黑暗隧道。謝家榮 1957 年

成為右派並在文革初期自殺，饒毓泰也在清理階級隊伍中自殺，許寶騄、曾昭掄、周仁在文革遭受迫害，因病不能得到及時救治去世，葉企孫身心受到嚴重摧殘，也於 1977 年逝世，可以說上述 6 人都因文革而離開人世，占留居大陸的 21 位院士的 28.6%，幾近三成。當然，其他人除少數受到保護者外文革中也遭受衝擊，科研工作的開展自然不可企及。度過文革劫難，因「科學之春」時代所需，不少人成為國家領導人，全國政協副主席有華羅庚、蘇步青、茅以升，全國人大副委員長有嚴濟慈。

因受環境與各種因素所限制，留居大陸的 21 位院士中，除年歲較輕的華羅庚、黃汲清在科研上有所突破，取得重要學術成就外，其他人幾乎無所作為。而流落海外的 6 位院士，吳憲英年早逝，朱家驊也因政治受挫年僅 70 歲就去世，其他人陳省身、吳大猷作為數學、物理的代表性人物，不僅做出了非常重要的科研成就而且也在學術布局與領導上也有重要貢獻。即使李書華、凌鴻勳這樣的老一輩也「老有所為」，發表論文，回憶過往為歷史作見證（凌鴻勳有《凌鴻勳先生訪問記錄》）。

另一值得注意的現象是，總體上院士們都長壽，遠超同時代的平均壽命。許寶騄 60 歲，年歲最小，蘇步青 101 歲，壽命最長；60～70 歲許寶騄（60）、吳憲（66）、謝家榮（67）、莊長恭（68）、曾昭掄（68）、朱家驊（70）等 6 人；71～80 歲華羅庚（75）、饒毓泰（77）、葉企孫（79）、吳有訓（80）等 4 人，81～90 歲吳學周（81）、周仁（81）、李四光（82）、翁文灝（82）、楊鍾健（82）、竺可楨（84）、侯德榜（84）、凌鴻勳（87）、姜立夫（88）、李書華（89）等 10 人，91 歲以上黃汲清（91）、陳省身（93）、吳大猷（93）、茅以升（93）、嚴濟慈（95）、趙忠堯（96）、蘇步青（101）等 6 人，81～90 歲居然有 10 人之多，91 歲以上也有 7 人，平均年齡高達 81.9 歲。

生物組

　　王家楫：中科院水生生物所所長兼武漢分院（中南分院）副院長等。文革遭受迫害，被疑為軍統、中統特務，毒打至昏厥。1976 年 12 月 19 日去世，享年 78 歲。武漢市湖北科技名人雕塑園有塑像。

　　伍獻文：中科院水生生物所副所長、所長、名譽所長，武漢分院院長，湖北人大副主任等，著有《中國鯉科魚類志》上下卷。文革期間遭到幽禁與迫害，被迫停止工作。1985 年 4 月 3 日去世，享年 85 歲。武漢市湖北科技名人雕塑園有塑像。

貝時璋：曾參與中科院籌備，歷任中科院實驗生物所所長，生物物理所所長、名譽所長，中國科技大學生物物理系主任等，曾任全國人大常委。2009 年 10 月 29 日去世，享年 106 歲，是所有院士最高壽者。2003 年編號 36015 小行星命名為「貝時璋星」，生物物理所有塑像。

秉志：復旦大學教授，中科院水生生物所、動物所研究員。1965 年 2 月 21 日去世，享年 79 歲。中科院動物所有秉志獎學金和塑像。

陳楨：清華大學生物系主任兼中科院動物標本整理委員會主任，院系調整任北京大學生物系教授，1953 年調中科院，歷任動物研究室主任、動物所所長。1957 年 11 月 15 日去世，享年 63 歲。

童第周：中科院實驗生物所副所長、海洋所所長、動物所所長、生物學部主任等，也曾任山東大學副校長。1963 年成功克隆鯉魚，成為中國克隆奠基人。文革中受到衝擊，1970 年恢復工作，1978 年任中科院副院長、全國政協副主席。1979 年 3 月 6 日，在浙江科學大會上做報告時，心臟病發作暈倒在講臺上，3 月 30 日在北京去世，享年 77 歲。家鄉有塑像。

胡先驌：中科院植物分類所、植物所研究員。因反對李森科主義而受到批判，反右運動中成為「不用戴帽的右派」。文革中遭受迫害，1968 年 7 月 16 日在北京去世，享年 74 歲。1984 年墓園修建於廬山植物園。

殷宏章：1951 年回國，歷任中科院實驗生物所研究員，植物生理所副所長、所長、名譽所長等，從事光合作用研究取得成就。文革期間遭受迫害，曾在農場幹最髒最累的活，「經常與豬馬同寢」。1992 年 11 月 30 日在上海去世，享年 84 歲。

張景鉞：北京大學植物系主任，院系調整後任生物系主任。文革中與妻子崔之蘭長期遭受迫害。1975 年 4 月 2 日去世，享年 80 歲。妻子 1971 年 5 月 2 日去世。

錢崇澍：中科院植物分類所、植物所所長，主持《中國植物志》編撰工作，曾任全國人大、政協常委。1965 年 12 月 28 日去世，享年 82 歲。

戴芳瀾：清華大學農學院植物病理系主任，北京農業大學教授，

中科院植物所真菌病害研究室主任、應用真菌學所所長、微生物所所長等。文革中遭受批判,並被驅離北京改造。1973 年 1 月 3 日去世,享年 80 歲。中國菌物學會設有戴芳瀾獎,武漢市湖北科技名人雕塑園有塑像。

羅宗洛:中科院實驗生物所植物生理室主任、植物生理所所長。大躍進期間懷疑高產衛星,文革受迫害,被關監獄六年,身心受到摧殘,科研工作中斷,撰寫回憶錄,1972 年恢復工作,籌劃設立細胞研究室。1978 年 10 月 26 日去世,享年 80 歲。中科院上海植物生理所有塑像。

李宗恩:協和醫學院院長,反右運動中被劃為右派,發配至昆明醫學院當內科門診醫生,後轉任圖書館資料員。1962 年 3 月(具體時日不曉)在昆明去世,享年 68 歲。2021 年北京協和醫學院塑像。

袁貽瑾:先後任世界衛生組織結核病資源辦公室部門主任、聯合國兒童基金會醫學主任等。後轉臺灣,曾任臺灣大學教授、中研院總幹事等。2003 年 3 月 22 日去世,享年 104 歲。

張孝騫:北京協和醫學院內科主任、中國醫科大學副校長、中國醫學科學院副院長等。文革期間被打成「反對學術權威」「美國特務」,備受侮辱和折磨。1987 年 8 月 8 日去世,享年 90 歲。湘雅醫學院有塑像和「孝騫樓」。

陳克恢:美國禮來藥廠研究部主任兼印第安納大學醫學院教授。曾任國際藥理聯合會名譽主席等,1987 年美國實驗生物學聯合會將新建會議中心命名為「陳克恢會堂」(The K. K. Chen Auditorium)。1988 年 12 月 12 日在美國舊金山去世,享年 90 歲。

吳定良:浙江大學人類學系主任、人類學研究所所長,1952 年院系調整到復旦大學,任生物系人類學教研室主任。文革中作為「反動學術權威」被抄家、批鬥、停發工資,1969 年 3 月 24 日去世,享年 75 歲。

汪敬熙:1948 年赴巴黎任聯合國教科文組織國際科學合作組主任,1953 年赴美國,先後在霍普金斯和威斯康星大學從事科研。1968 年 6 月 30 日因不堪病痛自殺,享年 75 歲。

林可勝:1949 年赴美,曾任芝加哥伊利諾伊大學客座教授、內

布拉斯加州克雷頓大學生理及藥學系教授。1952 年任印第安那州邁爾斯實驗室主任，通過狗的脾臟交叉灌流實驗，首次證明了阿司匹林鎮痛作用於外周神經，這是鎮痛與阿司匹林研究的里程碑。〔註47〕1956 年當選美國科學院院士。1969 年 7 月 8 日去世，享年 72 歲。北京協和醫學院有「可勝大樓」。

湯佩松：清華大學農學院院長、北京農業大學副校長，1952 年調中科院，曾任上海植物生理所研究員，植物所研究員、副所長、所長、名譽所長等。文革期間飽受折磨，曾因特務嫌疑遭到關押，後流放河南五七幹校。2001 年 9 月 6 日去世，終年 98 歲。

馮德培：歷任中科院生理生化所所長、生理所所長、華東分院（上海分院）副院長、副院長兼生物學部主任等。在中樞神經系統方面展開研究取得成就，1986 年當選美國科學院外籍院士。曾任全國政協常委、上海市政協副主席。1995 年 4 月 10 日去世，享年 88 歲。中科院上海生命科學研究院有塑像。

蔡翹：南京大學醫學院院長，1952 年任第五軍醫大學校長，1954 年任軍事醫學科學院副院長、學術委員會主任等。文革期間遭受迫害，1978 年恢復工作。1990 年 7 月 29 日去世，享年 93 歲。2011 年編號 207681 小行星命名為「蔡翹星」，南京大學有塑像。

李先聞：任職臺灣糖業公司，從事甘蔗育種改良，被譽為「半仙」「甘蔗之神」「Sugar Li」。曾任中研院植物所所長、生物研究中心主任，從事水稻誘變育種研究獲選水稻矮稈品系。1976 年 7 月 4 日在臺北去世，享年 74 歲。

俞大紱：歷任北京農業大學教授、副校長、校長，曾任全國政協常委。從事蘋果樹腐爛病、穀子紅葉病、柑桔潰瘍病防治和微生物遺傳學、赤黴菌研究等，取得相當成就。文革中遭受迫害，被折磨至右眼失明。1993 年 5 月 15 日去世，享年 92 歲。中國農業大學有塑像和「俞大紱獎助學金」。

鄧叔群：瀋陽農學院教務長、副院長，中科院真菌學所、微生物所副所長，創建中科院中南真菌研究室。因是鄧拓胞兄，文革中

〔註47〕饒毅：《回憶中國生命科學之父——林可勝》，微信公眾號「賽先生」2020 年 4 月 26 日。

被扣上「三家村黑幫」「三家村科學顧問」「學閥」「反革命分子」等帽子，1970 年 5 月 10 日被迫害致死，享年 68 歲。廣東省微生物所有塑像。

生物組 25 人，有 5 人留居海外，占 20%。留居大陸的 20 人與數理組不少人作為學術性領導人、執掌國家科學發展權力不同，生物組院士們的學術領導崗位主要是研究所所長或大學系科主任、也有少數大學副校長、校長，只有童第周、馮德培文革後曾出任中科院副院長，童第周還曾擔任全國政協副主席。相對數理組院士們的特出學術領導職務與政治地位，生物組院士群體總體地位較低，也有秉志、胡先驌這樣的老一輩僅僅是研究所「普通一兵」而已。與數理組不少人因地位特出，文革中受到保護不同，生物組院士基本上都曾受到迫害，鄧叔群被毆打致死，王家楫、張景鉞、吳定良乃至胡先驌等 4 人的去世都與文革迫害直接相關，但與數理組有兩人不堪受辱自殺不同，生物組無一人「自絕於人民」。「大右派」李宗恩去世的具體時日都不能確定，可見一代熱帶病學宗師生命最後之際的絕望與孤苦。與數理組一樣，年歲較輕的院士們克服各種外在因素也做出了一些成就，如童第周的鯉魚克隆、殷宏章的光合作用、馮德培的中樞神經、俞大紱的病蟲害防治研究等。而流落海外的 5 人中，林可勝與李先聞都取得相當突出的科研成就，陳克恢一直在禮來藥廠，袁貽瑾往來於聯合國與臺灣，汪敬熙自殺令人唏噓。

生物組有兩位院士是所有院士最長壽者，分別是留居大陸的貝時璋 106 歲，出走的袁貽瑾 104 歲，平均 82.2 歲，比數理組高一點點。70 歲以下陳楨（63）、李宗恩（68）、鄧叔群（68）3 人；71～80 歲林可勝（72）、胡先驌（74）、李先聞（74）、吳定良（75）、汪敬熙（75）、童第周（77）、王家楫（78）、秉志（79）、張景鉞（80）、戴芳瀾（80）、羅宗洛（80）等 11 人；81～90 歲錢崇澍（82）、殷宏章（84）、伍獻文（85）、馮德培（88）、張孝騫（90）、陳克恢（90）等 6 人，91 歲以上俞大紱（92）、蔡翹（93）、湯佩松（98）、袁貽瑾（104）、貝時璋（106）等 5 人。與數理組 81～90 歲人最多不同，生物組 71～80 歲人數最多。

人文組

吳敬恒：國民黨中央評議委員、總統府資政等。1953 年 10 月 30 日去世，享年 88 歲。有塑像、吳稚暉公園，輯有《吳稚暉全集》。

金岳霖：清華大學文學院院長、北京大學哲學系主任、中科院

哲學所副所長、中國社科院哲學所副所長等。文革作為「反動學術權威」被批鬥。1984 年 10 月 19 日去世，享年 89 歲。中國邏輯學會設有「金岳霖學術獎」。

湯用彤：北京大學校務委員會主任、北京大學副校長、全國政協常委。1964 年 5 月 1 日去世，享年 71 歲。有「湯用彤國學獎」，家鄉有紀念館。

馮友蘭：清華大學文學院院長，向毛澤東懺悔辭職。院系調整後任北京大學哲學系教授，積極配合形勢，參與政治運動。文革期間作為「反動學術權威」被抄家、關牛棚。後謳歌毛澤東，1973 年成「梁效」寫作班子顧問，文革後被關押審查。撰成七卷本《中國哲學史新編》。1990 年 11 月 26 日去世，享年 95 歲。家鄉有紀念館。

余嘉錫：中科院語言所專門委員。1952 年腦溢血，1955 年 1 月 23 日去世，享年 71 歲。

胡適：1949 年 4 月赴美斡旋不成留居美國，1950 年任普林斯頓大學葛思德東亞圖書館館長，1952 年任聯合國教科文組織世界人類科學文化史編輯委員會委員，1954 年任光復大陸設計委員會副主任，1958 年回臺任中研院院長，1959 年任國科會主任。1962 年 2 月 24 日去世，享年 71 歲。家鄉故居為安徽省重點文物保護單位，臺北有胡適紀念公園等。

張元濟：曾任上海文史館館長，眼見商務印書館成為國家事業後，於 1959 年 8 月 14 日逝世，享年 92 歲。家鄉有張元濟圖書館。

楊樹達：湖南大學教授，院系調整後任湖南師範學院教授，兼任湖南省文史館館長、湖南省文物委員會委員、中科院語言文字專門委員等。1956 年 2 月 14 日去世，享年 71 歲。

柳詒徵：1949 年春赴滬，後任上海文物管理委員會委員兼圖書組組長。1956 年 2 月 3 日在上海去世，享年 76 歲。

陳垣：輔仁大學校長，1952 年院系調整後任北京師範大學校長，1954 年兼任中科院歷史所第二所所長。積極參與政治運動，1959 年 1 月 28 日加入中共。文革中被抄家和軟禁。1971 年 6 月 21 日去世，享年 91 歲。家鄉故居為廣東省文物保護單位。

陳寅恪：嶺南大學教授，院系調整任中山大學教授，1960 年任

中央文史館副館長。撰成《論再生緣》《柳如是別傳》等。1969 年 10 月 7 日去世，享年 79 歲。

顧頡剛：上海市文物管理委員會委員、上海圖書館籌備委員、復旦大學教授，中科院歷史第一所、中國社科院歷史所研究員，全國政協文史資料委員會副主任等。1980 年 12 月 25 日去世，享年 87 歲。

傅斯年：中研院史語所所長兼臺灣大學校長。1950 年 12 月 20 日去世，享年 54 歲，是所有院士年壽第三短者。家鄉有「傅斯年陳列館」。

李方桂：西雅圖華盛頓大學教授，夏威夷大學客座教授、教授，1973 年回臺灣任職中研院史語所，曾任臺灣大學客座教授。著有《比較臺語手冊》等一系列語言學著作。1987 年 8 月 21 日在美國加州去世，享年 85 歲。

趙元任：伯克利加州大學教授、東方學系主任，密西根大學講座教授等，著有《語言問題》《中國話的文法》《語言與符號系統》等，曾任美國東方學會會長。1982 年 2 月 24 日在美國麻省劍橋去世，享年 90 歲。伯克利加州大學有趙元任基金會，家鄉有塑像。

梁思永：中科院考古所副所長（主持工作）。1954 年 4 月 2 日去世，享年 50 歲，是所有院士中年壽第二短者。

郭沫若：中科院院長兼歷史所第一所所長、哲學社會科學部主任，中國科技大學校長，中央人民政府委員、政務院副總理兼文教委主任，中共中央委員，全國政協副主席、全國人大副委員長等。緊跟時勢潮流，著有《蔡文姬》《武則天》《李白與杜甫》等。文革初期被批判，但很快被特別保護，一子自殺、一子被毆打致死。1978 年 6 月 12 日去世，享年 86 歲。

李濟：臺灣大學考古人類學系主任，中研院史語所所長、代理院長等。1979 年 8 月 1 日在臺北去世，享年 83 歲。有「發現中國——李濟考古學獎學金」。

董作賓：歷任臺灣大學教授、中研院史語所所長、香港大學東方文化研究院研究員、中研院史語所甲骨研究室主任等，著有《甲骨學五十年》《中國年曆總譜》等。1963 年 11 月 23 日去世，享年 68 歲。

　　梁思成：清華大學建築系主任兼北京市都市計劃委員會副主任、建築科學研究院建築理論與歷史研究室主任、北京市城市建設委員會副主任等，曾任北京市政協副主席、全國人大常委。保護北京古建築和城牆計劃未能實現。文革中被批判、抄家、遊街，1972年1月9日去世，享年71歲。中國建築學會有「梁思成建築獎」。

　　王世杰：歷任總統府秘書長、國民黨中央評議委員、行政院政務委員、中研院院長兼國科會主任、總統府資政等。1981年4月21日去世，享年90歲。

　　王寵惠：臺灣立法院院長，東吳大學董事長。1958年3月15日去世，享年77歲。東吳大學有「寵惠堂」。

　　周鯁生：中南軍政委員會委員兼文教會副主任、外交部顧問、外交學會副會長、全國人大法案委員會副主任等。文革期間曾被抄家。1971年4月20日去世，享年82歲。武漢大學有塑像。

　　錢端升：北京大學法學院院長，院系調整籌建北京政法學院並任院長，曾任外交學會副會長、對外友協副會長、外交部顧問等。參與1954年第一部憲法起草工作，1957年被劃為右派，文革中受迫害。1990年1月21日去世，享年90歲。

　　蕭公權：臺灣大學教授、西雅圖華盛頓大學遠東研究所客座教授，撰成《中國鄉村：論十九世紀的帝國控制》《近代中國與新世界：康有為變法與大同思想研究》等。1981年11月4日去世於西雅圖，享年84歲。

　　馬寅初：浙江大學校長、北京大學校長，先後兼任中央人民政府委員、政務院財政經濟委員會副主任、華東軍政委員會副主任等，曾任全國人大、政協常委。北京大學校長任上主動要求思想改造，引發了影響深遠的知識分子改造運動，1957年因「人口論」等學說被劃為右派，並引發大批判，最終被迫於1960年辭去校長職務。1982年5月10日去世，享年一百歲。家鄉舊居被改造為紀念館。

　　陳達：清華大學教授，院系調整，先後任中央財經學院、中國人民大學教授，中央勞動幹部學校教授兼副校長等。1952年社會學被取消時，他曾表示強烈反對。1957年提出恢復社會學，不僅遭到無情批判，並被劃為右派。1975年1月16日去世，享年83歲。

陶孟和：中科院副院長兼出版編譯局局長、圖書館館長等。雖然當選學部委員，但社會學被禁，他領導的中研院社會研究所相關部門自然也被拆散並改名經濟研究所，自己在中科院也逐漸被邊緣化，反右運動時曾說「反右鬥爭對知識分子是一場浩劫」，背上沉重「思想包袱」。1960 年 4 月 17 日在上海出席中科院學部大會時突發心臟病去世，享年 73 歲。竺可楨在日記中說：「這次孟和可以不死。他當初決定不參加上海學部會議，因一則十多年未出遠門，二則這次是自然科學的學部會議。但以形勢所迫，不得〔不〕隨大眾躍進。再加十六日參觀閔行時間局促，形勢緊張，又逼得要快速參觀，以致舊病復發。」〔註48〕

人文組 28 位院士有 10 人離開了大陸，比例高達 36%。留居大陸 18 人中，湯用彤、余嘉錫、張元濟、楊樹達、柳詒徵、梁思永、陶孟和等 7 人在文革前去世，陳垣、陳寅恪、梁思成、周鯁生、陳達等 5 人文革中去世，只有金岳霖、馮友蘭、顧頡剛、郭沫若、錢端升、馬寅初等 6 人度過了文革劫難。與數理組、生物組各僅一個右派不同（謝家榮、李宗恩），人文組有錢端升、馬寅初、陳達三個右派，占六分之一。與數理組院士似乎「異曲同工」，郭沫若是中科院院長、陶孟和是副院長，也有不少的大學校長、副校長，湯用彤任北京大學副校長、陳垣任北京師範大學校長、錢端升是北京政法學院首任院長、馬寅初任北京大學校長、陳達任中央勞動幹部學校副校長等，郭沫若更成為整個院士群體政治地位第一人，充分顯示了他們也是新建政權所依靠的群體。在學術研究上，除緊跟時潮的馮友蘭、郭沫若外，雙目失明的陳寅恪撰成《論再生緣》《柳如是別傳》等、顧頡剛有所撰著外，其他人難見作為。

流落海外 10 位院士，政治人物吳稚暉、王世杰、王寵惠還是混跡於政壇，胡適往來美臺之間為臺灣學術發展貢獻甚大，董作賓撰《甲骨學五十年》、李濟著《安陽》都有總結一生學術的意思，自然以在美國任教的趙元任、李方桂和蕭公權學術成就最大，特別是蕭公權巨著《中國鄉村：論十九世紀的帝國控制》已成為研究傳統帝國對地方控制的經典著作，是他《中國政治思想史》外另一中國史研究標杆。

留居大陸 18 人中，梁思永得年僅 50 歲，馬寅初高壽 100 歲，居然有 4 人同為 71 歲。70 歲以下僅梁思永，71～80 歲有湯用彤（71）、余嘉錫（71）、楊

〔註48〕樊洪業主編：《竺可楨全集》第 15 卷，第 650 頁。

樹達（71）、梁思成（71）、陶孟和（73）、柳詒徵（76）、陳寅恪（79）等 7 人，
81～90 歲有周鯁生（82）、陳達（83）、郭沫若（86）、顧頡剛（87）、金岳霖
（89）、錢端升（90）等 6 人，91 歲以上陳垣（91）、張元濟（92）、馮友蘭（95）
和馬寅初等 4 人，平均 80.9 歲。海外 10 位院士，傅斯年 54 歲，趙元任、王
世杰最高 90 歲，70 歲以下僅傅斯年、董作賓（68）兩人，71～80 歲也僅胡適
（71）、王寵惠（77）兩人，81～90 歲有李濟（83）、蕭公權（84）、李方桂（85）、
吳敬恒（88）、趙元任與王世杰等 6 人，平均 79 歲。留居大陸平均壽命比海外
約大兩歲，28 人總平均壽命 80.25 歲。

　　數理組、生物組和人文組三組院士平均壽命生物組最高達 82.2 歲，人文
組最低也有 80.25 歲，加上 1949 年去世的薩本棟（47 歲），81 位院士的平均
壽命剛好為 81 歲，相比同時代的平均期望壽命，這絕對是一個高壽命群體，
雖然也有薩本棟、梁思永、傅斯年這樣的低於 60 歲的「英年早逝」者。特別
值得注意的是，留居大陸的 59 位院士，大多數人都曾經歷過各種政治運動，
特別是十年文革的「煉獄」，但享年 90 歲及以上數理組有黃汲清、茅以升、嚴
濟慈、趙忠堯、蘇步青等 5 人，生物組有張孝騫、俞大紱、蔡翹、湯佩松、貝
時璋等 5 人，人文組有錢端升、陳垣、張元濟、馮友蘭、馬寅初等 5 人，共有
15 人之多，比例高達 25%；海外也有陳克恢、趙元任、王世杰、陳省身、吳
大猷、袁貽瑾發 6 人，比例更高 29%。特別是馬寅初 100 歲、蘇步青 101 歲、
袁貽瑾 104 歲、貝時璋 106 歲，經過如是之多的戰亂與困苦，他們卻挺立在人
世間，看盡風風雨雨，潮來潮往。

四、學術與命運（二）：未當選院士的正式候選人群像

　　中研院經過千辛萬苦確立的 150 名正式候選人，無論從哪個方面看都是
民國學術發展的代表性群體，當選群體已得到各界的足夠關注，而落選的 69
人卻相對「寂寞」。其實，正如前面的研究所顯示那樣，除那些具有特出的研
究者以外，其他人的當選與否往往有多種因素的作用與影響，取捨僅在投票人
閃念之間。因此，未當選的候選人也是民國學術研究中值得關注的一個群體，
這裡僅僅介紹他們的大致簡介，他們作為個體和一個群體的家國命運需要學
界的共同努力。

數理組

　　江澤涵（1902～1994）：安徽旌德人。南開大學理學士，哈佛大

學博士。終身任教北京大學，長期擔任數學系主任，期間曾短期在普林斯頓高等研究院、蘇黎世高等理工學院訪問研究。拓撲學家，主要從事不動點理論、莫爾斯理論、複迭空間與纖維叢等領域研究並取得突出成就，1955 年當選學部委員。1994 年 3 月 29 日去世，享年 92 歲。

陳建功（1893～1971）：浙江紹興人。東北帝國大學博士。曾任浙江工業專門學校、武昌高等師範學校、浙江大學、復旦大學教授，臺灣大學代理校長兼教務長，中研院、普林斯頓高等研究院研究員，杭州大學副校長等。函數論家，研究領域包括三角級數論、正交函數級數、單葉函數論、擬似共形映照和函數逼近論，1955 年當選學部委員。文革中遭受迫害，1971 年 4 月 11 日在杭州去世，享年 78 歲。

熊慶來（1893～1969）：雲南彌勒人。法國國家博士。先後擔任東南大學和清華大學算學系主任，長期擔任雲南大學校長。1949 年赴法出席聯合國教科文組織會議，留居法國從事科研。1957 年回國，任中科院數學所函數研究室主任。致力於複變函數值分布理論研究，特別是熊氏無窮極成為研究無窮極整函數與亞純函數基本工具。文革中遭受殘酷迫害，1969 年 2 月 3 日去世，享年 76 歲。家鄉故居為全國重點文物保護單位。

周培源（1902～1993）：江蘇宜興人。清華學校畢業，加州理工學院博士。長期擔任清華大學教授，曾任教務長、校務委員會副主任，期間曾短期在普林斯頓高等研究院、加州理工學院從事研究。1952 年院系調整任教北京大學，歷任教務長、副校長、校長等，還曾任中科院副院長、中國科協主席、九三學社中央主席、全國政協副主席等。力學家、理論物理學家，中國近代力學事業奠基人之一，主要從事流體力學中湍流理論和廣義相對論的引力論研究，1955 年當選學部委員。1972 年曾因提倡基礎研究受到批判。1993 年 11 月 24 日去世，享年 91 歲。有周培源基金會（設有力學獎、物理獎等），北京大學有塑像。

桂質庭〔註49〕（1895～1961）：湖北沙市人。早年曾就讀上海聖約翰大學，後考入清華學校，1914 年畢業留美，先後就讀耶魯大學、

〔註49〕1949 年後改用「廷」，全書統一為「庭」。

康奈爾大學，1920 獲碩士。回國曾任教協和醫學院、雅禮大學。1923
年再度留美，1925 年獲普林斯頓大學博士。回國曾任教東北大學、
滬江大學，1930 年任教華中大學，曾任物理系主任、理學院院長。
1939 年任教武漢大學，曾任物理系主任、理學院院長，期間曾於 1943
～1945 年訪美。1949 年後，曾負責籌建中科院武昌電離層觀測臺和
武昌地磁臺。中國電離層研究奠基人和地磁研究開拓者。1961 年 10
月 24 日在武漢去世，享年 66 歲。

朱汝華（1906～1991）：江蘇太倉人，正式候選人中唯一女性。
中央大學理學士，密西根大學博士。曾任中研院助理員、北京大學
和西南聯大教授，1943 年赴美休假，1947 年 7 月曾代表中國化學會
出席英國化學會成立一百週年紀念會。留居美國，曾任芝加哥大學
教授等。諾貝爾獲得者朱棣文二姑媽，丈夫朱振鈞，曾任職中研院
化學所。

紀育灃（1899～1982）：浙江鄞縣人。滬江大學學士，耶魯大學
博士。曾任武昌大學、東北大學、廈門大學、浙江大學、廣西大學、
上海醫學院、西南聯大等校教授，雷士德醫學研究院、中研院、北
平研究院研究員，中科院化學所、藥物所研究員，北京化學試劑研
究所副所長等。有機化學家，對嘧啶化學有一定貢獻，對中藥也有
研究，1955 年當選學部委員。1982 年 5 月 18 日去世，享年 83 歲。

孫學悟（1888～1952）：字穎川，山東文登人。曾就讀早稻田大
學、聖約翰大學，哈佛大學博士。曾短期任職南開大學、開灤煤礦，
長期任職久大鹽業公司，創辦黃海化學工業研究社並擔任社長。中
國化工科技事業開拓者，開創中國無機應用化學、有機應用化學及
細菌化學研究。1952 年 6 月 15 日去世，享年 64 歲。

黃子卿（1900～1982）：廣東梅縣人。清華學校畢業，麻省理工
學院博士。曾任協和醫學院助教，長期擔任清華大學教授，期間曾
短期任加州理工學院客座教授。院系調整任北京大學教授。物理化
學家，從事電化學、生物化學、熱力學和溶液理論等方面的研究，
1955 年當選學部委員。1982 年 7 月 23 日去世，享年 82 歲。

尹贊勳（1902～1984）：簡歷參見第二章。古生物學家、地層學
家，奠定了中國志留紀地層學、地史學基礎，1955 年當選學部委員。

1984 年 1 月 27 日去世，享年 82 歲。中國古生物學會設立「尹贊勳地層古生物學獎」。

王竹泉（1891～1975）：字雲卿，河北交河人。農商部地質研究所畢業，威斯康星大學碩士。曾任地質調查所技師、技正，北京大學教授，燃料工業部煤礦管理總局地質主任、地質處主任工程師，煤炭工業部地質總局、地質司、基建辦公室地質總工程師等。區域地質學家、煤田地質學家，中國煤田地質學奠基人，1957 年當選學部委員。1975 年 7 月 24 日去世，享年 84 歲。

李善邦（1902～1980）：廣東興寧人。東南大學學士，東京帝國大學、波茨坦地球物理所、加州理工學院等學習考察。長期任職地質調查所，主持地震工作。1949 年後曾任中科院地球物理所地震研究室主任、代所長，中科院地震工作委員會綜合組組長、儀器委員會副主任等。中國現代地震學奠基人、中國地球物理勘探重要開創者，文革期間身心受到嚴重摧殘，但仍抱病完成 50 餘萬字的《中國地震》。1980 年 4 月 29 日去世，享年 78 歲。北京西郊鷲峰山有塑像。

孟憲民（1900～1969）：字應鼇，江蘇武進人。清華學校畢業，麻省理工學院碩士。曾任中研院地質所研究員、箇舊錫礦工程處主任、清華大學教授，地質部地質礦產司副司長、礦物原料研究所所長、地質科學院副院長等。地質學家、礦床學家，發現香花石，最早對礦床同生論和層控礦床進行研究推廣，1955 年當選學部委員。文革中遭受迫害，1969 年 2 月 18 日去世，享年 69 歲。

俞建章（1899～1980）：簡歷參見第二章。古生物學家、地層學家，專長晚古生代地層及四射珊瑚化石研究，1955 年當選學部委員。文革中遭受迫害，曾落戶吉林遼源農村，1972 年回長春。1980 年 10 月 3 日在長春去世，享年 81 歲。

孫雲鑄（1895～1979）：字鐵仙，江蘇高郵人。北京大學畢業，哈勒大學博士。長期任教北京大學，曾任地質系主任、西南聯大地質地理氣象系主任，地質部教育司司長、地質礦產研究所副所長、地質科學院副院長等。中國古生物學奠基人之一，在三葉蟲、頭足類、筆石、菊石、珊瑚等化石研究上成果突出，1955 年當選學部委

員。文革中遭受迫害，發配江西峽江五七幹校勞動改造。1979 年 1
月 6 日去世，享年 84 歲。

　　王寵佑（1879～1958）：字佐臣，廣東東莞人，生於香港。北洋
大學堂畢業，哥倫比亞大學碩士。曾任大冶鐵礦經理、漢口煉銻公
司總工程師、漢冶萍鐵廠廠長、揚子江工程局工程師、漢口商品檢
驗局局長、雲南鋼鐵廠籌委會主任等。1941 年赴美，任華昌公司研
究室主任等職。1958 年 8 月 31 日於美國紐約去世，享年 79 歲。

　　汪胡楨（1897～1989），字幹夫，浙江嘉興人。河海專門學校畢
業，康奈爾大學碩士。曾任太湖流域水利工程處、浙江水利局副總
工程師，導淮委員會工務處設計組主任工程師、經濟委員會水利處
設計科長、錢塘江海塘工程局副局長兼總工程師、華東軍政委員會
水利部副部長、淮河水利工程局副局長、水利部北京勘察設計院總
工程師、三門峽工程局總工程師、水利水電學院院長等。水利工程
專家，1955 年當選學部委員。1989 年 10 月 13 日去世，享年 92 歲。
家鄉故居被列為浙江省文物保護單位。

　　施嘉煬（1902～2001），福建閩侯人。清華學校畢業，麻省理工
學院機械工程碩士、康奈爾大學土木工程碩士。長期任教清華大學，
曾任土木工程系主任、工學院院長、水利工程系水資源規劃教研室
主任等，曾在蘇聯莫斯科動力學院及列寧格勒水電設計院進修兩年。
水力發電學家、工程教育家。2001 年 12 月 23 日去世，享年 99 歲。

　　程孝剛（1892～1977），字叔時，江西宜黃人。江西高等學堂畢
業，美國普渡大學工學士。長期任職鐵路局、鐵道部及軍委會，曾
任機務處長、機廠廠長等。轉入教育系統，曾任交通大學校長，浙
江大學機械工程系主任、上海交通大學起重運輸機械系主任、副校
長等。機械工程專家，鐵路機車工業和運用管理開拓者，1955 年當
選學部委員。1977 年 8 月 1 日去世，享年 85 歲。

　　蔡方蔭（1901～1963）：江西南昌人。清華學校畢業，麻省理工
學院碩士。曾任東北大學、清華大學、西南聯大教授，中正大學工
學院院長兼土木系主任，南昌大學工學院院長，重工業部和二機部
顧問、總工程師，建築工程部建築科學研究院副院長兼總工程師等。
土木建築結構學家、力學專家，1955 年當選學部委員。1963 年 12

月 13 日去世，享年 62 歲。

羅忠忱（1880～1972），字建侯，福建閩候人，工程教育家。北洋大學堂肄業，康奈爾大學工學士、工程師學位。1912 年任教唐山鐵路學校（先後改名交通大學唐山學校、交通大學唐山工程學院、唐山鐵道學院等），曾任土木系主任、代理院長等。1972 年 1 月 8 日在唐山去世，享年 92 歲。

以上數理組共 21 人，朱汝華、王寵佑定居美國，孫學悟 1952 年去世，熊慶來 1957 年回國，剩下 17 人中 12 人當選 1955 年學部委員，1 人當選 1957 年學部委員，僅桂質庭和李善邦、施嘉煬、羅忠忱 4 人未能當選學部委員，當選比例超過 70%，這一群體在中國學術發展史地位實在不可輕忽。當然，與數理組院士群體不少人執掌學術發展大權相比，他們大多在相關機構或大學或任相關領導職務或任系主任甚至副校長、校長，只有周培源比較特出，溢出學術界，曾任全國政協副主席等。也有人在文革中遭受迫害致死如熊慶來、孟憲民等，或生病不能得到及時救治去世如陳建功等。

生物組

朱洗（1900～1962）：原名玉文，字玉溫，浙江臨海人。法國國家博士。歷任中山大學教授、北平研究院動物所研究員、上海生物研究所所長、琳山農校校長、臺灣大學動物系主任、北平研究院生理所所長，中科院實驗生物所發生生理室主任、副所長、所長。在實驗胚胎學、細胞學的理論研究上有卓越成就，對蓖麻蠶及家魚人工生殖也有重要貢獻，1955 年當選學部委員。1962 年 7 月 24 日去世，享年 62 歲。因曾反對消滅麻雀運動，文革期間被「曝屍」，直到 1978 年 11 月 26 日才重新安葬。中科院上海生命科學研究院有塑像。

胡經甫（1896～1972）：原名宗權，廣東三水人，生於上海。東吳大學理學士、碩士，康奈爾大學博士。曾任東南大學、東吳大學、燕京大學生物系教授、軍事醫學科學院研究員等，抗戰期間因赴美途中滯留菲律賓，就學菲律賓大學醫學院，曾在北京開業。中國昆蟲學奠基人之一，1955 年當選學部委員。1972 年 2 月 1 日去世，享年 76 歲。

陳世驤（1905～1988）：浙江嘉興人。復旦大學學士、巴黎大學博士。歷任中研院動植物所、動物所研究員，中科院實驗生物所昆

蟲室主任、昆蟲所所長、動物所所長等。從事進化生物學及昆蟲分類學理論研究與教學，1955 年當選學部委員。1988 年 1 月 25 日去世，享年 83 歲。

劉承釗（1900～1976）：原名承詔，字令擎，山東泰安人。燕京大學學士、碩士，康奈爾大學博士。曾任東北大學講師、東吳大學生物系主任、華西協合大學教授、燕京大學生物系主任、華西大學校長、四川醫學院院長等。長期從事兩栖類自然史研究並發現大量新種屬，1955 年當選學部委員。1976 年 4 月 9 日在成都去世，享年 76 歲。四川大學華西校區有塑像。

秦仁昌（1898～1986）：字子農，江蘇武進人。金陵大學畢業，丹麥、英國等國訪問研究。曾任東南大學助教、講師，中研院自然歷史博物館植物部主任，北平靜生生物所研究員、廬山植物園主任、雲南麗江工作站主任，雲南大學教授兼生物系、森林學系主任，中科院植物所植物分類與植物地理學室主任等。中國蕨類植物學奠基人之一，1955 年當選學部委員。1986 年 7 月 22 日去世，享年 88 歲。

裴鑑（1902～1969）：字季衡，四川華陽（今雙流）人。清華學校畢業，斯坦福大學博士。曾任中國科學社生物所研究員、技師、教授，中研院植物所研究員，中科院植物所華東工作站主任、中山植物園主任、南京植物所所長等。植物分類學家與藥物植物學家，致力於薯蕷、馬鞭草等科植物分類和藥物植物研究。1969 年 6 月 2 日在南京去世，享年 67 歲。

劉慎諤（1897～1975）：字士林，山東牟平人。保定留法高等工藝學校預備班，法國國家博士。歷任北平研究院植物所所長、東北農學院植物調查所所長、中科院林業土壤研究所副所長等，曾任國家科委林業組副組長、瀋陽市副市長等。植物分類學家、地植物學家和林學家，中國植物學科開拓者和奠基人之一。1975 年 11 月 23 日在瀋陽去世，享年 78 歲。中科院林業土壤所有塑像。

饒欽止（1900～1998）：四川重慶人。北京師範大學畢業，密執安大學博士。歷任中研院動植物所、植物所研究員，中科院水生生物所研究員、副所長等，曾任湖北省政協副主席等。中國藻類學奠基者之一，主要從事淡水藻類的分類、生態分布和地理分布研究。

1998 年 3 月 28 日在武漢去世，享年 98 歲。

胡正詳（1896～1968）：江蘇無錫人。1916 年入讀上海哈佛醫學校，翌年赴美，獲哈佛大學博士。長期任教北京協和醫學院，歷任助教、講師、裹教授、教授、病理系主任、教務長等，北京大學醫學院病理系主任，中國醫學科學院實驗醫學所病理系主任、副院長等。長期從事病理學研究，中國病理學奠基人之一。文革中深受迫害，1968 年 11 月 12 日自殺身亡，享年 72 歲。

洪式閭（1894～1955）：字百容，浙江樂清人。北京醫學專門學校畢業，漢堡熱帶病研究所進修。曾任北京醫科大學教授、江蘇醫學院寄生蟲所所長、臺灣大學熱帶病所所長、浙江衛生實驗院院長、浙江衛生廳廳長兼浙江醫學院院長，曾創建私立熱帶病研究所。熱帶病學家，從事瘧疾、鉤蟲病、毛圓線蟲病、血吸蟲病等的實驗和防治工作。1955 年 4 月 17 日因勞累過度中風逝世，享年 61 歲。

馬文昭（1886～1965）：字筱乾，河北保定人。北京協和醫學堂畢業，兩次赴芝加哥大學進修。長期任教北京協和醫學院，歷任助教、講師、助教授、裹教授、教授，北京大學醫學院院長、北京醫學院教授等。中國組織學奠基人之一，1955 年當選學部委員。1965 年 12 月 13 日去世，享年 79 歲。

湯飛凡（1897～1958）：湖南醴陵人，湘雅醫學專門學校博士，哈佛大學醫學院研究。曾任中央大學醫學院副教授、教授，雷士德醫學研究院細菌主任，中央防疫實驗處技正、處長，衛生部生物製品研究所所長等。中國第一代病毒學家，世界上最早研究支原體學者之一，推翻沙眼「細菌病原說」，首次分離出沙眼衣原體，1957 年當選學部委員。「插紅旗、拔白旗」運動中因不堪受辱，1958 年 9 月 30 日自殺身亡，享年 61 歲。

馮蘭洲（1903～1972）：山東臨朐人。齊魯大學畢業，獲利物浦熱帶醫學院熱帶醫學和衛生學醫師證書。長期任教北京協和醫學院，歷任講師、助教授、教授，北京大學醫學院教授，中國醫學科學院上海寄生蟲病所所長等。長期從事寄生蟲病學研究，1957 年當選學部委員。文革中遭受迫害，1972 年 1 月 24 日因病不得救治去世，享年 69 歲。

劉士豪（1900～1974）：原名明允，湖北武昌人。北京協和醫學院博士，洛氏醫學研究所等進修。歷任北京協和醫學院助教授、襄教授、教授、生物化學系主任等，協和醫院總住院醫師、北京同仁醫院院長等。內分泌學家、臨床學家和生物化學家，對骨質軟化症的鈣磷代謝研究是其標誌性貢獻。文革中身心備受摧殘，1974 年 6 月 2 日去世，享年 74 歲。北京協和醫學院有塑像。

黃鳴龍（1898～1979）：江蘇揚州人。浙江醫學專門學校畢業，柏林大學博士。歷任浙江省衛生署技正、省立醫藥專科學校教授等，德國、英國、美國相關大學和藥廠訪問教授、研究員，中研院化學所研究員，軍事醫學科學院化學系主任、中科院上海有機所研究員等。致力於有機化學研究，在甾體化合物合成上成就卓著，1955 年當選學部委員。文革中受迫害，曾被隔離審查。1979 年 7 月 1 日去世，享年 81 歲。

陸志韋（1894～1970）：名保琦，浙江吳興人。東吳大學畢業，芝加哥大學博士。歷任南京高等師範學校、東南大學心理系主任，燕京大學心理系主任、文學院院長、校長。思想改造運動中為燕京大學重點批判對象，學校解散後調中科院語言所，曾任漢語史研究組主任。心理學家、語言學家，著有《社會心理學新論》等，輯有多卷本《陸志韋語言學著作集》，1957 年當選學部委員（語言學）。文革中遭受迫害，患病無法救治，1970 年 11 月 21 日去世，享年 76 歲。

臧玉洤（1901～1964）：河北完縣人。北京大學畢業，芝加哥大學博士。曾任清華大學心理系教授、北京協和醫學院副教授、北京大學醫學院教授、北京醫學院教授。中國神經解剖學主要奠基人之一，對視覺、脊髓和小腦研究尤為深入。1964 年 4 月 27 日去世，享年 63 歲。

徐豐彥（1903～1993）：浙江淳安人。復旦大學畢業，倫敦大學博士。曾任中研院心理所副研究員、研究員，中央大學醫學院教授，上海醫學院教授、教務長等。生理學家，從事甲狀旁腺與鈣、磷代謝，頸動脈竇壓力感受性反射研究，提出彌漫性血管張力反射理論等。1993 年 1 月 22 日去世，享年 90 歲。

馮澤芳（1899～1959）：字馥堂，浙江義烏人。東南大學畢業，康奈爾大學博士。曾任江蘇省立棉作試驗場副場長、中央棉產改進所副所長兼植棉系主任、中央農業實驗所技正兼棉作系主任、中央大學農學院院長、南京農學院教授、中國農科院棉花所所長等。中國現代棉作科學主要奠基人，1955 年當選學部委員。1959 年 9 月 22 日在安陽去世，享年 60 歲。

趙連芳（1894～1968）：字蘭屏，河南羅山人。清華學校畢業，威斯康星大學博士。曾任金陵大學副教授、中央大學農藝系主任，全國經濟委員會農業處處長、中央農業實驗所暨稻麥改進所技正兼稻作主任、四川農業改進所所長，農林部參事、臺灣特派員兼臺灣行政長官公署農林處長，臺灣大學農藝系主任等。細胞遺傳學家，尤在水稻育種方面成就卓著，1958 年當選中研院第二屆院士。1968 年 5 月 7 日去世，享年 74 歲。

劉崇樂（1901～1969）：字覺民，福建閩候人，生於上海。清華學校畢業，康奈爾大學博士。曾任清華大學、東北大學、北平師範大學生物系主任，清華大學農業研究所昆蟲學負責人、農學院昆蟲系主任，北京農業大學昆蟲系主任，中科院昆蟲所、動物所研究員兼雲南分院院長、昆明動物所所長等。中國害蟲生物防治奠基人之一，1955 年當選學部委員。文革慘遭迫害，1969 年 1 月 6 日在北京去世，享年 68 歲。

以上生物組共 21 人，除洪式閭 1955 年去世，趙連芳赴臺當選中研院院士外，其他 19 人中 12 人當選學部委員，裴鑑、劉慎諤、饒欽止、胡正詳、劉士豪、臧玉洤、徐豐彥 7 人未能入選，當選「院士」比例也高達 65%。其中特別值得注意的是，動物學 4 位候選人全部當選，而植物組 4 位候選人僅秦仁昌 1 人當選，如此差別不知原因何在？這些候選人無論當選「院士」還是未能入選，大多擔任研究機構研究員、副所長、所長或學校教授、副校長、校長等，無一人溢出學術圈層成為政治人物。醫學兩位候選人胡正詳、湯飛凡自殺（湯飛凡自殺於 1958 年「拔白旗」運動，說明知識分子在歷次政治運動的遭遇，並非僅文革是「劫難」與「煉獄」），而更有多人在文革中深受迫害，患病不能得到及時救治去世。

人文組

陳康（1902～1992）：原名忠寰，字棄疾，江蘇揚州人。中央大學畢業，柏林大學博士。曾任西南聯大、中央大學、北京大學、同濟大學等校教授，1948 年赴臺任臺灣大學教授，1958 年赴美，先後任教艾默瑞大學、蒙大拿州立大學、加州大學聖巴巴拉分校等。被譽為中國「直接打通從柏拉圖到亞里士多德哲學的第一人」。1992年逝世於加州，享年 90 歲。

唐蘭（1901～1979）：字立廠、立庵，浙江嘉興人。無錫國學專修館畢業。曾任編輯，東北大學、北京大學、清華大學講師，西南聯大副教授、教授，北京大學教授兼中文系代主任，故宮博物院設計員、研究員、陳列部主任、美術部主任、副院長等。古文字學家、歷史學家、金石學家，著有《殷墟文字記》《古文字導論》等。1979年 1 月 11 日去世，享年 78 歲。

劉文典（1889～1958）：原名文聰，字叔雅，安徽懷寧人。曾就讀安徽公學、日本早稻田大學。曾任北京大學教授、安徽大學文法學院院長、清華大學中文系代理主任、西南聯大教授、雲南大學教授等。從事古籍校勘及古代文學研究，專長校勘學、版本目錄學等，著有《淮南鴻烈集解》《莊子補正》等。反右運動中備受衝擊，批鬥中腦溢血，1958 年 7 月 15 日在昆明去世，享年 69 歲。

李劍農（1880～1963）：又名劍龍，號德生，湖南邵陽人。曾就讀湖南中路師範學堂、早稻田大學、倫敦政治經濟學院。曾創辦雜誌、學校，先後任明德大學教授、武漢大學史學系主任，藍田國立師範學院、湖南大學、武漢大學教授。著有《最近三十年中國政治史》《中國近百年政治史》《中國經濟史稿》等。1963 年 12 月 14 日在武漢去世，享年 83 歲。

徐中舒（1898～1991）：名裕朝、道威，以字行，安徽懷寧人。清華國學研究院畢業。曾任復旦大學、暨南大學教授，中研院史語所研究員，四川大學教授、歷史系主任，兼西南博物館館長等。歷史學家、古文字學家，主編有《甲骨文字典》等，著有《先秦史論稿》等，輯有《徐中舒歷史論文選輯》等。1991 年 1 月 9 日去世，享年 93 歲。

徐炳昶（1888～1976）：字旭生，河南唐河人。早年入讀北京豫學堂、京師譯學館法文班，1913 年留法入巴黎大學讀哲學。曾任北京大學教授、教務長，西北科學考察團中方團長，北平女子師大和北平師範大學校長，北平研究院史學研究會考古組主任、史學研究所所長，中科院考古所研究員等。致力於史前研究和考古研究，著有《中國古史的傳說時代》等，輯有《徐旭生文集》12 冊。文革中遭受迫害，1976 年 1 月 4 日去世，享年 78 歲。

陳受頤（1899～1978）：廣東番禺人。嶺南大學畢業，芝加哥大學博士。曾任嶺南大學中文系教授兼主任、北京大學史學系教授兼主任，1936 年休假赴美，先後任夏威夷大學、南加州波莫納學院等校教授，著有英文著作 *Chinese Literature: A Historical Introduction* 等，輯有《中歐文化交流史事論叢》。

蔣廷黻（1895～1965）：湖南邵陽人。哥倫比亞大學博士。曾任南開大學教授、清華大學歷史系教授兼主任。1935 年棄學從政，歷任國民政府行政院政務處長、駐蘇聯大使、善後救濟總署署長、常駐聯合國代表、駐美大使等。對中國近代史學科建設貢獻卓著，著有《中國近代史》，主編《近代中國外交史資料輯要》等，輯有《蔣廷黻選集》，1958 年當選第二屆中研院院士。1965 年 10 月 9 日在紐約去世，享年 70 歲。

王力（1900～1986）：字了一，廣西博白人。清華學校國學研究院畢業，巴黎大學博士。曾任清華大學、西南聯大、中山大學、北京大學等校教授。著有《古代漢語》《中國現代語法》《中國語法理論》《漢語史稿》等，輯有《王力文集》等，1955 年當選學部委員。1986 年 5 月 3 日去世，享年 86 歲。北京大學設有「王力語言學獎」。

羅常培（1899～1958）：字莘田，滿族，北京人。北京大學畢業。曾任中學校長、臨時執政府速記，廈門大學、中山大學教授，中研院史語所研究員，北京大學教授、文科研究所所長，耶魯大學、密西根大學等校講學，中科院語言所所長等。致力於少數民族語言研究，方言調查、音韻學研究，1955 年當選學部委員。1958 年 12 月 13 日去世，享年 59 歲。

徐鴻寶（1881～1971）：字森玉，以字行，浙江吳興人。山西大

學堂畢業。曾任奉天將軍署文案、高等工業學堂監督，江蘇工業學堂監督、北京大學圖書館館長、教育部僉事，故宮博物院古物館館長、代院長，上海市文管會副主任、主任，文史館館務委員，上海博物館館長、中央文史館副館長等。文物鑒定家、金石學家、版本學家、目錄學家、文獻學家，對徵集、搶救、保護珍稀文物、圖書不遺餘力。文革中慘遭迫害，1971 年 5 月 19 日在上海去世，享年 90 歲。

吳經熊（1899～1986）：字德生，浙江鄞縣人。東吳大學學士，密西根大學博士。曾任東吳大學教授、法學院院長，上海公共租界臨時法院刑庭庭長、代理院長，國民政府立法院憲法起草委員會副委員長、外交委員會委員長，駐羅馬教廷公使，夏威夷大學、新澤西州塞頓堂大學教授，臺灣中國文化學院教授等。著有《法律的基本概念》《法律哲學研究》《哲學與文化》等。1986 年 2 月 6 日在臺北去世，享年 87 歲。

李浩培（1906～1997）：上海人。東吳大學法學士、倫敦政治經濟學院研究。曾任武漢大學法律系主任、浙江大學法學院院長，中央人民政府法制委員會委員、國際關係研究所研究員、北京大學教授等，1993 年當選海牙國際法庭法官。著有《國際私法總論》《國籍問題比較研究》等。1997 年 11 月 6 日在海牙去世，享年 91 歲。

郭雲觀（1889～1961）：字閬疇，號文田，浙江玉環人。北洋大學畢業，哥倫比亞大學研究。曾任巴黎和會代表，大理院推事，燕京大學法律系主任，司法部參事，上海第一特區地方法院院長、上海高等法院院長，光華大學法律系主任、東吳大學法律研究所教授等。著有《中國國際私法新草案》《中外條約司法部分輯覽》等。1959年被法院以反革命罪起訴，審理過程中保外就醫，1961 年 3 月 31 日去世，享年 72 歲。

燕樹棠（1891～1984）：字召亭，河北定縣人。北洋大學法學士，耶魯大學博士。曾兩任北京大學法律系教授兼主任，三任武漢大學法律系教授兼主任，還曾任清華大學法律系教授兼主任，西南聯大法律系教授兼主任等。1949 年後任武漢大學教授，反右運動中被劃為右派，充圖書館編目組員。著有《公道、自由與法》等。1984 年2 月 20 日去世，享年 93 歲。

張忠紱（1901～1977）：字子纓，湖北江夏人。清華學校畢業，約翰・霍普金斯大學博士。曾任東北大學、南開大學、北京大學政治系教授，國民參政會參政員、軍事委員會參事，外交部參事、美洲司司長，敦巴頓橡膠園會議中國代表團成員，駐聯合國代表團顧問、辦事處主任等。1949 年留居美國經商，後移居香港。著有《歐洲外交史》《中華民國外交史》等和回憶錄《迷惘集》。1977 年 2 月 20 日去世，享年 76 歲。

張奚若（1889～1973）：字熙若，號亦農，陝西朝邑人。曾就讀中國新公學，哥倫比亞大學碩士。曾任大學院高教處處長，中央大學教授、清華大學教授兼政治系主任、西南聯大教授兼政治系主任。1949 年後曾任中央人民政府委員、教育部長、中國人民外交學會會長等。政治學家，著述不多，輯有《張奚若文集》。1973 年 7 月 18 日去世，享年 84 歲。

方顯廷（1903～1985）：浙江寧波人。耶魯大學博士。長期執教南開大學，曾任經濟研究所研究室主任、所長、法商學院院長等。1945 年離開南開，曾任中央設計局調查研究部主任、中國經濟研究所執行所長，聯合國亞洲及遠東經濟委員會調查研究與計劃處主任、亞洲經濟發展計劃研究院副院長，新加坡南洋大學客座教授等。著有《中國之合作運動》《中國之棉紡織業》《中國工業資本問題》等。1985 年 3 月 20 日在瑞士日內瓦去世，享年 82 歲。

何廉（1895～1975）：字淬廉，湖南邵陽人。長沙湘雅書院畢業，耶魯大學博士。曾任南開大學教授、財政系主任、經濟學院院長、經濟研究所所長等。1936 年棄學從政，歷任經濟部次長兼農本局總經理、中央設計局副秘書長、糧食管理局副局長等。1949 年定居美國，任哥倫比亞大學教授。著有《財政學》《中國工業化之程度及其影響》等，1962 年當選第四屆中研院院士。1975 年 7 月 5 日在紐約去世，享年 80 歲。

巫寶三（1905～1999）：江蘇句容人。清華大學學士，哈佛大學博士。曾任中研院社會科學所助理研究員、副研究員、研究員，中科院社會研究所研究員兼副所長、經濟所研究員兼副所長，中國社科院經濟所研究員等。長期從事中國農村經濟問題、經濟學理論、

中國國民收入估算等方面研究，著有《戰時物價之變動及其對策》《國民所得概論》等。反右運動因右派言論被撤去副所長職務。1999年2月1日去世，享年94歲。

陳岱孫（1900～1997）：原名總，福建閩候人。清華學校畢業，哈佛大學博士。長期任教清華大學，曾任經濟系主任、法學院院長等，院系調整任中央財經學院教授、副院長，後轉任北京大學教授、經濟系主任等。著有《政治經濟學史》《國際金融學史》等，輯有《陳岱孫文集》。1997年7月27日去世，享年97歲。

楊西孟（1900～1996）：四川江津人。北京大學畢業，密西根大學碩士，芝加哥大學研修。曾任中研院社會科學所研究員、西南聯大和北京大學教授，中國國際經濟研究所副所長，對外貿易部國際貿易研究所副所長等。著有《指數公式總論》《上海工人生活程度的一個研究》等。逝於北京，享年96歲。

楊端六（1885～1966）：原名晃，湖南善化人。曾就讀東京第一高等學校、岡山第六高等學校，倫敦政治經濟學院等。曾任商務印書館會計科長，中研院社會科學所研究員兼代所長，武漢大學教授、法學院院長、教務長等，軍事委員會第三廳廳長、國民參政會參政員，三青團監察委員、國民黨中央執行委員，中南軍政委員會財經委員等。中國貨幣銀行學開拓者、商業會計學奠基人，著有《六十五年來中國國際貿易統計》《貨幣與銀行》《現代會計學》等。反右運動中被劃為右派，1966年9月30日去世，享年81歲。

劉大鈞（1891～1962），字季陶，江蘇丹徒人，生於淮安。京師大學堂畢業，密西根大學學士。曾任清華學校教授、北京政府經濟討論處調查主任、漢冶萍公司會計主任、國民政府統計局局長、軍事委員會國民經濟研究所所長、重慶大學商學院院長、聯合國統計委員會中國代表、駐美大使館商務參事等，後定居美國。著有《中國的工業和財政》《上海工業化研究》《工業化與中國工業建設》等。逝於紐約，享年71歲。

吳景超（1901～1968）：安徽歙縣人。清華學校畢業，芝加哥大學博士。曾任金陵大學教授兼社會學系主任，清華大學教授、教務長。1935年棄學從政，歷任國民政府行政院秘書、參事，經濟部秘

書等。1947 年回清華大學任教授，院系調整，先後任教中央財經學院、中國人民大學。中國都市社會學代表人物之一，著有《都市社會學》《中國工業化的途徑》《第四種國家的出路》等。1957 年被劃為右派，1968 年 5 月 7 日去世，享年 67 歲。

凌純聲（1901～1978）：字民復，江蘇武進人。東南大學畢業，巴黎大學博士。曾任中研院社會科學所、史語所民族學組研究員、主任，中央大學邊政系教授、教育部蒙藏教育司司長、國立邊疆教育館館長。1949 年去臺，歷任臺灣大學教授、中研院民族所所長。中國民族學研究開創人，以研究東北及西南邊疆民族以及太平洋民族文化史著稱於世，1959 年當選第三屆中研院院士。1978 年 7 月 21 日去世，享年 77 歲。

潘光旦（1899～1967）：原名光亶，字仲昂，江蘇寶山（今屬上海）人。清華學校畢業，哥倫比亞大學碩士。曾任吳淞政治大學教務長、光華大學文學院院長，清華大學、西南聯大教務長等，院系調整，任中央民族學院教授。社會學家、優生學家、民族學家，著有《馮小青》《中國伶人血緣之研究》《優生概論》等，輯有多卷本《潘光旦文集》。1957 年被打成右派，1967 年 6 月 10 日因病無法救治去世，享年 68 歲。

人文組 27 人有兩點值得注意，第一，居留海外的有陳康、陳受頤、蔣廷黻、吳經熊、張忠紱、方顯廷、何廉、劉大鈞、凌純聲等 9 人，比例達到三分之一，其中蔣廷黻、何廉、凌純聲 3 人當選中研院院士，當選比例也達到三分之一。第二，留居大陸 18 人，僅王力、羅常培兩位語言學家當選學部委員，當選比例僅九分之一，其他人無論是從事文史研究的唐蘭、李劍農、徐中舒、徐炳昶、徐鴻寶，還是從事社會科學研究的李浩培、郭雲觀、燕樹棠、張奚若、巫寶三、陳岱孫、楊西孟、楊端六、吳景超、潘光旦都「名落孫山」。人文組當選「院士」比例僅 18.5%，與數理組、生物組高達 65～70% 相比，他們在學術評議上的遭際可謂有「天壤之別」！第三，除張奚若曾離開學界擔任教育部部長等外，其他人基本上或大學教授或研究所研究員，也有少許幾人任所長或院長等，在學術界的領導地位自然不能與數理組相提並論，與生物組相比也「等而下之」，這自然與學科屬性相關。第四，留居大陸 18 人有燕樹棠、楊端六、吳景超、潘光旦 4 人在反右運動被打成右派，比例高達 22%；另有劉文典

在反右運動中被批鬥腦溢血，翌年去世。可見，除文革之外，反右運動對中國知識分子的戕害也是「罄竹難書」。當然，文革依然是知識分子的劫難，徐炳昶、徐鴻寶、楊端六、吳景超、潘光旦等都沒有渡過這一「劫」。

　　落選首屆院士的 69 位正式候選人群體與當選院士群體相比有以下幾點值得注意：第一，共有 12 人離開大陸，比例 17.4%，遠低於當選的院士的 26.3%，其間可能也反映了他們作為一個群體的認知上的差異。第二，正如前面所言，相比院士們或執掌學術發展權力（中科院院長、副院長等）或「學而優則仕」成為全國政協副主席、人大副委員長而言，留居大陸的 57 位正式候選人，無論是學界地位還是政治地位都不可同日而語。第三，留居大陸 57 人除早逝的孫學悟、洪式閭外，共有 27 人當選學部委員，占比 49%，離開大陸的 12 人中也有 4 人當選院士，比例僅 33%，總體當選「院士」比例為 46%，相比上一章所分析的 252 人群體 21% 的比例，實實在在說明這個正式候選人群體學術水準高於 252 人群體，也從一個方面說明了評議會決定的合理性。

結束語　學術評議、學術發展與學術獨立

1937 年 2 月 19 日，國民黨五屆中央執行委員會三次會議通過《設置總理紀念獎金以提倡學術獎勵服務案》，其中有云：

世界科學發展日新月異，每有不惜生命以赴之者，……凡此科學界之紀錄，我國似尚未能有所表現。最近我人之所舉示世界者，除我先民文化之遺澤外無他物，立國於大地，在文化學術上對世界無新貢獻，斯真為民族之恥辱。我民族之聰明才力非不如人，特近以生活未定，獎勵無道，致缺少埋頭探討潛心學術之精神。彼歐洲在十九世紀科學之進程亦尚有限，及至二十世紀設置諾貝爾科學獎金後，物理、化學、生物及醫藥上之進步乃一日千里。……以上各種新發明新發現，有助於人類社會之幸福者至巨且大，各發明者何莫非受諾貝爾獎金之贊助獎勵，全世界亦莫不以能得諾貝爾獎金為殊榮。可見表彰褒獎用得其當，自足以促進文藝科學之進步，波【彼】諾貝爾以私人之遺產尚能刺激世界智力之成功者，我國為獎進學術，提倡研究，亟應有所效法。如以本黨之力登高一呼，其效力則可遠勝於諾貝爾獎金，數年之後不難有奮發有為之士為國爭光，對於我國固有之文化則發揚光大之、對於世界新興學術則精進發明之……〔註1〕

〔註 1〕中國第二歷史檔案館編：《中華民國史檔案資料彙編》第五輯第 1 編《教育》（二），江蘇古籍出版社，1994 年，第 1425～1426 頁。

　　昧於事理的國民黨中央執行委員會通過的上述議案，其論說至少犯了兩大錯誤，一是完全不瞭解科學發展史，不顧牛頓以來的世界科學革命，以為科學技術只是在 20 世紀才有革命性的大發展。第二，將「自以為是」的 20 世紀前科學的不發展與 20 世紀的大發展歸結為諾貝爾獎金的設立，諾貝爾獎金成了科學革命的第一推動力或唯一推動力，完全混淆與顛倒了學術發展與學術獎勵的關係，似乎科學家工作的唯一目的就是為了獲獎。以黨的最高權力機構決議設立的總理紀念獎金，處處以諾貝爾獎為比照：諾貝爾獎基金 900 萬美元，總理紀念獎基金 300 萬元，都取利息發獎；諾貝爾獎分物理、化學、生理學或醫學、文學與和平獎五項，總理紀念獎金分文藝、社會科學、自然科學、教育、社會服務五項；諾貝爾獎每年每類獎金在 4 萬元左右，總理紀念獎每類第一名到第三名各一人，分別獎勵 2 萬元、八千元、五千元，第四名兩人各兩千元，第五名 3 人各一千元，合計 4 萬元。但是諾貝爾獎面向世界全人類，總理獎金僅獎勵國人；諾貝爾獎候選人由全世界科學家、文學家們等推薦，總理紀念獎金由「本黨組織之，辦理一切選錄人才、審核成績、分配獎金等事宜」。〔註 2〕無論是獎勵宗旨還是獎勵程序，都完全不可同日而語。更可笑、可氣自然也更為可憐的是，他們以為以黨的力量和國家政府的財力物力設立的獎金，超越私人設立的諾貝爾獎「指日可待」，真是無來由且無可救藥的「驕傲」與「自信」！實踐證明，以這樣的認知和造成這樣認知的國情與環境設立的總理紀念獎金，完全是紙面上的「遊戲」，一次政治的「表演」而已，連「超前的制度設計」都算不上，只可歸類為雜耍般的「兒戲」。

一、學術評議與學術發展

　　正如羅伯特・默頓所說，科學獎勵機制的形成是科學發展內在的需求，是科學發展過程中為確立知識優先權地位而逐步發展起來的。因此，任何超前於學術發展的學術獎勵制度建設都屬於拔苗助長，不僅不利於學術自身的發展，反而可能對學術發展造成不必要的傷害，當然更大可能性只能歸於無效。民初馬相伯等建立函夏考文苑的努力、康有為設立學士院的構想、中央學會選舉議員的實踐、教育部學術評定與學術審定會的設立，統統歸於失敗與無效，排除複雜多變的社會政治因素之外，當時中國毫無近代學術基礎可言才是最為根

〔註 2〕中國第二歷史檔案館編：《中華民國史檔案資料彙編》第五輯第 1 編《教育》
　　　　（二），第 1427～1428 頁。

本的原因。同樣的道理，後來中研院評議會的成立延宕七年之久的根本原因，也與當時中國學術發展的現狀密切相關。雖然通過幾代人的努力，到 20 世紀 30 年代初期，中國近代學術（不僅包括科學技術，也包括深受西方學術研究思想、方法、規則等影響的社會科學及人文科學）的本土化某些學科已有極大的發展如地質學、生物學和物理學，也出現了一些具有領導地位的人才如地質學的丁文江、翁文灝、李四光，生物學的秉志、錢崇澍、胡先驌，物理學的胡剛復、李書華、饒毓泰、葉企孫等人，但整體水平還很低，人才群體與群聚效應未能形成，因此要遴選出各門學科的領導人物還相當困難。學術沒有基礎狀況下，政府機構不能達成的學術評議願望，私立民間學術社團也難以實現。作為民國最有影響的綜合性社團，中國科學社自 1914 年在美國康奈爾大學成立到 1925 年已經超過十年，擁有各門學科社員也有近千人，但他們設立「中國科學社獎章」，每年獎勵一名國內最有成就的科學家的宏偉計劃，完全是紙上談兵。

　　中國近代學術評議之所以起步於 1922 年成立的中國地質學會，就是因為地質學是中國近代學術中最早本土化並取得巨大成就的學科。1925 年中國地質學會設立「葛利普獎章」時，不僅有地質調查所這樣的專業調查研究機構，也有北京大學地質系、燕京大學地理與地質系、東南大學地學系、中州大學地質系、廣東大學礦物地質系等這樣的高等學校系科，更有地質調查所創辦的《中國古生物誌》《地質彙報》等、中國地質學會創辦的《中國地質學會誌》等中外文學術期刊與中國地質學會年會等這樣的學術交流平臺。也就是說，中國近代學術評議與獎勵在中國地質學會起步之時，地質學科內部的學術共同體已經形成，已有開展學術評議與獎勵的學術發展基礎。抗戰期間教育部學術審議會學術評議與獎勵之所以能在那樣艱難困苦的環境中開創並有相當影響，為一批中國近代學術發展史上有影響的著作與學人頒布了具有全國性的政府獎勵，也與當時中國近代學術各門學科已基本完成本土化，正處於快速發展的初期階段密切相關。正如中研院代院長朱家驊一再強調，在內戰烽煙四起時能遴選出首屆中研院 81 名院士，完成中研院的體制化建設，是因為廣大學人克服各種不重視學術發展的苛刻環境取得了重大科研成就，為中國學術的進一步發展奠定了堅實的基礎，某些學科的某些科學家如數學的陳省身、華羅庚與許寶騄等更取得了引起世界讚譽的成就，物理學的發展也已經接近世界科學前沿。

　　既然學術評議是學術發展的邏輯結果，那麼已有學術發展基礎之上的學術評議對學術發展又有什麼樣的影響呢？羅伯特·默頓說，學術獎勵至少有兩個方面的效果與作用，第一，通過學術評議，獲獎者的科研成果即獨創性的知識產權獲得承認，獲獎者自然是獎勵系統的獲益者；第二，獎勵可能對其他人產生有益的影響即示範作用，「從而形成一種有利於優異之發展的氣氛」。26歲就當選皇家學會會員的赫胥黎曾說，「榮譽的惟一用途就是治療沮喪發作的一劑解毒劑」；他說他是一個「固執己見和執拗的人」，獲獎使他更加堅信他的道路選擇，「我對獎章沒有太大興趣。我所關心的是，這個地位所標誌的東西證明我所走過的道路是正確的」。〔註3〕

　　學術評議與獎勵除給予獲獎人「酬勞」與名譽之外，對學界而言更有樹立學術標準、端正學風和開導未來的功能與作用。1937年2月，傅斯年、胡適、陳岱孫三人在推薦陳寅恪為中基會歷史學「科學獎金」候選人「說明書」中，不僅極力稱頌陳寅恪研究之精妙，得到國內外一致推崇，「陳君史學之精高，為此日中國史學界公認者，其在國外，尤為一般漢學家所推重，……以為中國學人，在方法精嚴及能綜合各種文字材料上，無出其右者」，更指出了學術獎勵「指示風氣，開導來茲」的作用：「夫此項獎金之設，不僅為酬報之意，亦所以指示風氣，開導來茲。如以此項獎勵金給之陳君，殊足為將來治史學者啟示標準，庶乎此後史學界之端趣，不蕪而精，不空而實，能與世界上任何國之史學競勝焉。」〔註4〕將中基會獎金給予陳寅恪不僅是對他作品的承認，而且由此告知史學界，陳寅恪成果是研究標準，促進高水平的史學成果的產生。

　　作為中國古脊椎動物學的開拓者和奠基人、中國地質學第二代代表人物、中國地質學會的重要領導人，楊鍾健曾獲得中國地質學會最高獎勵葛利普獎章和成果突出者獎勵丁文江紀念獎金，也獲得教育部學術審議會獎勵最高獎一等獎，當選中研院首屆院士，可以說他曾獲得民國時期設立的各種重要學術獎項，也曾留下了他獲得這些獎項時的感受。當他1937年獲得葛利普獎章時，年僅40周歲，與其他的獲獎人葛利普、李四光、步達生、丁文江、德日進、翁文灝相比，屬於年輕的後進，不免「心中頓感惶惑」，但發現「尚未有何不良反響，相反的，多數同人均以為賀」，這就「更增我奮勉之心」。中國地質學

〔註3〕〔美〕羅伯特·默頓著，魯旭東等譯：《科學社會學：理論與經驗研究》，第600～603頁。

〔註4〕中國第二歷史檔案館藏，中基會檔案-484-497，轉引自胡宗剛《偕程巢父先生赴南京中國第二歷史檔案館》，微信公眾號「近世植物學史」2022-03-29。

會將葛利普獎章頒給年輕的楊鍾健，不僅是對他十餘年孜孜以求在古脊椎動物研究上卓越成就的獎勵，更是對他在科研道路上繼續前行的鞭策與鼓勵。即使他 1948 年獲得僅價值「銀元二十枚」的丁文江獎金，「仍自感有殊榮」，因為這是中國地質學共同體對他所取得成就的再次承認。可他對因傅斯年攛掇而獲得的教育部學術審議會一等獎，卻似乎有些「不待見」，「獎金為多少，我已記不得了」，可能的原因正如他自己所說，「當時，我尚存有不屑向政府機關要求之氣」，這也可能反映了當時一代知識分子的共同認知。

對於當選中研院首屆院士這樣學術界的最高殊榮，也有不少的學者留下了他們的感受與想法。當李先聞從報上得知他當選後，「心中很興奮也很慚愧！」興奮的是，「回國後將近二十年的努力，終於得到社會人士的推崇，以國士待我」，慚愧的是，「自問學識不足，同時，落選的學人有好多位是我平時欽佩與讚美的」，因此，「今後更要自勉、自奮，以不負國人的期望」。〔註 5〕楊鍾健欣喜之情溢於言表：「我之當選為院士，友人爭相馳賀。其實我亦不勝其慚疚，惟同時亦感社會對認真工作的人並非完全不認識，故亦稍為安慰。」〔註 6〕顧頡剛則認為院士比「參政員國大代表實在的多」，「惟予近年勞於生活，竟不能從事研究，未免有愧於衷耳」。〔註 7〕

而對於那些年輕的獲獎者來說，獲獎不僅是對他們初出茅廬科研成果的承認，可能還有兩個方面的作用，一是正如前引赫胥黎所言，堅定他們對學術科研道路的選擇，不再猶豫與彷徨；第二，是他們在學術道路上繼續前行的「推進器」與動力。對於中國地質學共同體來說，中國地質學會設立的各種獎勵自然會有示範作用，在學術共同體形成「優異的發展氣氛」與共同的「相互競爭」之風，獲獎者成為學習的榜樣，激勵其他人向他們靠攏，促進中國地質學科的快速發展。以研究《周易》起家的金景芳晚年對獲得教育部學術獎勵在其學術生涯的重要作用與意義有深切的體會與認知：

> 一九三九年我在東北中學寫了一本小書，名為《易通》。它幫了我很大的忙。第一，我依賴它獲得教育部一九四一年學術獎勵三等獎。第二，一九四〇年我在東北中學任教務主任時，有人攻擊我沒有上過大學，不合格。我獲獎後，不但作中學教師合格，作大學教

〔註 5〕李先聞：《李先聞自述》，第 198 頁。
〔註 6〕楊鍾健：《楊鍾健回憶錄》，第 165～167 頁。
〔註 7〕顧頡剛：《顧頡剛日記》第 6 卷，第 247～248 頁。

授也合格了。原因是，當時教育部新發文件規定，大學畢業可作助
教，作助教四年，提出相當於碩士的論文，可作講師。作講師三年
提出相當於博士的論文，可作副教授。作副教授三年，提出相當於
得學術獎勵的論文，可作教授，我已經獲得學術獎勵，當然作教授
合格了。〔註8〕

　　當然，因學術獎勵機制給獲獎者帶來不少的益處，也可能造成學術界一些
負面現象的出現，諸如欺詐、剽竊與抄襲等，民國時期的中國學術還處於發展
初期階段，這些現象還未來得及萌芽與發展，因此似乎並不多見。民國學術評
議制度的最終建成，是中國近代學術發展積累到一定程度、中國社會發展到一
定階段的產物，不僅適應了學術發展的要求，也對近代學術的發展產生了積極
的影響。學術評議制度是學術發展的重要制度保障，為學術的良性發展提供了
相當的制度基礎。

二、正道與異途之間的民國學術評議體制

　　民國學術評議與獎勵制度的建立，是民間學術社團與政府共同努力的結
果。民間社團除中國地質學會和中國科學社之外，其他學術社團也有學術評議
與獎勵方面的努力與作為，如中國工程師學會有贈給工程師榮譽金牌的獎勵，
當選條件一為發明工程上新學說，或有裨人類及國防之機械物品或製造方法；
二為負責主持巨大工程解決技術上之困難。侯德榜、淩鴻勛、茅以升、孫越琦、
支秉淵、曾養甫、龔繼成、李承幹、朱光彩等都曾因對中國工程事業有巨大貢
獻而獲此殊榮。此外，還設有天佑獎學金、子博公路獎學金、儀祉土木水利獎
學金、朱母獎學金、石渠獎學金、誦芬工程獎學金等，主要獎助對象是青年工
程師及工科大學生。

　　中國因缺乏民間資助學術發展的傳統，民間力量自然不能與政府相抗衡，
學術社團的學術評議與獎勵不具備全局性，其影響力自然不能與政府的學術
評議獎勵相提並論。在學術評議獎勵的制度建設方面，民國初年政府已經開始
「行動」。南京國民政府成立後，積極從事國家學術體制的建設，中研院評議
會與教育部學術審議會就是兩個具有重大影響的國家學術評議與獎勵機構。
這樣，民國學術評議與獎勵制度就形成了以政府主持的中研院評議會和教育

〔註 8〕《晉陽學刊》編輯部編：《中國現代社會科學家傳略》第 1 輯，山西人民出版
　　　　社，1982 年，第 225～226 頁。

部學術審議會為主、民間學術社團組織為輔，表面看來似乎較為完整而協和的體系。在這一體制中，政府起著主導作用，教育部學術審議會更具有行政機關的傾向，中研院評議會更趨向學術性。也許正是由於學術審議會的行政機關性質與組成成員濃厚的官員背景，使其工作開展較為順利。從擔當的功能與具體運行結果來說，教育部學術審議會更多的是外在性的評議與獎勵，有物質獎勵作基礎；中研院評議會更多的是學術共同體內部的學術獎勵，院士這一終身名譽是學術的最高獎勵，是教育部學術審議會學術獎勵所不可同日而語的。也就是說，由中研院評議會和教育部學術審議會各自建立起學術界內部的學術評議和外在性物質獎勵，似乎可以互為補充。

中研院評議會與教育部學術審議會應該有所合作，特別是其人員組成方面還有許多重疊，但由於各種各樣的原因，似乎矛盾更深。學術審議會的成立不僅直接侵入評議會領地，而且在中研院有合併到教育部或考試院的危險情勢下，評議會一時間「沉默寡言」，未能正常運轉。直到後來中研院代理院長朱家驊接替陳立夫重新擔任教育部長後，才開始商討兩個機構在學術評議與獎勵上的合作與分工，最終結果自然是中研院評議會因首屆院士的成功選舉，重新獲得了國家最高學術評議與獎勵機關的功能與職權。

從學術獎勵的層級來看，民國學術評議與獎勵體系，大體可分為四個層次。一為終身成就性質的榮譽性獎勵，如中國地質學會的葛利普獎章、中研院院士和具有國家最高科學技術獎雛形與理想的處於設想狀態的「中國科學社獎章」和「蔡元培獎章」；二是對成就突出者獎勵，以中國地質學會的丁文江紀念獎金和中國工程師學會的榮譽金牌為代表；三是對取得某項重要學術成果的物質獎勵，教育部學術審議會的學術獎勵最具代表性；四是專門鼓勵青年人從事學術研究的獎勵，這類獎金最多，分布也最廣泛，如中國地質學會的趙亞曾、許德佑、陳康、馬以思紀念獎金和學生獎勵金，中國科學社的各種獎金和中國工程師學會其他各項獎金，中基會也有相關補助金的設置。各個不同的層級對應著不同的獎勵對象，也有著不同的獎勵作用與功能，自然影響力也就不一樣，正是這樣的不同層級共同鑄成了民國學術獎勵的多樣性與有效性。

與上述獎勵層級不同相適應，民國學術獎勵也有兩種完全不同的評議模式與獎勵機制，一是請獎制，一是提名製。請獎製鼓勵年青人，以發現人才為目標，人數眾多，自然需要自告奮勇；提名製獎勵成績突出者，自然不能「王婆賣瓜」，需要由相關專家遴選推薦。實行推薦制的獎勵有中國地質學會葛利

普獎章、丁文江紀念獎金、趙亞曾紀念獎金，中國科學社一直想設立的「中國科學社獎章」與考古學獎金，中國工程師學會的榮譽金牌，中研院評議會聘任評議員的選舉和院士選舉；實行請獎制的有中國地質學會的學生獎勵金、中國科學社和中國工程師學會面向年輕人的各項獎金；教育部學術審議會的學術獎勵推薦與申請結合，即使請獎也需要兩名推薦專家。無論是提名製還是請獎制，都各有其優缺點，但相對而言，提名製似乎更合理，更符合學術發展的方向，也與世界通行學術評議相適應。

總體看來，民國時期學術評議與獎勵，與國際通行相比，並沒有建立起比較完善的機制，民間學術社團或者說學術界自身在這方面的建設還遠遠不夠（學術評議本來是學術界內部事務），這僅僅是民國學術體制化道路走上政府化不歸路在一個方面的表現而已。這不僅對民國學術的發展產生了重要影響，對未來中國學術的進程也屬不可估量的「遺毒」。當然，當時社會還存在相當的學術自由空間，學術界通過各種程序設計與制度建設來彌補自身力量的不足，盡力抵擋政治強力的侵襲，因此，學術評議與政治也有疏離的時候，學術評議獎勵過程、結果與政治關係本身並不密切。中研院評議員們選舉院士時完全以學術為標準，政治趨向並不作為考慮的因子，無論是規章制度還是具體的運作過程也較為公正合理；評議員選舉院長可以完全不考慮最高政治權力者蔣介石的意願，表徵了學術獨立於政治的一面。教育部學術審議會選聘部聘教授時，雖然有三民主義這樣的學科設置，而且無論是大學還是中學，三民主義都是必修的政治課程，但學術審議會委員們可以在選舉過程讓這一課程不成為學科，三民主義教授自然不能成為部聘教授。這樣看來，民國學術評議獎勵體制雖然主要表現為政府化的形式，但具體運作及其結果在相當程度上卻是學術性的，內容與形式並沒有真正統一。

可見，從國外移植並本土化的民國學術評議制度受到中國社會的多種影響，形成了自身的特徵，即以政府為主導、民間為輔助，這是民國學術體制政府化表現之一，民國學術體制異化的一個側面。但政治並非總是阻礙學術的發展，關鍵是政府通過什麼樣的途徑去影響學術發展，在資助學術發展、動員學術界的同時，給予學術相當的自由發展空間，政治對學術的發展影響自然是正面的健康因素。民國學術評議制度中，無論是政府還是民間組織，都逐步形成了一套比較完善而公正的評議程序，並且在具體的施行與運行過程中嚴格遵守這些程序，盡量以各種各樣的方式與程序杜絕現實政治與意識形態及其他

非學術因素對評議流程中的侵擾，無論是評議過程還是評議結果，大體上體現了以學術質量為惟一標準的評選原則，取得了較為公正的評議結果，產生了積極的影響，經受了歷史的檢驗，至今仍得到學術界的推崇，顯現了學術獨立於政治、學術超越政治的學術自由情狀。同時，評審專家們往往超越個人利益與局部利益，以學術良知彌補了規則的漏洞，真正做到了相對的公平與公正。

三、「還科學於科學家」：學術評議與學術獨立

　　1947 年元旦，著名地質學家尹贊勳以中研院研究員、曾任地質調查所所長的身份，在《申報》發表《怎樣建立科學與政治間的合理關係》，其中他鮮明地提出「還科學於科學家」。〔註9〕他說科學與政治關係越來越密切，「二者間的關係導入正規，使之合理，結果是政治昌明，科學發達；不入正規，不能合理，則政治混亂，科學無法進展。為建立二者間的合理關係要有一個超然的、獨立的科學審議決策諮詢的機構。」

　　要有這樣一個「超然的、獨立的」科學審議決策機構，首先，科學事務必須由科學家們自行負責，「由科學家自己管理自己的研究事業，不受外行人強力的干擾，換句話說，『還科學於科學家』，科學家才有自由，有自由，然後才能充分發揮力量，順利前進」。在科學發達時代，政府當然有提倡科學的責任與必要，但不能干涉科學事務，因為他們不具備相關的知識。可現實是，政治往往借「提倡之名而施統制之實」，「英美等比較開明的國家」，政治干擾科學的行為較少，但學人們卻時常大聲疾呼，「政治之手離開科學」，宣稱「只有科學家才配管理科學家」。為什麼不能讓普通人特別是政治人物管理科學事務呢？尹贊勳認為：

　　　　政治家觀點不同，作風不同，又不能深切明瞭科學的現狀和應有的發展。他們管制科學容易發生下列幾個毛病。（1）忽視基本的純理研究，採取近功主義，覓取快捷方式，片面提倡應用科學。這還是好的。（2）甚至根本不知某某科學之存在及其重要而整個不予

───────────────

〔註 9〕對於此文，尹贊勳似乎很看重，多年後的回憶中專門提及：「抗戰勝利了，而所見所聞，仍是一團糟。重見天日，遙遙無期。既然階級對立如故，還侈談什麼民主、自由和團結友愛，齊心協力的救國之道。悲觀失望，嚮往光明，尋求走向光明之道。於是乎我在 1947 年元旦《申報》特刊下發表了《怎樣建立科學與政治間的合理關係》一文。我主張科學救國和科學參政。為此，建議設立科學事業的中樞機構。」尹贊勳《往事漫憶》第 53 頁。

理會。（3）用才不當。才有人才、有奴才，人才之中又有專才、通才之分。奴才討人喜歡，易於被用，因而誤事。專才與通才各有所宜，位置不當，降低效能，不能發揮所長。（4）決策不當，預算難期達到合理的分配。

科學家如何管理國家的科學事務呢？這就需要一個「名副其實的全國性的決策審查建議的機構」，其人員組成由全國有成就的學者互推產生，他們「能洞悉學術界的現狀趨勢和各機關團體的需要」，主要承擔四個任務：第一，「公正支配款項，分別輕重緩急，使各方面都得到真正必須的經費，使有工作能力的機關和有天才的學者都能發揮所長」。第二，「調查統計現有人才，使其各得其所」。第三，「決定科學事業之大計，如研究方針，合作辦法，機關之增減擴充縮小或歸併等」。第四，「供政府之諮詢並自動向政府建議」。

他通過比較當時已有的兩個全國性學術審議機構中研院評議會和教育部學術審議會，以為中研院評議會完全可以擔當這樣的重任，其理由有三，一是按照評議會章程規定其「職責本該如此」；第二，「評議員人選較為慎重」；第三，中研院是國內最高學術機構同時又是包括學科最多的機關。〔註10〕也就是說，在尹贊勳看來，中研院評議會作為民國學術評議與獎勵制度最為重要的組成部分，完全可以承當「超然的、獨立的」全國學術審議機關的角色與地位，這個建議與民國學術評議與獎勵制度建設的最終發展可以說不謀而合。

尹贊勳的建議僅僅是學術評議制度作為學術獨立於政治的一種制度建設而已，民國學術評議制度的建設歷程也表明，學術評議作為學術體制化的一個重要組成部分，也確實成為學術界抵擋政治侵襲的堅實基礎。作為後發展國家，中國的學術獨立至少有兩個層面的含義，一是對外的，獨立於世界學術之林，能為人類知識視野的擴展作出中國人的貢獻；一是對內的，學術界能建立起完全屬於自己的、獨立於社會政治的學術體系與機制。

兩者互相關聯，但因中國政治統攝一切、社會不發達，獨立於政治是基礎與先決條件。因此民國學術評議制度從一建設開始就提出獨立於政治的口號，馬相伯們理想中的函夏考文苑「不干政治，上不屬政府，下不屬地方」，要獨立於政治體制之外；函夏考文苑選舉「苑士」，「勢位與情託，皆在所不行」。中研院評議會職責包括決定中研院學術研究方針、促進國內外學術研究合作

〔註10〕尹贊勳：《怎樣建立科學與政治間的合理關係》，《申報》1947 年 1 月 1 日第 20 版。

與互助、院長出缺時推舉院長候補人呈請國民政府遴選、選舉院士、接受國民政府委託的學術研究等，除在選舉院士上表現其獨立地位外，更在中研院發展的大政方針上有發言權。這樣，是作為學術評議機關的中研院評議會評議員們，而不是國民政府或其代理高官、也不是中研院院長或其各級領導人（包括總幹事與研究所所長）、更不是國民黨黨魁決定中研院的發展方向、研究範圍、甚至國家學術發展的方向。這樣的學術獨立與自由風氣與氛圍的養成，終於使中研院成為當日學術獨立與自由的避風港，造就了一代學人獨立於政治的風骨與風貌。也就是說，尹贊勳激賞的中研院評議會是中研院成為獨立與自由的制度保障。可見，學術獨立於政治與學術界自身的獨立機制的建設密不可分。學術獨立的兩個方面雖互相糾纏在一起，但無論如何，學術評議制度的建設作為其間的關鍵部分，無論是對學術發展還是學術獨立於政治都是十分重要制度建設與平衡機制，在此基礎上才能達到學術真正獨立於政治及政治變動，並由此出發達成學術獨立於世界的高遠目標。非常可惜的是，正如蔡元培去世後趙元任所言，「一切的一切還沒有都上正軌」，政權爭鬥的疾風暴雨與驚天駭浪席卷而來，幾代中國學人追尋學術獨立的夢想完全破滅。

參考文獻

說明：檔案以檔案號為序排列，其他音序排列。

一、檔案

（一）中國科學社檔案

1. 《理事會第 12 次會議記錄》（1924 年 2 月 15 日），上海檔案館藏檔案 Q546-1-63-63。

2. 《理事會第 58 次會議（理事大會）記錄》（1927 年 2 月 10 日），上海檔案館藏檔案 Q546-1-63-177。

3. 《理事會第 60 次會議記錄》（1927 年 10 月 28 日），上海檔案館藏檔案 Q546-1-63-184。

4. 《理事會第 65 次會議（理事大會）記錄》（1928 年 3 月 17 日），上海檔案館藏檔案 Q546-1-64-10。

5. 《理事會第 129 次會議記錄》（1936 年 3 月 17 日），上海檔案館藏檔案 Q546-1-66-27。

6. 《理事會第 155 次會議（理監事會聯席會議）記錄》（1946 年 4 月 9 日），上海檔案館藏檔案 Q546-1-66-150。

7. 《理事會第 157 次會議記錄》（1946 年 5 月 20 日），上海檔案館藏檔案 Q546-1-66-163。

8. 《理事會內遷後第 2 次會議記錄》（1943 年 4 月 25 日），上海檔案館藏中國科學社檔案 Q546-1-73-8。

9.《中國科學社第十次年會記事》，上海檔案館藏檔案 Q546-1-227。

10.《中國科學社第九次年會及成立十週年紀念會記事》，上海檔案館藏檔案 Q546-1-228。

（二）中央研究院檔案

1.《中央研究院官員任免》（1935 年 7 月 3 日到 1945 年 11 月 24 日），（臺北）「國史館」藏，國民政府檔案，數字典藏號 001-032102-00028-017。

2.《中央研究院組織法令案》（二），（臺北）「國史館」藏，國民政府檔案，數字典藏號 001-012071-00253-026。

3.《行政院致國民政府文官處函》（1936 年 6 月 22 日），《國家科學獎勵金暫行辦法》，（臺北）「國史館」藏國民政府檔案，數位典藏號 001-090003-00004-003。

4.《中央研究院在渝評議員談話會紀錄》，中國第二歷史檔案館藏，中央研究院檔案-393-546。

5.《行政院、教育部關於博士學位考試及科學研究活動等問題與中央研究院評議會來往文書》，中國第二歷史檔案館藏，中央研究院檔案-393-1546。

6.《中央研究院評議會第二屆第三次會議記錄》，中國第二歷史檔案館藏，中央研究院檔案-393-1557。

7.《國立中央研究院第二屆評議員候選人參考名單》，中國第二歷史檔案館藏，中央研究院檔案-393-2540。

8.《評議會二屆一次年會提案》，中國第二歷史檔案館藏，中央研究院檔案-393-2926。

9.《國立中央研究院首屆評議會第三次報告》，中國第二歷史檔案館藏，中央研究院檔案-393（2）-125（1）。

10.《中央研究院首屆評議會第四次報告稿》，中國第二歷史檔案館藏，中央研究院檔案-393（2）-126。

11.《中央研究院評議會各次年會蔣介石、戴傳賢、朱家驊等講演詞》，中國第二歷史檔案館-393（2）-132。

（三）教育部檔案

1.《教育部學術審議委員會組織條例草案、工作概況等文件》，中國第二歷史檔案館藏，國民政府教育部檔案-五-1347。

2.《教育部學術審議委員會歷次會議記錄決議及有關文書》，中國第二歷史檔案館藏，國民政府教育部檔案-五-1349。

3.《教育部學術審議委員會各種會議記錄》，中國第二歷史檔案館藏，國民政府教育部檔案-五-1350。

4.《全國學術團體一覽表及學術獎勵摘要》，中國第二歷史檔案館藏，國民政府教育部檔案-五-1351。

5.《一九四六至一九四七年度請獎作品審查意見摘要》，中國第二歷史檔案館藏，國民政府教育部檔案-五-1357。

6.《歷屆獲獎作者題名錄》（1945 年 10 月編造），中國第二歷史檔案館藏，國民政府教育部檔案-五-1358。

7.《一九四六至一九四七年學術獎勵摘要及學術獎勵著作品審查意見表》，中國第二歷史檔案館藏，國民政府教育部檔案-五-1359（1）。

8.《一九四六至一九四七年度學術獎勵著作申請書及審查意見》（二），中國第二歷史檔案館藏，國民政府教育部檔案-五-1359（2）。

9.《一九四五年度學術獎勵著作申請書及審查意見》，中國第二歷史檔案館藏，國民政府教育部檔案-五-1360（1）。

10.《教育部學術審議各項油印資料》，中國第二歷史檔案館藏，國民政府教育部教育部檔案-五-1429（2）。

（四）其他檔案

1.《第二屆評議員候選人參考名單草案》，（臺北）中研院史語所傅斯年圖書館藏，傅斯年檔案-昆 10-1。

2.《翁文灝致傅斯年函》（1939 年 11 月 11 日），（臺北）中研院史語所傅斯年圖書館藏，傅斯年檔案-昆 10-15。

3.《翁文灝致傅斯年函》（1939 年 11 月 29 日），（臺北）中研院史語所傅斯年圖書館藏，傅斯年檔案-昆 10-19。

4.《傅斯年致翁文灝函》（1939 年 11 月 4 日），（臺北）中研院史語所傅斯年圖書館藏，傅斯年檔案-昆 10-41。

5.《翁文灝電任鴻雋並轉傅斯年陶孟和葉企孫》（1940 年 1 月 3 日），中研院史語所傅斯年圖書館藏，傅斯年檔案-昆 10-43。

6.《任鴻雋電翁文灝》（1940 年 1 月 25 日），（臺北）中研院史語所傅斯年圖書館藏，傅斯年檔案-昆 10-44。

7. 中國社會科學院近代史研究所圖書館藏,胡適檔案-2343-1。

8. 中國社會科學院近代史研究所圖書館藏,胡適檔案-2344-3。

二、報刊

(一)《申報》

1. 《幣制委員會與學術評定會》,《申報》1915 年 3 月 10 日,第 6 版。

2. 《儲材館變為學術評定會之來因去果》,《申報》1914 年 5 月 31 日,第 6 版。

3. 《大學預科生組織中央學會》,《申報》1912 年 12 月 17 日,第 3 版。

4. 《改訂聲中之各項機關》,《申報》1915 年 1 月 1 日,第 6 版。

5. 《獎學基金與學術評定會》,《申報》1914 年 7 月 13 日,第 6 版。

6. 《京華學界叢譚》,《申報》1913 年 4 月 4 日,第 6 版。

7. 《京師記事·教育會會員請占選舉額》,《申報》1912 年 9 月 22 日,第 3 版。

8. 《考文苑組織之先聲》,《申報》1913 年 10 月 25 日,第 3 版。

9. 《命令》,《申報》1914 年 7 月 11 日,第 2 版。

10. 《命令》,《申報》1914 年 8 月 8 日,第 2 版。

11. 《學術評定委員會之人物》,《申報》1914 年 8 月 4 日,第 3 版。

12. 《譯電》,《申報》1914 年 7 月 30 日,第 2 版。

13. 《雜評二》,《申報》1914 年 5 月 28 日,第 7 版。

14. 《章太炎漂泊無聊之身世》,《申報》1913 年 12 月 2 日,第 6 版。

15. 《政局中應時點綴之會議種種》,《申報》1914 年 6 月 10 日,第 3 版。

16. 《中華民國組織法》《參議院議員選舉法案》(續),《申報》1912 年 8 月 13 日,第 1 版。

17. 《中央學會廢止之建議》,《申報》1913 年 11 月 25 日,第 6 版。

18. 《中央學會選舉議員之籌備》,《申報》1912 年 9 月 9 日,第 3 版。

19. 《中央學會議員廢止之決定》,《申報》1913 年 12 月 1 日,第 6 版。

20. 《中央學會之選舉思潮》,《申報》1912 年 12 月 17 日,第 3 版。

21. 《中央學會組織法案之內容》,《申報》1912 年 11 月 16 日,第 2 版。

22. 《中央研究院院長候補人選》,《申報》1940 年 3 月 16 日,第 2 版。

23. 《眾議院常會紀要》,《申報》1913 年 10 月 29 日,第 3 版。

24. 《專電》,《申報》1913 年 11 月 13 日,第 2 版。

25. 《專電》,《申報》1913 年 12 月 04 日,第 2 版。

26. 《專電》,《申報》1914 年 3 月 22 日,第 2 版。

27. 《組織聲中之新館院》,《申報》1914 年 5 月 28 日,第 6 版。

28. 《最近之中央選舉界》,《申報》1918 年 6 月 19 日,第 6 版。

29. 尹贊勳:《怎樣建立科學與政治間的合理關係》,《申報》1947 年 1 月 1 日,第 20 版。

30. 遠生:《各部近聞》,《申報》1914 年 9 月 8 日,第 6 版。

31. 駐京通信員遠生:《記太炎》,《申報》1914 年 1 月 14 日,第 3 版。

(二) *Bulletin of The Geological Society of China*(《中國地質學會誌》)

1. 《中國地質學會會員錄》,《中國地質學會誌》第 11 卷第 4 期(1932)。

2. 《中國地質學會會員錄》,《中國地質學會誌》第 21 卷第 1 期(1942)。

3. 《中國地質學會紀念趙亞曾先生研究補助金章程大綱》(1930 年 1 月 20 日通過),《中國地質學會誌》第 9 卷第 4 期(1930)。

4. Amadeus W. Grabau,Memorial of Yatseng T. Chao,《中國地質學會誌》第 8 卷第 3 期(1929)。

5. Proceedings of the Eleventh Annual Meeting of the Geological Society of China,《中國地質學會誌》第 14 卷第 1 期(1935)。

6. Proceedings of the First Annual Meeting of the Geological Society of China,《中國地質學會誌》第 2 卷第 1~2 期(1923)。

7. Proceedings of the Fourth Annual Meeting of the Geological Society of China,《中國地質學會誌》第 5 卷第 1 期(1926)。

8. Proceedings of the Special Meeting of the Geological Society(On Nov. 3rd 1931),《中國地質學會誌》第 11 卷第 2 期(1932),第 101 頁。

9. Proceedings of the special meeting on May11, 1934,《中國地質學會誌》第 13 卷第 3 期。

10. Proceedings of the Tenth Annual Meeting of the Geological Society of China,《中國地質學會誌》第 13 卷第 1 期(1934)。

11. Proceedings of the Thirteenth Annual Meeting,《中國地質學會誌》第 16 卷第 1 期(1937)。

12. V. K. Ting, Editorial. The Geological Society of China. History of Organization,

《中國地質學會誌》第 1 卷第 1 期（1922）。

13. 丁文江：《挽趙予仁》，《中國地質學會誌》第 13 卷第 4 期（1934）。

14. 丁文江：《徐君光熙行述》，《中國地質學會誌》第 13 卷第 4 期（1934）。

15. 翁文灝：《趙亞曾先生為學犧牲五年紀念》，《中國地質學會誌》第 13 卷第 4 期（1934）。

（三）《地質論評》

1. 《本會第二十次年會記錄》，《地質論評》第 9 卷第 3～4 期（1944）。

2. 《本會第二十二次年會記錄》，《地質論評》第 11 卷第 5～6 期（1946）。

3. 《本會第二十三次年會記錄》，《地質論評》第 13 卷第 1～2 期（1948）。

4. 《本會第二十四次年會記錄》，《地質論評》第 14 卷 1～3 期（1949 年）。

5. 《本會第十八次年會及二十週年紀念會紀事》，《地質論評》第 7 卷第 4～5 期（1942）。

6. 《本會第十九次年會記錄》，《地質論評》第 8 卷第 1～6 期（1943）。

7. 《本會第十七次年會記錄》，《地質論評》第 6 卷第 3～4 期（1941）。

8. 《本會將設學生研究獎金》，《地質論評》第 5 卷第 4 期（1940）。

9. 《本會理事會記錄（二）》，《地質論評》第 11 卷第 3～4 期（1946）。

10. 《本會理事會記錄》（補登），《地質論評》第 10 卷第 3～4 期（1945）。

11. 《本會理事會記錄》，《地質論評》第 10 卷 1～2 期（1945）。

12. 《本會理事會記錄》，《地質論評》第 2 卷第 2 期（1937）。

13. 《本會理事會記錄》，《地質論評》第 8 卷 1～6 期（1943）。

14. 《本會理事會記錄》，《地質論評》第 9 卷 1～2 期（1944）。

15. 《本會理事會記錄》，《地質論評》第 9 卷第 3～4 期（1944）。

16. 《本會學生獎學金消息》，《地質論評》第 5 卷第 5 期（1940）。

17. 《本屆理事會記錄（三）》，《地質論評》第 11 卷第 3～4 期（1946）。

18. 《地質界消息》，《地質論評》第 14 卷 1～3 期（1949）。

19. 《丁氏紀念基金消息》，《地質論評》第 1 卷第 6 期（1936）。

20. 《理事會記錄》，《地質論評》第 1 卷第 1 期（1936）。

21. 《馬以思女士事略》，《地質論評》第 9 卷第 5～6 期（1944）。

22. 《其他消息》，《地質論評》第 1 卷第 1 期（1936）。

23. 《許德佑陳康馬以思三先生遇難記》，《地質論評》第 9 卷第 3～4 期（1944）。

24. 《中國地質學會第十二次年會記事》，《地質論評》第 1 卷第 1 期（1936）。

25.《中國地質學會三十五年度學生獎金》,《地質論評》第 12 卷第 1～2 期
　　（1947）。

26. 李星學:《陳康先生傳》,《地質論評》第 9 卷第 5～6 期（1944）。

27. 王鈺輯:《許德佑先生年譜及其著作目錄》,《地質論評》第 9 卷第 5～6 期
　　（1944）。

28. 尹贊勳:《丁文江先生紀念獎金第一屆授獎報告》,《地質論評》第 5 卷第
　　1～2 期（1940）。

(四)《科學》

1.《本社何育傑氏物理學獎金揭曉》,《科學》第 24 卷第 5 期（1940）。

2.《范太夫人獎學金》,《科學》第 19 卷第 3 期（1935）。

3.《金叔初先生捐贈本社圖書》,《科學》第 20 卷第 5 期（1936）。

4.《理事會第 75 次會議記錄》（1928 年 11 月 30 日）,《科學》第 13 卷第 7
　　期（1929）。

5.《理事會第 85 次會議記錄》（1930 年 2 月 9 日）,《科學》第 14 卷第 7 期
　　（1930）。

6.《社友高君韋女士事略》,《科學》第 13 卷第 3 期（1928）。

7.《議員建議創設國立科學院》,《科學》第 8 卷第 2 期（1923）

8.《中國地質學會紀念趙亞曾先生研究補助金報告》,《科學》第 17 卷第 11
　　期（1933）。

9.《中國地質學會設立葛氏獎章》,《科學》第 11 卷第 6 期（1926）。

10.《中國科學社第八次年會記事》,《科學》第 8 卷第 10 期（1923）。

11.《中國科學社募集愛迪生紀念獎金基金捐款徵信錄》,《科學》第 16 卷第
　　10 期（1932）。

12. 秉志:《悼葛霖滿先生》,《科學》第 21 卷第 8 期（1937）。

13. 高君韋:《當代化學之進步》,《科學》第 11 卷第 12 期（1926）。

14. 觀化:《國立中央研究院評議會成立》,《科學》第 19 卷第 6 期（1935）。

15. 胡先驌:《中國科學發達之展望》,《科學》第 20 卷第 10 期（1936）。

16. 王邦椿:《豆腐培養基》,《科學》第 18 卷第 3 期（1934）。

17. 嚴濟慈:《二十年來中國物理學之進展》,《科學》第 19 卷第 11 期（1935）。

18. 楊鍾健:《奧斯朋傳略》,《科學》第 20 卷第 2 期（1936）。

（五）《社友》

1.《本社裘氏父子紀念獎金徵求理工著述》,《社友》第 81 期。

2.《高女士紀念獎金揭曉》,《社友》第 6 號。

3.《考古學獎金委員會推薦應獎人選》,《社友》第 9 號。

4.《理事會第 103 次會議記錄》（1932 年 10 月 11 日）,《社友》第 24 號。

5.《理事會第 110 次會議記錄》（1933 年 8 月 12 日）,《社友》第 35 期。

6.《理事會第 116 次會議記錄》（1934 年 2 月 8 日）,《社友》第 38 期。

7.《理事會第 118 次會議記錄》（1934 年 7 月 21 日）,《社友》第 42 期。

8.《理事會第 120 次會議記錄》（1934 年 10 月 8 日）,《社友》第 44 期。

9.《理事會第 130 次會議記錄》（1936 年 5 月 28 日）,《社友》第 55 期。

10.《理事會第 132 次會議記錄》（1936 年 8 月 16 日）,《社友》第 56 期。

11.《理事會第 135 次會議記錄》（1937 年 5 月 1 日）,《社友》第 60 期。

12.《理事會第 140 次會議記錄》（1939 年 8 月 26 日）,《社友》第 64 期。

13.《理事會第 147 次會議記錄》（1940 年 11 月 15 日）,《社友》第 69 期。

14.《裘氏紀念獎金之收穫》,《社友》第 84 期。

15.《社員何育傑先生五十歲紀念物理獎》,《社友》第 13 號。

16.《續收何育傑紀念獎基金》,《社友》第 67 期。

17.《中國科學社「何吟苢教授物理學紀念獎金」徵文辦法》,《社友》第 63 期。

18.《中國科學社各種紀念獎金徵文辦法》,《社友》第 69 期。

19.《中國科學社科學研究獎章》,《社友》第 60 期。

20.《中國科學社募集愛迪生紀念獎金基金啟》,《社友》第 17 號。

21.《中國科學社十五周紀念匯誌》,《社友》第 2 號。

（六）其他

1.《國立中央研究院院務月報》第 1 卷第 3 期（1929 年 9 月）。

2.《國立中央研究院院務月報》第 1 卷第 7 期（1930 年 1 月）。

3.《教育部舉辦民國三十年度著作發明及美術獎勵經過述要》,《高等教育季刊》第 2 卷第 2 期（1942）。

4.《考文苑之組織法》,《新聞報》1914 年 3 月 26 日,第 3 版。

5.《六學術團體聯合年會：蔣委員長頒發訓詞》,《中央日報》1943 年 7 月 19 日,第 2 版。

6.《民國初年中央研究院名單》,《中央日報》1947 年 4 月 17 日,第 5 版。

7.《推定考文苑員之姓氏》,《新聞報》1912 年 12 月 15 日,第 3 版。

8.《中研院建議倡助科學研究》,《中央日報》1945 年 1 月 26 日,第 2 版。

9.《中研院評議會年會圓滿閉幕,重要提案通過十餘件,全體決議電致蔣主席致敬》,《中央日報》1944 年 3 月 11 日,第 2 版。

10.《中央研究院評議會年會‧蔣主席訓詞》,《中央日報》1944 年 3 月 9 日,第 2 版。

11. Florence Milligan, Henry Fairfield Osborn: Man of Parnassus, *Bios,* Vol.7, No.1 (Mar.,1936).

12. 蔡元培:《丁在君先生對於中央研究院之貢獻》,《獨立評論》第 188 號（1936 年 2 月 16 日）。

13. 胡適:《丁在君這個人》,《獨立評論》第 188 號（1936 年 2 月 16 日）。

14. 堅:《學術評定會》,《東方雜誌》第 11 卷第 1 號（1914 年 7 月 1 日）。

15. 蔣星德:《文化先鋒》第 5 卷第 13 期（1945 年 11 月 30 日）。

16. 唐蘭:《我的參加黨訓班》,《人民日報》1949 年 8 月 29 日。

17. 夏鼐:《中央研究院第一屆院士的分析》,《觀察》5 卷 14 期（1948）。

18. 袁應麟:《文化先鋒》第 5 卷第 14 期（1945 年 12 月 15 日）。

19. 周永隆:《國立中央研究院》,《科學大眾》第 4 卷第 2 期（1948 年 5 月號）。

三、資料及其彙編

1.《國立中央研究院院士錄》第一輯,1948 年 6 月編印

2.《中國科學社第十九次年會紀事錄》,中國科學社,1934 年印行。

3.《中國科學社第十七次年會紀事錄》,中國科學社,1932 年 11 月印行。

4.《中國科學社三十六來的總結報告》,中國科學社,1950 年 7 月印行。

5. *The Transaction of the Science Society of China*（《中國科學社論文專刊》）第 2 卷。

6. 蔡鴻源主編:《民國法規集成》第 27、28、35 冊,黃山書社,1999 年。

7. 陳國安等編:《無錫國專史料選輯》,蘇州大學出版社,2012 年。

8. 陳勇開、吉雷、鄒偉選編:《國立中央研究院評議會第二屆歷次年會記錄》,《民國檔案》2018 年第 3 期。

9. 杜元載:《抗戰時期教育》,中國國民黨黨史史料編纂委員會編《革命文

獻》第 58 輯，1972 年。

10. 國立北京大學講師講員助教聯合會編：《北大院系介紹》，1948 年。

11. 國立中央研究院文書處：《國立中央研究院二十年度總報告》。

12. 國立中央研究院文書處：《國立中央研究院二十一年度總報告》。

13. 國立中央研究院文書處：《國立中央研究院概況（民國十七年六月至三十七年六月）》。

14. 國立中央研究院文書處：《國立中央研究院十七年度總報告》。

15. 國立中央研究院文書處：《國立中央研究院首屆評議會第二次報告》（1938 年 5 月）。

16. 國立中央研究院文書處：《國立中央研究院首屆評議會第一次報告》（1937 年 4 月）。

17. 計榮森：《中國地質學會概況——中國地質學會二十週年紀念》，中國地質學會，1942 年。

18. 教育部教育年鑒編纂委員會編：《第二次中國教育年鑒》（民國二十三年至三十六年），商務印書館，1948 年。

19. 李孝遷編校：《中國現代史學評論》，上海古籍出版社，2018 年。

20. 清華大學校史研究室編：《清華大學史料選編》第 3 卷（下），清華大學出版社，1994 年。

21. 任南衡、張友餘編著：《中國數學會史料》，江蘇教育出版社，1995 年。

22. 孫耀煜主編：《歷代文論選釋》，江蘇教育出版社，1989 年。

23. 王學珍等主編：《國立西南聯合大學史料》第 1 卷，雲南教育出版社，1998 年。

24. 吳景平、郭岱君主編：《宋子文駐美時期電報選》（1940～1943），復旦大學出版社，2008 年。

25. 蕭李居編輯：《蔣中正總統檔案‧事略稿本》第 43 冊，「國史館」印行，2010 年。

26. 姚治華整理：《呂澂、柳詒徵「湯用彤〈漢魏兩晉南北朝佛教史〉審查書」》，載龔雋等主編《漢語佛學評論》（3），上海古籍出版社，2013 年。

27. 張劍、姚潤澤編注：《〈社友〉人物傳記資料選編》，上海科學技術出版社，2020 年。

28. 張淑鏘主編：《浙江大學史料》第二卷（1927～1949）（下），浙江大學出

版社，2022 年。

29. 中國第二歷史檔案館：《抗戰時期遷都重慶之中央研究院》，《民國檔案》1998 年第 2 期。

30. 中國第二歷史檔案館編：《中華民國史檔案資料彙編》第 5 輯第 1 編《教育》（二），江蘇古籍出版社，1997 年。

31. 中國第二歷史檔案館編：《中華民國史檔案資料彙編》第 5 輯第 1 編《教育》（一），江蘇古籍出版社，1997 年。

32. 中國第二歷史檔案館編《中華民國史檔案資料彙編》第 3 輯《教育》，江蘇古籍出版社，1991 年。

33. 中國第二歷史檔案館編《中華民國史檔案資料彙編》第 3 輯《文化》，江蘇古籍出版社，1991 年。

34. 中國科學院院士工作局編：《科學的道路》（下），上海教育出版社，2005 年。

35. 中國人民政治協商會議貴陽市南明區委員會文史資料委員會編：《南明文史資料選輯》第 14 輯，1996 年。

36. 重慶師範學院中文系《國統區文藝資料叢編》編輯組編：《國統區文藝資料叢編・「戰國派」2》，1979 年。

37. 周桂發等編注：《中國科學社檔案資料整理與研究・書信選編》，上海科學技術出版社，2015 年。

38. 朱有瓛主編：《中國近代學制史料》第 3 輯（上），華東師範大學出版社，1990 年。

39. 莊文亞編：《全國文化機關一覽》，世界書局，1934 年。

四、文集（包括書信、日記、回憶錄、口述等）

1. 〔法〕德日進著，王海燕編選：《德日進集》，上海遠東出版社，1999 年。

2. 《顧知微文集》編輯組編：《顧知微文集》，中國科技大學出版社，2010 年。

3. 曹伯言整理：《胡適日記全編》，安徽教育出版社，2001 年。

4. 曹伯言整理：《胡適日記全集》，（臺北）聯經出版事業股份有限公司，2004 年。

5. 陳敬容著，羅佳明、陳俐編：《陳敬容詩文集》，復旦大學出版社，2008 年。

6. 陳立夫：《成敗之鑒：陳立夫回憶錄》，正中書局，1994 年。

7. 陳武元編：《薩本棟博士百年誕辰紀念文集》，廈門大學出版社，2004 年。

8. 陳寅恪：《金明館叢稿二編》，三聯書店，2001 年。

9. 陳智超編注：《陳垣來往書信集》（增訂本），三聯書店，2010 年。

10. 戴念祖主編：《20 世紀上半葉中國物理學論文集萃》，湖南教育出版社，1993 年。

11. 樊洪業等編：《科學救國之夢——任鴻雋文存》，上海科技教育出版社，2002 年。

12. 樊洪業主編：《竺可楨全集》第 2、6～11、14、22、23 卷，上海科技教育出版社，2004～2013 年。

13. 費孝通：《師承·補課·治學》，三聯書店，2002 年。

14. 馮友蘭：《三松堂自序》，三聯書店，1984 年。

15. 高平叔編：《蔡元培全集》第 6 卷，中華書局，1988 年。

16. 耿雲志主編：《胡適遺稿及秘藏書信》第 38 冊，黃山書社，1994 年。

17. 顧國華編：《文壇雜憶全編》第 6 冊，上海書店，2015 年。

18. 顧頡剛：《顧頡剛全集·顧頡剛日記》卷四、六、七，中華書局，2011 年。

19. 韓存志主編：《資深院士回憶錄》，上海科技教育出版社，2003 年。

20. 何炳棣：《讀史閱世六十年》，商務印書館（香港），2019 年。

21. 何魯：《何魯詩詞選》，巴蜀書社，1993 年。

22. 何兆武口述、文靖執筆：《上學記》（增訂本），人民文學出版社，2016 年。

23. 李紅真主編：《汪曾祺全集》第 6 卷，人民文學出版社，2019 年。

24. 江藩：《漢學師承記·宋學淵源記》，上海書店，1983 年。

25. 姜義華、張榮華編校：《康有為全集》第 10 卷，中國人民大學出版社，2007 年。

26. 金景芳：《金景芳全集》第 1 冊，上海古籍出版社，2015 年。

27. 金毓黻：《靜晤室日記》第 6 冊，遼瀋書社，1993 年。

28. 李方桂著，王啟龍、鄧小詠譯：《李方桂先生口述史》，清華大學出版社，2003 年。

29. 李光謨：《從清華園到史語所：李濟治學生涯瑣記》，商務印書館，2016 年。

30. 李書華：《李書華自述》，湖南教育出版社，2015 年。

31. 李先聞:《李先聞自述》,湖南教育出版社,2009 年。

32. 李學通編:《翁文灝往來函電集(1909~1949):從地學家到民國行政院院長》,團結出版社,2020 年。

33. 李學通等整理:《翁文灝日記》,中華書局,2010 年。

34. 魯迅:《魯迅全集》第 3 卷,人民文學出版社,2005 年。

35. 陸寶千訪問、黃銘明記錄:《金開英先生訪問記錄》,中央研究院近代史研究所口述歷史叢書(29),1991 年。

36. 馬強才選編:《藍文徵文存》,江蘇人民出版社,2012 年。

37. 馬強才選編:《羅根澤文存》,江蘇人民出版社,2012 年。

38. 馬勇編:《章太炎書信集》,河北人民出版社,2003 年。

39. 繆鉞:《冰繭庵跋輯存》,巴蜀書社,1989 年。

40. 南君亞、王中良編:《中國鈾礦地質的先驅者——紀念礦床學家南延宗教授誕辰一百週年》,地質出版社,2007 年。

41. 歐陽哲生編:《丁文江先生學行錄》,中華書局,2008 年。

42. 歐陽哲生主編:《傅斯年文集》第 7 卷,湖南教育出版社,2003 年。

43. 潘光哲主編:《胡適全集:胡適中文書信集》第 3~4 冊,中央研究院近代史研究所,2018 年。

44. 錢穆:《八十憶雙親、師友雜憶合刊》,九州出版社,2017 年。

45. 任繼舜主編:《黃汲清中國地質科學史文選》,科學出版社,2014 年。

46. 沈雲龍訪問,林能士等記錄:《淩鴻勳口述自傳》,湖南教育出版社,2011 年。

47. 孫本文等著:《中國戰時學術》,正中書局,1945 年。

48. 王汎森、潘光哲、吳政上主編:《傅斯年遺札》第 2~3 卷,中央研究院歷史語言研究所,2011 年。

49. 王慶祥、園欣、李秀芬選編、整理、注釋:《吳學週日記》,《長春文史資料》1997 年第 3~4 輯,1997 年。

50. 王世杰著,林美莉編校:《王世杰日記》(上冊),中央研究院近代史研究所,2012 年。

51. 王世民、湯超編:《夏鼐書信集》,社會科學文獻出版社,2022 年。

52. 王世儒等編:《我與北大》,北京大學出版社,1998 年。

53. 王伊同:《王伊同學術論文集》,中華書局,2006 年。

54. 王聿均等編：《朱家驊先生言論集》，中央研究院近代史研究所史料叢刊（3），1977 年。

55. 吳大猷：《吳大猷文選》，第 3、7 冊，臺北遠流出版事業有限公司，1986 年。

56. 吳大猷：《回憶》，中國友誼出版公司，1984 年。

57. 吳大猷述，黃偉彥、葉銘漢、戴念祖整理，柳懷祖編：《早期中國物理發展之回憶》，上海科學技術出版社，2006 年。

58. 吳宓著，吳學昭整理注釋：《吳宓日記（1941～1942）》第 8 冊，三聯書店，1998 年。

59. 吳稚暉：《吳稚暉全集》卷 12，九州出版社，2013 年。

60. 伍連德著，程光勝、馬學博譯：《鼠疫鬥士——伍連德自述》（下），湖南教育出版社，2012 年。

61. 夏鼐：《夏鼐日記》，華東師範大學出版社，2011 年。

62. 徐利治口述，袁向東、郭金海訪問整理：《徐利治訪談錄》，湖南教育出版社，2009 年。

63. 徐旭生：《徐旭生文集》第九冊，中華書局，2021 年。

64. 楊共樂、張昭軍主編：《柳詒徵文集》第 12 卷，商務印書館，2018 年。

65. 楊柳岸整理：《楊樹達日記（1948～1954）》，中華書局，2021 年。

66. 楊儒賓、馬淵昌也主編：《中日陽明學者墨蹟》，國立臺灣大學出版中心，2008 年。

67. 楊樹達：《積微翁回憶錄》，上海古籍出版社，1986 年。

68. 楊鍾健：《楊鍾健回憶錄》，地質出版社，1983 年。

69. 楊遵儀主編：《桃李滿天下——紀念袁復禮教授百年誕辰》，中國地質大學出版社，1993 年。

70. 葉恭綽：《遐庵匯稿》，「民國叢書」第 2 編第 94 冊，上海書店，1990 年。

71. 尹贊勳：《往事漫憶》，海洋出版社，1988 年。

72. 余永年主編：《何文俊教授紀念集》，雲南民族出版社，2005 年。

73. 張奠宙編選：《楊振寧文集：傳記、演講、隨筆》，華東師範大學出版社，1998 年。

74. 張奠宙等編：《陳省身文集》，華東師範大學出版社，2002 年。

75. 張力訪問、紀錄：《黎玉璽先生口述歷史》，九州出版社，2013 年。

76. 張世林編：《學林春秋——著名學者自序集》，中華書局，1998 年。

77. 張友仁編：《周炳琳文集》，浙江人民出版社，2009 年。

78. 趙紀彬：《趙紀彬文集》第 2 卷，河南人民出版社，1985 年。

79. 鄭天挺：《鄭天挺西南聯大日記》，中華書局，2018 年。

80. 中國蔡元培研究會編：《蔡元培全集》第 8 卷，浙江教育出版社，1998 年。

81. 中國地質大學（北京）郝詒純院士紀念文集編委會編：《大地的女兒：郝詒純院士紀念文集》，地質出版社，2004 年。

82. 中國地質學會地質學史研究會、中國地質大學地質學史研究室合編：《地質學史論叢》（三），中國地質大學出版社，1995 年。

83. 中國民主同盟中央委員會宣傳部編：《華羅庚詩文選》，中國文史出版社，1986 年。

84. 中國社會科學院近代史研究所中華民國史組編：《胡適來往書信選》（中冊），中華書局，1979 年。

85. 中國社會科學院近代史研究所中華民國史組編：《胡適任駐美大使期間往來電稿》（中華民國史資料叢稿·專題資料選輯第 3 輯），中華書局，1978 年。

86. 朱茂男、楊儒賓主編：《東亞朱子學者暨朱氏前賢墨蹟》，（臺北）中華民國朱氏宗親文教基金會出版，2006 年。

87. 朱維錚編：《周予同經學史論著選集》（增訂版），上海人民出版社，1996 年。

88. 朱維錚主編：《馬相伯集》，復旦大學出版社，1996 年。

89. 朱希祖：《朱希祖日記》（下冊），中華書局，2012 年。

90. 朱淵清編：《朱希祖史學史選集》，中西書局，2019 年。

五、著作

1. 〔德〕愛文·李克著，周宗琦譯：《醫療中的奇蹟》，中國科學社，1939 年 12 月再版。

2. 〔荷〕許理和著，李四龍譯：《佛教征服中國：佛教在中國中古早期的傳播與適應》，江蘇人民出版社，2005 年。

3. 〔美〕加斯頓著，顧昕等譯：《科學的社會運行：英美科學界的獎勵系統》，光明日報出版社，1988 年。

4. 〔美〕羅伯特‧默頓著，魯旭東等譯：《科學社會學：理論與經驗研究》，商務印書館，2003 年。

5. 〔美〕喬納森‧科爾、斯蒂芬‧科爾著，趙佳苓等譯：《科學界的社會分層》，華夏出版社，1989 年。

6. 〔美〕朱克曼著，周葉謙、馮世則譯：《科學界的精英：美國的諾貝爾獎金獲得者》，商務印書館，1979 年。

7. 〔英〕G. H. 哈代等著，毛虹等譯：《科學家的辯白》，江蘇人民出版社，1999 年。

8. 《晉陽學刊》編輯部編：《中國現代社會科學家傳略》第 1 輯，山西人民出版社，1982 年。

9. 《科學家傳記大辭典》編輯組：《中國現代科學家傳記》第 1～6 集，科學出版社，1991～1994 年。

10. 《南京農業大學發展史》編委會編：《南京農業大學發展史‧人物卷》，中國農業出版社，2012 年。

11. Cong Cao, *China's Scientific Elite,* London: Routledge Curzon, 2004.

12. 北京圖書館《文獻》叢刊編輯部等編：《中國當代社會科學家》第 4 輯，書目文獻出版社，1983 年。

13. 北京圖書館《文獻》叢刊編輯部等編：《中國當代社會科學家》第 1 輯，書目文獻出版社，1982 年。

14. 倉修良：《方志學通論》，方志出版社，2003 年。

15. 倉修良主編：《中國史學名著評介》（4），山東教育出版社，2006 年。

16. 陳果夫：《中國教育改革之途徑》，正中書局，1944 年。

17. 陳寂、傅靜庵主編：《嶺雅》，廣東人民出版社，2013 年。

18. 陳佳洱主編：《20 世紀中國知名科學家學術成就概覽‧物理學卷》第 1 分冊，科學出版社，2014 年。

19. 陳學溶：《中國近現代氣象學界若干史蹟》，氣象出版社，2012 年。

20. 陳元芳編著：《中國會計名家傳略》，立信會計出版社，2013 年。

21. 陳之邁：《中國政府》，上海人民出版社，2015 年。

22. 程民德主編：《中國現代數學家》第 2 卷，江蘇教育出版社，1995 年。

23. 程裕淇、陳夢熊主編：《前地質調查所（1916～1950）的歷史回顧‧歷史評述與主要貢獻》，地質出版社，1996 年。

24. 崔瑞德編，中國社會科學院歷史研究所西方漢學研究課題組譯：《劍橋中國隋唐史》，中國社會科學出版社，1990 年。

25. 鄧嗣禹：《中國考試制度史》，商務印書館，1936 年。

26. 董光壁：《中國現代物理學史》，山東教育出版社，2009 年。

27. 杜婧：《中國體質人類學史研究》，知識產權出版社，2013 年。

28. 段凌辰：《中國文學概論》，河南大學出版社，2013 年。

29. 樊洪業主編：《中國科學院編年史（1949～1999），上海科技教育出版社，1999 年。

30. 方豪：《方豪六十自定稿》（下冊），臺灣學生書局，1969 年。

31. 顧頡剛：《當代中國史學》，上海古籍出版社，2002 年。

32. 顧曉華主編：《中國地質圖書館珍藏文獻圖錄》，地質出版社，2014 年。

33. 郭金海：《院士制度在中國的創立與重建》，上海交通大學出版社，2014 年。

34. 何國華：《廣東歷代著名教育家評傳》，廣東人民出版社，2014 年。

35. 何其生主編：《珞珈國際法：學人與學問》，武漢大學出版社，2011 年。

36. 何仁富、汪麗華：《年譜》，《唐君毅全集》第 34 卷，九州出版社，2016 年。

37. 何任清：《法學通論》，商務印書館，1946 年。

38. 賀麟：《五十年來的中國哲學》，上海人民出版社，2012 年。

39. 胡頌平編著：《胡適之年譜長編初稿》，（臺北）聯經出版事業股份有限公司，1984 年。

40. 胡文輝：《現代學林點將錄》，廣東人民出版社，2010 年。

41. 胡迎建：《民國舊體詩史稿》，江西人民出版社，2005 年。

42. 胡宗剛編著：《胡先驌先生年譜長編》，江西教育出版社，2008 年。

43. 黃定龍編著：《銀行成本管理概論》，中國金融出版社，1990 年。

44. 黃克武：《顧孟餘的清高：中國近代史的另一種可能》，香港中文大學出版社，2020 年。

45. 黃麗安：《朱家驊學術理想及其實踐》，社會科學文獻出版社，2017 年。

46. 黃麗安：《朱家驊與中央研究院》，臺北「國史館」，2010 年。

47. 霍有光、顧利民：《南洋公學——交通大學年譜（1896～1949）》，陝西人民出版社，2002 年。

48. 金景芳：《學易四種》，吉林文史出版社，1987 年。

49. 孔劉輝：《陳銓評傳》，人民文學出版社，2020 年。

50. 李峰主編：《蘇州通史·人物卷》（下），蘇州大學出版社，2019 年。

51. 李顯承：《馬克思及其地租論》，獨立出版社，1942 年。

52. 李學通：《翁文灝年譜》，山東教育出版社，2005 年。

53. 劉夢芙：《近現代詩詞論叢》，學苑出版社，2007 年。

54. 劉民鋼、蔡迎春主編：《文化抗戰珍檔：抗戰文化的崛起民族精神的吶喊》，上海書店出版社，2019 年。

55. 劉明：《學術評價制度批判》，長江文藝出版社，2006 年。

56. 劉澤華主編：《近九十年史學理論要籍提要》，書目文獻出版社，1991 年。

57. 盧前：《盧前文史論稿》，中華書局，2007 年。

58. 馬勝雲、馬蘭編著：《李四光年譜》，地質出版社，1999 年。

59. 潘靜如：《民國詩學》，北京聯合出版公司，2017 年。

60. 錢穆：《國史大綱》，中州出版社，2016 年。

61. 曲安京主編：《中國近現代科技獎勵制度》，山東教育出版社，2005 年。

62. 宋廣波編著：《丁文江年譜》，黑龍江教育出版社，2009 年。

63. 孫鴻烈主編：《20 世紀中國知名科學家學術成就概覽·地學卷·地質學分冊》（二），科學出版社，2013 年。

64. 孫鴻烈主編：《20 世紀中國知名科學家學術成就概覽·地學卷·地質學分冊》（一），科學出版社，2013 年。

65. 孫鴻烈主編：《20 世紀中國知名科學家學術成就概覽·地學卷·古生物分冊》，科學出版社，2014 年。

66. 唐端正編撰：《唐君毅先生年譜》，《唐君毅全集》第 29 卷，（臺北）學生書局，1988 年。

67. 唐君毅：《道德自我之建立》，商務印書館，1946 年。

68. 陶英慧：《中研院六院長》，文匯出版社，2009 年。

69. 鐵道部檔案史志中心編：《中國鐵路歷史鈎沉》，紅旗出版社，2002 年。

70. 王恒禮、王子賢、李仲均主編：《中國地質人名錄》，中國地質大學出版社，1989 年。

71. 王華寶：《徐復先生傳略》，南京師範大學出版社，2016 年。

72. 王炎坤等編：《科技獎勵論》，華中理工大學出版，1999 年。

73. 王仰之：《中國地質學簡史》，中國科學技術出版社，1994 年。

74. 王玉德主編：《錢基博學術研究》，華中師範大學出版社，2008 年。

75. 王元主編：《20 世紀中國知名科學家學術成就概覽·數學卷》（一），科學出版社，2011 年。

76. 吳金華：《古文獻整理與古漢語研究》（續集），鳳凰出版社，2007 年。

77. 夏湘蓉、王根元：《中國地質學會史》，地質出版社，1982 年。

78. 辛翀：《易學與科學——丁超五科學易學思想研究》，科學出版社，2009 年。

79. 嚴耕望：《治史三書》（增訂本），上海人民出版社，2016 年。

80. 楊逢彬：《楊樹達先生之後的楊家》，浙江大學出版社，2016 年。

81. 姚薇元：《鴉片戰爭史事考》，文通書局，1942 年。

82. 張劍：《賽先生在中國：中國科學社研究》，上海科學技術出版社，2018 年。

83. 張劍：《中國近代科學與科學體制化》，四川人民出版社，2008 年。

84. 張其昀：《中華五千年史》，中國文化大學出版部，1961 年。

85. 張清勇：《中國土地經濟學的興起》（1925～1949 年），商務印書館，2014 年。

86. 張澤賢：《中國現代文學小說版本聞見錄續集》，上海遠東出版社，2012 年。

87. 趙建永：《湯用彤先生編年事輯》，中華書局，2019 年。

88. 趙寧樂、方向東編：《樸學之光：語言文字學家徐復》，南京大學出版社，2000 年。

89. 趙義山：《20 世紀元散曲研究綜論》，上海古籍出版社，2002 年。

90. 中國科學技術協會編：《中國科學技術專家傳略·工程技術編·冶金卷 1》，中國科學技術出版社，1995 年。

91. 中國科學技術協會編：《中國科學技術專家傳略·理學編·地學卷 1》，河北教育出版社，1996 年。

92. 中國科學技術協會編：《中國科學技術專家傳略·理學編·化學卷 1》（中國科學技術出版社，1993 年。

93. 中國科學技術協會編：《中國科學技術專家傳略·理學編·生物卷 1》，中國科學技術出版社，河北教育出版社，1996 年。

94. 中國科學技術協會編：《中國科學技術專家傳略‧理學編‧生物學卷 2》，中國科學技術出版社 2001 年。

95. 中國科學技術協會編：《中國科學技術專家傳略‧理學編‧天文卷 1》，中國科學技術出版社，2005 年。

96. 中國科學技術協會編：《中國科學技術專家傳略‧理學編‧物理學卷 2》，中國科學技術出版社，2001 年。

97. 中央大學南京校友會、中央大學校友文選編纂委員會編：《南雍驪珠‧中央大學名師傳略》，南京大學出版社，2004 年。

98. 中央研究院八十年院史編纂委員會主編：《追求卓越：中央研究院八十年》卷一《任重道遠（全院篇）》（陳永發執筆），中央研究院近代史研究所，2008 年。

99. 中央研究院總辦事處秘書組編印：《中央研究院史初稿》，1988 年。

100. 周錫瑞等主編：《1943：中國在十字路口》，社會科學文獻出版社，2016 年。

101. 左鵬軍：《晚清民國傳奇雜劇史稿》，廣東人民出版社，2009 年。

102. 左玉河：《中國近代學術體制之創建》，四川人民出版社，2008 年。

六、論文與文章

1. 「當代中國自然科學家科學發現的規律研究」課題組：《科學隊伍中遠緣雜交優勢的出現》，《科學對社會的影響》1994 年第 2 期。

2. Chen, Shi wei. Government and Academy in Republican China: History of Academia Sinica, 1927~1949. Thesis (Ph.D.), Harvard University, 1998.

3. Gilbert Gottlieb, Zing-Yang Kuo: Radical Scientific Philosopher and Innovative Experimentalist (1898~1970), *Journal of Comparative and Physiological Psychology,* 1972, 80(1): 1~10.

4. U. B. 馬爾文：《A‧W.葛利普（1870～1946）：全球理論的一個回顧》，中國地質學會地質學史研究會、中國地質大學地質學史研究所合編《地質學史論叢（4）》，地質出版社，2002 年。

5. Zuoyue Wang, Guo Jinhai, Transnational Mathematics and Movements: Shiingshen Chern, HuaLuogeng, and the Princeton Institute for Advanced Study from World War II to the Cold War, *Chinese Annals of History of Science and Technology,* 3(2) (2019).

6. 曹育：《傑出的生物化學家吳憲博士》，《中國科技史料》第 14 卷（1993）第 4 期。

7. 曾祥金：《民國教育部學術評獎活動及其文學史料價值》，李怡、毛迅主編《現代中國文化與文學》，巴蜀書社，2018 年。

8. 車行健：《顧頡剛撰於一九四〇年代的幾份學術審查文件》，《國文天地》第 36 卷第 7 期（2020 年 12 月號）。

9. 車行健：《考〈史〉以證〈左〉——羅倬漢與〈史記十二諸侯年表考證〉》，《中國典籍與文化論叢》第 18 輯，鳳凰出版社，2017 年。

10. 車行健：《南雍學人陳延傑及其經學論著之整理》，《中國文哲研究通訊》，第 28 卷第 2 期（2018）。

11. 車行健：《現代學術獎勵機制觀照下的羅倬漢之經學成就——以〈詩樂論〉為核心之探討》，林慶彰、盧鳴東主編《中日韓經學國際學術研討會論文集》，萬卷樓圖書股份有限公司，2015 年。

12. 陳克艱：《思想的理解與考證——讀蕭公權著〈中國政治思想史〉點滴》，《史林》2007 年第 5 期。

13. 陳榮捷：《馮友蘭的新理學》，《朱子學刊》編輯部編《朱子學刊》1998 年第 1 輯（總第 9 輯），黃山書社，1999 年。

14. 陳時偉：《中央研究院 1948 年院士選舉述論》，《一九四〇年代的中國》，社會科學文獻出版社，2009 年。

15. 陳時偉：《中央研究院與中國近代學術體制的職業化》（1927～1937），《中國學術》第 15 輯。

16. 陳釗：《「沒有群眾」：胡庶華與戰時西北大學校政》，《抗日戰爭研究》2017 年第 3 期。

17. 陳釗：《教學與衛道：賴璉與西北工學院、西北大學的治理》，《抗日戰爭研究》2019 年第 2 期。

18. 褚葆一：《保護貿易新論據：不完整競爭與保護政策》，《國立中央大學社會科學季刊》第 1 卷第 2 期（1944）。

19. 鄧慶佑：《李辰冬和他的〈紅樓夢研究〉》，載《紅學人物研究》，北京時代華文書局，2017 年。

20. 瞿志成：《錢穆的院士之路》，《中央研究院近代史研究所集刊》第 103 期（2019 年）。

21. 段異兵、樊洪業:《1935 年中央研究院使命的轉變》,《自然辯證法通訊》2000 年第 5 期。

22. 段異兵:《李約瑟赴華工作身份》,《中國科技史料》2004 年第 3 期。

23. 樊洪業:《「中央學會」之迷蹤》,《中國科技史雜誌》2013 年第 2 期。

24. 樊洪業:《20 世紀中國科學精英的年齡分布狀況及其教育背景考察》,王渝生主編《第七屆國際中國科學史會議文集》,大象出版社,1999 年。

25. 樊洪業:《李四光「廬山論冰」真相》,《南方周末》2014 年 3 月 13 日。

26. 樊洪業:《李四光與地質學界的歷史糾結》,《南方周末》2014 年 5 月 29 日。

27. 樊洪業:《李四光與丁文江的恩恩怨怨》,《南方周末》2014 年 1 月 31 日。

28. 樊洪業:《馬相伯與函夏考文苑》,《中國科技史料》1989 年第 4 期。

29. 樊洪業:《前中央研究院的創立及其首屆院士選舉》,《近代史研究》1990 年第 3 期。

30. 樊洪業:《中央研究院院長的任命與選舉》,《中國科技史料》1990 年第 4 期。

31. 高山杉:《「書一部」與「自在宥」》,《南方都市報》2021 年 8 月 29 日。

32. 耿雲志:《補選中央研究院院長引起的風波》,《團結報》1988 年第 22 期。

33. 顧海兵、王寶豔:《中國科技成果評審制度研究》,《復旦教育論壇》2004 年第 4 期。

34. 郭金海:《蔣介石〈中國之命運〉與中央研究院的回應》,《自然科學史研究》2012 年第 2 期。

35. 郭金海:《民國時期中央研究院學術獎金的評獎活動》,《民國檔案》2016 年第 4 期。

36. 韓李敏:《陳國琛與民國時期南方三省的文書改革》(一),《浙江檔案》1989 第 2 期。

37. 何兆武、鄧京力:《沒有哲學深度,就不能真正理解歷史》,《歷史教學問題》2002 年第 3 期。

38. 胡迎建:《力創詩之風格的二位學者詩人汪辟疆、邵譚秋》,載謝忱等編輯《述林》第 3 輯,武進南風詞社。

39. 胡宗剛:《胡先驌落選學部委員考》,《自然辯證法通訊》2005 年第 5 期。

40. 賴岳山:《1940 年代國民政府教育部「著作發明及美術獎勵」史事探微》,

《民國檔案》2017 年第 4 期。

41. 賴岳山:《互為體用的「隱微政治」與「客觀學術」——論「民族主義」情緒如何引導了「民國教育部『著作發明及美術獎勵』(1941～1949)」中「著作類」的評審》,《學術月刊》2017 年第 11 期。

42. 樂愛國:《民國學人李相顯〈朱子哲學〉述論》,《南昌大學學報(人文社會科學版)》2013 年第 3 期。

43. 雷頤:《民國中央研究院院長之爭》,《文史博覽》2007 年第 9 期。

44. 李來容:《院士制度與民國學術:1948 年院士制度的確立與運作》,南開大學 2010 年博士論文。

45. 李天綱:《函夏考文苑:民初的學術理想》,載張仲禮主編《中國近代城市企業‧社會‧空間》,上海社會科學院出版社,1998 年。

46. 李學通:《一九四〇年中央研究院院長的選舉》,《萬象》2002 年第 4 期。

47. 劉明:《論民國時期的學術研究審查與激勵辦法》,《社會科學論壇》2005 年第 11 期。

48. 劉曉:《北平研究院的學術會議及會員制度》,《中國科技史雜誌》2010 年第 1 期。

49. 劉曉:《趙承嘏與北平研究院藥物所》,《中國科學‧生命科學》2016 年第 7 期。

50. 魯嵩:《院士何曾走後門》,《東方早報‧上海書評》2011 年 9 月 11 日。

51. 陸永玲:《站在兩個世界之間——馬相伯的教育思想和實踐》,載朱維錚主編《馬相伯集》,復旦大學出版社,1996 年。

52. 羅豐:《夏鼐與中央研究院第一屆院士選舉》,《考古與文物》2004 年第 4 期。

53. 尚小明:《近代中國大學史學教授群像》,《近代史研究》2011 年第 1 期。

54. 沈衛威:《民國部聘教授及其待遇》,《中山大學學報》(社會科學版)2019 年第 4 期。

55. 沈衛威:《現代學術評審制度的建立——國民政府教育部學術審議委員會與學術評獎》,《長江學術》2018 年第 3 期。

56. 孫承晟:《葛利普與北京博物學會》,《自然科學史研究》2015 年第 2 期。

57. 孫承晟:《海進海退和大陸漂移之地球「滄桑」史——葛利普的脈動和極控理論》,《自然科學史研究》2015 年第 4 期。

58. 孫鍾：《孫為霆先生傳略》（上下），《現代家庭報》2020 年 11 月 11 日、12 月 30 日。

59. 王根元：《中國地質學會歷史上的獎章與獎金》，《中國科技史料》1984 年第 3 期。

60. 王鴻禎等：《20 世紀中國地質科學發展的回顧》，中國地質學會地質學史研究會、中國地質大學地質學史研究所編《地質學史論叢》（4），地質出版社，2002 年。

61. 王晴佳：《學潮與教授：抗戰前後政治與學術互動的一個考察》，《歷史研究》2005 年第 4 期。

62. 王憲鈞：《書評（二）〈論理古例〉》，《哲學評論》第 8 卷第 4 期（1943）。

63. 王曉明、馬克鋒：《抗戰時期國家最高學術獎的設立及其影響》，《中國國家博物館館刊》2016 年第 1 期。

64. 王揚宗：《中央研究院首屆評議會 1940 年會與院長選舉》，《中國科技史雜誌》2008 年第 4 期。

65. 聞翔：《為共和政治探尋民情基礎：陶孟和的社會學誌業之再考察》，《江海學刊》2018 年第 1 期。

66. 巫寧坤：《一江春水向東流──記張春江教授》，《文匯讀書週報》2005 年8 月 5 日。

67. 肖瀾：《函夏考文苑之議相關政治因素》，《歷史教學問題》2009 年第 5 期。

68. 謝振聲：《中國近代物理學的先驅者何育傑》，《中國科技史料》1990 年第 1 期。

69. 徐明華：《中央研究院與中國科學研究的體制化》，《中央研究院近代史研究所集刊》第 22 期（下冊）。

70. 許廷星：《評〈田賦徵實概論〉》，《財政評論》第 10 卷第 4 期（1943）。

71. 嚴昌洪、楊華山：《民初「中央學會」的籌設與夭折》，《近代史研究》1995 年第 6 期。

72. 張光直：《對李濟之先生考古學研究的一些看法》，張光直主編《李濟文集》第 1 冊，上海人民出版社，2006 年。

73. 張劍：《1940 年中研院院長選舉》，《檔案與史學》1999 年第 2 期。

74. 張劍：《良知彌補規則，學術超越政治：國民政府教育部學術審議會學術評獎活動述評》，《近代史研究》2014 年第 2 期。

75. 張劍：《民國學術發展的一個評估：教育部學術審議會學術評獎獲獎成果學科類別分析》,《科學文化評論》2017 年第 5 期。

76. 張劍：《饒毓泰與北京大學物理系》,《科學文化評論》2015 年第 6 期。

77. 張劍：《首屆中央研究院浙江籍院士群體分析》,《科學文化評論》2021 年第 1 期。

78. 張劍：《學術與政治：1930 年中央研究院院址之爭》,《學術月刊》2013 年第 4 期。

79. 張劍：《中國學術評議空間的開創：以中央研究院評議會為中心》,《史林》2005 年第 6 期。

80. 張劍：《學術獨立之夢——戰後饒毓泰致函胡適欲在北大籌建學術中心及其影響研究》,《中國科技史雜誌》2014 年第 4 期。

81. 張劍等：《朱家驊的科學觀念與國民政府時期科學技術的發展》,《近代中國》第 14 輯,上海社會科學院出版社,2004 年。

82. 張瑾：《抗戰時期教育部學術審議會述論》,《近代史研究》1998 年。

83. 張藜：《薩本鐵的前半生》,《中國科技史雜誌》2006 年第 4 期。

84. 張榮華：《「函夏考文苑」考略》,《復旦學報（哲學社會科學版）》1992 年第 5 期。

85. 張學繼：《探索體國經野之方略——110 年來有關我國一級政區改革方案評議》,《近代中國》第 15 輯,上海社會科學院出版社,2005 年。

86. 張之傑：《為當代中國科學家立傳》,《科學月刊》1999 年 3 月號。

87. 鄭善慶：《20 世紀 40 年代史學著述的評判標準問題——以審查意見為中心的探討》,《南開大學》2019 年第 1 期。

88. 周雷鳴：《一九四八年中央研究院院士選舉》,《南京社會科學》2006 年第 2 期。

89. 周雷鳴：《中央研究院改隸風波探析》,《民國檔案》2015 年第 2 期。

90. 左玉河：《從考文苑到研究所：民初專業研究機構之創設》,《社會科學研究》2007 年第 1 期。

91. 左玉河：《從中央學會到學術審議委員會：中國現代學術評估體制的建立》,《社會科學研究》2008 年第 5 期。

92. 左玉河：《中央研究院評議會及其學術指導功能》,《史學月刊》2008 年第 5 期。

七、網絡

1. Charles W. Woodworth, https://en.wikipedia.org/wiki/Charles_W._Woodworth.

2. 胡宗剛：《1946 年胡秀英獲教育部頒發自然科學三等獎》，微信公眾號「近世植物學史」，2022 年 5 月 18 日。

3. 胡宗剛：《何景在甘肅科學教育館從事甘肅植物研究》，微信公眾號「近世植物學史」2022 年 5 月 13 日。

4. 胡宗剛：《偕程巢父先生赴南京中國第二歷史檔案館》，微信公眾號「近世植物學史」2022-03-29。

5. 孔令通：《史學家陸懋德之生卒年》，《澎湃·上海書評》2023 年 4 月 25 日。

6. 彭珊珊：《賽先生在中國：中國科學社與近代中國的「科學救國」》，《澎湃新聞》2019 年 11 月 21 日。

7. 饒毅：《回憶中國生命科學之父——林可勝》，微信公眾號「賽先生」2020 年 4 月 26 日。

8. 許寶騄：《許寶騄事略》，北京大學數學學院（2021 年 2 月 7 日）（https://www.math.pku.edu.cn/yyhncs/xbl/90znjnc/121723.htm）。

附錄一 中研院提名院士候選人未被正式提名 97 人簡介

數學 1 人

1. 朱公謹（1902～1961）：字言鈞，浙江餘姚人。就讀清華學校期間因參加遊行留美不成，1922 年留德，1927 年獲哥廷根大學博士。回國後任教光華大學，主持數學系，曾任副校長。1941 年光華大學關閉後失業，1943 年任教交通大學，1956 年隨遷西安，1960 年回任上海交通大學教授。

物理 1 人

2. 王淦昌（1907～1998）：江蘇常熟人，「兩彈一星功勳獎章」獲得者。1929 年清華大學物理系畢業，留校任教。翌年留德，1933 年獲柏林大學博士。曾任山東大學、浙江大學物理系教授。1947 年赴美，在伯克利加州大學研究。1949 年回國，翌年調中科院近代物理所，曾任所長。1956 年赴蘇聯，任杜布納聯合原子核研究所高級研究員、副所長。參與中國核武器研製與領導工作，曾任二機部第九設計研究院副院長、副部長兼原子能研究所所長等。

地質 4 人

3. 南延宗（1907～1951）：簡介見第二章。

4. 譚錫疇（1892～1952）：字壽田，河北吳橋人。1916 年畢業於農商部地質研究所，入地質調查所任調查員。1924 年留美，1926 年獲威斯康星大學碩士，翌年獲約翰‧霍普金斯大學碩士，1928 年回地質調查所任職。1938 年任

西南聯大教授，曾兼任雲南易門鐵礦局長。1945 年任昆明師範學院博物系主任。1950 年任地質工作計劃指導委員會委員兼礦產地質勘探局局長。

5. 李悅言（1908～1995）：山東莒縣人。1935 年畢業於北京大學地質系，入地質調查所，歷任調查員、技士、技正。1943 年任永利化學公司工程師。1949 年後，曾任地質工作計劃指導委員會地勘隊長，重工業部化工局、化工部地質局地質處長，地質部地礦司副總工程師等。

6. 李慶逵（（1912～2001）：簡介見第六章。

工程 37 人

7. 蕭慶雲（1900～1984）：字茂階，江西泰和人，生於貴州開陽。1924 年清華學校畢業留美，先後就讀加州理工學院、哈佛大學，1930 年獲博士。回國後，曾在上海從事市政設計，1936 年任江西公路處長，後曾任交通部專員、西南公路局長，公路總局工務處長、局長，交通部參事等。1947 年赴聯合國，任運輸交通委員會代表。1984 年 12 月 18 日逝於馬里蘭州銀泉。

8. 趙祖康（1900～1995）：字靜候，江蘇松江（今屬上海）人。1922 年畢業於（唐山）交通大學土木系，任教河海大學、交通大學等。1930 年留美，入康奈爾大學研習道路與市政工程。1932 年回國，曾任經濟委員會公路處副處長，交通部公路總管理處長、公路總局副局長，上海工務局長、上海市代市長等。1949 年後，曾任上海市工務局長、規劃局長、副市長等。

9. 侯家源（1896～1957）：字甦民，號蘇生，江蘇吳縣人。1918 年畢業於唐山工業專門學校，留美獲康奈爾大學土木工程碩士。1922 年回國，曾任杭江鐵路副總工程師，南京市工務局長，浙贛、湘贛、京贛、黔桂鐵路工程局長兼總工程師，湘桂鐵路公司總經理等。戰後曾任行政院工程計劃團長、浙贛鐵路局長兼總工程師等，當選國大代表。1950 年去香港轉臺灣，曾任臺灣省交通處長、國防部軍事工程總處長等。

10. 袁夢鴻（1903～1975）：廣東寶安人。早年畢業於交通大學唐山校區，留德就讀柏林工業大學，1927 年畢業回國。曾任職廣州市工務局、廣西建設廳等。1934 年進入鐵路系統，曾任京贛鐵路副總工程師、湘桂鐵路柳南工程處副處長、緬甸鐵路工程局副局長兼副總工程師、黔桂鐵路工程局長兼總工程師等。戰後曾任湘桂黔鐵路工程局長兼總工程師、粵漢鐵路管理局長等。1949 年赴臺，曾任臺灣糖業公司總經理等。

11. 洪觀濤（1885～？）：號光昆，福建閩候人。早年就讀福州馬尾船政學堂技工學校，後赴法國、比利時留學八年，專習鐵路工程。回國後曾任鐵路工程師等，1930 年調隴海鐵路局，1935 年任西段工程局長兼總工程師。1949 年後，曾任鐵道部教育局高級工程師。哲嗣洪朝生（1920～2018），中國低溫物理與低溫技術研究奠基人之一，1980 年當選學部委員。

12. 鄭華（1887～1960）：原名輔華，福建永定人。1911 年第三屆庚款留美，先後就讀哥倫比亞大學、康奈爾大學，1918 年獲博士。翌年回國，曾任山海關橋樑廠長、京贛鐵路局局長、鐵道部技正、交通大學唐山工程學院院長等。1948 年赴臺，1956 年轉美。

13. 吳必治（1899～1990）：上海人。畢業於唐山工業專門學校，1923 年留美，獲康奈爾大學碩士。1927 年回國，曾任上海市工務局技佐、西北公路工務局長、寶漢公路總工程師等。政權鼎革後，曾任荊江分洪工程北閘工程指揮部副指揮長、中南第一建築公司特級總工程師等。

14. 唐文悌：生平不詳，字瑞庭，江蘇崑山人。曾任交通部橋樑設計處副處長、處長，山海關橋樑廠廠長等。

15. 康時振：生卒年不詳，字朝初，江蘇南匯（今屬上海）人。1919 年上海工業專門學校畢業留美，獲康奈爾大學碩士。曾任復旦大學教授、中央大學副教授、江蘇建設廳科長、經濟委員會公路處技正、交通部公路處副處長、西南公路工務局長、中央大學土木工程系主任等。

16. 李謨熾（1907～？）：簡介見第六章。

17. 潘承梁（1898～？）：江蘇人。1919 年畢業於唐山工業專門學校，留美獲伊利諾伊大學碩士。1925 年回國，曾任光華大學、交通大學唐山工程學院、東北大學、交通大學教授等。1952 年調同濟大學鐵路系。

18. 蔡邦霖（1893～1972）：江蘇泰興人。北洋大學土木系畢業，任職北寧鐵路局港務處、經濟部水利司，曾任水利委員會工務處長、水利部水政司長等。1949 年後，曾任水利部測繪司長、勘察設計局副局長等。

19. 麥蘊瑜（1897～1995）：廣東中山人。1920 年畢業於同濟醫工學校，留德入漢諾威工業大學修水利工程。1927 年回國，曾任廣東省政府技術室主任、勤勤大學教授、廣州市工務局長等。1949 年後，曾任廣東水利廳、水利水電廳總工程師，廣東水利電力學院、廣東工學院院長等。

20. 薛卓斌（1896～1991）：字孟允，安徽壽縣人。1917 年畢業於唐山工

業專門學校，1919 年獲美國麻省理工學院碩士。1921 年回國，曾任吳淞商埠局、青島港工局工程科長。1929 年任職上海濬浦局，1937 年任總工程師。1949 年後，曾任同濟大學教授。

21. 施孔懷（1897～1969）：江蘇海門人。1921 年畢業於上海工業專門學校土木工程系。1929 年留美，1931 年獲康奈爾大學碩士。翌年回國，曾任上海市公用局工程師、碼頭倉庫管理處長，上海濬浦局副局長、代理局長等。政權鼎革後，曾任上海港務局工程處副處長、副總工程師、總工程師等。

22. 鄭肇經（1894～1989）：字權伯，江蘇泰興人。1921 年畢業於同濟醫工學校土木工程科，留德入德累斯頓工業大學。1924 年回國，曾任河海工科大學教授、上海工務局技正、經濟委員會水利處長、中央水工試驗所長、中央水利實驗處長等。1949 年後，曾任同濟大學、華東水利學院教授。

23. 王之卓（1909～2002）：簡介見第六章。

24. 裘維裕（1891～1950）：字次曼，江蘇無錫人。郵傳部高等實業學校畢業，1916 年留美，1920 年獲麻省理工學院碩士。1923 年回國，曾任交通大學電機系教授、物理系主任、理學院院長等，1942 年日偽佔領交大後去職，戰後回交通大學任理學院院長。

25. 朱蘭成（1913～1973）：江蘇淮陰人。1934 年畢業於交通大學，留美入麻省理工學院，1938 年獲得博士學位，畢業留校任教。從 1961 年起，多次到臺灣講學，對新竹交通大學復校貢獻甚大。

26. 盧宗澄（1906～1995）：浙江海鹽人，1927 年畢業於交通大學電機系，曾任職上海無線電廠、交通部上海無線電總臺和國際電臺，1933 年曾赴英國吉士福學院進修。1949 年後，曾任郵電部無線電總局副局長、設計局副局長，北京郵電學院副院長、郵電科學研究院院長兼總工程師等。

27. 許應期（1899～1976）：江蘇江陰人。1921 年畢業於上海工業專門學校電機科。1923 年留美，先後就讀麻省理工學院和哈佛大學，1926 年獲碩士回國。曾任交通大學、浙江大學、東北大學、中央大學等校教授。1935 年任中央電工器材廠廠長。政權更迭後，曾任上海交通大學機車車輛系主任、上海鐵道學院教授等。文革中被批鬥關押數年之久。

28. 馮簡（1897～1962）：江蘇嘉定人。1919 年畢業於上海工業專門學校電機科。留美入康奈爾大學，1922 年獲碩士。1924 年回國，先後在南京工專、蘇州工專、東北大學、北平大學等校任教。1930 年參與中央廣播電臺創辦，

曾任中央廣播事業管理處總工程師、國際無線電臺長。1947 年開通北極圈至重慶直達電訊。1949 年赴臺，曾任臺灣大學電機系教授兼交通部電波研究所長等。

29. 陳章（1900～1992）：簡介見第五章。

30. 吳保豐（1899～1963）：江蘇崑山人。1921 年畢業於上海工業專門學校電機科。1923 年留美，1925 年獲密西根大學碩士。先後任國民黨中央組織部幹事、秘書、科長等，1931 年轉交通部，歷任技正、電訊管理局長、中央廣播事業管理處長。1941 年任交通大學重慶分校主任，後任交通大學代理校長、校長。國民黨中央執委。1949 年後曾任華東廣播電臺顧問等。

31. 周維幹（1898～1982）：江蘇無錫人，1921 年畢業於上海工業專門學校電機科，任國際電臺工程師。後留美入讀哈佛大學，歸國曾任職國際電信管理局。抗戰期間，主辦資源委員會中央無線電廠。戰後受命赴美籌劃生產物質，退休後留居加拿大。在新竹和上海交通大學設立獎學金。

32. 趙曾玨（1901～2001）：簡介見第五章。

33. 楊毅（1891～1968）：上海人。畢業於郵傳部高等實業學校，留美入匹茲堡大學機械系。1918 年回國，曾任四方機車廠長、鐵道部路政司幫辦、平漢鐵路局北段局長等。1949 年後，曾任鐵道部廠務局工程師兼設備科長、參事室參事等。文革受迫害，「被掃地出門，不久就逝世了，終年 76 歲」。〔註 1〕

34. 莊前鼎（1902～1962）：字開一，江蘇青浦（今屬上海）人。1924 年畢業於南洋大學機械系。翌年留美，1926 年獲康奈爾大學機械工程碩士，1928 年獲麻省理工學院化學工程碩士。1932 年回國，曾任清華大學機械工程系主任、航空研究所長兼航空工程系主任等，1942 年獲選教育部首屆部聘教授。1948 年赴美，次年回國任教清華大學，曾任動力機械系主任等。

35. 王樹芳（1903～？）：浙江吳興人。南洋大學機械系畢業，留學英國。回國後任職鐵道部吳淞機廠和浦鎮機廠。抗戰期間，曾任西南公路機務組長、中國運輸公司機務處長、中央汽車配件製造廠總經理等。戰後曾任交通部技正兼鐵路總機廠長、中國駐日代表團專門委員兼賠償接收委員會副主任。後曾任臺灣中央信託局、經濟部、交通部等機構駐日顧問。

36. 杜殿英（1893～1978）：字再山，山東濰縣（今濰坊）人。1916 年同

〔註 1〕鐵道部檔案史志中心編：《中國鐵路歷史鉤沉》，紅旗出版社，2002 年，第 279 頁。

濟醫工學校畢業留德，獲慕尼黑工業大學博士。曾任膠濟鐵路工程司長、北寧鐵路皇姑屯機廠長兼唐山材料廠長、同濟大學教務長、資源委員會工業處長等。戰後曾任日本賠償物質委員會委員，逝於美國弗吉尼亞州里士滿。

　　37. 楊繼曾（1898～1993）：字君毅，安徽懷寧人，生於浙江杭州，化學家楊石先兄弟。1920 年同濟醫工學校畢業留德，先後就讀達爾姆城大學、柏林工科大學，1926 年回國。曾任奉天兵工廠炮彈廠長兼兵工學校教育長，上海兵工廠副廠長，兵工署行政司長兼精密工具研究所長、副署長、署長等。國民黨中央候補執委、國大代表。1949 年去臺，曾任經濟部政務次長、國防部常務次長、糖業公司董事長兼總經理、經濟部長等。

　　38. 諶湛溪（1882～1958）：簡介見第六章。

　　39. 黃金濤（1888～1957）：字清溪，福建廈門人，吳國楨岳父。先後就學廈門英華書院、北洋大學堂。1911 年留美，入哥倫比亞大學習採礦冶金，1914 年獲碩士。曾任職漢陽鐵廠，1931 年從政，曾任實業部技正、礦業司長、立法委員、重慶市政府秘書。戰後曾任福建省政府委員兼財政廳長、建設廳長、代理省主席等。1949 年赴臺，曾任立法委員。

　　40. 陳大受（1896～1977）：字可甫，浙江海鹽人。1915 年畢業於北洋大學礦冶系，1921 年獲美國伊利諾伊大學碩士。1922 年回國，曾任漢陽揚子江機械公司工程師、安徽銅官山礦長、廣西平桂礦務局總經理、雲南錫業公司總工程師。戰後曾任華北鋼鐵公司總經理兼總工程師等。1949 年後，曾任北京鋼鐵學院教授。

　　41. 曾養甫（1898～1969）：名憲浩，以字行，廣東平遠人。1923 年畢業於北洋大學礦冶系，留美入匹茲堡大學。1925 年回廣州，籌辦迫擊炮廠，曾任國民黨中央組織部幹事、國民革命軍後方總政治部主任、廣東省建設廳廳長、農礦部常務次長、浙江省建設廳廳長、鐵道部政務次長、國民經濟建設計劃委員會主委。1936 年任廣州特別市市長、省財政廳廳長。抗戰期間，曾任滇緬公路督辦、交通部部長兼軍事工程委員會主任，戰後因病辭職。國民黨中央執委、立法委員。1949 年赴香港，曾轉臺灣，1969 年 8 月 28 日逝於香港。

　　42. 孫越崎（1893～1995）：原名毓麒，浙江紹興人。曾就讀北洋大學礦冶科，1921 年畢業於北京大學礦冶系，曾任職穆棱煤礦。1929 年留美，先後就讀斯坦福大學、哥倫比亞大學。1932 年回國，任職國防設計委員會，曾任陝北石油勘探處長、中福煤礦總工程師、甘肅油礦局總經理等。戰後任經濟部東

北區特派員、河北平津區敵偽產業局局長，資源委員會副主任、主任，經濟部部長等，國民黨中央候補執委。1949 年後，曾任政務院財委會計劃局副局長、開灤煤礦管理處副主任、煤炭部顧問等。晚年反對「三峽工程」。

43. 吳承洛（1892～1955）：福建浦城人。1915 年清華學校畢業留美，1918 年裏海大學畢業。回國曾任北京工業大學化工系主任、大學院秘書等。1930 年起，先後任度量衡局局長、中央工業試驗所所長、經濟部工業司長和商標局局長等。1950 年任財經委技術局度量衡處長等。

動物 3 人

44. 陳義（1900～1974）：字宜丞，浙江富陽人。1927 年廈門大學生物系畢業，曾任教中央大學。1932 年留美，1935 年獲賓州大學博士，回國任中央大學教授。1949 年後，任南京大學生物系授。

45. 崔之蘭（1902～1971）：字友松，安徽蕪湖人，張景鉞夫人。1926 年畢業於東南大學生物系，留校任助教。1929 年留德，1934 年獲柏林大學博士。回國後曾任北京大學講師、雲南大學生物系主任、清華大學教授等。1952 年院系調整，任北京大學生物系教授。

46. 吳光（1904～1977）：字國光，浙江金華人。1927 年畢業於東吳大學，1930 年留美，1933 年獲密西根大學博士。曾任中山大學教授、中央衛生實驗院技正、上海雷士德醫學研究院研究員、上海醫學院教授等。1949 年後，曾任軍事醫學科學院寄生蟲學系主任、全國血吸蟲病研究委員會主任、中國醫學科學院寄生蟲病研究所研究員等。

醫學 16 人

47. 魯桂珍（1904～1991）：湖北蘄春人。金陵女子大學畢業後曾在北京協和醫學院進修、上海聖約翰大學任教，後到雷士德醫學研究院從事研究。1937 年赴英入劍橋大學，在李大斐指導下攻讀博士學位，結識李約瑟。1939 年獲博士，赴美先後任職加州大學伯克利分校、哥倫比亞大學等。1945 年回國，任金陵女子文理學院營養學教授，旋赴巴黎任職聯合國。1957 年辭職赴劍橋大學，協助李約瑟撰寫《中國科學技術史》。1987 年與李約瑟結婚。

48. 康錫榮（？～1948）：生平不詳，曾任中央大學醫學院教授，1948 年因病去世。

49. 梁伯強（1899～1968）：廣東梅縣人。1922 年畢業於同濟醫工學校，留校任教。翌年留德，1924 年獲慕尼黑大學博士。曾任同濟大學副教授、中山大學醫學院病理研究所主任、院長等。院系調整後，任華南醫學院教授、第一副院長、腫瘤研究所所長等。文革中受迫害，心臟病去世。

50. 謝少文（1903～1995）：又名紹文，浙江紹興人。1926 年畢業於湘雅醫學院，任職協和醫學院。1932 年赴哈佛大學進修，1936 年回國任協和醫學院教授。太平洋戰爭爆發後，避居天津。戰後曾任中央防疫處技正，1948 年任協和醫學院細菌科主任。1956 年任軍事醫學科學院微生物流行病研究所長。

51. 顏春輝（1907～2001）：臺灣臺南人。曾就學福建協和大學，旋轉入協和醫學院，1932 年畢業，留校任教。1936 年留學加拿大，1938 年獲多倫多大學公共衛生博士。曾任協和醫學院、北京大學教授。1947 年回臺灣，任衛生處處長。1963 年赴世界衛生組織任職，1971 年回臺任衛生署署長。

52. 劉緯通（1912～1997）：上海人。1937 年畢業於協和醫學院，曾任中央大學醫學院副教授、西北防疫處研究員等。戰後留美，1951 年回國任浙江大學醫學院教授。院系調整，任軍事醫學科學院流行病學系研究員，後在上海科學技術出版社任編輯。

53. 董承琅（1899～1992）：浙江鄞縣人。1918 年畢業於滬江大學。1920 年留美，1924 年獲密西根大學醫學博士。曾任協和醫學院住院醫師、內科助教、副教授兼心臟科主任等。太平洋戰爭爆發後，在上海開設私人門診，後任上海醫學院教授。1949 年後，曾任上海第六人民醫院內科主任、上海第二醫學院教授等。

54. 黃家駟（1906～1984）：江西玉山人。1930 年畢業於燕京大學，入協和醫學院攻讀醫學，1935 年獲博士，留校任外科住院醫師，後任職上海醫學院。1941 年赴美進修，1944 年獲密執安大學外科碩士。1945 年回上海，參與創建胸科醫院。1949 年後，曾任上海醫學院副院長、中山醫院院長兼胸科醫院院長，中國醫科大學校長、中國醫學科學院院長等。

55. 沈克非（1898～1972）：原名賢亞，浙江嵊縣人。1919 年清華學校畢業留美，1924 年獲俄亥俄州西儲大學博士。回國後曾任協和醫學院外科住院醫師，中央醫院外科主任、副院長、院長，衛生署副署長等。1946 年任上海醫學院教授兼中山醫院院長和外科主任。1951 年任軍事醫學科學院副院長，1959 年回任上海醫學院副院長兼中山醫院院長。文革中遭受迫害，1972 年 10

月 9 日去世。

56. 張先林（1902～1969）：安徽合肥人。1929 年畢業於協和醫學院，留校任住院醫師、助教，後升至外科總醫師、襄教授。1939 年，從事軍隊醫學服務，並擔負軍醫訓練工作。1947 年兼任國防醫學院外科學系主任。1949 年遷臺，專任國防醫學院外科學系主任，並協助籌設榮民總醫院。

57. 榮獨山（1901～1988）：又名寶嚴，江蘇無錫人。1929 年畢業於協和醫學院，任放射科住院醫師。1933 年赴美，入聖路易華盛頓大學進修。次年回國，曾任協和放射科主治醫師、講師，中央醫院放射科主任，中國紅十字會救護總隊 X 光隊長、代理總隊長，戰時衛生人員訓練所陸軍醫院醫務主任等。1946 年赴美進修，1947 年回國，任國防醫學院放射科主任。政權更替後，任上海醫學院放射科教研室主任。

58. 陳志潛（1903～2000）：江蘇武進人，生於四川華陽（今雙流）。1929 年畢業於協和醫學院，曾任曉莊師範學校鄉村衛生實驗區主任。翌年留美，1931 年獲哈佛大學公共衛生碩士。回國後曾任協和醫學院公共衛生學講師兼定縣平教會實驗區衛生教育部主任。1939 年任四川省衛生實驗處長。戰後赴美考察，1946 年回國籌建重慶大學醫學院並任院長。1952 年任教四川醫學院教授。著有《醫學在中國農村——個人回憶》等。

59. 沈詩章（1912～2002）：上海人。1933 年畢業於燕京大學，入協和醫學院隨林可勝讀研究生。1937 年與魯桂珍、王應睞一同留學劍橋大學，師從李約瑟，1941 年獲博士。曾任中國心理生理研究所研究員，在美國從事研究工作。1948～1958 年任教耶魯大學，曾任動物學教授，1958～1975 年任職哥倫比亞大學醫學院，講授解剖學和神經生理學。病逝於舊金山，曾自稱「身在專家之國的通才」。

60. 李士偉（1895～1981）：字子儀，河南盧氏人。1926 年畢業於協和醫學院，留校任住院醫師。後留美，獲約翰·霍普金斯大學博士。1932 年任中央醫院婦產科主任，1941 年任陸軍總醫院婦產科主任。1946 年任山東大學醫學院院長兼附屬醫院院長。1949 年赴臺，曾任臺北婦產科醫院院長兼國防醫學院婦產科主任等。1955 年定居美國。

61. 郭秉寬（1904～1991）：福建龍巖人。1924 年入協和醫學院預科，1928 年留學奧地利，1934 年獲維也納大學博士。1936 年回國，曾任同濟大學醫學院、貴陽醫學院眼科教授，桂林省立醫院、重慶陸軍醫院、國防醫學院眼科主

任。1949 年任上海醫學院教授兼中山醫院眼科主任。1952 年院系調整，任上海醫學院眼科主任、眼耳鼻喉科醫院副院長等。

　　62. 林文炳：眼科專家，毫無生平信息。

藥學 2 人

　　63. 張昌紹（1906～1967）：1934 年畢業於上海醫學院，留校任教。1937 年留英，1939 年獲倫敦大學博士，赴美在哈佛醫學院進修。1941 年回國到重慶，任上海醫學院副教授兼中央衛生實驗院藥理研究室主任。1946 年隨校遷回上海，一直任教上海醫學院。文革中遭受迫害，1967 年 12 月 20 日自殺身亡。

　　64. 張毅（1902～1980）：又名光梗，字子敏，湖南寧鄉人。曾求學湘雅醫學院、武漢醫學專科學校，參加北伐軍任上尉軍醫，1932 年畢業於上海醫學院，留校任教。1935 年留英，先後就讀倫敦大學、愛丁堡大學，1938 年獲博士。曾任上海醫學院教授兼藥科主任，上海天豐藥廠長。1949 年後，曾任大連醫學院教務長、副院長，大連市副市長。1969 年調遵義醫學院，曾任副院長。

人類學 1 人

　　65. 歐陽翥（1898～1954）：簡介見第五章。

心理學 1 人

　　66. 唐鉞（1891～1987）：字擘黃，福建閩侯人。早年求學英華書院、福州中等商業學校，1911 年考入清華學校，1914 年畢業留美，先後入康奈爾大學、哈佛大學讀心理學，1920 年獲博士。翌年回國，歷任北京大學哲學系教授，商務印書館總編輯部編輯、哲學教育部部長，清華大學教授、心理學系主任，中研院心理所首任所長、研究員等。1949 年後，曾任清華大學、北京大學心理學教授。從事素食對白鼠學習能力的影響、白鼠大腦皮層發育等研究，著有《西方心理學史大綱》，輯有《唐鉞文集》，譯有《心理學原理》等。

生理學 2 人

　　67. 張錫鈞（1899～1988）：天津人。1920 年清華學校畢業留美，1926 年獲芝加哥大學博士，回國任職協和醫學院。1932 年赴瑞士、英國進修，1934 年回國，曾任協和醫學院裏教授。太平洋戰爭爆發後，回天津行醫，1948 年重返協和，曾任生理系教授、教務長等。1957 年後，曾任中國醫學科學院實

驗醫學研究所副所長、基礎研究所生理室主任等。

68. 王世濬（1910～1993）：天津人。畢業於協和醫學院，1937 年留美，1940 年獲西北大學博士，1941～1956 年任哥倫比亞大學生理學教授，後轉藥理學系教授。

農學 13 人

69. 陳振鐸（1903～？）：福建閩候人，生於日本。1929 年畢業於東京大學農藝化學科，1933 年獲伯克利加州大學碩士，1946 年獲東京大學博士。曾任廣西大學、福建協和大學、中山大學和福建農學院教授。戰後赴臺，協助接收農林機關，曾任臺灣大學農業化學系主任、農學院院長等。

70. 葉和才（1912～1992）：廣東省梅縣人。1934 年畢業於金陵大學農藝系，留校任教。1937 留英，1940 年獲劍橋大學碩士。回國曾任中央農業實驗所技正、清華大學教授等。政權更迭後，任北京農業大學教授，曾任土壤農業化學系主任等。

71. 林傳光（1910～1980）：福建閩候人。1933 年畢業於金陵大學農學院，留校任教。1937 年留美，1940 年獲康奈爾大學博士。回國後任金陵大學病理系教授，1944 年赴美考察。1946 年任北京大學植物病理系主任。1949 年後，任北京農業大學教授。

72. 凌立（1911～？）：浙江杭州人。1927 年就讀中央大學農學院，畢業後曾在中國科學社生物所從事研究，1937 年獲美國明尼蘇達大學博士。曾任職四川農業改進所、農林部。戰後赴臺，曾任臺灣省農業實驗所長。1947 年出任聯合國糧食及農業組織植物生產保護處副處長，達 25 年之久。

73. 沈宗瀚（1895～1980）：簡介見第五章。

74. 汪厥明（1897～1978）：字叔倫，浙江金華人。1914 年留日，1924 年獲東京大學碩士。回國曾任北京農業大學、中央大學教授，北平大學農學院農藝系主任。1936 年赴英國劍橋大學專攻生物統計學。回國後曾任西北聯合大學教授、廣西大學農藝系主任、中山大學教授等。戰後赴臺，任臺灣大學農藝系主任等。

75. 周拾祿（1897～1979）：字再中，浙江義烏人。1921 年畢業於南京高等師範學校農業專修科學，曾任實驗站技士、助教等。1931 年赴東京大學進修，1934 年回國。曾任中央大學教授、全國稻麥改進所技正、中央農業實驗所云南工作站站長，中正大學農學院院長、教務長等。1949 年後，曾任華東

農業研究所副所長、江蘇農林廳廳長、中國農業科學院江蘇分院研究員。

76. 梁希（1883～1958）：字叔五，浙江吳興人。1906 年留日，就讀士官學校習海軍，入同盟會，回國參加辛亥革命。1913 年再度赴日，就讀東京帝國大學林科。1916 年回國，曾任教北京農業專門學校。1923 年赴德，在薩科遜森林學院研究林產化學。1927 年回國，曾任北京農業大學森林系主任、浙江大學森林系主任、中央大學教授等。1949 年後，曾任林墾部部長、科普協會主席、科協副主席等。

77. 蔡邦華（1902～1983）：簡介見第六章

78. 張巨伯（1892～1951）：又名歸農，廣東高鶴（今鶴山）人。早年曾在日本、美國求學，1917 年獲俄亥俄州立大學碩士。1918 年回國，曾任南京高等師範學校（東南大學）病蟲害系主任，江蘇、浙江昆蟲局長等。1936 年起任中山大學教授。

79. 程淦藩（1904～1981）：江蘇宜興人。1930 年畢業於金陵大學，曾在江蘇、浙江昆蟲局從事棉蟲、桑蟲等研究，後任教金陵大學。1940 年赴美，1943 年獲明尼蘇達大學碩士。回國後任教金陵大學，曾任昆蟲系主任。院系調整後，任南京農學院、浙江農學院教授。

80. 周明牂（1907～2005）：字盛繼，江蘇泰縣（今屬海安）人。1929 年畢業於金陵大學，翌年留美，1933 年獲康奈爾大學博士。曾任浙江大學植物病蟲害系主任、廣西大學農學院院長、福建農學院植物病蟲害系主任、福建省研究院動植物所研究員、北京大學農學院昆蟲學系主任等。1949 年後，任北京農業大學植物保護系主任，兼中國農科院植物保護所副所長。

81. 曾勉（1901～1988）：號勉之，浙江瑞安人。1925 年畢業於東南大學園藝系，1928 年留法，1934 年獲蒙彼利埃大學博士。曾任中央大學、雲南大學園藝系教授。1949 年後，任南京大學教授、華東農科所研究員、中國農科院柑桔研究所所長等。

哲學 1 人

82. 呂澂（1896～1989）：原名渭，字秋逸，江蘇丹陽人，兄為呂鳳子，堂弟呂叔湘。1914 年入金陵刻經處隨歐陽竟無研讀佛學，協助創辦支那內學院，期間曾赴日訪學一年。抗戰隨校內遷四川江津，先後任教務長、院長，直至1952 年停辦。1966 年避居故鄉，後再遷北京清華園。

中國文史學 2 人

83. 朱起鳳（1874～1948）：字丹九，浙江海寧人。18 歲補廩生，曾任硤石圖書館館長、津浦鐵路南局秘書、教育部國語統一籌備委員會特約編纂員等，曾參與《辭海》編輯。致力於三百餘萬言的《辭通》編纂，1934 年出版，與《辭源》《辭海》並稱中國三大辭書。

84. 傅增湘（1872～1949）：字沅叔，號藏園，四川江安人。1898 年進士，入翰林院，散館後授編修。後曾任國史館協修、貴州學政、直隸道員、直隸提學使、順天鄉試同考官、北京女子師範學堂總理等。民國成立後，曾任議員、教育總長、總統府顧問，故宮博物院管委會委員、圖書館館長、專門委員等。藏書家、版本目錄學家，致力於目錄、版本、校勘之學，著有《藏園群書題記》《藏園群書經眼錄》等。

考古與藝術史 1 人

85. 向達（1900～1966）：字覺民，土家族，湖南漵浦人。1924 年畢業於東南大學史地系，任職商務印書館。1930 年任北京圖書館編纂委員會委員，1934 年赴英國、法國和德國訪學。1938 年回國，曾任浙江大學、西南聯大、北京大學教授。1949 年後，曾任北京大學圖書館館長、中科院歷史研究所第二所副所長等，1955 年當選學部委員。反右運動中成「右派」，文革初起被批鬥，患病不得及時救治於 1966 年 11 月 24 日去世。

法學 3 人

86. 梅汝璈（1904～1973）：字亞軒，江西南昌人。1924 年清華學校畢業留美，先後就讀斯坦福大學、芝加哥大學，1928 年獲博士。曾任教山西大學、南開大學和武漢大學。1933 年棄教從政，曾任內政部參事兼行政訴訟委員、立法院立法委員兼涉外委員會主任等。1946 年參與遠東國際軍事法庭審判工作。1949 年後，擔任外交部顧問，1957 年被劃為右派。文革中遭受迫害，1973 年 10 月 17 日去世。

87. 張志讓（1893～1978）：號季龍，江蘇武進人。1915 年畢業於復旦公學，留美先後就讀加州大學、哥倫比亞大學，1920 年獲碩士。曾任北京政府司法部參事、大理院推事、武漢國民政府最高法院推事。1932 年任教復旦大學，曾任法律系主任、法學院院長等。1948 年潛往解放區，後曾任復旦大學校務委員會主任、最高人民法院副院長等。

88. 倪徵噢（1906～2003）：字哲存，江蘇吳江人。1928 年畢業於東吳大學，1929 年獲美國斯坦福大學博士。曾任東吳大學等校教授，1933 年任上海第一特區法院推事。太平洋戰爭爆發後潛往內地，任重慶地方法院院長。1945年赴美考察，1946 年任遠東軍事法庭檢查組成員。後曾任東吳大學法律系主任、教務長，外交部顧問等，1984 年任國際法庭法官。

政治學 6 人

89. 吳之椿（1894～1971）：湖北江陵（今沙市）人。早年畢業於武昌文華書院。1917 年留美，先後就讀伊利諾伊大學、哈佛大學，1921 年獲碩士。次年回國，曾任中州大學、武昌商科大學教授，國民政府外交部秘書兼政務處長等。後曾任清華大學政治系主任、教務長，山東大學、武漢大學、西南聯大、北京大學教授。院系調整後，任教北京政法學院，退休後曾被聘為中央文史館館員。

90. 黃正銘（1903～1973）：字君白，浙江寧海人。1928 年畢業於中央大學政治系，曾任太平縣（今溫嶺）縣長、杭州市民政科長等。1933 年留英，1936 年獲倫敦政治經濟學院博士。曾任中央大學教授、政治系主任。1947 年任外交部亞東司長。1949 年赴臺，曾任臺灣大學政治系教授。1952 年當選司法院大法官。

91. 浦薛鳳（1900～1997）：簡介見第五章。

92. 王鐵崖（1913～2003）：原名慶純，福建福州人。1933 年畢業於清華大學政治系，師從周鯁生攻讀國際法，1936 年獲碩士。翌年留英入倫敦政治經濟學院，1939 年輟學返國。曾任武漢大學、中央大學教授。1946 年任教北京大學，曾任政治系主任。1952 年院系調整，先後轉歷史系、法律系。1957年被劃為右派。文革後重返教壇，1997 年當選前南斯拉夫問題國際刑事法庭大法官。

93. 邵循恪（1911～1975）：字恭甫，福建福州人，邵循正弟弟。1930 年畢業於清華大學政治系，入研究院讀研究生，1933 年畢業。留美攻讀國際關係及國際法，獲芝加哥大學博士。1939 年回國，任西南聯大政治系教授。戰後任清華大學政治學系兼法律學系教授。1952 年院系調整，任職中科院近代史研究所。

94. 王贛愚（1906～1997）：原名家茂，字貢予，江西南城人，生於福建福州。1929 年清華大學政治學系畢業，留美入哈佛大學獲博士。1933 年回國，

曾任中央政治學校、南開大學、雲南大學、西南聯大教授。1946 年赴美國華盛頓州立大學任教，1949 年回國，任南開大學財經學院院長，院系調整後任經濟系教授。

經濟學 3 人

95. 樊弘（1900～1988）：簡介見第六章。

96. 李卓敏（1912～1991）：廣東番禺人。1930 年金陵大學畢業，留美習經濟，1936 年獲伯克利加州大學博士。曾任南開大學、西南聯大、中央大學教授。後從政，曾任中國善後救濟總署副署長、華盛頓國際善後會議中國代表團團長、行政院善後物資保管委員會主席等。1951 年赴美，任伯克利加州大學國際工商系主任、中國文化研究所所長，1963 年任香港中文大學創校校長，1978 年卸任退居伯克利。

97. 朱炳南（1907～？）：廣東人。曾就讀嶺南大學、上海聖約翰大學。1928 年留美，先後就讀加州大學伯克利分校、哥倫比亞大學，1933 年獲伊利諾伊大學博士，論文為《經濟剩餘與稅收》。回國後曾任南開大學、雲南大學、北京大學教授，也曾任職中研院社會科學所、軍委會參事室等。

附錄二　院士選舉籌委會資格審查排除 108 位院士候選人簡介

數學 4 人

1. 陳藎民（1895～1981）：原名宏勳，浙江天台人。1920 年畢業於北京高等師範學校數理部，翌年留法，求學於中法大學、第戎大學，1925 年獲碩士。任教北京師範大學、北京大學、暨南大學、大夏大學、英士大學等，曾任數理系主任、教務長等。戰後任北洋大學理學院院長。1949 年後，任北京工業學院教授等。

2. 劉正經（1900～1959）：字乙閣，江西新建人。1922 年北京大學數學系畢業，曾任中學教師。後任教大學，先後執教南開大學、東北大學、武漢大學等。院系調整後，任教華中工學院。

3. 樊映川（1900～1967）：原名盛芹，安徽舒城人。1926 年畢業於北京大學數學系，曾任教暨南大學、安徽大學。1937 年留美，1940 年獲密西根大學博士。回國任教河南大學、安徽大學，曾任理學院院長。1950 年調同濟大學，主持數學教研室工作。文革中被打成「中央情報局特務」，被迫害致死。

4. 潘廷洸（1904～1992）：浙江永嘉人。1927 年畢業於金陵大學數學系，留校任教。1930 年留美，翌年獲加州大學碩士回國，任教母校。1947 年留美，1949 年獲加州大學博士，任教俄克拉荷馬大學，曾擔任校長達二十餘年。

物理 2 人

5. 梁百先（1911～1996）：湖南長沙人。1934 年畢業於華中大學物理系，任教中學。1936 年留英，1938 年獲倫敦大學碩士。回國長期任教武漢大學。1949 年後，曾兼任中科院武漢地球物理觀象台臺長等。

6. 聞詩（1899～1976）：字仲偉，浙江溫嶺人。1923 年畢業於北京大學物理系，曾任中學教員。1930 年留法，1932 年獲南錫大學博士。任教河南大學、浙江大學、湖南大學、北洋工學院等，曾任系主任、教務長等。1949 年後，曾任江南大學物理系主任，華北大學工學院、北京航空學院教授等。

化學 4 人

7. 易幹球（1891～1956）：又名益奎，湖南常寧人。1913 年留美，獲哈佛大學碩士，曾在愛迪生公司實習。1925 年回國，曾任湖南大學數理系主任、西北工學院教授等。戰後任湖南大學教授，院系調整後，任職湖南師範學院圖書館。

8. 裘家奎（1898～1994）：字星聚，浙江慈谿人。1921 年畢業於東吳大學化學系，1932 年獲美國普林斯頓大學博士。曾任金陵大學化學系主任、理學院院長、教務長。院系調整後，任南京大學化學系教授。

9. 葉嶠（1900～1990）：號之真，浙江永嘉人。1924 年北京大學化學系畢業，留校任教。1926 年留德，1931 年獲柏林大學博士。曾任中央大學教授，北平大學化學系主任。1935 年起任教武漢大學，曾任理學院院長、化學系主任等。

10. 梁普（1912～ ？ ）：生平不詳，廣東南海人，清華大學畢業留美，獲斯坦福大學博士，曾任斯坦福大學助教。回國後任職北平研究院等，1940 年在上海創辦宇宙藥廠，1947 年任交通大學化學系主任。

地質學 5 人

11. 王曰倫（1903～1981）：簡介見第二章。

12. 高振西（1907～1991）：簡介見第二章。

13. 趙金科（1906～1987）：簡介見第二章。

14. 李捷（1894～1977）：字月三，河北成安人。農商部地質研究所畢業，歷任地質調查所調查員、技師、技正。1928 年任中研院地質所研究員，1945 年

任河北建設廳長。1949 年後，曾任地質工作計劃指導委員會委員兼礦產勘探局工程處長、地質部礦產司管理處工程師、水利水電部水電總局副總工程師等。

15. 周贊衡（1893～1967）：字柱臣，江蘇奉賢（今屬上海）人。農商部地質研究所畢業，1918 年留學瑞典皇家自然歷史博物館，專習古植物學，1923 年回國。歷任地質調查所調查員、技士、古植物研究室主任、技正、副所長。1949 年後，曾任地質工作計劃指導委員會委員，中科院南京辦事處副主任、南京分院副院長等。

工程 13 人

16. 王士倬（1905～1991）：字漢才，江蘇無錫人。1925 年清華學校畢業留美，1928 年獲麻省理工學院碩士。1931 年回國，曾任清華大學教授、航空機械學校教育長、第二飛機修理廠長、大定航空發動機製造廠廠長等。1948 年任航空工業局副局長。1949 年後，曾任漢口航空工業學校教員，「肅反」運動中被打成「歷史反革命」。1981 年平反，曾任國務院參事。

17. 朱家仁（1900～1985）：字君一，湖南漢壽人。1920 年東吳大學附中畢業留美，1926 年麻省理工學院航空系畢業。1928 年回國，任職上海航空工廠，研製成功「蘇州號」教練機。1937 年後，曾任航空委員會第三飛機修理廠廠長、機械處長、第一飛機製造廠廠長等，研製成功蜂鳥直升機。1948 年赴臺，任第三飛機製造廠廠長，研製成功 CJC-3A 直升機。1956 年任飛機製造總廠少將廠長。1980 年移居美國。

18. 林同驊（1911～2007）：福建福州人，生於重慶。1933 年畢業於交通大學唐山工程學院，翌年留美，1936 年獲麻省理工學院碩士。回國曾任教清華大學，任職第二飛機製造廠從事飛機設計，曾任工務處長，1944 年研製成功 C-1010 運輸機。戰後赴美考察飛機設計，遂留居美國。曾任底特律梅西大學副教授，期間獲密西根大學博士。1955 年任加州大學洛杉磯分校教授。

19. 錢昌祚（1901～1988），字莘覺，江蘇常熟人，1919 年清華學校畢業留美，獲麻省理工學院碩士。1924 年回國，曾任浙江工業專門學校、清華大學教授。1928 年進入航空領域，曾任上海虹橋飛機廠代廠長、中央航空學校教育長、航空署技術處長、中央航空機械學校校長、航空委員會技術廳副廳長、第二飛機製造廠廠長等。戰後曾任國防部第六廳廳長。1949 年赴臺，曾任經濟部常務次長等。

20. 俞忽（1894～1959）：簡介見第五章。

21. 何之泰（1902～1970）：簡介見第五章。

22. 高鏡瑩（1901～1995）：天津人。1922 年清華學校畢業，留美入密執安大學，1925 年獲碩士。曾任教北洋大學、東北大學。1930 年任職華北水利委員會，曾任工務課長、工程組主任、堵口復堤工程處處長、水利工程總局副局長。1949 年後，曾任華北水利工程局總工程師，水利部勘測設計院副局長、技術司長等。

23. 嚴愷（1912～2006）：福建閩候人，生於北京，伯父為嚴復。1933 年畢業於交通大學唐山工程學院土木系，1935 年赴荷蘭德爾夫特大學學習，1938 年畢業。曾任雲南農田水利貸款委員會工程師、中央大學教授、黃河水利委員會技正、交通大學教授等。1952 年院系調整，任華東水利學院籌建副主任，歷任副院長、院長，兼江蘇水利廳長、南京水利科學所所長等。

24. 譚葆泰（1911～1971）：廣東新會人。1932 年畢業於清華大學土木系，留學德國卡城工科大學，習水工模型試驗，1935 年回國。曾任中央水工試驗所（水利實驗處）技正、重慶大學土木系主任等，主持黃河花園口堵口模型試驗。1949 年任職聯合國，曾任遠東經濟委員會防洪局長、水資源開發處處長等。1971 年退休返臺。

25. 曹誠克（？～1964）：字勝之，安徽績溪人，曹誠英哥哥。早年肄業湖北文華書院，後留美獲威斯康星大學採礦冶金碩士。1924 年回國，曾任南開大學採礦系主任、北洋工學院教務長、資委會礦務局長、武漢大學工學院院長等。

26. 唐藝菁（1889～1952）：原名瑛，湖南零陵人。曾自費留日，後公費留英，畢業於愛丁堡大學。1914 年回國，曾任教湖南工業專門學校，後隨校併入湖南大學，曾任工學院院長。所著《實用最小二乘式》列入商務印書館「大學叢書」。

27. 劉穎（1913～1984）：又名悟庵，山東禹城人。1935 年畢業於北洋工學院機械系，曾任職唐山水泥廠和武漢大學。1937 年留美，獲密執安大學機械工程和航空工程碩士。1941 年回國，任武漢大學機械工程系主任。1953 年調華中工學院，曾任副院長。

28. 嚴一士（1905～1991）：江蘇吳江人。1929 年畢業於交通大學電機系。曾任上海電機廠、中國電工器材廠工程師。1938 年轉學界，曾任金陵大學、中央大學教授。1952 年院系調整，任南京工學院教授。

動物 5 人

29. 何定傑（1896～1973）：字春喬，湖北漢川人。1917 年畢業於武昌高等師範學校。1923 年留法入巴黎大學，畢業後曾任助教。1926 年回國任湖北省立第一中學校長，1928 年起一直任教武漢大學，曾任教務長。

30. 李賦京（1900～1988）：陝西蒲城人，李儀祉侄兒。1920 年同濟醫工學校畢業，1928 年獲德國哥廷根大學博士。曾任河南大學、西北聯大、西北大學、臺灣大學、同濟大學等校教授。院系調整後，曾任武漢醫學院教務長、同濟醫科大學教授等。

31. 范謙衷（1901～1993）：字德盛，浙江杭州人。1926 年畢業於金陵大學動物系，留校任教。1931 年留美，1934 年獲加州大學博士。回國後一直任教金陵大學，曾任動物系主任。院系調整後曾任南京農學院、徐州農業專科學校、徐州醫學院教授等。

32. 張春霖（1897～1963）：字震東，鑲黃旗蒙古族，河南開封人。1926 年畢業於東南大學，曾在中國科學社生物研究所工作。1928 年留法，1930 年獲巴黎大學博士。曾任北平靜生生物調查所技師、動物標本室主任，北京師範大學理學院院長、生物系主任等。1949 年後，任中科院動物所研究員。

33. 章韞胎（1897～1977）：字盈五，安徽東至人。1919 年北京大學預科畢業，翌年勤工儉學留法，1929 年獲巴黎大學博士。曾任北平師範大學教授、北平研究院生物所研究員等。後長期擔任武漢大學教授，抗戰期間隨校內遷，轉攻古生物學，並對中國古代史產生興趣。

植物 4 人

34. 石聲漢（1907～1971）：湖南湘潭人，生於昆明。1927 年肄業武昌高等師範學校，曾任中山大學、浙江大學助教，國立編譯館編譯員。1933 年留英，1936 年獲倫敦大學博士。曾任西北農林專科學校教授、同濟大學生物系主任、武漢大學教授。1951 年調西北農學院，曾任植物生理生化教研室主任、古農學研究室主任。

35. 李良慶（1904～1959）：生平不詳，貴州貴陽人。曾任北平靜生生物調查所技師兼標本室主任、山東大學教授。

36. 容啟東（1908～1987）：廣東香山人，生於香港。1929 年清華大學生物系畢業，留校任教。1935 年留美，1937 年獲芝加哥大學博士。曾任西北大

學教授、嶺南大學理學院院長等。1944 年赴美講學，回國後任嶺南大學理工學院院長等。1951 年赴港，曾任香港大學植物系主任、崇基學院院長、中文大學副校長等。

37. 陳煥鏞（1890～1971）：又名文農，字韶鍾，廣東新會人，生於香港。1903 年赴美，1913 年入讀哈佛大學植物系，1919 年獲碩士。翌年回國，曾任金陵大學、東南大學、廣西大學教授，中國科學社生物所植物部主任，中山大學植物學系主任、農學院院長、理學院院長、農林植物研究所所長等。1949 年後，曾任中科院華南植物所長、廣西植物所長兼植物園主任等。

醫學 3 人

38. 吳印泉：生平不詳。

39. 孫克基（1892～1968）：原名庸皋，以字行，湖南湘潭人。1916 年清華學校畢業留美，1922 年獲約翰·霍普金斯大學博士，留校任教。1926 年回國，曾任教湘雅醫學院等。1928 年任上海醫學院教授兼紅十字會總醫院婦產科主任。1935 年創辦上海婦孺醫院並任院長。1958 年醫院改名長寧區產婦醫院，任院長。文革中遭受迫害，1968 年 2 月 12 日去世。

40. 黃禎祥（1910～1987）：福建廈門人，1934 年畢業於北京協和醫學院，留校任教。1941 年赴美，在洛克菲勒醫學研究所進修，任教哥倫比亞大學。1944 年回國，曾任中央衛生實驗院病理組主任、北平分院院長。1949 年後，曾任中國醫學科學院病毒學所研究員、名譽所長等。

農學 13 人

41. 王一蛟（1906～1972）：河南沈丘人。1932 年金陵大學農業經濟系畢業，任職交通銀行，期間曾赴美考察，入明尼蘇達大學習農業經濟學。1939 年後，任教廣西大學、河南大學、湖北省立農學院，曾任農業經濟系主任。1952 年調中南農林部，曾任湖北省政府參事、農業廳副廳長等。1957 年被打成右派。

42. 吳文暉（1913～1990）：簡介見第六章。

43. 郝景盛（1903～1955）：字健吾，河北正定人。1931 年畢業於北京大學生物系，任北平研究院植物所助理員。1934 年留德，先後獲柏林大學、愛北瓦林業專科大學博士。曾任中央大學教授、北平研究院植物所所長、東北大學農學院院長等。1949 年後，任中科院植物分類所研究員、林業部總工程師等。

44. 程躋雲（1896～1992）：字霄羽，江西婺源人。1922 年畢業於北京農業專門學校，曾任安慶森林局長等。1935 年留德，1939 年獲慕尼黑大學博士。曾任中山大學、中央大學森林系教授，農林部林業司科長、中央林業實驗所技正兼造林組主任等。1949 年後，曾任山東農學院園藝系主任。

45. 葉雅各（1894～1967）：又名雅谷，廣東番禺人。1916 年就讀菲律賓大學，翌年留美，1918 年畢業於賓夕法尼亞州立大學森林系，再入耶魯大學讀研究生獲碩士。1921 年回國，曾任金陵大學森林系教授，武漢大學教授、農學院院長，澳門私立培正中學教導主任、廣西科學館秘書長。戰後回武漢大學。1949 年後，曾任湖北農學院森林系主任，湖北省農林廳副廳長、林業局長等。

46. 葉培忠（1899～1978）：江蘇江陰人。1927 年畢業於金陵大學森林系，曾任林場場長、總理陵園助理員等。1930 年赴英國愛丁堡皇家植物園進修，翌年回國。曾任總理陵園植物園技術員、技師、主任，四川農業改進所林業試驗場長、財政部貿委會桐油研究所研究員，農林部天水水土保持實驗區技正、主任等。1948 年任武漢大學教授，1952 年院系調整任華中農學院教授，1955 年調南京林學院。

47. 魯慕勝（1901～？）：又名罕言，安徽和縣人。金陵大學農學院畢業，曾任湖北建設廳農林傳習所教務主任、農業推廣處主任，安徽建設廳林業股主任兼省立和縣林場場長，武漢大學農學院講師，廣西大學農學院講師、副教授、教授，貴州農業改進所技正兼森林系主任，廣西大學森林系主任、武漢大學教授等。

48. 吳紹騤（1905～1998）：號又騤，安徽嘉山人。1929 年畢業於金陵大學農藝系，任職浙江棉業改良場。1934 年留美，1938 年獲明尼蘇達大學博士。曾任廣西大學教授兼農場主任、金陵大學教授兼農藝研究部主任。1949 年後，曾任河南農學院副院長、河南省農牧廳副廳長等。

49. 李鳳蓀（1902～1966）：字力耕，湖南臨湘人。1930 年畢業於金陵大學，任職江蘇、浙江昆蟲局。1935 年赴美，翌年獲明尼蘇達大學碩士。曾任中央棉產改進所技正、浙江大學教授、福建農學院教授、湖北省立農學院病蟲害系主任、湖南農業改進所所長、武漢大學農藝系主任等。1949 年後，曾任湖南大學農學院院長、湖南農學院植保系主任等。1957 年被劃為右派，1966 年8 月 1 日病逝。

50. 柳支英（1905～1988）：江蘇吳縣人。1929 年畢業於金陵大學生物系，1933 年留美，次年獲明尼蘇達大學碩士。曾任浙江大學、廣西大學教授。1952年調軍事醫學科學院，曾任微生物流行病學所副所長等。

51. 朱鳳美（1895～1970）：江蘇宜興人。1917 年畢業於江蘇第一農校。翌年赴日，1921 年畢業於鹿兒島高等農業學校。曾任北京農業大學、武昌大學教授。1927 年再赴日，1930 年畢業於東京大學。曾任浙江大學教授、中央農業實驗所技正等。1949 年後，曾任華東農科所、中國農科院江蘇分院研究員等。

52. 章元瑋（1900～1987）：字佩奇，安徽來安人。1924 年畢業於金陵大學，留校任教，曾任農業教育系主任、農業專修科主任。1935 年留美，翌年獲明尼蘇達大學碩士。回國後曾任金陵大學教授、中國農民銀行農貸處農業推廣課長。1949 年後，曾任齊魯大學教授、山東農學院農學系主任等。

53. 黃瑞綸（1903～1975）：字子榮，河北任丘人。1928 年金陵大學化學系畢業，留校任教。1930 年赴美，1933 年獲康奈爾大學博士。曾任浙江大學教授、農藝系主任，廣西農事試驗場技正兼農業化學系主任、廣西大學化學系主任、北京大學農學院農業化學系主任等。1949 年後，任北京農業大學農業化學系主任。

哲學 10 人

54. 林志鈞（1879～1960）：字宰平，福建閩候人。科考中舉，留日入東京大學攻讀法政、經濟。梁啟超研究系主幹，曾任北洋政府司法部長。後任北京大學哲學系、經濟系講師，參與科玄論戰。1927 年任教清華學校國學院講師，1932 年任哲學系講師。1949 年後曾任國務院參事。

55. 徐光榮（Roderick Scott，1885～1971）：美國紐約州奧本市人，1906～1907 年先後獲賓夕法尼亞州哈弗福德學院學士、碩士，1908 年再獲哈佛大學碩士。1922～1923、1930～1931 年分別在哥倫比亞大學及協和神學院研修。1916 年被美國公理會差遣來華，在福州創建福建協和神學院（旋改名福建協和大學），任英語、哲學和西方文化教授，曾任院長、副校長等。1949 年後返美，曾任密西根州奧立維學院哲學教授。

56. 郭中一：生平不詳，曾任金陵大學宗教系教授兼宗教事業主任，時任金陵大學哲學心理系教授。

57. 程迺頤（1900～1970）：江西南城人。1924 年畢業於北京高等師範學校英文部，赴美留學，先後就讀哥倫比亞大學、芝加哥大學心理系，1929 年獲博士回國。曾任北平師範大學、青島大學、武漢大學教授。1952 年院系調整，任北京大學哲學系教授。

58. 王倘（1900～ ？）：號欲為，江西余江人。1927 年畢業於東南大學教育系，留美入斯坦福大學，1930 年獲碩士，轉哥倫比亞大學研修。1932 年回國，曾任江蘇教育學院副教授、湖北教育學院教務長兼鄉村教育系主任、四川教育學院民眾教育系主任，浙江大學、之江大學教授。1952 年調華中師範學院任教授。

59. 古楳（1899～1977）：又名柏良，廣東梅縣人。1924 年畢業於東南大學，曾任職師範學校。後曾任教中山大學、江蘇省立教育學院等，一度在上海主持教育實驗區。戰後任國立社會教育學院教授、江蘇教育廳副廳長等。1949 年後，曾任蘇南文化教育學院主任委員、江蘇教育廳師範教育處長等。

60. 吳增芥（1906～2005）：江蘇江陰人，1929 年畢業於中央大學教育系，曾任職中央大學附屬實驗學校、蘇州女子師範、浙江大學師範學院、蘇州社會教育學院等。1949 年後，曾任蘇南文化教育學院、江蘇師範學院（蘇州大學）教授。

61. 李相勖（1902～1971）：安徽桐城人。1924 年清華學校畢業留美，1927 年獲加州大學教育學碩士。曾任安徽桐城中學、安慶第一中學校長，廈門大學群育主任，安徽大學、浙江大學、安徽學院教授等。1949 年後，曾任湖北師範學院、華中師範學院教授。

62. 金澍榮（1907～ ？）：簡介見第五章。

63. 馬師儒（1888～1963）：陝西米脂人。曾在同濟醫工學校學工，後轉北京高等師範學校習教育，1919 年畢業。留學歐洲，1924 年獲柏林大學教育學博士，1927 年獲蘇黎世大學哲學博士。曾任北平大學、山東大學、北平師範大學教授，西北大學文學院院長、校長等。1949 年後，曾任西北大學、陝西師範學院教授。

中國文史學 15 人

64. 沈兼士（1887～1947）：名臤，以字行，浙江吳興人，生於陝西漢陰，沈尹默弟弟。1905 年留日，拜師章太炎，入同盟會。歸國後，任教北京大學、

輔仁大學、清華大學、廈門大學等，曾任北京大學、輔仁大學文學院院長，故宮博物院文獻館館長等。抗戰期間，在北平組織炎社從事抗日活動，1942 年赴重慶。戰後任教育部平津區特派員，接收平津區各類學校。

65. 朱自清（1898～1948）：原名自華，字佩弦，號秋實，浙江紹興人，生於江蘇東海。1920 年北京大學哲學系畢業，任教浙江第一師範學校、江蘇省立第八中學等。1925 年受聘清華學校大學部，曾任中文系主任、圖書館主任等。文學創作外，在詩歌理論、古典文學、新文學史等方面也卓有成就。

66. 袁昌英（1894～1973）：字蘭子、蘭紫，湖南醴陵人，丈夫楊端六。早年就讀上海中西女塾，1916 年留英，入愛丁堡大學攻讀英文，1921 年獲碩士。回國任教北京女子高等師範學校、上海澄衷中學等。1926 年赴巴黎大學深造，1928 年回國任教中國公學，翌年開始執教武漢大學。1957 年被劃為右派，下放圖書館改造。翌年被判為「歷史反革命」，開除公職，由街道監督勞動。文革期間深受迫害，1970 年被勒令返回老家。著有《孔雀東南飛及其他》《飲馬長城窟》等，輯有《袁昌英作品選》《袁昌英文選》等，與凌淑華、蘇雪林並稱「珞珈三女傑」。

67. 梁實秋（1903～1987）：名治華，號均默，以字行，浙江杭縣（今餘杭）人，生於北京。1923 年清華學校畢業留美，先後就讀科羅拉多學院、哈佛大學，1926 年獲碩士回國。先後任教東南大學、暨南大學、青島大學、北京大學等，曾任外文系主任。1935 年創辦《自由評論》，先後主編多種報刊副刊，曾任國民參政會參政員。1949 年赴臺，任臺灣師範大學教授，曾任英語系主任、文學院院長。代表作《雅舍小品》，譯有《莎士比亞全集》。

68. 焦菊隱（1905～1975）：原名承志，藝名菊影，後改菊隱，北京人，生於天津。1928 年燕京大學畢業，曾任北京市立第二中學校長、北平研究院出版部秘書、中華戲曲專科學校校長等。1935 年留法，入巴黎大學專攻戲劇，1938 年獲博士。歷任廣西大學、國立戲劇專科學校、社會教育學院、西北師範學院教授等。戰後任北平師範大學外語系主任、北平藝術館館長等。1949 年後，曾任北京人民藝術劇院第一副院長、總導演兼藝術委員會主任等。文革遭受迫害，1975 年 2 月 28 日病逝。著有《導演的藝術創造》《焦菊隱戲劇論文集》等。

69. 朱光潛（1897～1986）：字孟實，安徽桐城人。1917 年入武昌高等師範學校，翌年官費入讀香港大學，1922 年畢業，曾任中學教員等。1925 年留歐，先後就讀英國愛丁堡大學、倫敦大學，法國巴黎大學、斯特斯堡大學，1933

年獲博士。回國任教北京大學中文系及西語系，抗戰爆發後轉四川大學任史學系主任兼文學院院長，1938 年再轉武漢大學外語系，曾任教務長。戰後回北京大學，曾任西語系主任、文學院代院長等。著有《悲劇心理學》《文藝心理學》《西方美術史》等，譯有黑格爾《美學》、克羅齊《美學原理》等。

70. 吳宓（1894～1978）：原名玉衡，後改陀曼，再改宓，字雨生，又作雨僧，陝西涇陽人。1916 年清華學校畢業，翌年留美，先後就讀弗吉尼亞大學、哈佛大學，1921 年獲碩士。回國任南京高等師範學校、東南大學教授，與梅光迪、柳詒徵等創辦《學衡》。1925 年任清華學校研究院籌備主任，後曾代理西南聯大外文系主任。1944 年後，曾任教燕京大學、四川大學、重慶相輝學院等。1950 年，任教四川教育學院，旋隨校併入西南師範學院。文革中深受迫害，被打成「現行反革命」。

71. 呂湘（1904～1998）：字叔湘，江蘇丹陽人。1926 年畢業於東南大學外國語言系，曾任中學教員。1936 年留英，就讀牛津大學、倫敦大學。1938 年回國，曾任雲南大學副教授，華西協合大學、金陵大學中國文化研究所研究員，中央大學教授等。1950 年任清華大學教授，1952 年調中科院語言所任研究員，後曾任副所長、所長、名譽所長等。著有《中國文法要略》等，輯有《呂叔湘文集》等。

72. 谷劍塵（1897～1976）：原名斯江，浙江上虞人。早年在上海當錢莊學徒、銀行職員。1921 年與人創辦上海戲劇協社進行戲劇創作，後涉足電影行業撰寫電影劇本，再轉戲劇教育，曾任教江蘇省立教育學院、國立戲劇專科學校、國立社會教育學院等。1949 年後，任教上海戲劇學院。

73. 張志超：生平不詳。

74. 郭紹虞（1893～1984）：名希汾，以字行，江蘇吳縣人。1910 年考入蘇州工業學堂，一年後輟學，曾任中小學教員、書局編輯。1919 年註冊北京大學旁聽生，1921 年發起組織文學研究會，後曾任教山東第一師範學校、福建協和大學、武昌中山大學等。1927 年任教燕京大學，曾任國文系主任。太平洋戰爭爆發後，南下任開明書店編輯。1946 年任教同濟大學，曾任中文系主任、文法學院院長等。1952 年院系調整，任教復旦大學，曾任中文系主任、圖書館館長等。著有《中國文學批評史》等，輯有《郭紹虞文集》等。

75. 陳竹君（1900～1985）：浙江寧波人，陳裕光妹妹。金陵大學英文系畢業，留美獲奧伯林學院碩士，再入麥考密克神學院修神學課程。回國後任教金

陵大學。後赴美，1952 年由北美長老教會差派赴臺執教臺灣神學院。1968 年與曾任金陵大學農學院院長章之汶在馬尼拉喜結連理。1974 年返美。

76. 劉賾（1891～1978）：字博平，湖北廣濟人。1914～1917 年就讀北京大學中文系，曾任中學和師範教師。1927 年任暨南大學教授，1929 年轉武漢大學，曾兼任中文系主任。

77. 樓光來（1895～1960）：字昌泰，號石庵，浙江嵊縣人。1918 年清華學校畢業赴美，1922 年獲哈佛大學碩士。曾任華盛頓會議代表，南開大學、清華學校教授，中央大學文學院院長，外交部秘書、歐美司科長，交通部參事等。1937 年回中央大學，曾任文學院院長，當選教育部部聘教授。1949 年後，任南京大學教授。

78. 羅正晫（1906～1983）：號暄嵐，湖南湘潭人。1929 年清華學校畢業留美，入斯坦福大學攻讀英美文學，畢業後入哥倫比亞大學，1934 年獲碩士。回國任教南開大學，抗戰期間任教湖南大學。院系調整後任教湖南師範學院，1957 年被打成右派，文革中深受迫害。

史學 6 人

79. 王桐齡（1878～1953）：字嶧山，河北任丘人。曾中秀才，1902 年入京師大學堂師範館，1904 年奉派留日，1907 年畢業於第一高等師範學校，1912 年獲東京大學學士。回國後任教育部參事，旋任職北京高等師範學校，曾任史地部教務主任、史地部主任等，期間曾多次赴日考察訪學。抗戰期間未隨學校內遷，任教中國大學。戰後回校任教。

80. 姚薇元（1905～1985）：簡介見第六章。

81. 張星烺（1888～1951）：字亮塵，江蘇桃源（今泗陽）人，張相文之子。曾就讀南洋公學、北洋大學堂。1906 年留美，入哈佛大學化學系，1909 年畢業赴德，入柏林大學攻讀生理化學，1912 年輟學歸國。曾任北京大學教員、湖南工業學校化學系主任、青島四方機車廠化驗室主任等。業餘從事中西交通史資料整理與研究，1926 年任廈門大學國學研究院主任，翌年任輔仁大學教授兼歷史系主任。

82. 陸懋德（1888～1961）：簡介見第六章。

83. 齊思和（1907～1980）：字致中，山東寧津人。1931 年畢業於燕京大學歷史系，留美入哈佛大學，1935 年獲博士。回國後曾任北平師範大學教授、

燕京大學歷史系主任、中國大學教授、燕京大學歷史系主任兼文學院院長等。1952 年院校調整，任北京大學歷史系世界史教授。

84. 蔣天樞（1903～1988）：字秉南，江蘇豐縣人。早年就讀無錫國學專修館，1927 年考入清華學校國學研究院，師從陳寅恪，1929 年畢業。曾任教東北大學、西北大學，1943 年起任復旦大學中文系教授。

語言學 1 人

85. 張公輝：後改名銳光，生平不詳，著有《國字整理發揚的途徑》，在漢字改革中提出漢字表音方案。

考古與藝術史 2 人

86. 傅抱石（1904～1965）：名瑞麟，字慶遠，號抱石齋主人，江西新餘人，生於南昌。1926 年畢業於江西第一師範學校，留校任教附小。1933 年留日，入東京帝國美術學校習雕塑和東方美術史。1935 年回國，任教中央大學藝術系。1949 年後，曾任南京師範學院美術系教授、江蘇省國畫院院長等。以山水畫成名，並致力於美術史和繪畫理論研究，著有《中國繪畫變遷史綱》《國畫源流概述》等，輯有《傅抱石全集》等。

87. 黃若舟（1906～2000）：名濟才，以號行，江蘇宜興人。1928 年畢業於上海美術專科學校中國畫系，任教中小學。1941 年赴重慶，任國立音樂院教授。戰後任江蘇省立教育學院、中華工商專科學校教授。1949 年後，任上海體育學院圖書館主任、上海師範學院教授。

法律 5 人

88. 王覲（1890～1981）：簡介見第五章。

89. 杜元載（1905～1975）：字賡之，湖南漵浦人。1924 年畢業於北京師範大學。留美就讀明尼蘇達州立大學、西北大學，獲法學博士。1928 年回國，曾任教河南大學、北京大學、湖南大學、中央大學、西南聯大、西北大學等校。三青團中央候補幹事、國民黨中央委員。1949 年赴臺，曾任考選部、司法行政部司長，臺灣師範大學教務長、校長，國民黨中央黨史委員會副主任、主任等。

90. 劉鴻新：生平不詳。

91. 蔣思道（1899～1975）：別號心澄，江西清江（今樟樹市）人。1918 年入北京大學，一年後留日，入東京帝國大學法律系，1929 年畢業回國。初任

教警官學校，旋轉武漢大學。1948 年赴美講學，1950 年回國被武漢大學當局拒絕回校，後曾任教張家口師範專科學校、山西師範學院等。反右運動中被打成右派，下放圖書館工作，後被判處十年徒刑。

92. 蔡樞衡（1904～1983）：又名自鍾，江西永修人。1928 年留日，曾就讀明治大學、東京中央大學、東京帝國大學等，1935 年回國。曾任北京大學、西南聯大教授，戰後復員曾代理北京大學法學系主任。1948 年任中正大學法學系主任。政權更迭後，回北京大學，1952 年院系調整法學系被撤銷，先後任中央人民政府法制委員會專門委員、中科院法學研究室研究員等。

政治學 3 人

93. 徐義生（1909～1991）：江蘇武進人。1931 年清華大學政治學系畢業，入研究院師從張奚若與錢端升。1933 年留美，先後就讀哈佛大學、哥倫比亞大學，1936 年獲碩士。轉英國倫敦政治經濟學院研習，1937 年初回國，任職中研院社會科學所，曾任副研究員、研究員。1949 年後，任中科院社會研究所、經濟所研究員。1961 年調安徽大學任教師、圖書管理員。

94. 許興凱（1898～1952）：滿族，號志平，筆名老太婆，北京人。1926 年畢業於北京師範大學教育研究科，曾任報社記者編輯。1934 年留日，在東京帝國大學史料研究所研修。回國後曾任天津法商學院、燕京大學、西北聯合大學、西北大學教授。

95. 顧敦鍒（1898～1998）：字雍如，江蘇吳縣人。1922 年之江大學畢業，任教燕京大學。1930 年回母校任教，抗戰期間棄職返鄉。戰後任之江大學文學院院長，1948 年赴美進修，獲哥倫比亞大學博士，留居美國。1959 年赴臺，任東海大學政治系教授兼文學院院長。退休後移居美國。

經濟學 10 人

96. 朱斯煌（1907～1985）：字苣征，浙江餘姚人。1928 年畢業於復旦大學，1930 年獲哥倫比亞大學碩士。曾任復旦大學銀行系主任、暨南大學教授，大同大學商學院教授、系主任。1952 年院系調整，任上海財經學院教授，後調回復旦大學經濟系。

97. 袁賢能（1898～1983）：浙江天台人。1921 年復旦大學畢業入燕京大學讀研究生，翌年畢業留美，先後就讀俄勒岡大學、紐約大學，1929 年獲博士。先後任教復旦大學、南開大學、燕京大學等，1939 年參與創辦天津達仁學院並

任院長。1946 年任南開大學教授，曾任貨幣銀行系主任等。1951 年任之江大學教授，院系調整任上海財經學院教授。1954 年調任北京對外貿易學院教授。

98. 張渾：生卒年不詳，留美先後求學於俄亥俄州立大學和哥倫比亞大學，獲經濟學碩士。1920 年回國，歷任明德大學、武昌商科大學、湖南商業專門學校、湖南大學、國立商學院教授、系主任等。

99. 張培剛（1913～2011）：湖北紅安人。1934 年畢業於武漢大學經濟系，任職中研院社會科學所。1941 年留美，1945 年獲哈佛大學博士，博士論文《農業與工業化》獲哈佛大學經濟學專業最佳論文獎。1946 年回國任武漢大學經濟系教授，1948 年任聯合國亞洲及遠東經濟委員會高級顧問和研究員。翌年回武漢大學，1952 年院系調整，籌建華中工學院（華中科技大學），任規劃辦公室、基建辦公室主任，後曾任社會科學部主任、經濟學院名譽院長、經濟發展研究中心主任等。

100. 趙人儁（1900～？）：字守愚，浙江蘭溪人。1923 年獲密西根大學學士，1928 年獲哈佛大學博士，論文為《馬薩諸塞州實際工資和成本的變動（1890～1921）：一個統計分析》。回國後曾任鐵道部科長、清華大學教授等，著有《物價指數論提要》等。

101. 潘源來（1903～1986）：湖南瀏陽人。1930 年畢業於中央大學經濟系，任武漢大學助教。1935 年赴英，1938 年獲倫敦大學政治經濟學院碩士。曾任東北大學、湖南大學、中央大學教授、經濟系主任等。1949 年後，任教南開大學，轉向近代經濟史研究。

102. 劉秉麟（1891～1956）：字南陔，湖南長沙人。1917 年畢業於北京大學，曾任中國公學教務長。1920 年留英，1922 年畢業於倫敦大學，轉德國入柏林大學研修。1925 年回國，曾任中國公學、光華大學經濟學教授，商務印書館編輯等。1932 年任武漢大學經濟系教授，曾任法學院院長、代理校長。1950 年任中南軍政委員會財政經濟委員會委員。

103. 蔣碩傑（1918～1993）：湖北應城人，生於上海，蔣作賓之子。早年就讀上海南洋中學，1933 年赴日，1937 年慶應大學預科畢業，1938 年赴英入倫敦政治經濟學院，1941 年畢業，師從哈耶克攻讀博士，1945 年畢業。1946 年任北京大學教授，1948 年底赴臺任教臺灣大學。翌年赴美任職國際貨幣基金組織，1960 年離職，先後任教羅徹斯特大學和康奈爾大學。也曾回臺任臺灣經濟研究院、中華經濟研究院院長等。

104. 羅仲言（1896～1995）：即羅章龍，簡介見第六章。

105. 余精一（1898～1967）：江西宜黃人。1925 年畢業於北京大學法律系，1928 年留德，獲法蘭克福大學經濟學博士。曾任中山大學、廣西大學、中央大學、中正大學教授、系主任，江西《民國日報》社長。1949 年後，曾任金陵大學、山東會計專科學校、上海財經學院教授等。文革中深受迫害，被發配回家鄉勞動改造，仍被抄家批鬥。

社會學 3 人

106. 高達觀（1897～ ？）：字緒懋，安徽六安人。北京大學畢業，留學法國畢業於巴黎大學。回國後曾任教北平女子師範大學、暨南大學、河南大學等，曾任中山大學社會學系主任，也曾任中山教育文化館研究員。1949 年後，任上海外國語學院教授，從事翻譯工作。

107. 許烺光（1909～1999）：遼寧莊河人。1933 年畢業於滬江大學社會系，曾任職協和醫學院。1937 年赴英國倫敦政治經濟學院讀人類學，1941 年獲博士。曾任職雲南大學、燕京大學合辦「社會學實地調查工作站」。1943 年赴美訪學，先後執教哥倫比亞大學、康奈爾大學、西北大學，曾任人類學系主任。

108. 陳文仟：基督徒，生平不詳，曾任中華全國基督教協進會湖南福利委員會主席。

附錄三　中研院評議會年會淘汰 252 位院士候選人簡介

數學 19 人

1. 申又棖（1901～1978）：山西高平人。1926 年畢業於南開大學數學系，任南開中學教員、南開大學助教。1931 年留美，1934 年獲哈佛大學博士。回國任教南開大學，旋轉北京大學，1953 年任微分方程教研室主任。

2. 何衍璿（1902～1971）：字敬問，廣東高明人。1918 年就讀南京高等師範學校，1921 年留法，1925 年獲里昂大學碩士。曾任大夏大學教授、中山大學理學院院長，1940 年起任教雲南大學，曾任理學院院長、教務長等。文革中被打成「歷史反革命」「現行反革命」。

3. 余光烺（1897～1980）：安徽桐城人。桐城中學畢業後留日，1925 年畢業於東京高等師範學校。留美入讀芝加哥大學，1928 年獲碩士。曾任東北大學、金陵大學教授。院系調整後任南京大學教授。

4. 李華宗（1911～1949）：簡介見第六章。

5. 李國平（1910～1996）：廣東豐順人。1933 年畢業於中山大學，任教廣西大學。1934 年赴日入讀東京帝國大學，1937 年赴法國巴黎大學研修。1939 年回國任四川大學教授，翌年起任教武漢大學，曾任數學系主任、副校長等，兼任中科院數學計算技術所所長、武漢數學物理所所長等。

6. 沈青來（1898～1997）：浙江吳興人。1922 年畢業於東吳大學，曾任教附中，後升大學講師。1932 年留美，1935 年獲密西根大學博士。回國後任教

母校，曾任教務長、理學院院長。院系調整後，任教江蘇師範學院（蘇州大學），曾任數學系主任。

7. 周紹濂（1905～1970）：又名慕溪，湖北漢陽人。1928 年畢業於中央大學數學系，1932 年留法入讀巴黎大學，1936 年獲法國國家博士。曾任山東大學、重慶大學、中央大學、暨南大學教授，也曾兼數學系主任等。1949 年任教復旦大學，1955 年調任蘭州大學數學系主任，1957 年被打成右派，文革深受迫害，病逝上海。

8. 柯召（1910～2002）：字惠棠，浙江溫嶺人。1933 年畢業於清華大學算學系，任南開大學助教。1935 年留英，1937 年獲曼徹斯特大學博士。翌年回國任四川大學教授，曾兼任數學系主任。1946 年轉重慶大學。1953 年回四川大學，曾任教務長、副校長、校長等。

9. 孫光遠（1900～1979）：簡介見第五章。

10. 張濟華（1898～1980）：安徽滁縣人。1923 年畢業於金陵大學，1937 年獲加州大學碩士。長期擔任金陵大學數學系教授，1941 年起兼任系主任。院系調整後，先後任教江蘇師範學院、江蘇教育學院、南京師範大學。

11. 曾珹益（1892～1978）：名昭安，以字行，江西吉水人，入籍湖北宜昌。1917 年畢業於武昌高等師範學校，留日就讀東京高等物理學校和高等師範學校。1919 年留美，1925 年獲哥倫比亞大學博士。任教武昌大學（武漢大學），曾任數學系主任、理學院院長、教務長、教務委員會主任等。1958 年拔白旗運動中被批鬥，文革期間受迫害。

12. 湯璪真（1898～1951）：號孟林，湖南湘潭人。1919 年畢業於北京高等師範學校數理部，曾任教北京大學。1923 年留德，就讀柏林大學等。1926 年回國，任教武昌大學（武漢大學），曾任系主任。1943 年離開，曾任中山大學、廣西大學、安徽大學教授。1948 年任北平師範大學教授，曾任教務長、代理校長等。

13. 楊武之（1896～1973）：名克純，以號行，安徽合肥人。1918 年畢業於北京高等師範學校，曾任中學教員。1923 年留美，先後就讀斯坦福大學、芝加哥大學，1928 年獲博士。任教清華大學，曾任數學系主任。政權轉換之際到上海，被清華大學解聘，寄棲同濟大學，院系調整轉復旦大學數學系。

14. 楊卓新（1890～1963）：字華一，湖南新化人。1908 年入讀湖南高等實業學堂，1913 年畢業留美，先後就讀哈佛大學、伊利諾伊大學和雪城大學，

1920 年獲博士，赴歐訪學劍橋大學、巴黎大學、柏林大學等。1923 年回國，任教湖南公立工業專門學校（後合併入湖南大學），曾任教務主任、校長等。院系調整後任教湖南師範學院。

15. 趙訪熊（1908～1996）：江蘇武進人。1928 年畢業於清華學校，留美先後就讀麻省理工學院、哈佛大學，1931 年獲碩士。1933 年回國，任教清華大學數學系，曾任副校長、應用數學系主任等。

16. 趙進義（1902～1972）：字希三，河北束鹿人。1921 年中學畢業，留法入讀里昂大學，1927 年獲博士。翌年回國任教中山大學數學天文系，1930 年轉任北平師範大學數學系教授兼主任，後曾任西北大學數學系教授兼主任、理學院院長、代理校長等。1948 年任四川大學教授等。1950 年任教華北大學工學院（北京工業學院）。文革中遭受迫害，1972 年 9 月 7 日去世。

17. 劉俊賢（1898～1971）：廣東新會人。1918 年入讀廣東高等師範學校，1921 年留法，1930 年獲里昂大學博士。回國後除 1940～1946 年任教昆明中法大學外，一直任教中山大學，曾任數學天文系主任、理學院院長、數學力學系主任等。

18. 樊䮾（1914～2010）：字圻甫，浙江杭州人。1936 年北京大學數學系畢業，留校任教。1938 年留法入讀巴黎大學，1941 年獲國家博士，在法國國家科學研究中心、龐加萊數學研究所從事研究。1945 年赴美，在普林斯頓高等研究院工作。後曾任教聖母大學、西北大學等，1965 年轉聖芭芭拉加州大學，曾兼任中研院數學所所長。

19. 錢偉長（1912～2010）：1935 年清華大學物理系畢業，隨吳有訓讀研究生，1937 年畢業，曾任中學教員。1939 年任教西南聯大，翌年留學加拿大，1942 年獲多倫多大學應用數學博士。同年入加州理工學院，師從馮·卡門從事博士後研究。1946 年回國，任清華大學機械系教授，曾任教務長，兼任中科院力學所副所長。反右運動中被劃為右派，下放工廠勞動改造。文革後任上海工業大學、上海大學校長，全國政協副主席等。

物理學 15 人

20. 丁燮林（1893～1974）：後改名西林，字巽甫，江蘇泰興人。1913 年上海南洋公學畢業，留英入伯明翰大學，1919 年獲碩士。回國任北京大學物理系教授，曾任系主任。1927 年籌組中研院物理所併擔任所長，曾任多次短

期任職總幹事。1946 年後，歷任山東大學教授、臺灣大學教授兼教務長等。1949 年後，曾任文化部副部長、北京圖書館館長、科協副主席等。著有《一隻馬蜂》等，輯有《丁西林戲劇集》等。

21. 王竹溪（1911～1983）：簡介見第六章。

22. 王守競（1904～1984）：江蘇吳縣人。1924 年清華學校畢業留美，1928 年獲哥倫比亞大學博士。翌年回國，曾任浙江大學、北京大學物理系主任。1933 年轉向國防事業，曾任兵工署技術司光學組主任、資源委員會少將專員、中央機器廠總經理等。戰後任國民政府駐美物質供應委員會主任，後棄職定居美國。

23. 任之恭（1906～1995）：山西沁源人。1926 年清華學校畢業留美，先後就讀麻省理工學院、賓夕法尼亞大學、哈佛大學，1931 年獲博士，留校任教。1933 年回國，短期任教山東大學後回母校，曾任無線電研究所所長。1946 年赴美，曾任哈佛大學、約翰·霍普金斯大學教授等。

24. 束星北（1907～1983）：簡介見第五章。

25. 余瑞璜（1906～1997）：江西宜黃人。1928 年畢業於中央大學物理系，任教清華大學。1935 年留英，1937 年獲曼徹斯特大學博士。1939 年回國，任教西南聯大，曾任清華大學金屬物理所所長。1952 年院系調整，任教東北人民大學（吉林大學），曾任物理系主任。1957 年被劃為右派。

26. 岳劼恒（1902～1961）：陝西長安人。1928 年畢業於北京大學物理系，留法入巴黎大學，1936 年獲國家博士。曾任北平研究院物理所研究員兼中法大學教授，西北聯合大學教授，西北大學教授、教務長、副校長等。

27. 查謙（1896～1975）：字嘯仙，安徽涇縣人。1919 年金陵大學物理系畢業，任教南京高等師範學校。1920 年留美，1923 年獲明尼蘇達大學博士。曾任東南大學、金陵大學、中央大學教授，1932 年任武漢大學教授，曾任物理系主任、理學院院長等。1953 年調華中工學院，曾任院長。

28. 倪尚達（1898～1988）：江蘇川沙（今屬上海）人。1919 年畢業於南京高等師範學校，任附中教員。1921 年留美，先後獲麻省理工學院、哈佛大學碩士。1925 年回國，任教南洋大學、北洋大學、中央大學、金陵大學等，抗戰期間曾任航空委員會成都無線電修配廠長。1952 年院系調整，任南京工學院教授。

29. 張文裕（1910～1992）：福建惠安人。1931 年燕京大學物理系畢業，留校任教，攻讀研究生，1933 年畢業。翌年留英入劍橋大學卡文迪什實驗室，

1938 年獲博士。回國任四川大學教授，旋轉西南聯大（屬南開大學）。1943 年訪美，先後在普林斯頓大學、普渡大學工作。1956 年回國，曾任中科院物理所（原子能所）副所長、高能物理所所長等。

30. 陸鴻鈺（1907〜1989）：江蘇吳縣人。1931 年畢業於東吳大學，留校任教。1941 年留美，先後獲弗吉尼亞工學院碩士、約翰‧霍布金斯大學博士，曾在聯合國中國代表團工作。1946 年回東吳大學任總務長。1948 年赴美任教弗吉尼亞工學院。

31. 馮秉銓（1910〜1980）：河北安新人。1930 年清華大學物理系畢業，任教嶺南大學。1932 年入燕京大學讀研究生，1934 年畢業，回嶺南大學任教。1940 年留美，1943 年獲哈佛大學博士，留校任教。1946 年回嶺南大學，曾兼任教務長等。院系調整後，調華南工學院，曾任教務長、副院長等。

32. 趙松鶴（1901〜1964）：字嵩河，河南方城人。1930 年南開大學物理系畢業，曾任教南開中學。1935 年入北京大學讀研究生，1937 年留英，翌年獲曼徹斯特大學博士，並在劍橋大學等研修。1940 年回國，先後任教中央大學、河南大學、唐山鐵道學院、北京鋼鐵學院等。

33. 鄭衍芬（1893〜1979）：號涵清，浙江慈谿人。1919 年南京高等師範學校畢業，留校任教，後任教中州大學、清華學校。1929 年留美，1934 年獲斯坦福大學博士。曾任浙江大學、大同大學、四川大學等校副教授、教授。1941 年任教重慶大學，曾任教務長、校務委員會副主任等。院系調整，任四川大學教授、物理系主任等。

34. 錢三強（1913〜1992）：原名秉穹，父玄同，妻何澤慧，浙江吳興人。1936 年清華大學物理系畢業，任職北平研究院物理所。1937 年留法，入巴黎大學居里實驗室從事原子物理研究，1940 年獲國家博士學位，任職法國國家科學研究中心，1946 年發現鈾核三分裂和四分裂現象。1948 年回國，任清華大學教授。1949 年後，曾任中科院計劃局局長，近代物理所副所長、所長，二機部副部長，中科院副院長、浙江大學校長等，1999 年被授予「兩彈一星功勳獎章」。

化學 16 人

35. 王星拱（1887〜1949）：字撫五，安徽懷寧人。早年就讀安徽高等學堂，1908 年留英，1916 年獲倫敦大學皇家理工學院碩士。曾任北京大學、中

央大學教授，安徽大學校長等。1930 年任教武漢大學，曾任化學系主任、理學院院長、副校長、校長，1945 年任中山大學校長。

36. 王葆仁（1907～1986）：簡介見第六章。

37. 朱子清（1900～1989）：別名鏡心，安徽桐城人。1926 年畢業於東南大學，留校任教。1929 年赴美，1933 年獲伊利諾伊大學博士，赴歐研修。1935 年回國，曾任兵工署應用化學所研究員，北平研究院藥物所研究員、代所長，1946 年任暨南大學化學系主任。政權更替後，曾任上海交通大學、復旦大學、蘭州大學教授，蘭州大學有機化學所所長等。

38. 吳徵鎧（1913～2007）：江蘇揚州人，生於上海。1934 年金陵大學畢業留校任教，1936 年留英入劍橋大學。1939 年回國任湖南大學教授，1940 年轉浙江大學，曾任化學系主任。院系調整，1952 年任復旦大學化學系主任。1960 年後，曾任中科院原子能所擴散部主任、二機部擴散總工程師等。

39. 李方訓（1902～1962）：簡介見第六章。

40. 李家光：生平不詳，曾任華中大學化學系教授，1952 年任中國化學會武漢分會理事長。

41. 周發岐（1901～1990）：簡歷見第五章。

42. 高崇熙（1901～1952）：字仲明，河北雄縣人，生於山東濟南。1922 年清華學校畢業留美，1926 年獲威斯康星大學博士。回國後一直任教清華大學，曾任化學系主任。思想改造運動中受衝擊，不堪受辱，1952 年 2 月 12 日服毒自殺。

43. 高濟宇（1902～2004）：簡歷見第五章。

44. 張貽侗（1890～1950）：字小涵，安徽全椒人，物理學家張貽惠胞弟。早年留英，獲倫敦大學學士。曾任北京大學、北平大學、北平師範大學教授，後隨校內遷，任西安臨時大學、西北聯合大學、西北大學教授。政權更迭後，曾任教務長、校務委員會委員等。

45. 陳裕光（1893～1989）：字景唐，浙江鄞縣人，生於江蘇南京。1915 年畢業於金陵大學，留美先後就讀克司工業大學、哥倫比亞大學，1922 年獲博士。曾任北京高等師範學校教授、總務長等。1925 年任金陵大學教授，1927～1950 年任校長。後曾任上海政協委員、南京大學顧問等。

46. 曾朝明：生平不詳，哈佛大學博士，曾任嶺南大學化學系主任。

47. 鄔保良（1900～1955）：廣東龍川人。1922 年留美，先後就讀列度大

學、華盛頓加多里大學，獲博士。1928 年歸國，曾任中山大學、安徽大學教授。1933 年起任教武漢大學，曾任化學系主任、理科研究所所長、校務委員會主任等。

48. 錢思亮（1908～1983）：字惠疇，浙江餘杭人，生於河南新野。1931 年清華大學化學系畢業留美，1934 年獲伊利諾伊大學博士。曾任北京大學教授、上海新亞化學藥物研究所研究員等。1949 年赴臺，曾任臺灣大學校長、中研院院長等。

49. 薩本鐵（1900～1987）：字必得，福州閩候人，薩本棟哥哥。1920 清華學校畢業留美，先後就讀沃斯特理工學院和威斯康星大學，1926 年獲博士，在耶魯大學從事研究。1928 年回國任教協和醫學院，翌年轉清華大學，抗戰爆發後，轉任輔仁大學教授，1945 年任偽北京大學化學系主任。翌年赴美，先後在加州大學舊金山醫學院、耶魯大學等從事研究，1953 年任教加州大學戴維斯分校。

50. 張子高（1886～1976）：名準，以字行，湖北枝江人。1909 年首屆庚款留美，1915 年獲麻省理工學院學士。曾任南京高等師範學校、金陵大學、浙江大學教授，1929 年任教清華大學。抗戰爆發後留守，曾任燕京大學、中國大學教授等。戰後回清華大學，曾任化學系主任、副校長等。

地質學 27 人

51. 王恒升（1901～2003）：簡歷見第二章。

52. 王烈（1887～1957）：字霖之，浙江蕭山人。1909 年入讀京師大學堂地質門，1911 年留德入弗賴堡礦業學院。1913 年回國，曾任教北京高等師範學校、農商部地質研究所。1917 年起任教北京大學地質系，任首任系主任。參與創建中國地質學會，曾任評議會副會長。

53. 田奇㻪（1899～1975）：簡歷見第二章。

54. 李承三（1899～1967）：字繼五，河北涉縣人。1928 年畢業於河南大學，任職兩廣地質調查所、北洋大學。1931 年留德，1936 年獲柏林大學博士。曾任中央大學教授，中國地理研究所研究員、代所長，中研院地質所研究員，重慶大學地質系教授，成都地質學院教授、教務長等。

55. 李春昱（1904～1988）：簡介見第二章。

56. 李學清（1892～1977）：字宇潔，江蘇吳縣人。1916 年農商部地質研

究所畢業，任職地質調查所。1922 年留美，1924 年獲密西根大學碩士。曾任兩廣地質調查所技正，中央大學地質系教授、系主任、理學院院長等。1949 年後任南京大學教授。

57. 侯德封（1900～1980）：簡介見第二章。

58. 徐克勤（1907～2002）：安徽巢湖人。1934 年中央大學地質系畢業，任職地質調查所。1939 年留美，1945 年獲明尼蘇達大學博士。1946 年任教中央大學，曾任地質系主任。1949 年後，任南京大學地質系主任等。

59. 孫健初（1897～1952）：簡介見第二章。

60. 袁復禮（1893～1987）：1915 年清華學校畢業留美，先後就讀布朗大學、哥倫比亞大學，1920 年獲碩士。回國任職地質調查所，參加西北科學考察團。1932 年任教清華大學，曾任地學系主任、地質系主任。1952 年院系調整，任北京地質學院教授。

61. 馬廷英（1899～1979）：簡介見第六章。

62. 高平（1909～1985）：名德明，以字行，浙江海寧人。1932 年北京大學地質系畢業，任職地質調查所。1938 年調江西省地質調查所任技正，翌年兼所長。1945 年訪美，次年回國任地質調查所北平分所所長。1949 年後曾任礦產地質勘探局工程地質處長、北京地質學院教授。1957 年被劃為右派，發配貴州工業學校，曾任貴州工學院系主任兼貴州省科學院副院長等。

63. 張更（1896～1982）：字演參，浙江瑞安人。1928 年畢業於中央大學地學系，任職兩廣地質調查所等。1934 年留美入哈佛大學，1936 年回國，曾任中研院地質所副研究員，中央大學地質系主任、理學院院長等。1949 年後，曾任燃料工業部陝北勘探大隊總地質師、西北石油地質局副局長，北京石油學院石油地質系、石油勘探系主任，石油部石油勘探開發研究院總地質師等。

64. 張席褆（1898～1966）：字惠遠，河北定縣人。1923 年畢業於北京大學地質系，1928 年獲奧地利維也納大學博士。曾任兩廣地質調查所技正兼所長、中山大學地質系教授兼主任、清華大學地質系教授兼主任。院系調整後，曾任北京地質學院教務長、副院長等。

65. 章鴻釗（1877～1951）：字演群，浙江吳興人。早年曾就讀上海南洋公學，1905 年留日，1911 年獲東京帝國大學地質系學士。曾任南京臨時政府地質科長，地質研究所所長、地質調查所地質股長、中研院地質所特約研究員等，中國地質學會首屆會長。

66. 許傑（1901～1989）：簡介見第二章。

67. 陳旭（1898～1985）：字旦初，浙江樂清人。1925 年北京大學地質系畢業，留校任教，1927 年轉中研院地質所。1936 年留美入耶魯大學研修，1938 年回國。曾任廈門大學教授、福建地質土壤調查所技正，1942 年任中央大學地質系教授。1949 年後任南京大學教授。

68. 陳愷（1908～？）：簡介見第二章。

69. 斯行健（1901～1964）：簡介見第六章。

70. 程裕淇（1912～2002）：簡介見第二章。

71. 馮景蘭（1898～1976）：簡介見第六章。

72. 葉良輔（1894～1949）：字左之，浙江餘杭人。1916 年農商部地質研究所畢業，任職地質調查所。1920 年留美，1922 年獲哥倫比亞大學碩士。回國後任職地質調查所兼北京大學地質系教授，1927 年任中山大學地質系主任。翌年轉中研院地質所，曾代理所長。1938 年轉浙江大學，曾任史地系、地理系主任。

73. 樂森璕（1899～1989）：字季純，江西吉安人，生於貴州貴陽。1924 年北京大學地質系畢業，任職地質調查所、兩廣地質調查所。1934 年留德，先後就讀哥廷根大學、馬堡大學，1936 年獲博士。曾任貴州礦產測勘團主任、貴州省地質調查所所長。1949 年後，曾任西南地質調查所副所長、重慶大學地質系主任、北京大學地質系主任等。

74. 丁驌（1913～2000）：簡介見第三章。

75. 胡煥庸（1901～1998）：簡介見第六章。

76. 唐世鳳（1903～1971）：號天昌，江西泰和人。1932 年中央大學生物系畢業，任職中研院動植物所。1937 年留英，1939 年獲利物浦大學博士，留校任研究員。1941 年回國任中國地理研究所海洋組主任，1946 年任廈門大學海洋系主任兼中國海洋研究所所長等。1952 年院系調整任山東大學海洋系教授。文革深受迫害，1971 年 8 月 25 日病逝。

77. 張其昀（1900～1985）：簡介見第四章。

工程 31 人

78. 支秉淵（1897～1971）：號愛洲，浙江嵊縣人。1920 年南洋公學電機科畢業，任職美商慎昌洋行。1925 年創辦新中工程股份公司，任總經理兼總

工程師。1945 年赴美考察，翌年回國任中國農業機械公司總經理兼總工程師，旋任上海吳淞製造廠長。1949 年後，曾任太原重型機器廠副廠長兼總工程師、瀋陽礦山機器廠副廠長兼總工程師、一機部起重運輸機械所副所長兼總工程師等。文革中深受迫害，1971 年 8 月 25 日病逝於河南信陽市。

79. 石志仁（1897～1972）：字樹德，河北樂亭人。1922 年畢業於香港大學機械科，留美入麻省理工學院，1924 年獲碩士。曾任北洋大學、東北大學機械系教授，皇姑屯、唐山鐵路工廠副廠長、廠長，京滬滬杭甬鐵路局機務處副處長、津浦鐵路局機務處處長、湘桂鐵路局局長、交通部路政司長兼全國鐵路總機廠長、平津鐵路管理局長等。政權更迭後，曾任鐵道部副部長、國家科委鐵道組長等。

80. 何傑（1888～1979）：原名崇傑，字孟綽，廣東番禺人。曾就讀唐山路礦學堂，1909 年首屆庚款留美，先後入讀科羅拉多礦業學院、里海大學，1914 年獲碩士。曾任北京大學教授兼地質系主任、北洋大學礦冶系主任、中山大學地質系主任兼兩廣地質調查所所長，重慶大學、唐山工學院礦冶系主任，廣西大學教授兼教務長。1949 年後，曾任唐山鐵道學院礦冶系主任，北京礦業學院教務長、副院長等。

81. 余家洵（1907～1979）：江西南昌人。1934 年畢業於德國漢諾威大學，曾任四川省建設廳水利訓練所技正、同濟大學土木系主任、武漢大學水利系主任，武漢水利學院教授等。

82. 余熾昌（1899～1976）：簡介見第五章。

83. 李輯祥（1903～1975）：又名筠韓，陝西西安人。1925 年清華學校畢業留美，1928 年獲密西根大學碩士。曾任馮庸大學教授、建設委員會設計委員、安徽建設廳技正等。1934 年任教清華大學機械工程系，曾任系主任。1949 年後，曾任圖書館主任、農業機械系主任、動力機械系主任等。

84. 李書田（1900～1988）：字耕硯，河北昌黎人，物理學家李書華胞弟。1923 年畢業於北洋大學，留美入康奈爾大學，1926 年獲博士。曾任北洋大學教授、順直（華北）水利委員會常委兼秘書長、北洋工學院院長、西北工學院籌委會主任、西昌技藝專科學校校長、貴州農工學院院長、黃河水利委員會副委員長、北洋大學工學院院長等。1949 年赴臺，次年轉美，創辦世界開明大學等。

85. 李麗生（1903～1984）：字賦都，陝西蒲城人，李協侄子。1922 年上海同濟專門學校德文班畢業，留德入漢諾威高等工業學校讀水利工程。1928 年

回國，曾任導淮委員會工程師、華北水利委員會工務科長等。1932 年再次留德，獲母校博士。1933 年回國，曾任中國第一水工試驗所所長、四川水利局顧問、黃河水利委員會工務處處長兼河南大學教授等。1949 年後，曾任西北軍政委員會水利部長、黃河水利委員會副主任兼黃河水利科學研究所副所長等。

86. 沈怡（1901～1980）：字君怡，浙江嘉興人。1920 年同濟醫工專門學校畢業，任職交通部。翌年留德，1925 年獲德累斯頓工業大學博士。曾任漢口工務局設計科長、上海工務局長，資源委員會主任秘書兼工業處長、技術室主任，甘肅水利林牧公司總經理、交通部次長、南京市長等。1949 年任職聯合國，1960 年返臺，任交通部長等，後赴美定居。

87. 周禮：生卒年不詳，字致平，河南固始人。早年就讀河南留美預備學校，1923 年留美，1928 年獲伊利諾伊大學碩士。曾任河南、山東建設廳技正，廣西農田水利委員會總工程師、河南大學水利工程系主任等。1949 年赴臺，曾任中國農村復興委員會技正等。

88. 林致平（1909～1993）：簡介見第六章。

89. 邵逸周（1891～1976）：安徽休寧人。1908 年安徽高等學堂畢業，翌年留英，畢業於倫敦帝國學院皇家礦業學院。曾任職南京臨時政府總統秘書處電報科，後稽勳留英習礦冶。1914 年回國任孫中山秘書，旋轉實業，任大冶鐵礦、英屬緬甸礦務公司工程師，安徽省工務局長等。1930 年任教武漢大學，曾任工學院院長等。1942 年再轉實業界，曾任玉門油礦局協理、經濟部東北特派員辦事處處長兼特派員等。1948 年赴臺，致力於礦業與金屬冶煉技術開發。後移居美國。

90. 俞大維（1897～1993）：浙江紹興人。曾先後就讀復旦大學、南洋公學和聖約翰大學，獲文學學士。1918 年留美入哈佛大學攻讀哲學，1920 年獲博士。赴德國柏林大學繼續研讀數理哲學，1926 年獲博士，並逐步轉向彈道學研究。1928 年任國民政府駐德商務調查部主任。翌年回國，任軍政部參事。1930 年再度赴德，負責採購軍備。1932 年回國，任中央政治學校兵器總教官，翌年調任兵工署署長。1944 年任軍政部常務次長兼中美聯合參謀部中國代表。1946 年任交通部部長，翌年兼行政院政務委員。1948 年赴美商討援華事宜，1954 年任（臺灣）國防部長，1976 年任總統府資政。

91. 徐世大（1895～1974）：字行健，浙江紹興人。1917 年北洋大學土木科畢業，翌年留美入康奈爾大學，1920 年獲碩士。曾任教南京河海工程專門

學校，督辦下關商埠局工務處主任、華北水利委員會常委兼技術長。1946 年任天津海河工程局局長。次年赴臺任臺灣大學教授兼臺灣水利局顧問，參與臺灣水利規劃建設，曾任石門水庫建設委員會總工程師。

92. 陳繼善（1899～1979）：又名自強，福建福州人。1919 年清華學校畢業留美，1922 年獲麻省理工學院學士，任職通用汽車公司。1933 年回國，曾任永利硫酸銨廠副總工程師、北洋工學院教授、清華大學教授等。1942 年任留美技術學員隊長，1947 年回國，曾任國防部工業動員司長、浙江麻紡織廠總工程師。1953 年任長春第一汽車廠建廠委員和總工程師，1956 年任洛陽第一拖拉機廠總機械師，1963 年任浙江衢州化工廠總機械師。

93. 陶葆楷（1906～1992）：江蘇無錫人。1926 年清華學校畢業留美，先後就讀麻省理工學院、哈佛大學，1930 年獲碩士。1931 年歸國，曾任清華大學教授、衛生署高級工程師兼公共衛生人員訓練所教務主任、西南聯大教授等。1946 年任清華大學土木工程系主任，1948 年訪美，翌年回國任嶺南大學教授。1950 年調北京大學，1952 年院系調整回清華大學。

94. 須愷（1900～1970）：字君悌，江蘇無錫人。1917 年河海工程專門學校畢業，任職順直水利委員會等。1921 年赴美工作，翌年入讀舊金山加州大學，1924 年獲碩士。曾任陝西省水利局工程師、華北水利委員會技術長，導淮委員會副總工程師、總工程師，水利委員會技監，曾兼任中央大學水利系主任。1949 年後，曾任水利部規劃司長、設計局長、北京勘探設計院院長，水利電力部規劃局總工程師等。

95. 惲震（1901～1994）：字蔭棠，江蘇常州人。1921 年上海工業專門學校畢業留美，翌年獲威斯康星大學碩士。1923 年回國，曾任教浙江工業專門學校、東南大學等。1928 年轉實業，曾任建設委員會無線電管理處副處長、技正、委員，中央電工器材廠總經理等。政權鼎革後，曾任華東工業部電器工業處長、機械科學研究院工程師、貴州工學院教授等。

96. 馮桂連（1909～？）：廣東人。1929 年清華大學畢業留美，1933 年獲麻省理工學院碩士，赴德國哥廷根大學研修。1935 年回國任清華大學教授，曾任航空工程系主任。後離開大陸，曾任巴西航空大學教授。

97. 黃育賢（1902～1990）：又名毓賢，江西崇仁人。1924 年清華學校畢業留美，1929 年獲康奈爾大學碩士。曾任資源委員會龍溪河水力發電工程處處長、水電發電工程總處處長等。1949 年後曾任燃料工業部水電工程局長，電

力部水電總局、水電部總工程師。

98. 楊簡初（1901～1996）：江蘇蘇州人。1924 年南洋大學電機系畢業留美，1928 年獲普渡大學碩士。曾任南京軍事交通技術學校教官，中央大學電機系講師、副教授、教授，金陵大學電機系主任。1952 年院系調整任南京工學院動力系、自動控制系教授。

99. 葉渚沛（1902～1971）：福建廈門人，生於菲律賓馬尼拉。1921 年留美，1925 年獲賓夕法尼亞大學碩士，曾任美國聯合碳化物研究所和中央合金鋼公司工程師等。1933 年回國，曾任國防設計委員會（資源委員會）專門委員、冶金室主任、重慶煉銅廠長、電化冶煉廠總經理等。1944 年赴美考察，後任職聯合國。1950 年回國，任重工業部顧問、中科院化工冶金所所長。文革慘遭迫害，1971 年 11 月 24 日去世。

100. 葉楷（1911～1997）：浙江杭州人，夫人姜淑雁為姜立夫侄女。1932 年浙江大學電機系畢業，1933 年留美，1936 年獲哈佛大學博士。回國任清華大學教授，曾任電機系主任。1947 年赴美，先在堪薩斯大學任訪問教授，1956 年任教密西根大學，被授予電機工程和計算機科學系名譽教授。

101. 趙師梅（1894～1984）：又名學魁，湖北巴東人。1909 年入武昌曇華林中等工業學堂電機班，參與辛亥革命。1913 年稽勳留美，1922 年獲裏海大學碩士。曾任教武昌高等師範學校、湖南高等工業學校等，1930 年任教武漢大學，曾任電機系主任、訓導長等。1953 年調華中工學院，曾任電機系主任。

102. 劉仙洲（1890～1975）：原名鶴，字仙舟，河北完縣人。1918 年畢業香港大學機械系，曾任中學教員。1924 年任北洋大學校長，1928 年任東北大學機械工學系主任，1931 年任清華大學教授，抗戰期間隨校內遷。1946 年赴美考察，回國繼續任教清華大學，曾任副校長。

103. 魏壽崑（1907～2014）：簡介見第六章。

104. 錢學森（1911～2009）：浙江臨安人，生於上海。1934 年交通大學機械工程系畢業，翌年留美，先後就讀麻省理工學院、加州理工學院，師從馮・卡門，1939 年獲航空數學博士。留校任教，從事應用力學和火箭導彈研究，後晉升副教授。1946 年轉麻省理工學院，次年晉升教授。1949 年再轉加州理工學院，任古根海姆噴氣推進研究中心主任。後被移民局關押，開始長達五年的上訴。1955 年回國，曾任中科院力學所所長，國防部第五研究院副院長、院長，七機部副部長，國防科委副主任等。中共中央候補委員、全國政協副主

席、中國科協主席。1999 年獲「兩彈一星功勳獎章」。

105. 錢鍾韓（1911～2002）：江蘇無錫人。1933 年交通大學電機系畢業，翌年留英，1936 年倫敦大學理工學院畢業。曾任浙江大學、西南聯大、中央大學機械系教授。1949 年後，曾任南京大學工學院院長，南京工學院教授、自動化研究所長、副院長、院長。

106. 顧宜孫（1897～1968）：字晴洲，江蘇南匯（今屬上海）人。1918 年上海工業專門學校留美，1921 年獲康奈爾大學博士。長期任教交通大學唐山工程學院，曾任教務長、院長等。1949 年後，曾任唐山鐵道學院土木工程系、橋樑隧道工程系主任等。文革中遭受迫害，1968 年 8 月 24 日病逝於上海。

107. 顧毓瑔（1905～1998）：江蘇無錫人。1927 年交通大學畢業留美，1931 年獲美國康奈爾大學博士。曾任中央大學機械系教授，中央工業試驗所所長兼機械實驗工廠長、平津產業管理局副局長、美棉委員會主席、中國紡織建設公司總經理等。1949 年後，曾任華東紡織管理局顧問兼中國紡織機械製造公司總經理，肅反中被捕判刑，後曾任全國政協委員等。

108. 顧毓琇（1902～2002）：字一樵，江蘇無錫人。1923 年清華學校畢業留美，1928 年獲麻省理工學院博士。曾任浙江大學電機科主任、中央大學工學院長，清華大學工學院長兼航空研究所長等。1938 年從政，先後教育部次長、中央大學校長、政治大學校長、上海市教育局長。1950 年赴美，曾任麻省理工學院客座教授、賓州大學教授等。也是著名文學家，著有劇本、長篇小說多種，輯有 16 卷本《顧毓琇全集》。

天文 5 人

109. 余青松（1897～1978）：福建廈門人。1918 年清華學校畢業後留美，先後獲加州大學、匹茲堡大學博士。1927 年回國，曾任廈門大學天文系主任，中研院天文所研究員、所長、紫金山天文台臺長等。1947 年去國，先後在多倫多大學、哈佛大學天文臺工作。1955 年任胡德學院教授兼威廉斯天文台臺長。

110. 李珩（1898～1989）：又名曉舫，四川成都人。1922 年華西協合大學數學系畢業，留校任教。1925 年留法，1933 年獲巴黎大學博士。曾任山東大學教授，華西協合大學理學院院長、教務長，四川大學物理系主任、中研院天文所研究員等。1948 年訪美，翌年回國，曾任中科院紫金山天文臺研究員、上海天文台臺長等。

111. 張鈺哲（1902～1986）：福建閩候人。1923 年清華學校畢業留美，1929年獲芝加哥大學博士。曾任中央大學物理系教授、中研院天文所所長。1949 年後，任中科院紫金山天文台臺長。

112. 張雲（1896～1958）：簡介見第四章。

113. 潘璞（1906～？）：簡介見第五章。

氣象學 4 人

114. 呂炯（1902～1985）：簡介見第六章。

115. 涂長望（1906～1962）：簡介見第六章。

116. 趙九章（1907～1968）：簡介見第六章。

117. 黃廈千（1899～？）：名應歡，以字行，江蘇南通人。1924 年東南大學地學系畢業，曾任教中學。1928 年任中研院氣象所測候員，翌年任清華大學氣象台臺長。1935 年留美，1939 年獲加州理工學院博士。曾任中央大學地理系教授、中央氣象局局長、中美合作所氣象顧問、中央大學氣象系首任主任等。1950 年去香港，任職香港天文臺。後赴臺任臺灣大學教授，1955 年轉美。

動物 11 人

118. 王希成（1897～1969）：浙江杭縣人。1925 年東南大學畢業，1933 年獲德國弗萊堡大學博士。曾任中國西部科學院生物所所長，四川大學、中央大學教授。1949 年後，曾任南京大學教授、生物系主任。

119. 辛樹幟（1894～1977）：字先濟，湖南臨澧人。1919 年武昌高等師範學校畢業，曾任中學教員。1924 年留歐，就讀於英國倫敦大學、德國柏林大學。1928 年回國，曾任中山大學生物系主任、教育部編審處長、國立編譯館館長、西北農林專科學校校長、西北農學院院長、中央大學生物系教授、蘭州大學校長等。1949 年後，任西北農學院院長。

120. 沈嘉瑞（1902～1975）：字天福，浙江嘉興人。1927 年東南大學畢業，曾任職集美學校、靜生生物調查所。1932 年留英，1934 年獲倫敦大學博士。曾任北京大學教授、北平研究院動物所研究員，中科院水生所、動物所研究員兼研究室主任。

121. 徐蔭祺（1905～1986）：江蘇吳縣人。1926 年東吳大學畢業，隨燕京大學胡經甫讀研究生，1929 年畢業，留美入康奈爾大學，1932 年獲博士。回國

後任東吳大學教授，也曾短期任燕京大學教授、四川樂山鹽場場長等。院系調整後任上海醫學院教授。

122. 張作人（1900～1991）：原名念恃，江蘇泰興人。1921年北京高等師範學校畢業，任中學教員，後任教中國公學、上海大學和大夏大學等。1927年留歐，1930年獲比利時布魯塞爾大學博士，1932年獲法國國家博士（斯特拉斯堡大學）。任教中山大學，曾任生物系主任、訓導長等。1950年任同濟大學教授，院系調整後任華東師範大學教授。

123. 張奎（1906～1986）：上海人。1929年滬江大學畢業，1935年留美，1937年獲艾奧瓦大學博士。曾任齊魯大學生物系主任、理學院院長，軍事醫學科學院研究員、寄生蟲系副主任等，1958年調蘇州醫學院寄生蟲病所。

124. 張璽（1897～1967）：字爾玉，河北平鄉人。1919年畢業於保定甲種農業學校，1921年留法，先後就讀里昂中法大學和里昂大學，1931年獲國家博士。次年回國任職北平研究院動物所，曾任所長。1949年後，曾任中科院水生所研究員、海洋生物所副所長兼海南分所所長等。1957年被劃為右派，文革遭受迫害，1967年7月10日逝於青島。

125. 陳心陶（1904～1977）：簡介見第六章。

126. 陳伯康（1897～1980）：浙江奉化人。1922年滬江大學畢業，留校任教。後留美，1931年獲芝加哥大學博士。曾任教北平大學、華中大學和嶺南大學等。院系調整後任教中山大學，1958年調廣西師範學院，曾任生物系主任。

127. 談家楨（1909～2008）：浙江慈谿人。1930年東吳大學畢業，入燕京大學隨李汝祺讀研究生，1932年畢業。1934年留美入加州理工學院摩爾根實驗室，1936年獲博士。翌年回國，任教浙江大學，曾任理學院院長，戰後曾訪問哥倫比亞大學。1952年院系調整，任教復旦大學，曾任生物系主任、遺傳所所長、副校長等。

128. 鄭作新（1906～1998）：簡介見第六章。

植物學 10 人

129. 王鳴岐（1906～1995）：又名鳳崗，號濟熙，河南滑縣人。1932年河南大學森林系畢業，留校任教。1934年留美，1937年獲明尼蘇達大學博士。同年回國任教河南大學，曾任農學系主任、農學院院長。1949年轉東吳大學教授，旋任江南大學教授。1951年任教復旦大學，曾任生物系主任。

130. 李繼侗（1897～1961）：江蘇興化人。1921 年金陵大學畢業，留美入耶魯大學林學院，1925 年獲博士。曾任教金陵大學、南開大學，1929 年任教清華大學，曾代理生物系主任、西南聯大生物系主任。院系調整後，任北京大學生物系教授。1957 年調任內蒙古大學副校長。

131. 林鎔（1903～1981）：字君范，江蘇丹陽人。1920 年留法，先後就讀南錫大學、克萊蒙大學、巴黎大學，1928 年獲博士。1930 年回國，任北平研究院植物所研究員兼北平大學農業生物系主任等。抗戰期間，曾任西北聯大、西北農學院教授，廈門大學教授、福建省研究院動植物所所長等。戰後回北平研究院植物所任研究員。政權鼎革後，任中科院植物所副所長等。

132. 郝象吾（1899～1952）：原名坤巽，河南武陟人。1912 年入河南留學歐美預備學校，1918 年留美，1922 年獲加州大學博士。任教東南大學、中州大學（河南大學），曾任理學院院長、農學院院長、教務長等。1949 年任復旦大學教授。

133. 高尚蔭（1909～1989）：簡介見第六章。

134. 張珽（1884～1950）：又名肇，號鏡澄，安徽桐城縣人。1905 年被桐城中學堂選派留日，入東京高等師範學校博物科習植物學。回國後曾任安徽優級師範學校教務主任，1914 年任教武昌高等師範學校（武昌大學、武漢大學），曾代理武昌大學校長、武漢大學生物系主任。

135. 張肇騫（1900～1972）：號冠超，浙江永嘉人。1926 年東南大學生物系畢業，留校任教。1933 年赴英國皇家植物園邱園深造，1935 年回國。曾任教廣西大學、浙江大學、中正大學，曾任植物研究所主任、生物系主任等。1946 年任北平靜生生物調查所研究員。政權更迭後，曾任中科院植物分類所（植物所）研究員、副所長，華南植物所副所長、代所長等。文革中遭受迫害，1972 年 1 月 18 日逝於廣州。

136. 曾呈奎（1909～2005）：簡介見第五章。

137. 焦啟源（1901～1968）：江蘇鎮江人。1924 年金陵大學畢業，留校任教。1933 年留美，1936 年獲威斯康星大學博士。回國後任金陵大學植物系主任，1946 年任武漢大學森林系教授，1948 年任中山陵園植物園主任。1953 年調復旦大學任生物系教授。1968 年隔離審查中在吳淞投江自殺。

138. 鍾心煊（1892～1961）：字仲襄，江西南昌人。早年入讀江西高等學堂。1913 年留美，先後就讀伊利諾伊大學、哈佛大學，1917 年獲碩士。回國

任教南開大學、廈門大學，曾任植物系主任，1931 年起任教武漢大學。

醫學 21 人

139. 王應睞（1907～2001）：福建金門人。1929 年金陵大學化學系畢業，留校任教，1933 年入燕京大學讀研究生。1937 年留英，1941 年獲劍橋大學博士，留校從事研究工作。1945 年回國，任中央大學醫學院教授，1948 年任中研院醫學籌備處研究員。1949 年後，曾任中科院生理生化所副所長、生物化學所所長、上海分院院長等。

140. 白施恩（1903～1983）：福建廈門人。1929 年北京協和醫學院畢業，留校任教。曾任全國海港檢疫處醫師，湘雅醫學院副教授、教授、代教務主任，中央大學教授。1945 年赴美訪學，1946 年回中央大學。次年任武漢大學教授兼附屬醫院院長，後轉嶺南大學微生物系主任。院系調整後任華南醫學院（中山醫學院）教授。

141. 朱鶴年（1906～1993）：江蘇海門人。1926 年畢業於復旦大學。次年留美，1930 年獲芝加哥大學碩士，回國任職中研院心理所，翌年再度留美，1932 年獲康奈爾大學博士。曾任中研院心理所任研究員，河南醫學院、湘雅醫學院、江蘇醫學院教授。1949 年任華東人民醫學院（第二軍醫大學）教授。

142. 李卓皓（1913～1987）：廣東番禺人，生於廣州，兄卓敏。1933 年金陵大學化學系畢業，留校任教。1935 年留美，1938 年獲伯克利加州大學博士，留校從事研究，歷任助教授、副教授、教授、講座教授，1950 年任荷爾蒙研究實驗室主任。1967 年轉舊金山加州大學，創立分子內分泌研究所併任所長。

143. 李落英（1906～1989）：河北威縣人。1932 年北平師範大學畢業，留校任教。1937 年入協和醫學院在林可勝等指導下從事研究，太平洋戰爭爆發後任教中學。1945 年任廣西醫學院教授，曾兼任教務長。1949 年後，任第一軍醫大學（吉林醫科大學、白求恩大學）教授。

144. 周金黃（1909～1999）：湖北黃岡人。曾先後求學雅禮大學、金陵大學、滬江大學、中央大學醫學院等，1934 年畢業於協和醫學院，留校任教。1935～1936 年赴美歐訪學，回國後曾任廣州孫逸仙醫學院、貴陽醫學院副教授，貴州製藥廠長，中央大學醫學院教授。1946 年任教武漢大學，曾任醫學院院長、附屬醫院院長等。1949 年後，曾任協和醫學院教授、軍事醫學科學院防化醫學藥理毒理所副所長、所長等。

145. 林幾（1897～1951）：字百淵，福建閩候人。北京醫學專門學校畢業，赴德國專攻法醫學。回國創辦法醫研究所，曾任北平大學、中央大學教授。1949 年後，任教南京大學等。

146. 邱煥揚：生平不詳，華僑。抗戰期間曾主持中央大學醫學院放射科，戰後任上海醫學院教授兼紅十字會醫院 X 光科主任。1949 年任新加坡中央醫院放射科主任。

147. 俞煥文（1909～2001）：江蘇太倉人，生於上海。1930 年滬江大學畢業，入協和醫學院讀研究生，1934 年畢業，留校任教，後赴定縣平教會從事農村衛生傳染病防治工作。1937 年留美，入約翰·霍普金斯大學習公共衛生，獲碩士。回國曾任貴州定番縣衛生院長、中央大學公共衛生系主任等。後曾任上海市衛生局保健處長、上海市傳染病醫院牙防所所長、同濟大學教授、軍事醫學科學院流行病學系主任等。

148. 姜心曼（1901～1973）：江蘇江陰人。1924 年江蘇公立醫學專門學校畢業，曾任職上海公立醫院、蘇州省立醫院、南京鼓樓醫院等。1929 年赴協和醫院，曾任助教、眼科住院醫師等。1934 年任職中央醫院，曾任眼科主任。1944 年赴美進修，1946 年任江蘇醫學院眼科主任。1952 年轉浙江醫科大學，曾任眼科系主任、眼科研究所所長等。

149. 胡傳揆（1901～1986）：字子方，湖北江陵人。1927 年協和醫學院畢業，留校任皮膚花柳科醫生。1932 年赴美，入洛克菲勒醫學研究院進修，1935 年回協和醫院。1939 年赴美，入密西根大學從事研究，翌年回協和醫學院任副教授。太平洋戰爭爆發後開業行醫，1945 年任職北京大學，曾任附屬醫院皮膚花柳科主任、院長、醫學院院長等。1953 年任北京醫學院院長，曾兼任中央皮膚性病所所長等。

150. 戚壽南（1893～1974）：簡介見第五章。

151. 張漢民：生平不詳，山西人，天主教徒。曾留學比利時，獲魯汶大學醫學博士。回國曾任綏遠公醫院醫師，1931 年任輔仁大學微生物學實驗室醫師兼主任，後曾任生物系教授兼主任，並兼任校醫。

152. 陰毓璋（1903～1968）：山西沁源人。1926 年清華學校畢業留美，1932 年獲約翰·霍普金斯大學博士。翌年回國，先後任蕪湖弋磯山醫院內科和外科主任。1937 年任中央大學醫學院婦產科教授，曾兼任附屬醫院院長。

1949 年後，曾任教第五軍醫大學、第一軍醫大學等。文革深受迫害，1968 年 12 月 3 日清晨在勞動中心肌梗死，未得救治而死。〔註 1〕

153. 萬福恩（1900～1961）：字沛然，河北鹽山人。1927 年北京協和醫學院畢業，留校任外科醫師。1935 年任河北醫學院外科主任，1939 任中國紅十字會救護大隊隊長，1941 年任西北醫學院外科教授，1947 年任中央大學醫學院教授。1949 年後，曾任天津紡織醫院院長、天津市衛生局副局長等。

154. 鄭集（1900～2010）：簡介見第六章。

155. 葉培（1910～2002）：廣西融水人。1934 年同濟大學醫學院畢業，曾任上海寶隆醫院外科醫師等。1936 年留德，先後就學漢堡大學、柏林大學、蘇黎世大學，1939 年獲博士。回國後曾任柳州省立醫院兒科主任，廣西醫學院小兒科教授、院長兼附屬醫院院長等。1948 年赴澳門，1952 年回國，曾任柳州市人民醫院院長、廣西衛生廳副廳長、廣西醫學院副院長等。

156. 劉瑞恒（1891～1961）：字月如，河北南宮人，生於天津。1903 年入北洋大學堂，1906 年留美，1915 年獲哈佛大學博士。曾任上海哈佛醫學校教授，1918 年任教協和醫學院，1920 年赴美專攻癌症外科，翌年回國，曾任協和醫院院長、協和醫學院院長。1928 年從政，曾任衛生署次長、署長，中央醫院院長、中央衛生實驗院院長，軍醫總監部總監、軍醫學校校長等。1938 年辭去本兼各職，赴美籌款並爭取民間醫藥支持抗戰。戰後曾任善後救濟總署衛生主任。1949 年赴臺從事醫學教育，1959 年赴美治病，病逝美國。

157. 謝志光（1899～1967）：廣東東莞人。1922 年湘雅醫學院畢業，任職協和醫學院。1925 年留美，翌年獲密西根大學碩士。同年回協和醫學院，歷任放射科醫師、教授和主任。1948 年任嶺南大學醫學院教授。1949 年後，曾任嶺南大學醫學院院長、華南醫學院（廣州醫學院、中山醫學院）教授、華南腫瘤醫院首任院長等。

158. 鍾惠瀾（1901～1987）：又名亮疇，原籍廣東梅縣，生於東帝汶。1929 年北京協和醫學院畢業，任內科住院醫師。1934～1935 年赴美歐訪學，並在漢堡熱帶醫學與衛生學院從事研究。回國後任職協和醫學院，曾任住院總醫師、襄教授等。太平洋戰爭爆發後，開業行醫。戰後任北平中央（中和）醫院院長，兼任北京大學醫學院附屬醫院內科主任教授等。1949 年後，曾任中央

〔註 1〕康曉明、陰東平：《著名婦產科專家陰毓璋教授》，中央大學南京校友會、中央大學校友文選編纂委員會編《南雍驪珠·中央大學名師傳略》，第 639～642 頁。

人民醫院院長兼內科主任、中蘇友誼醫院院長、北京熱帶醫學所所長等。

159. 關頌韜（1896～1980）：別號亦弨，廣東番禺人，建築學家關頌聲胞弟。1918 年清華學校畢業留美，先後就讀芝加哥大學、拉什醫學院，1923 年獲博士。歸國後任職協和醫學院，曾任外科住院醫師、住院總醫師。1928 年赴美入賓夕法尼亞大學醫院主修神經外科，1930 年回協和，曾任外科主任。太平洋戰爭爆發後，任職中央（中和）醫院。1949 年移居美國。

藥學 6 人

160. 汪良寄（1903～1979）：浙江吳興人。1923 年浙江公立醫藥專門學校藥科畢業，曾留日入東京大學藥科深造。回國後在上海自然科學研究所從事植物化學研究，任曾廣方助手。1949 年後，曾任職上海中法藥廠、上海醫學院、浙江醫學院、浙江中醫藥研究所、浙江衛生實驗院藥物研究所等。

161. 曾廣方（1902～1979）：字兢生，廣東中山人。1924 年東京高等工業學校電氣化學科畢業，任職大連滿鐵中央試驗所。1928 年入東京帝國大學醫學部藥學科，1931 年獲博士，回國任上海自然科學研究所生藥科研究員。1939 年後，曾任杭州電化廠總工、上海新亞藥物研究所長等。1949 年後，任中科院藥物所中藥研究室、植物化學研究室主任等。

162. 湯騰漢（1900～1988）：祖籍福建龍溪，生於印尼。曾就讀於南京工業專門學校、北洋大學冶金系，1922 年留德轉攻藥物化學，1929 年獲博士。曾任山東大學化學系主任、理學院院長，華西協合大學藥學系主任、同濟大學教授等。1951 年任職軍事醫學科學院，曾任藥物系主任、病理毒理所所長、副院長等。

163. 楊紹曾（1897～1985）：蒙古族，後以「石先」為名，安徽懷寧人，生於浙江杭州，兵工專家楊繼曾胞兄。1918 年清華學校畢業留美，1923 年獲康奈爾大學碩士。回國任南開大學教授。1929 年赴美，1931 年獲耶魯大學博士。同年回國，任南開大學理學院院長，西南聯大化學系主任、教務長等。1945 年訪美，1948 年回南開大學，曾任副校長、校長等。

164. 雷興翰（1904～1989）：苗族，湖南麻陽人。1930 年清華大學化學系畢業，留校任教。1935 年留美，1938 年獲威斯康星大學博士。回國曾任國立藥學專科學校教授、衛生署藥物食品檢驗局技術室主任、善後救濟總署技正等。政權更替後，曾任上海藥品一廠廠長兼總工程師、上海醫藥工業研究所合成藥室主任、上海醫藥工業研究院副院長等。

165. 趙承嘏（1885～1966）：字石民，江蘇江陰人，秀才。1905 年江蘇公費留學，先後就讀英國曼徹斯特大學、瑞士工業學院、日內瓦大學，1914 年獲博士，留校任教，後轉任法國藥廠研究員。1923 年回國，曾任東南大學教授、協和醫學院教授兼藥理系代主任。1932 年任北平研究院藥物所所長，並當選中研院首屆評議員。政權更迭後，曾任中科院藥物所所長。

人類學 2 人

166. 潘銘紫（1896～1982）：江蘇吳縣人。1920 年畢業於東吳大學理化科，1925 年獲北京協和醫學院博士，留校任教。1930 年赴美，入明尼蘇達大學深造，1932 年回協和醫學院。1941 年任中央大學醫學院解剖學教授。1949 年後，曾任南京大學解剖學科主任，華東醫學院、第五軍醫大學、第四軍醫大學解剖學教研室主任等。

167. 劉咸（1901～1987）：字重熙，江西都昌人。1925 年東南大學生物系畢業，留校任教，1927 年任清華學校講師。1928 年留英，1932 年獲牛津大學碩士。回國任山東大學生物系主任，1935 年任《科學》主編兼明復圖書館館長。戰後任暨南大學人類學系主任兼理學院院長，復旦大學社會學系主任、生物系教授，上海自然博物館籌備組主任等。

心理學 6 人

168. 沈有乾（1900～1996）：字公健，江蘇吳縣人，沈恩孚哲嗣，沈有鼎胞兄。1922 年清華學校畢業留美，1926 年獲斯坦福大學博士。1929 年回國，曾任教光華大學、浙江大學、暨南大學、復旦大學等，也曾任上海公共租界工部局華人教育處副處長等。1948 年赴聯合國任職，1961 年退休後曾任職紐約市立大學皇后學院。

169. 曹飛（1908～？）：江蘇松江（今屬上海）人。1933 年中央大學心理系畢業，留校任教。後留學加拿大，1942 年獲多倫多大學碩士。再轉美國，1945 年獲明尼蘇達大學博士。回國任教中央大學。1949 年後，任南京大學心理系教授。

170. 郭任遠（1898～1970）：廣東潮陽人。1916 年入讀復旦大學，1918 年留美入加州大學習心理學，1923 年修畢博士課程回國（1936 年補授學位）。任教復旦大學，創建心理學科，曾任副校長。1927 年因學潮離職，後任中央大學教授，1933 年任浙江大學校長，1936 年又因學潮離職。後赴美、英等國從

事文化交流與科研，曾任中國生理心理研究所所長。1946 年移居香港。

　　171. 敦福堂（1910～1985）：山東福山人。清華大學心理系畢業，留校任教。1935 年留德，先後就讀維也納大學、敏士特大學，1939 年獲博士。回國後任教西南聯大，復員後為清華大學教授。政權轉換之際離開，後在美國密蘇里州立大學任教。

　　172. 楊寶三（1893～1969）：字震華，後以字行，河南安陽人。1918 年入讀北京大學法文系，1921 年留法，1931 年獲巴黎大學心理學博士。曾任北平女子師範大學、北平師範大學教授。1934 年起任教河南大學教育系，1954 年教育系停辦，調開封師範學院教育系。文革中深受迫害，1969 年 1 月去世。

　　173. 蕭孝嶸（1897～1963）：湖南衡陽人。1919 年聖約翰大學畢業，曾任中學教員。1926 年留美，次年獲哥倫比亞大學碩士，旋赴德國柏林大學研修格式塔心理學，翌年返美，1930 年獲伯克利加州大學博士。回國後任教中央大學，曾任心理系主任、心理學研究所所長等。1949 年任復旦大學教育系主任。1952 年院系調整任華東師範大學心理學教授。

生理學 4 人

　　174. 沈寯淇（1894～1969）：天津人。1916 年清華學校畢業留美，1922 年獲俄亥俄州西儲大學博士。回國任職北京協和醫學院，曾任講師、襄教授，期間 1927～1929 年曾到英德考察進修。抗戰期間，曾任安順軍醫學校、貴陽醫學院等校教授、內科主任等。戰後任北京大學醫學院教授，曾任院長。院系調整後，任北京醫學院教授。文革中遭受迫害，1969 年 3 月 14 日去世。

　　175. 侯宗濂（1900～1992）：字希頤，遼寧海城人。1920 年南滿醫學堂畢業，留校任教。1922 年留日，1926 年獲京都大學醫學博士，回國任滿洲醫科大學副教授。1930 年赴奧地利、德國研修，1931 年回國任北平大學醫學院生理系主任。1937 年任福建醫學院院長兼生理系主任，後曾任福建研究院院長。1944 年任西北醫學院院長兼生理系主任。1949 年後，任西北醫學院、西安醫學院院長。

　　176. 黃賡祥（1901～？），福建莆田人。1923 年清華學校畢業留美，入哥倫比亞大學，獲碩士。曾任教滬江大學、光華大學、英士大學、廈門大學等，後轉新加坡南洋大學，曾任理學院院長。後定居美國。

　　177. 盧於道（1906～1985）：簡介見第六章。

農學 22 人

178. 王志鵠（1905～？）：簡介見第六章。

179. 朱蓮青（1907～1991）：簡介見第六章。

180. 吳耕民（1896～1991）：字潤蒼，浙江餘姚人。1917 年北京農業專門學校畢業留日，入靜崗縣興津園藝試驗場學習，1920 年回國。曾任教北京農業專門學校、東南大學、浙江大學、山東大學、西北農林專科學校等。1937 年任浙江園藝試驗場場長，旋轉廣西大學教授。1939 年起再任教浙江大學，曾任園藝系主任。1952 年院系調整任浙江農學院教授。

181. 吳福楨（1898～1995）：簡介見第五章。

182. 周昌芸（1903～1977）：簡介見第五章。

183. 金善寶（1895～1997）：簡介見第六章。

184. 胡昌熾（1899～1972）：字星若，江蘇蘇州人。1916 年留日，1920 年畢業東京大學農學科。回國任教蘇州農業學校，1924 年再度赴日，入東京大學習園藝學。1928 年回國，任教金陵大學，創辦園藝系並任主任。1948 年赴臺，任教臺灣大學，曾任園藝系主任。

185. 孫文郁（1899～1981）：山西寧武人。1924 年金陵大學畢業，留校任教。1928 年留美，1930 年獲斯坦福大學碩士，曾在康奈爾大學研修。回國後繼續在母校任教，曾任農業經濟系主任兼農業經濟研究所主任、農學院代理院長等。1950 年調農業部任計劃司副司長，1952 年任北京農業機械化學院副院長。

186. 孫醒東（1897～1969）：又名摩西，江蘇南京人。1924 年上海三育中學師範科畢業留美，先後就讀波士頓伊曼紐爾大學、普渡大學、伊利諾伊大學，1934 年獲博士。回國曾任河北省立農學院農學系主任、中央大學農藝系主任、農林部貴州屯墾局長、中央林業實驗所常山種植場場長、福建省立農學院農藝系主任等。1950 年任河北農學院教授。文革中遭受迫害，1969 年 12 月 24 日逝於保定。

187. 張乃鳳（1904～2007）：浙江湖州人。1926 年入聖約翰大學，翌年留美，先後就讀康奈爾大學、威斯康星大學，1931 年獲碩士。回國任教金陵大學農學院，1935 年轉中央農業實驗所，曾任土壤肥料系主任。政權更迭後曾任農業部技正、華北農業科學所研究員、中國農科院土壤所副所長等。

188. 章之汶（1900～1982）：字魯泉，安徽來安人。1922 年金陵大學畢業，留校任教，曾任農業專修科主任，主持安徽和縣烏江農業推廣實驗區。1930 年留美，翌年獲康奈爾大學碩士。回金陵大學任教，曾長期擔任農學院院長。1949 年任聯合國糧農組織遠東辦事處顧問兼世界稻米協會執行秘書，1966 年退休，曾任菲律賓大學教授，1974 年定居美國。

189. 章文才（1904～1998）：浙江杭州人。1927 年金陵大學畢業，留校任教。1931 年任集美農林專科學校校長，1933 年轉浙江大學園藝系。1935 年留英，1937 年獲倫敦大學博士，轉美任康奈爾大學副研究員。1938 年回國，任金陵大學園藝系教授、江津柑桔推廣示範場場長，期間曾於 1945～1947 年任西北農學院院長。1950 年調武漢大學，曾任園藝系主任。院系調整後任教華中農學院，曾任園藝系教授、副院長等。

190. 陳華癸（1914～2002）：江蘇昆山人，生於北京。1935 年北京大學生物系畢業，留校任教。1936 年留英，1939 年獲得倫敦大學博士。1940 年回國任職清華大學農業研究所，翌年到中央農業實驗所土壤系工作。1946 年任北京大學農學院土壤系主任，1948 年任教武漢大學，曾任農化系主任。1952 年院系調整後，任教華中農學院，曾任土壤及農業化學系主任、院長等。

191. 陳嶸（1888～1971）：字宗一，福建漳州人，生於浙江安吉。1905 年入讀平陽縣高等學堂，翌年留日，1913 年畢業於北海道帝國大學森林科。回國曾任浙江甲種農業學校校長、江蘇第一農校林科主任等。1923 年留美，翌年獲哈佛大學碩士。1925 年任教金陵大學，曾任森林系主任等。1952 年任林業部林業科學所所長。文革中身心受到摧殘，1971 年 1 月 10 日去世。

192. 程紹迥（1901～1993）：四川黔江人。1921 年清華學校畢業留美，1926 年獲艾奧瓦州立農工學院博士，1930 年獲約翰‧霍普金斯大學博士。曾任東北大學教授，實業部上海商品檢驗局技正、血清製造所所長，中央農業實驗所技正、農林部漁牧司長、中央畜牧實驗所所長等。政權鼎革後，曾任農業部畜牧局長、中國農科院副院長等。

193. 靳自重（1907～1953）：山東恩縣（今武城）人。1932 年金陵大學農藝系畢業，留校任教。1936 年赴法國巴黎大學和英國劍橋大學研修，1939 年獲碩士。回國任教金陵大學，曾任農藝系主任、代理院長、院長，期間 1941 年短期訪問美國哈佛大學。院系調整後，任教南京農學院，曾任副院長。

194. 熊毅（1910～1985）：簡介見第五章。

195. 鄧植儀（1888～1957）：字槐庭，廣東順德人。1909 年留美，入讀加州大學，旋轉威斯康星大學，1914 年獲碩士。曾任中央農事試驗場技師、南京高等師範學校農業專修科主任、廣東農業專門學校校長、廣東大學農學院院長等。1929 年任教中山大學，曾任教務長、農學院院長等。1949 年後，曾任農業部顧問，華北農科所、中國農科院、華南農科所研究員。

196. 韓安（1883～1961）：字竹坪，安徽曹縣人。1904 年南京匯文書院畢業，留校任教。1907 年留美，先後就讀康奈爾大學、密西根大學，1911 年獲碩士。曾任農林部僉事、東三省林務局主任、京漢鐵路局造林事務所所長、察哈爾實業廳長，安徽省政府委員兼安慶市長、教育廳長，青島市教育局長，全國經濟委員會西北辦事處專員、主任兼陝西林務局副局長等，1941 年任中央林業實驗所長。1949 年後，曾任西北軍政委員會工程師等。

197. 魏景超（1908～1976）：浙江杭州人。1930 年金陵大學園藝系畢業，留校任教。1934 年留美，1937 年獲威斯康星大學博士。回金陵大學任教，曾任植物病蟲害系主任、教務長等。1948 年赴英美訪學，1950 年回國，任教金陵大學。院系調整後，任教南京農學院。

198. 齊敬鑫（1900～1973）：簡介見第六章。

199. 孫逢吉（1904～ ？ ）：簡介見第六章。

哲學 10 人

200. 方東美（1899～1977）：名珣，以字行，安徽桐城人。1921 年金陵大學哲學系畢業留美，1924 年獲威斯康星大學博士。回國任東南大學、中央黨務學校教授。1929 年任教中央大學，曾任哲學系主任。1947 年赴臺講學，任臺灣大學哲學系主任。1959 年赴美，先後任南達科州立大學、密蘇里大學訪問教授，密西根大學客座教授。

201. 倪青原：生平不詳，1938 年獲南加州大學哲學博士，曾任金陵大學哲學心理系主任、文學院院長。

202. 張頤（1887～1969）：又名唯識，字真如，四川永寧（今敘永）人。曾參加辛亥革命，1913 年留美，1919 年獲密西根大學博士。同年轉英，1921 年獲牛津大學博士，再轉德法研修。1924 年回國，任北京大學教授。1926 年任廈門大學副校長，1929 年回北京大學任哲學系主任。1935 年訪美，翌年任四川大學文學院院長，曾代理校長。1939 年任武漢大學教授，1946 年重返北京大學，1948 年返川。1949 年後曾任四川文史館館員，1957 年再返北京大學。

203. 嵇文甫（1895～1963）：河南汲縣（今衛輝）人。1919 年北京大學畢業，任教河南第一師範學校。1926 年赴莫斯科中山大學學習，1928 年回國，任教北京大學、燕京大學、清華大學等。1933 年任教河南大學，曾任文史系主任、文學院院長等。1948 年參與籌建中原大學。1949 年後，曾任開封師範學院院長、河南大學校長、鄭州大學校長、河南省副省長等。

204. 賀麟 1902～1992）：字自昭，四川金堂人。1926 年清華學校畢業留美，先後就讀奧伯林學院、芝加哥大學、哈佛大學，1930 年獲碩士，轉德國柏林大學攻讀博士，1931 年提前歸國。一直任教北京大學，抗戰期間曾往中央政治學校講學。

205. 熊十力（1885～1968）：字子真，號逸翁，晚年號漆園老人，湖北黃岡人。早年曾參加辛亥革命，後決意治學，從歐陽竟無研習佛學。曾任教北京大學、復性書院等，講學武漢大學、浙江大學等。晚年定居上海。因反抗文革絕食患病，1968 年 5 月 23 日逝於上海虹口醫院。著有《唯識論》等，輯有《熊十力全集》。

206. 羅倬漢（1898～1985）：簡介見第六章。

207. 李建勳（1884～1976）：字湘宸，河南清豐人。1908 年北洋大學堂畢業留日，入廣島高等師範學校習理化，1915 年回國，任直隸視學。1917 年留美，1919 年獲哥倫比亞大學教育學碩士。1921 年回國，任教北京高等師範學校，曾任校長。1923 年再入哥倫比亞大學，1925 年獲博士。曾任清華學校、北京大學教授，1929 年任教北平師範大學，曾任教育學院院長，抗戰隨校內遷，曾任西北師範學院教育系主任。1950 年任平原師範學院教授，1954 年任天津師範學院副院長。

208. 張懷（1896～1987）：湖南長沙人。1915 年長沙師範學校畢業，任小學教員。1920 年勤工儉學留法，1924 年獲比利時魯汶大學哲學博士，1928 年獲教育學博士。回國曾任中央大學教授，1930 年任教輔仁大學，曾任教育學院院長兼教育系主任。院系調整後，曾任北京師範大學、內蒙古師範學院教授等。

209. 莊澤宣（1895～1976）：浙江嘉興人。1917 年清華學校畢業留美，獲哥倫比亞大學博士。1922 年回國，任教清華學校、廈門大學、中山大學、浙江大學、嶺南大學等，曾任教育系主任、教育學研究所所長、文學院院長等。1948 年任職聯合國，1950 年赴馬來西亞任中學校長，後轉美國。

中國文史學 8 人

210. 李笠（1894～1962）：字雁晴，浙江瑞安人。1914 年瑞安中學畢業，苦力自學文史，聲名鵲起。1924 年任溫州省立師範學校國學教師，旋轉任廣東大學中文系教授。翌年任中州大學國文系主任，1928 年任廈門大學國文系主任，1930 年任教武漢大學。1933 年返中山大學，曾任中文系主任。後轉任中央大學教授兼江南大學中文系主任。1952 年調中央編譯局任審校，旋任南開大學教授。1957 年調復旦大學任教授。

211. 容庚（1894～1983）：字希白，廣東東莞人。1916 年東莞中學畢業，從事金石文字採集，後任教母校。1922 年入北京大學讀研究生，1925 年畢業，任教北京大學、燕京大學。抗戰爆發後留居北平，曾任偽北京大學教授。1946 年任嶺南大學中文系主任，院系調整後任中山大學教授。

212. 趙景深（1902～1985）：簡介見第五章。

213. 劉永濟（1887～1966）：字弘度，號誦帚，湖南新寧人，祖父湘軍名將劉長佑。曾先後就讀於長沙明德中學、復旦公學、清華學堂等。1917 年任教明德中學，1927 年轉東北大學。1932 年任武漢大學教授，曾任文學院院長、代理校長等，期間短期講學浙江大學、湖南大學。政權更迭之際，被免去院長、校長。文革深受迫害，1966 年 10 月 2 日，不堪受辱投水而死。

214. 蔣復璁（1898～1990）：字慰堂，浙江海寧人。1924 年北京大學哲學系畢業，任職松坡圖書館，1926 年任北京圖書館編輯。1930 年留德，入柏林大學攻讀哲學，併入圖書館研究院研修。1933 年任中央圖書館籌備處主任，1940 年任首任館長。政權轉換之際轉香港，1951 年赴臺任臺灣大學教授，1954 年任中央圖書館館長，1965 年任臺北故宮博物院院長。

215. 鄭業建（1895～1980）：簡介見第五章。

216. 羅根澤（1900～1960）：簡介見第六章。

217. 欒調甫（1889～1972）：名延梅，以字行，山東蓬萊人。早年曾習英文，14 歲輟學，隨父在上海做學徒，自學成才，1925 年任教齊魯大學，曾任國學研究所長和文學院院長。1949 年後，曾任山東大學教授、山東文史館館長、中科院山東分院歷史所研究員。

史學 15 人

218. 王繩祖（1905～1990）：字伯武，江蘇高郵人。1928 年金陵大學歷史

系畢業，留校任教。1936 年留英，1939 年獲牛津大學碩士。回母校任教，曾任歷史系主任、文學院院長。院系調整後，任南京大學歷史系教授。

219. 朱謙之（1899～1972）：簡介見第六章。

220. 邵循正（1909～1973）：字心恒，福建福州人。1930 年清華大學政治系畢業，入研究院改習歷史，1933 年畢業。翌年留歐，在法蘭西學院和柏林大學攻蒙古史，1936 年回國。任教清華大學，1945～1946 年曾訪學牛津大學，1950 年任歷史系主任。院系調整後，任北京大學歷史系教授、中科院近代史所研究員等。

221. 金毓黻（1887～1962）：又名毓紱，字靜庵，號靜晗，遼寧遼陽人。1916 年北京大學國文系畢業，返遼寧任中學教員。1925 年轉政界，曾任東北行政委員會秘書，省政府秘書長、教育廳長等。九一八事變後被日軍逮捕，保釋後任偽滿奉天圖書館副館長等。1936 年逃奔南京，任中央大學史學系教授、系主任、文學院院長等，期間曾任安徽省政府委員兼秘書長、東北大學史學教授兼文科研究所主任等。1947 年任國史館編纂、駐北平辦事處主任，1949 年任北京大學教授。1952 年調中科院歷史研究所第三所（近代史所）任研究員。

222. 洪業（1893～1980）：號煨蓮，福建侯官人。1915 年福州英華書院畢業，留校任教。翌年留美，先後就讀衛斯理大學、哥倫比亞大學，1920 年獲碩士，再入紐約協和神學院，獲神學士。1923 年任教燕京大學，曾任文理學院院長、歷史系主任、圖書館館長，創建哈佛燕京學社引得編纂處。太平洋戰爭爆發後，被日軍逮捕，獲釋後拒絕與日軍合作。1946 年任教夏威夷大學，翌年赴哈佛大學講學，1948 年任哈佛燕京學社研究員，1958 年任教新加坡南洋大學，逝於美國。

223. 張森楨（1893～1976）：字邃青，後以字行，河南太康人。1919 年北京高等師範學校畢業，任教河南第一師範學校，曾任校長。1927 年任教國立第五中山大學（河南大學），曾任文史系主任、文學院院長等。1949 年後，曾任河南大學圖書館館長、開封市副市長等。

224. 陳恭祿（1900～1966）：江蘇丹徒人。1921 年考入金陵大學化學系，轉農學，再轉歷史，1926 年畢業，留校任教。1933 年轉武漢大學歷史系，1936 年回金陵大學任歷史系教授。1952 年院系調整，任南京大學歷史系教授。1966 年 8 月，因被陳伯達劃歸「反動歷史學家」遭撤職，10 月 8 日病逝。

225. 賀昌群（1903～1973）：字藏雲，四川馬邊人。1921 年考入滬江大學，翌年因貧退學考入商務印書館編譯所，刻苦自學，曾請假赴日研讀。1931 任教河北女子師範大學，後轉任北平圖書館編纂委員會委員。抗戰爆發後，任教浙江大學史地系。1940 年返鄉創辦馬邊中學並任校長。1942 年任中央大學歷史系教授，曾任系主任、歷史研究所所長。1949 年後，曾任南京圖書館館長、中科院歷史研究所第二所研究員兼中科院圖書館副館長等。

226. 黃文弼（1893～1966）：字仲良，湖北漢川人。1918 年北京大學哲學門畢業，留校任教，1927 年參加西北科學考察團，負責考古。1931 年任北平女子師範大學教授，1934 年任西北科學考察團專任研究員。1938 年任教西北聯合大學，曾任歷史系主任、邊政系主任。1947 年任北平研究院史學所研究員。1949 年後任中科院考古所研究員。文革期間遭受迫害，1966 年 12 月 18 日去世。

227. 黃延毓：生平不詳，黃遵憲孫子。嶺南大學畢業，受哈佛燕京學社資助在哈佛大學獲歷史學博士，回國後任教母校，曾任歷史系主任、教務長。政權鼎革後赴美，曾在「美國之音」工作。

228. 雷海宗（1902～1962）：原名得義，字伯倫，河北永清人。1922 年清華學校畢業留美，1927 年獲芝加哥大學博士。曾任教中央大學、金陵女子大學、武漢大學，1932 年起任教清華大學，曾任歷史系主任、西南聯大歷史系主任等。1940 年參與創辦《戰國策》，為「戰國策」派主幹。1952 年院系調整，任南開大學歷史系世界史教研室主任等。1957 年被劃為右派，翌年被撤銷一切職務。

229. 劉崇鋐（1897～1990）：字壽民，福建福州人。1918 年清華學校畢業留美，先後就讀威斯康星大學、哈佛大學，1921 年獲碩士，再研修於哥倫比亞大學和耶魯大學。1923 年回國，任南開大學教授。翌年轉清華學校，曾任歷史系主任、西南聯大教務長。1949 年赴臺，曾任臺灣大學歷史系主任、歷史所所長、教務長等，期間曾任東海大學、東吳大學歷史系主任。

230. 劉繼宣（1895～1958）：簡介見第五章。
231. 鄭天挺（1899～1981）：簡介見第六章。
232. 繆鳳林（1899～1959）：簡介見第五章。

語言學 1 人

233. 黎錦熙（1890～1978）：簡介參見第六章。

考古與藝術史 2 人

234. 吳金鼎（1901～1948）：字禹銘，山東安丘人。1923 年齊魯大學文理學院畢業，次年任助教。1926 年考入清華學校國學研究院師從李濟，1928 年參加城子崖遺址發掘。1930 年任職中研院史語所考古組，1933 年留英，1937 年獲倫敦大學博士。回國後先任職中央博物院籌備處，後回史語所。戰後任齊魯大學訓導長、文學院院長、國學研究所主任、圖書館館長等。

235. 鄧以蟄（1892～1973）：字叔存，安徽懷寧人，鄧稼先父親。1907 年留日，入弘文書院學日語，1911 年回國，曾任安徽圖書館館長。1917 年留美，入哥倫比亞大學習哲學，1923 年回國。曾任北京大學、廈門大學教授，1929 年任教清華大學，抗戰爆發後因病困居北平，戰後復任清華大學哲學系教授。1952 年院系調整，任北京大學哲學系教授。

法律 5 人

236. 李祖蔭（1899～1963）：字麋壽，湖南祁陽人。朝陽大學法律系畢業，1927 年留日入明治大學，1930 年回國。曾任教燕京大學、北京大學、長沙臨時大學、民國大學等，後任教湖南大學，曾任法律系主任、法學院院長、訓導長等。1949 年初任湖南教育廳長。政權更迭後，曾任中央法制委員會委員、全國人大常委法律室主任、國務院參事等。

237. 趙鳳喈（1896～1969？）：字鳴岐，安徽和縣人。1927 年前後在北京大學讀研究生，後留法獲巴黎大學法學碩士。回國曾任中央大學講師，1933 年任教清華大學，曾任代理西南聯大法律學系主任，戰後任法律系主任兼法科研究所政治學部主任。1952 年院系調整後，閒賦在家。

238. 鄭天錫（1884～1970）：字茀庭，廣東香山人，生於香港。曾肄業於皇仁書院，1907 年留英，1912 年倫敦大學法律系畢業。1914 年再度留英，1916 年獲倫敦大學博士。1918 年任職北洋政府司法部，曾任法律編纂委員會編纂主任、大理院法官、華盛頓會議中國代表團專門委員等。1931 年任司法行政部次長，1936 年當選國際法庭法官，二戰期間避居瑞士。1945 年返國，再任司法行政部次長，1946 年任駐英國大使，1950 年定居英國。

239. 戴修瓚（1887～1957）：簡介見第五章。

240. 翟楚（1906～1986）：安徽涇縣人。1927 年清華學校畢業留美，先後就讀斯坦福大學、西北大學，獲法學博士。曾任立法院編譯處專員，1939 年任

教湖南大學政治系，曾任訓導長。1945 年創建重慶大學法學院並任院長。後曾任中央大學教授、司法院參事。1949 年赴臺，曾任臺灣大學教授。1955 年赴美，任紐約社會研究新學院教授，與其子翟文伯一起從事中國文化的研究與傳播。

政治學 2 人

241. 徐淑希（1892～1982）：廣東饒平人。早年畢業於香港大學，後赴美獲哥倫比亞大學碩士，回國曾任香港大學講師。後再度留美，1925 年獲哥倫比亞大學博士。翌年任教燕京大學，曾任政治學系主任、社會科學院院長、法學院院長等。後棄學從政，曾任國際問題委員會主任、外交部西亞司長、聯合國中國代表團顧問等。後赴臺，曾任駐秘魯兼玻利維亞大使、聯合國代表團全權代表、駐加拿大大使等。卸職後定居美國。

242. 劉迺誠（1901～1976）：字篤生，安徽巢縣人。1924 年金陵大學畢業，曾任中學教員。1926 年留英，1930 年獲倫敦大學博士，曾在柏林大學和巴黎大學研修。1932 年回國，任教武漢大學，曾任政治系主任、教授會主席、法科研究所政治學部主任等。

經濟學 5 人

243. 伍啟元（1912～1997）：廣東台山人。1932 年滬江大學畢業，入清華大學讀研究生。1934 年留英，1937 年獲倫敦政治經濟學院博士。回國任武漢大學經濟學系教授，1939 年回清華大學，任西南聯大教授。1946 年赴英任教倫敦政治經濟學院，翌年起任職聯合國，曾任亞洲及遠東經濟委員會行政管理處主任、秘書處經濟社會事務部公共管理處主任、發展計劃署高級顧問等職。1972 年任紐約大學教授，1982 年任東海大學榮譽講座兼法學院院長。

244. 吳大業（1907～1994）：廣東高要人。1930 年南開大學畢業，留校任教。1934～1936 年赴美，入哈佛大學、芝加哥大學進修，回國後任教母校。1945 年任職聯合國，1967 年擔任新加坡經濟顧問，晚年定居美國。

245. 李炳煥（1900～1975）：字偉岩，福建福州人。1922 年畢業於復旦大學。1927 年獲美國伊利諾伊州立大學碩士。曾任暨南大學、中央大學、上海商學院、光華大學、上海法學院教授，復旦大學經濟系主任、商科研究所主任、商學院院長、教務長。1949 年後，曾任上海財經學院副院長、上海業餘政治大學副校長、復旦大學經濟學教授等。1957 年被劃為右派。

246. 梁方仲（1908～1970）：原名嘉官，筆名方翁、方仲、畏人，廣東番禺人。1930 年清華大學經濟系畢業，入研究院專攻明代田賦史，1933 年畢業，任職中研院社會科學所。1937 年曾赴日學術交流，1944 年赴美訪學，曾任哈佛大學研究員，1947 年轉英國，入倫敦政治經濟學院從事研究。1947 年回國，曾代理社會科學所所長。1949 年任嶺南大學經濟系主任，院系調整後任中山大學歷史系教授。文革中遭受迫害，1970 年 5 月 18 日病逝。

247. 趙迺搏（1897～1986）：字述庭，號廉澄，浙江杭州人。1922 年北京大學法科經濟門畢業，任教民國大學。翌年留美，1929 年獲哥倫比亞大學博士。1931 年初回國，短期任教中央政治學校，旋回母校，曾任經濟系主任、經濟所所長等，輯有《趙迺搏文集》。

社會學 5 人

248. 吳澤霖（1898～1990）：江蘇常熟人。1922 年清華學校畢業留美，先後就讀威斯康星大學、密蘇里大學和俄亥俄州立大學，1927 年獲博士，曾赴歐洲考察，當年回國。曾任揚州中學教員，1928 年任教大夏大學，曾任社會學系主任、代理文學院院長、教務長等，抗戰隨校內遷。1941 年應聘清華大學任西南聯大社會學系教授，1946 年創辦人類學系並任主任，曾兼教務長。1952 年院系調整後，曾任教中央民族學院、西南民族學院、中南民族學院等，1957 年被劃為右派，文革期間遭受迫害。

249. 柯象峰（1900～1983）：又名森，安徽貴池人。1923 年金陵大學畢業，留校任教。1927 年留法，1930 年獲里昂大學博士。翌年回國，任教母校，創建社會學系並任主任，後曾任教務長，1947 年赴英美講學，1948 年回國。院系調整後，任教南京大學外語系，1978 年任經濟系人口教研室教授。

250. 孫本文（1891～1979）：簡介見第五章。

251. 陳序經（1903～1967）：字懷民，廣東文昌人。曾就讀滬江大學生物系、復旦大學社會學系，1925 年畢業。旋留美，1928 年獲伊利諾伊大學博士。同年回國任教嶺南大學，1934 年任教南開大學，曾任西南聯大法商學院院長，南開大學教務長、政治經濟學院院長等。1948 年回嶺南大學，曾任校長。1952 年院系調整，任教中山大學，曾任副校長。1963 年任暨南大學校長，翌年調南開大學副校長，文革中遭受迫害，1967 年 2 月 16 日因腦溢血去世，被污為「畏罪自殺」。

252. 費孝通（1910～2005）：名彝江，以字行，江蘇吳江人。1933 年燕京大學社會學系畢業，入清華大學研究院師從史祿國，1935 年畢業，曾赴廣西大瑤山考察，遭遇喪妻之痛。1936 年留英，1938 年獲倫敦經濟政治學院博士，論文為經典著作《江村經濟》。同年回國任教雲南大學，曾任社會學系主任，創建社會學研究室。1945 年轉西南聯大，被聘為清華大學教授，後曾任副教務長。1949 年後，參與籌建中央民族學院曾任副院長，先後擔任中央人民政府民族事務委員會副主任、國務院專家局副局長等。1957 年被劃為右派。文革後，曾任中國社科院民族所副所長、社會學所所長、北京大學社會學所所長等。有《費孝通文集》16 卷行世。

後　記

　　對生於二十世紀六十年代後期、大巴山脈綿延山麓的偏僻農村孩子來說，對史無前例的「文化大革命」記憶最深的事情有兩件。第一是長期的飢餓與鼓脹的肚子。地處山麓的家鄉並非窮山惡水，水稻和小麥是主產糧食，每到收穫季節，漫山遍野的小麥、金黃的稻子也一樣「笑彎了腰」。可是，收穫後首先是上交公糧，像父親這樣的男勞力或背或挑或用雙輪「氣滾（兒）車」推送到公社糧站（有時女勞力也要出動），還要受盡糧管員諸如沒有曬乾、皮殼太多等等各種刁難，不得不留人繼續翻曬等。留下來的主糧自然就沒有多少，我們的主食隨季節而不斷變化，主要以紅苕（紅薯）、洋芋（土豆）和苞穀（玉米）為主，豌豆出來時豌豆紅薯玉米粉湯，胡豆（蠶豆）成熟時胡豆青菜玉米粉湯，還有南瓜十豆一鍋煮、青菜南瓜土豆湯、青菜蘿蔔紅薯湯等等；當然也有吃乾的時候，紅薯收穫時蒸紅薯，土豆成熟時蒸土豆。大米與麵粉是逢年過節或客人來時才有的「口福」，「掛麵」作為禮物在春節裏輾轉被送給這家那家，最後都長了蟲還捨不得吃。小孩總是希望家裏有親戚來，可以享受大米紅薯飯或大米土豆飯。印象最深的是，弟弟比我小四歲，無論是蒸紅薯或土豆，都要在罐子中間用一個小碗給他蒸一點白米飯，每次吃飯時我都直溜溜地盯著他的碗，想分一口，但每次總是失望。

　　每頓飯雖兩三大碗下肚，但總是感覺餓，想方設法尋找能填肚子的東西，各種水果是主要的搜羅對象。奶奶家後面有各種水果樹，先是桑葚、櫻桃、枇杷，接著是杏子、五月桃、李子，還有八月桃和梨子，只要有機會就在這些樹下晃蕩或樹上翻騰。水果成熟時自然可口，可是我們等不及它們成熟，酸、

苦、澀是我們體驗的味道，吃多了自然不消化，肚子脹得像皮球，每天傍晚都要找奶奶給我們揉搓肚皮、「提背」。提背時，聽到響聲就很高興，奶奶也慈愛地說，「哎，不要貪嘴，天天吃這麼多！」奶奶已去世二十多年，寫到這裡，她慈祥的面容與揉搓肚子的手不斷在眼前晃動。

　　第二件事是批鬥大會。因為沒有教室（記得三年級我們還在學校附近的一個農民家房子裏上課）也可能沒有老師，我們這個年級入學時是別人放學後才上學。記得 9 月開學第一次去學校，路上不斷有大人說去「穿牛鼻眼了」！第一堂課老師教我們讀「毛主席萬歲」，天已經快黑了，還是讀不會，老師說「萬歲」的「萬」發音與吃飯的「碗」相同！就是在這樣條件下，我們全校全體同學參加一次在學校旁邊一個大操場舉行的全大隊必須出席的大型批鬥會，幾個「地主」和搞「封建迷信」的一男一女兩親家在臺上低頭彎腰被批鬥，兩親家還雙手高舉「封建迷信」的道具——點燃的香。已經記不得批鬥他們什麼，只記得喊叫聲震天動地。沒有想到，不久之後，批鬥會會降臨到父親頭上。因為爺爺去世早，父親高小畢業回家，十三四歲就成了戶主。高小畢業也算「知識人」，受到了重視，天長日久就當上了大隊團支部書記，也曾組織歌詠隊外出表演（他主吹笛子），很是風光了一陣子。領導看重，成了培養對象，駐村幹部多次找他談話，動員他入黨，而且允諾入黨後大隊支部書記的位置等著他。可是他突然表現不積極了，猶豫了，最終放棄了！後來我們問他為什麼，他說他「狠不下心去整人家」。這樣，他就日漸離開權力，成為普通社員。

　　他喜歡看書，出工勞動中間休息的時候，別人吹牛聊天，他就拿出書來看。他自己當然沒有書，都是從這裡那裡借來的，我小時候也跟著看，無論是《水滸》《三國演義》，還是《英雄的鄉土》《大刀記》，既沒有前面也沒有後面，書名我都是以後才慢慢知道的。1975 年天公作怪，幾個月不下雨，莊稼收成幾乎沒有，生產隊最窮人家開始上山挖野菜與樹根了。記得吃樹根那天中午，我們全院子的人都擁在他家，都想嘗嘗樹根的味道。當然樹根可以下肚填飽肚子，但是進去容易出來難。我們家也開始吃爛菜根、乾蘿蔔葉子與米糠。這時候，有東北玉米支援來了（據說裝玉米的麻袋中有紙條說：「四川人，懶蟲！」傳說是否真實，未考證），可是一般老百姓見不著玉米影子，都被幹部們瓜分了。父親在一次勞動休息期間，妄議了一次：「現在的幹部，還不如國民黨時候！」這妄議立馬被上報，加上出工「愛看書」的罪狀，晚上生產隊就開批鬥大會，父親與地主、搞「封建迷信」兩親家站在一起了！批鬥會後，背著鋪蓋

卷、帶糧帶錢到公社「辦學習班」。幸好不久形勢就發生了關鍵性的轉折，否則他被批鬥的經歷將嚴重影響我和弟弟的讀書權利與成長環境。

後來的「土地承包下戶」，不過是解除了一些農民身上的束縛、恢復了他們本有一些權利而已，在產權與利益分配上有所改變，卻極大地激發了他們的潛力，首先可以填飽肚皮，不再挨餓了，也能像「老早」以前一樣可以將剩餘糧食拿到集市上交易了。改革開放幾十年，突破束縛的中華兒女爆發出令世界震驚的潛能與力量，自鴉片戰爭以來多少代人「民富國強」的願望與理想實現「指日可待」！今天，中華民族似乎又走到了一個關鍵的拐點，可以預見的未來也日益清晰起來，上述回溯也就並非毫無意義。

本書能夠順利出版首先要感謝花木蘭文化事業有限公司和推薦人司馬朝軍先生。自 2005 年發表《中國學術評議空間的開創——以中央研究院評議會為中心》以來，民國學術評議制度的創立與發展就成為我關注的論題，不斷搜集相關資料，也相繼發表《良知彌補規則，學術超越政治——國民政府教育部學術審議會學術評獎活動述評》等論文，並於 2015 年獲得國家社科基金資助。但因各種事務的紛擾與其他題目的牽扯，並沒有全身心投入資料收集、整理、研究與撰稿之中。直到 2020 年 1 月 15 日，才終於下定決心全身心投入該課題，天天去浦東圖書館督促自己用功，不想很快「疫情」鋪天蓋地而來，只能困居家中。困居家中，雖心情鬱悶、性情變動，撰稿進展卻出奇地快，到 6 月就完成了初稿，按照要求進行結項，6 月 29 日在所學秘丁曉露女士的幫助下順利提交。10 月結項結果出來，等第為優秀。

提交結項後，書稿就放置著，一直沒有時間去修改。2022 年 3 月 26 日，居住小區突然被封三天。27 日晚上八點半，上海宣告「劃江而治」，浦東新區從 28 凌晨五點封閉，到 4 月 1 日 5 時解封。由此，上海進入上海歷史上前所未有的超過兩個月的封控期，直到 5 月 31 日小區解封，可以自由出入。被封在家，雖有飢餓重臨的危險，但有愛人獨擋一面，開始修改書稿，主要是增加了牽涉民國學術評議活動中各位學人的生平簡介，關注他們在政權更替時的選擇及其這種選擇對他們後來學術發展的影響，不期然間也就增加了第八章最後「學術與命運」兩節。解封時，書稿主體已經修改完成，此後繼續修訂，可以宣告「大功告成」。還有一些資料需要去第二歷史檔案館核對，只得等待「疫情」結束。不想，雖「疫情」取得了「偉大勝利」，二檔館還是需要「預約查檔」，幾次「搶號」預約失敗也就自我放逐，私下希望總有「不搶」的時候！

　　因此，從某種意義上說，本書是「三年疫情」的產兒，其間可能有「疫情」的各種氣息，也可能有因「疫情」而生的各種缺陷與不足，這自然是推卸責任的「託辭」。本書能夠完成，首先要感謝的自然是技術進步，沒有互聯網及其帶來的各種數據庫，僅書中千餘學人簡介就不可能完成，許多的資料也不可能方便地尋覓並順利地利用。

　　技術之外不忘三位恩師教誨。復旦大學歷史系沈渭濱先生領我入故紙堆，一起商量確定研究方向，手把手教我如何撰寫學術論文，記得第一篇發表習作在他指導下反反覆覆修改達五次之多（當時是手寫稿），最後一稿他還動手刪去了大量的「口水話」與漫無邊際的「自由發揮」。此後二十多年裏，隨時聆聽他的教誨，無論是博士論文密密麻麻的文字修改，還是其他論題的建設性意見，他總是希望我能擴展視野從中觀甚至宏觀上考慮問題，在理論上有所突破。參與他主持的國家清史工程「光緒朝人物（上）」，負責二十多位軍事將領傳記的撰寫，使我真正體會到人物研究的旨趣，也進一步凝練了文字。2015 年 4 月 18 日，他離開了我們，在紀念文章中我曾說：「再也不能向他請教學術上的疑難，也不能向他傾訴生活中的困苦與不順。失去了學術的導師，精神和生活的父親，前行之路布滿荊棘，需要自己獨立而行。」

　　華東師範大學歷史系王家範先生是我博士論文導師，他是當代極少數具有通貫意識與卓絕史識的史家，以他寬廣的視野和深度的思考，在論題與論域上總是高屋建瓴地提出一些建設性的意見。2019 年 11 月 3 日，拙著《賽先生在中國：中國科學社研究》召開出版座談會，自 2018 年 6 月因病入住華山醫院的王先生不顧病體出席，他在發言中指出：「德先生和賽先生始終是一對關係，在中國近代明確提出來，到目前為止，我看兩者之間的互動交融問題還需要在新的環境下進一步探討。這樣，這個課題本身研究的延長線很長……這個延長線對人文科學、自然科學的進一步發展都是有幫助的。」2020 年 7 月 7 日，因「疫情」耽誤的王先生走完了他生命歷程，我在紀念文章中曾總結沈先生和王先生兩位恩師的共同點：

　　　　第一，上課都非常好，激情洋溢，引人入勝。如果有排名的話，沈先生上課在復旦歷史系名列前茅，王先生在華師大歷史系也不居人後。第二，嫉惡如仇。常常是「路見不平一聲吼」，對學術界的不公與不平總是「拔刀相向」，極力維護學術規範與學術尊嚴。第三，都具有元氣磅礴的生命力與積極樂觀的生命意識。兩人都因病有腳

疾，不良於行，沈先生晚年常以文明棍助行，腰杆挺拔；王先生更是借助「寶馬」（電動輪椅）走四方，觀風察俗。

同年 8 月 29 日，學術生命中的第三位導師、身患小細胞癌多年的中國科學院科技政策研究所樊洪業先生也離開了我們。與兩位業師不同，與樊先生「師生關係」完全屬於學術傳遞中的「精神相通與學術共鳴」，是在長期的學術交流與交往中日漸形成的。樊先生是中國近現代科學史學科奠基人，我專業上的成長深受他的影響。作為博士論文出版的審稿人，他指出了論文的不少錯誤並提了一些可供修改的建議，使我第一次真正領會到科技史的內涵；他也推薦我承擔耿雲志先生主持課題子課題，促成了《中國近代科學與科學體制化》的「出生」；長期的學術交流與交往中，學術指教外，也以他的人格魅力與純粹學人本色浸潤著我。

學術生命中三位導師都離開了塵世，他們的教誨與精神一直縈繞著我，對他們的懷念無窮無盡……

本書的完成還離不開眾多師友的幫忙與協助，自 1996 年到研究所工作以來，周武兄在學術上和生活上嘉惠多多，這次在百忙中欣然同意撰寫「序言」；中研院近史所張寧研究員與助理盤惠秦同學幫忙查閱史語所傅斯年圖書館所藏傅斯年檔案；多年共同戰鬥的段煉兄總是在需要的時候站出來，識別手稿文字是他的「拿手好戲」；學生常芳彬君在資料尋找與搜集上有「獨門絕技」，無論什麼時候都能提供需要的史料與參考書；微信朋友圈眾多友人也隨時解惑答疑，就不一一道及。當然，也感謝國家社科基金的資助。

無論如何，家才是最後的「港灣」，感謝愛人陳黎燕的陪伴，特別是封控期間所展現的勇氣與智慧。最後當然也是最重要的，感謝給予生命的父親與母親。艱難困苦歲月中養活了我們；初中畢業未能考取中師、中專看不到任何前景和希望時讓我繼續學業；……父親已經八十多歲了，母親離八十歲也不遠了，他們還是在田地裏勞作，種玉米一半賣一半餵雞養鴨，種青菜自己吃和賣給做榨菜的，種土豆、紅薯餵狗與小貓……「狗和貓不吃米，每頓飯沒有洋芋和紅苕不行！」媽媽總是這樣對我說。還不時給我和弟弟寄來雞蛋，「現在雞蛋才六七角一個，太便宜了！」每次在郵局快遞雞蛋時，父親在電話裏總是這樣解釋。

上海「劃江而治」週年前兩日初稿於家（位於浦東）
浦東正式封控週年改於單位（位於徐匯）

終於預約到二檔館查檔時間，校樣也已不期而至。帶著校樣奔赴南京，緊張工作一天，解決了不少的疑惑，也修正了一些錯誤。緊趕慢趕，校樣終於在今天完成，心情為之一振。

正如書中所言，有不少的學人因各種原因生平不詳，致使一些分析也無從著手，讀者諸君若有知曉相關信息（即使是蛛絲馬蹟），敬請與我聯繫，期盼更多被歷史迷霧所遮蔽的學人衝破帷帳，顯露其身影。

2023 年 6 月 2 日補記